白话易经

郑同 ◎ 编著

华龄出版社

责任编辑：李成志
责任印制：李未圻

图书在版编目（CIP）数据

白话易经/郑同编著．—北京：华龄出版社，2011.11
ISBN 978-7-80178-877-1

Ⅰ.①白…　Ⅱ.①郑…　Ⅲ.①周易—译文　Ⅳ.①B221.4

中国版本图书馆CIP数据核字（2011）第200731号

书　　名：	白话易经
作　　者：	郑同　编著

出版发行：	华龄出版社		
地　　址：	北京市东城区安定门外大街甲57号	邮　编：	100011
电　　话：	(010) 58122246	传　真：	(010) 84049572
网　　址：	http://www.hualingpress.com		

印　　刷：	河北省三河市九洲财鑫印刷有限公司		
版　　次：	2012年1月第1版　2024年5月第13次印刷		
开　　本：	787×1092　1/16	印　张：	24.75
字　　数：	445千字	印　数：	38001～41000
定　　价：	38.00元		

版权所有　翻印必究
本书如有破损、缺页、装订错误，请与本社联系调换

目 录

引言 1
   三《易》 1
   卦与八卦 2
   易学名词图释 3
   八卦与六十四卦的速成法 3
   《易经》、《易传》和易学 4
   《易经》的三原则 5
   什么是五行 6
   五行生克 7
   天干地支 8
   二十四节气 10
   天文历法 12
   时差与天文时间 13
   干支纪年 14
   纳甲与易数 15
   天干地支与五行相配 16
   掐指一算 17
   《周易》的理、象、数 18
   筮法 19
   先知——邵康节的失误 20
   古老的筮法 23
   动爻的断法 25
   金钱卦 26

最简单的大学问——《梅花易数》 …………………………………… 26
圣贤的教诲 …………………………………………………………………… 27
易学家与易学典籍 …………………………………………………………… 30
为什么《易经》很难读懂 …………………………………………………… 32

卷一
周易上经 …………………………………………………………………… 33
乾卦第一 …………………………………………………………………… 33
坤卦第二 …………………………………………………………………… 46
屯卦第三 …………………………………………………………………… 55
蒙卦第四 …………………………………………………………………… 60
需卦第五 …………………………………………………………………… 64
讼卦第六 …………………………………………………………………… 68
师卦第七 …………………………………………………………………… 72

卷二 …………………………………………………………………………… 77
比卦第八 …………………………………………………………………… 77
小畜卦第九 ………………………………………………………………… 81
履卦第十 …………………………………………………………………… 85
泰卦第十一 ………………………………………………………………… 89
否卦第十二 ………………………………………………………………… 94
同人卦第十三 ……………………………………………………………… 98
大有卦第十四 ……………………………………………………………… 102

卷三 …………………………………………………………………………… 107
谦卦第十五 ………………………………………………………………… 107
豫卦第十六 ………………………………………………………………… 111
随卦第十七 ………………………………………………………………… 115
蛊卦第十八 ………………………………………………………………… 119
临卦第十九 ………………………………………………………………… 123
观卦第二十 ………………………………………………………………… 127
噬嗑卦第二十一 …………………………………………………………… 131
贲卦第二十二 ……………………………………………………………… 135

卷四 …………………………………………………………………………… 139
剥卦第二十三 ……………………………………………………………… 139

复卦第二十四 ……………………………………………… 143
　　无妄卦第二十五 …………………………………………… 147
　　大畜卦第二十六 …………………………………………… 151
　　颐卦第二十七 ……………………………………………… 155
　　大过卦第二十八 …………………………………………… 160
　　坎卦第二十九 ……………………………………………… 164
　　离卦第三十 ………………………………………………… 168

卷五 ……………………………………………………………… 173
　周易下经 ………………………………………………………… 173
　　咸卦第三十一 ……………………………………………… 173
　　恒卦第三十二 ……………………………………………… 177
　　遁卦第三十三 ……………………………………………… 181
　　大壮卦第三十四 …………………………………………… 185
　　晋卦第三十五 ……………………………………………… 188
　　明夷卦第三十六 …………………………………………… 193
　　家人卦第三十七 …………………………………………… 197
　　睽卦第三十八 ……………………………………………… 201
　　蹇卦第三十九 ……………………………………………… 205

卷六 ……………………………………………………………… 209
　　解卦第四十 ………………………………………………… 209
　　损卦第四十一 ……………………………………………… 213
　　益卦第四十二 ……………………………………………… 217
　　夬卦第四十三 ……………………………………………… 221
　　姤卦第四十四 ……………………………………………… 225
　　萃卦第四十五 ……………………………………………… 228
　　升卦第四十六 ……………………………………………… 233
　　困卦第四十七 ……………………………………………… 236

卷七 ……………………………………………………………… 241
　　井卦第四十八 ……………………………………………… 241
　　革卦第四十九 ……………………………………………… 245
　　鼎卦第五十 ………………………………………………… 249
　　震卦第五十一 ……………………………………………… 253

艮卦第五十二 ································ 257
　　渐卦第五十三 ································ 261
　　归妹卦第五十四 ······························ 265
　　丰卦第五十五 ································ 269

卷八 ·· 273
　　旅卦第五十六 ································ 273
　　巽卦第五十七 ································ 277
　　兑卦第五十八 ································ 281
　　涣卦第五十九 ································ 284
　　节卦第六十 ·································· 288
　　中孚卦第六十一 ······························ 292
　　小过卦第六十二 ······························ 296
　　既济卦第六十三 ······························ 300
　　未济卦第六十四 ······························ 304

卷九 ·· 309
　　系辞上传 ···································· 309
　　系辞下传 ···································· 331

卷十 ·· 351
　　说卦传 ······································ 351
　　序卦传 ······································ 361
　　杂卦传 ······································ 366

引言[①]

三《易》

  《易经》在我们中华文化中占有至高无上的地位。《易经》为儒家十三经之首，在经学中，易学也占有最重要的地位。在中国历史上有成就的人，往往本人就是易学家，如唐朝的虞世南、宋朝的司马光、王安石、苏轼、清朝的李光地等。汉朝的王凤、唐代的虞世南都非常推崇《易经》，说"不读《易》不可为将相"。不学《易经》的人，不能作一个很好的宰相，亦不能作一个很好的大将，《易经》竟有如此的重要。《易经》的重要有如此，我们该怎样去研究它呢？我们这本书所注解的《易经》，只是中国《易经》学问的一部分。这本书名《周易》，是周文王在羑里坐牢的时候，研究《易经》所作的结论，也就是《史记》中说的"文王拘而演《周易》"。我们儒家的文化，道家的文化，一切中国的文化，都是从文王著了这本《周易》以后，开始发展下来的。诸子百家之说，都渊源于这本书，都渊源于《易经》所画的这几个卦。

  事实上，在《周易》之前，还有两种《易经》，一种叫《连山易》，一种叫《归藏易》。加上我们现在手边所持的《周易》，总称为"三《易》"。《周礼·大卜》："大卜掌三《易》之法，一曰《连山》，二曰《归藏》，三曰《周易》。"《连山》是神农时代的《易》，所画八卦的位置，和《周易》的八卦位置是不一样的。黄帝时代的《易》为《归藏》。《连山》以艮卦开始，《归藏》以坤卦开始，到了《周易》则以乾卦开始，这是三《易》的不同之处。说到这里，我们要有一个概念，现在的人讲《易经》，往往被这一本《周易》范围住了，因为有人说《连山易》和《归藏易》已经遗失了、绝传了，其实并非如此。近几十年的考古发现，如江陵王家台秦简《归藏》的发现，证实了"三《易》"之说的基本可信。有兴趣的读者，可以读一下清人辑录的《三易备遗》。关于《周易》与《连山》、《归藏》的传承关系，现有的资料尚不充分，但学者们都认为，

---

  ① 说明：2009年，我所编写的《一本书读懂易经》问世后，很多读者来函希望能够面向没有易学基础的、甚至没有古文基础的读者编写一本解释《易经》的著作，此书正是以是因缘而编写。此书的解释与疏证，采用了古今诸家学者的众多研究成果，在此一并致谢。

三《易》有传承关系是毫无疑问的。

卦与八卦

什么叫作卦？古人解释："卦者挂也。"也就是说，卦就是挂起来的现象。八卦就是告诉我们宇宙之间有八个东西，即：乾☰、兑☱、离☲、震☳、巽☴、坎☵、艮☶、坤☷等八个三画卦。八卦两两相重，就构成了六十四卦。

这八个东西的现象挂出来，就是八卦。整个宇宙就是由八卦组成，就是一本《易经》。宇宙的现象都挂在那里，现在我们先了解它的原理。

乾卦代表天，坤卦代表地，这两个符号，代表了时间、空间、宇宙。

在这个天地以内，有两个大东西，一个是太阳，一个是月亮，像球一样，不断在转，所以离卦代表太阳，坎卦代表月亮。这两个东西不停地旋转于天地之间，于是有四个卦挂出来了。

还有两个卦是震卦、巽卦。震卦代表雷，巽卦代表风。雷电震动了就是雷，雷生万物，所以万物出乎震。一震动以后，对面变成气流了，就是风。

另外还有两个卦是艮卦和兑卦，艮卦代表高山、陆地，兑卦代表海洋、河流、沼泽。

在宇宙间，除了这八个大现象以外，再找不出第九样大的东西了。大的现象只有八个，没有九个，亦不能七个，只有八个，而且都是对立的。可是这八个现象，变化起来就大极了，是无穷的，不能穷尽的数字，变化当然也是无穷无尽的。

八卦各有自己的方位，下面是伏羲八卦方位图和文王八卦方位图。

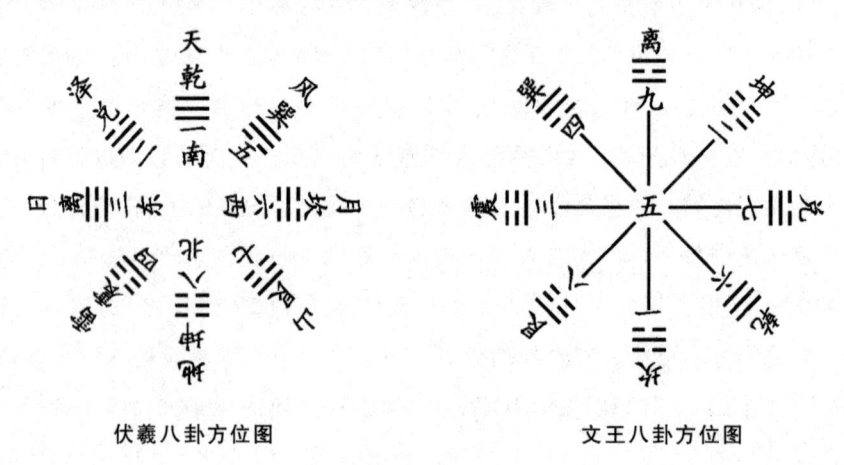

伏羲八卦方位图　　　　　　文王八卦方位图

伏羲八卦方位图又名"先天八卦"，文王八卦方位图又名"后天八卦"。

易学名词图释

卦辞：解释六十四卦之义的称为"卦辞"。如乾卦：

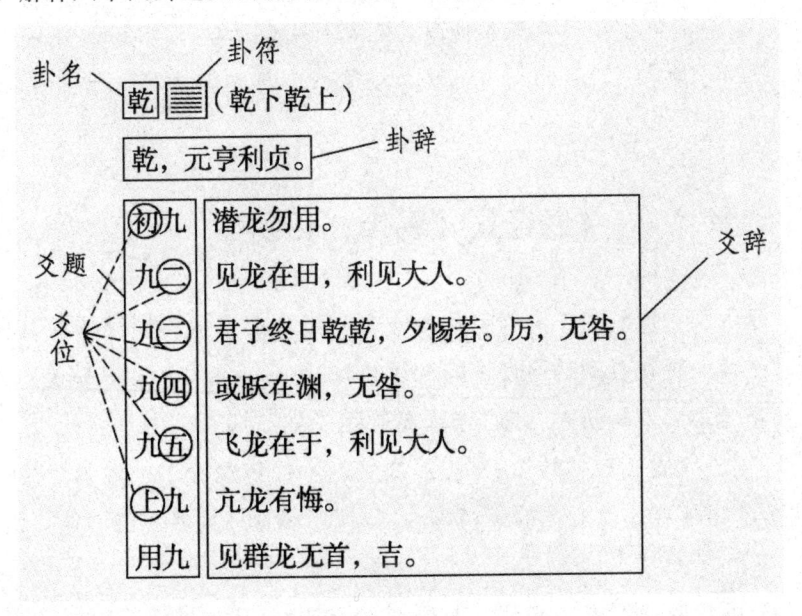

```
           卦符
  卦名  ┌──┐
       │乾│▆▆▆│（乾下乾上）
       └──┘
       ┌─────────┐
       │乾，元亨利贞。│──── 卦辞
       └─────────┘
  ┌──┬─────────────────────┐
  │初九│潜龙勿用。              │
  │九二│见龙在田，利见大人。       │
爻题│九三│君子终日乾乾，夕惕若。厉，无咎。│ 爻辞
爻位│九四│或跃在渊，无咎。          │
  │九五│飞龙在于，利见大人。       │
  │上九│亢龙有悔。              │
  │用九│见群龙无首，吉。          │
  └──┴─────────────────────┘
```

上面的"乾，元亨利贞"就是"卦辞"。

爻位：一卦之中有六个位次，自下而上，依次叫做初、二、三、四、五、上。卦象的符号共两种，一长称"阳"，两短曰"阴"。一长的阳符号用数字"九"表示，两短的阴符号用"六"表示，一个阳符号或一个阴符号在卦中位次出现时，我们可以称之为"爻"了，即初爻、二爻、三爻、四爻、五爻、上爻。每卦有六爻，六十四卦共有三百八十四爻，亦即"爻题"。爻题下的说明文字如"初九，潜龙勿用"，即称"爻辞"。

八卦与六十四卦的速成法

如何快速记住八卦呢？古人为我们准备了一套歌诀：乾三连☰，坤六断☷；震仰盂☳，艮覆碗☶；离中虚☲，坎中满☵；兑上缺☱，巽下断☴。

如何快速记住六十四卦卦名呢？古人也为我们准备了一套歌诀，叫做《上下经卦名次序歌》：

　　　　乾坤屯蒙需讼师，比小畜兮履泰否。
　　　　同人大有谦豫随，蛊临观兮噬嗑贲。

剥复无妄大畜颐，大过坎离三十备。
咸恒遁兮及大壮，晋与明夷家人睽。
蹇解损益夬姤萃，升困井革鼎震继。
艮渐归妹丰旅巽，兑涣节兮中孚至。
小过既济兼未济，是为下经三十四。

这首歌前三句讲上经，后四句讲下经，按通行本卦序叙述了六十四卦卦名，方便我们的记忆。

《易经》、《易传》和易学

《易经》是中国古代研究、占测宇宙万物变易规律的典籍，因汉儒将其列入六经，故称《易经》。我们现在看到的通行本的《易经》，包括《周易》和《易传》两个部分。"经"有常规不变之义，汉朝人对儒学尊奉的典籍，如《诗》、《书》、《礼》、《春秋》等皆称为经，不限于《周易》。"传"，有传授之义，古代传授经书的经师，往往对"经"的文字和内容作出解释，其所作的解释称为"传"。解释《易经》的著作，则称为《易传》。

《周易》指西周时期形成的典籍，即原本《周易》，是《易经》中的经文部分，由六十四卦组成，每一卦包括卦符、卦名、卦辞、爻题、爻辞。六十四卦共三百八十四爻，加上乾卦、坤卦的用九爻、用六爻，共三百八十六爻。六十四卦爻辞，内容涉及自然现象、历史人物事件、人事行为得失、吉凶断语等。

《易传》亦称《易大传》、《十翼》，传统的说法是孔子对《周易》的解释，共十篇：《彖》上下、《象》上下、《文言》、《系辞》上下、《说卦》、《杂卦》、《序卦》。其中《彖》说明《易经》各卦之义，专门解释卦名、卦象、卦辞，而不涉及爻辞；《象》说明《易经》各卦的卦象、爻象；《文言》专门解释乾、坤两卦卦义；《系辞》通论《周易》原理；《说卦》解释八卦性质、方位和象征意义；《序卦》说明六十四卦排列次序；《杂卦》说明各卦之间错综关系。

从春秋时期开始，随着社会和文化的发展，人们对《周易》进行了各种各样的解释。在我们中国历史上，解释《周易》的著作有两三千种，目前流传下来的就有近千种。我们在提到这些典籍时，通常把它们称作"易学"，如《周易集解》、《周易本义》、《周易折中》等等。"学"，指汉朝以来的经师、学者对《周易》和《易传》所作的种种解释。之所以称为"学"，是因为从汉朝开始，凡研究儒家经典的学问皆称为学，即经学。儒家经学系统的典籍从汉朝开始，都包括经、传、学三部分，《周易》系统的典籍也是如此。

这本《白话易经》，也是专门解释《周易》的著作，即由此三部分组成。其中，正文楷体文字中，卦画、卦名、爻题、爻辞等称为经文。附经的楷体字部分即"《彖》曰"、"《象》曰"、"《文言》曰"后的文字，以及六十四卦后的《系辞传》、《说卦传》、《序卦传》、《杂卦传》等部分就是传文。我们对经文、传文所作的注解则就属于易学。由于本书对《周易》经传所作的注解为今人所撰，那么本书就属于当代易学。

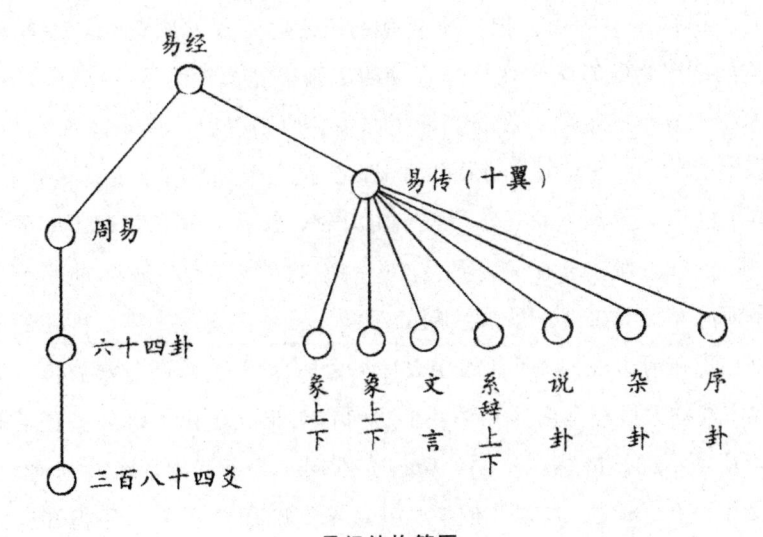

易经结构简图

《易经》的三原则

司马迁说：《易》本隐之以显，《春秋》推见至隐。也就是是说，《周易》能把最不为人所知的东西放到桌面上来，教人趋吉避凶。那么，如何才能做到这一点呢？郑康成作《易赞》及《易论》云："易一名而含三义。易简，一也；变易，二也；不易，三也"。也就是说，《周易》这门学问中，有三个最重要的原则，也叫作"三易"。我们在研究这门学问之前，首先就要掌握的三个原则就是：一、易简；二、变易；三、不易。研究《易经》，首先就要了解这三大原则的道理。

第一，易简，也就是简易，说的是宇宙间万事万物，有许多是我们的智慧知识和能力没有办法了解的；但是，宇宙间的任何事物，有其事必有其理，万事万物的存在都是有因果的，都不是无缘无故的。有这样一件事，就一定有它的原理。有了这样的结果，就一定会有它的前因。只是我们的智慧不够、经验不足，找不出它的原理，找不出它的前因，我们才会觉得茫然。《易经》的简易，就是告诉我们人生的最高的原则：宇宙间无论如何奥妙的事物，都是最简单最平凡的。只是由于我们的智慧不够，才觉得神奇奥妙。当我们的智慧够了，了解它以后，就变成为平凡，最平凡而且非常简单。我们研究邵雍的《皇极经世》，觉得奥妙神奇。根据他的理论推算出的历史事实，和最新的考古发现是一致的。① 这就是《周易》的大原则在历史上的应用。懂了邵雍的方法，就知道过去、未来。有没有这个道理？有，有这个方法。古人懂了《易经》的法则以后，懂了宇宙事物以后，就可以利用六十四卦推算出万事万物来，把最隐秘的东西说清楚，说得简单明白。把那么复杂的道理，变得非常简化，就叫作简易。也就是说，宇宙间的事物随时都在变，尽管变的法则很复杂，但是，《易经》首先告诉我们，宇宙间再错综复杂的现象，在我们懂了原理、原则以后，就非常简单了。

　　第二，所谓变易，也就是万事万物随时都在变化之中，没有不变的事物。《易经》告诉我们，世界上的事，世界上的人，乃至宇宙万物，没有一样东西是不变的。在时空当中，没有一事、没有一物、没有一境界、没有一思想是不变的，不可能不变，一定要变的。譬如一条河流，我们在第一秒观察它的时候，已经在变了，第二秒钟的情况立即又不同了。所以孔子在河边说："逝者如斯夫！不舍昼夜。"这句话非常简练，但说的是宇宙中的时间和空间的大道理，由这句话我们也可以看出孔子伟大之处。孔子的感叹的就是时间不同，环境不同，情感亦不同，精神亦不同，万事万物，随时随地，都在变中，非变不可，没有不变的事物。所以我们学《易》先要知道"变"，人不但知变而且能适应这个变，才能不机械地处理问题，这就是为什么不学《易》不能为将相的道理了。

　　第三，不易，万事万物随时随地都在变的，可是却有一项永远不变的东西存在，就是能变出来万象的那个东西是不变的，那是永恒存在的。那个东西是什么呢？也就是万有的源头，老子把它称为"道"，有的人也把它称为"上帝"、"神"、"主宰"、"佛"、"菩萨"，哲学家叫它是"本体"，科学家叫它是"功能"。别管它是什么名称，反正有这样一个东西，这个东西是不变的，这个能变万有、万物、万事的"它"是不变的。

　　掌握了这三个原则，我们就可以开始研究《易经》了。

什么是五行

　　所谓五行，就是金、木、水、火、土。我们翻《易经》，乾卦的"天行健"这句话，这个"行"是代表运动的意思，就是"动能"，宇宙间物质最大的互相关系，就在这个动能。这个"动能"有五种，以金、木、水、火、土作代表。五行和卦一样，是种传统符号，而不是其它的。

　　"五行"不仅是汉代以来的筮法中的重要概念，也是推断事物吉凶和发展趋势的一

---

①　参见《〈皇极经世〉与〈夏商周年表〉》，郭彧著。

个重要依据。同时，"五行"也是中国文化中的一个重要概念，上至天文地理，下至人间万物，医卜星相，应用的都是"五行"的观念。

"五行"的"行"字应读为 hang，而不是 xing，指的是事物的状态，在占断中的作用相当于数学中的符号。比如，所谓"金"并不是黄金，"水"亦并不是和杯中喝的水一样，千万不要看成了五行就是五种物质。

金，凡是坚固、凝固的都是金，古代和现代的科学分类不同，当时对于物质世界中有坚固性能的，以金字作代表。

木，代表了树木，代表了草，代表了生命中生的功能和根源。草木被砍掉以后，只要留根，第二年又生长起来。白居易的诗："离离原上草，一岁一枯荣，野火烧不尽，春风吹又生。"这就是木的功能，生长力特别大也特别快，木就代表了生发的生命功能。

水，代表了流动性，周流不息的作用。

火，代表了热能。

土，代表了地球的本身。

所以称它们为五行，是因为这五种东西，互相在变化，这个物质世界的这五种物理，互相在影响，变化得很厉害，这种变化，名叫生、克。

五行生克

"生"就是生长出、产生、衍生的意思，"克"就是克制、约束意思。说到生、克，我们研究《易经》，都知道综卦，也就是覆卦。综卦就是告诉我们世界上的事物，都有正反两个力量，有生亦有克。生克是阴阳方面的说法，在学术思想上，则为"祸兮福之所倚，福兮祸之所伏"。福与祸，正与反，是与非，成与败，利与害，善与恶，一切都是相对的，互相生克。人世间的事情正如塞翁失马一样，如果没有一个正确的方法来指导人生，我们就不会知道事情第二步、第三步会如何发展。水能克火，金能克木。中国的民间有句俗话，卤水点豆腐，一物降一物，也是这个道理。爱与恨，也是如此，两个对立相存，没有绝对的一方。京剧里面相爱的男女，往往以冤家相称。父母对子女恨极了，恨铁不成钢，就骂他是小冤家。现在青年人谈恋爱也知道，爱得愈深，恨得也愈深，这也就是"恨生于爱"的原理，也是生克的法则。

关于五行的生克道理，可以用下面这两个图案来表现：

五行相生图　　　　五行相克图

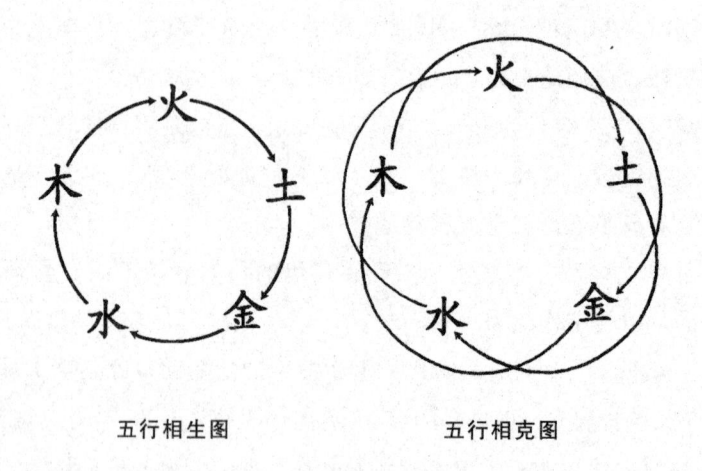

　　左图的箭头是表示相生的，就是依时针的方向顺序，依次而生，成为木生火，火生土，土生金，金生水，水生木。右图上的箭头是表示相克的，五行的位置，和第一图相同，箭头所指的方向，也是顺时针方向，所不同的，相生图的箭头，是指向紧靠自己的邻居，而相克图的箭头，是跳了一个位置，指向隔邻的位置上，于是成了木克土，土克水，水克火，火克金，金克木。

　　木克土，木生于土但能克土。现在讲水土保持，就要植树种草，用的就是木克土的道理。许多我们常见的事物里面，就包含了最深奥的道理在。万物皆是一部《易》，现在看来真是如此。

　　金生水，在古代的启蒙书《千字文》里面，就有这么一句"金生丽水"。这个丽水不是指浙江的丽水县，丽水是形容水多。凡是藏金的地方，一定多水。金克木，当然砍木头要用铁器，或用锯子去锯，这还不足为奇。在古代，假如门口有一棵大树，认为风水不好，而又觉得砍伐麻烦，不如让它自己枯死，就用一枚大铁钉，打到树的中心，这棵树很快就枯萎了，这就是金克木的现象。

　　另外一个哲学的道理，例如金生水，在古代就说："水者金之子。"水是金的儿子，于是水生木，木是水的儿子，木生火，火是木之子，火生土，土是火之子，土生金，金又是土之子。

　　五行生克说来简单，但它确是世间的至道，万事万物的运行莫不如此。

天干地支

　　天干地支，我们现在可以从甲骨文里找出来，可见这个文化的来源很早。中国人发展最早的是天文，发展到最高级的时候，就归纳起来用十个符号作代表，这十个符号就名天干。

天干和地支是我国古代用来纪年的。至于天干地支的每一个字的定义，至于这些名称的由来，与《周易》没有多大关系，好多学者都有自己的见解。我们不是专门的研究者，只是了解一下天干地支在卜筮中的用法，且不去管它。

我们先介绍天干文化。天干文化比五行文化更早，也更古老。我们研究《易经》发展史、中国文化发展史，知道天干文化也比《周易》古老得多。

所谓"天干"，也称"十天干"，或"十干"，也就是甲、乙、丙、丁、戊、己、庚、辛、壬、癸等十个符号。天干是最古老的纪时系统，反映的是宇宙中天体、时间与气的互相作用的规律，揭示的是事物的发生、发展、壮大、衰落、死亡、消失以及在旧事物的基础上产生新事物的规律性。

天干就是五行的法则，意思是说："在这个太阳系中，地球和外面的星球，彼此干扰的作用。"以现在的地球物理学来说，说是地球和各个星球的放射功能，彼此吸收互相发生作用。例如太阳能的放射，对我们地球人类的干扰很大，尤其学通讯、电子、太空学方面的人都很清楚，而我们中国人老早就了解。对于这种天体的运动、物理世界的运动，用木、火、土、金、水来代表，说明相生相克的道理。

前面已经介绍了天干，现在再介绍地支。何谓地支？我们以现代的观念来说，就是地球本身，在太阳系中运行，与各个星球之间互相产生干扰的关系，无形中有一个力量在支持着，这说是地支。

"地支"和天干一样，也有悠久的历史，在三代时期，地支就被用来纪月了。地支共有十二个，也就是子、丑、寅、卯、辰、巳、午、未、申、酉、戌、亥等十二个符号。地支与天干一样，也是最古老的纪时系统，但它反映的是地气的运行规律及其与时间的对应关系，揭示的是事物发展由微而盛、由盛而衰，循环往复的自然过程。

地支有十二位，代表十二个月。实际上地支是什么呢？是天文上黄道十二宫的代名。所谓"宫"，就是部位；所谓"黄道"，就是太阳从东边起来，向西方落下，所绕的一圈，名为黄道面。我们平常所说的"黄道吉日"，就是指的这个黄道。这种黄道面，每一个月都不同。如我们晚上看天象，每一个星座，从东方出来，共有二十八星宿（天文的知识，在上古时我们中国最发达），而这二十八宿，在黄道面上，每个月的部位也都不同；于是依据这个现象，抽象地归纳为十二个部位，用十二个字来表示。实际上这是天文的现象，变成为抽象的学问，成了后世卜筮的理论基础。南怀瑾先生讲《易经》，讲到这里时说："这一套学问，现在看来好像很简单，但真正用心探究，其中学问甚多，也可见我们上古时老祖宗的文化智慧、科学哲学，都发达到最高最高点；因为科学数字太大，很复杂，普通一般人的智慧没有如此的天才容纳得下。于是把它简化了，用五行、天干、地支来代表，使人人都能懂，只有文化到了最高处，才能变成最简化。可是它的弊病，是后人只知道用，知其然而不知其所以然了。""这个抽象的名词，里面实际是有东西的，包括的学问很大；可惜我们后世只把它用在看相、算命、卜卦这一方面去了。"

二十四节气

　　节气产生于我国古代，它反映了地球绕太阳公转时地球上春夏秋冬四季的变化，反映了农时季节，在农村家喻户晓。随着中国古历外传，节气也广为流传。节气也叫二十四节气，是相间排列的十二个中气和十二个节气的统称，是根据太阳在星空间运动的位置来决定的。它们分别是：立春、雨水、惊蛰、春分、清明、谷雨、立夏、小满、芒种、夏至、小暑、大暑、立秋、处暑、白露、秋分、寒露、霜降、立冬、小雪、大雪、冬至、小寒、大寒。

　　以上二十四个节气，依次顺数，逢单的为节气，称为"节"；逢双的为中气，称为"气"，合起来就是"节气"，现在统称为"二十四节气"。

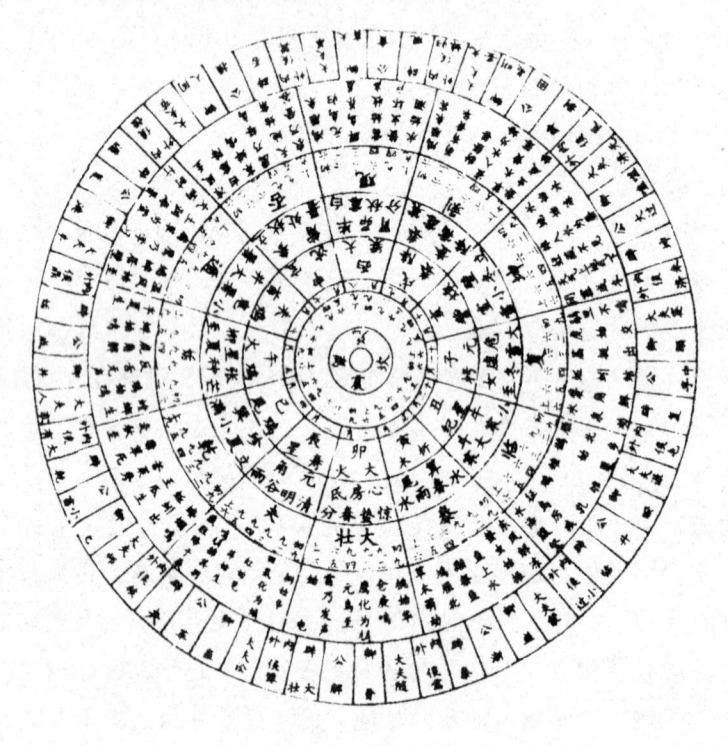

二十四节气图

　　阴历以十二个中气作为十二个月的标志，即各月都有一定的中气，比如正月的中气为雨水，二月的中气为春分等等，依次类推。节气与节气之间，或中气与中气之间，平均相隔30.4368日，而一个朔望月是29.5306日，所以节气或中气在阴历的月份中的日期逐渐推移，到了一定的时候，中气就不在月中了，而移到了月末，那么下一个月很可能就没有中气，而只剩下一个节气了。这个没有中气的月份，就被作为该农历年的闰月。

从上面的介绍，我们知道，节气就实质来说是属于阳历的范畴，因为它是以地球绕太阳运转周期（即回归年）来制定的。在公历里，每月各有一个节气与一个中气，上半年节气总在每月的 6 日左右，中气总在 21 日左右；下半年的节气总在每月 8 日左右，中气总是在 23 日左右。一般最多相差一两天，所以很容易记忆。

下面，我们就说一说这二十四个节气。

立春：在每年公历 2 月 4 日前后。中国习惯把它作为春季开始的节气。

雨水：在每年公历 2 月 19 日前后。此时农村开始备耕生产。

惊蛰：每年公历 3 月 6 日前后为惊蛰。"过了惊蛰节，春耕不停歇"。北方进入惊蛰，春耕大忙便开始了。

春分：每年公历 3 月 21 日前后太阳到达黄径 0°时为春分。这时阳光直照赤道，南北半球得阳光平均，所以昼夜几乎等长。

清明：每年公历 4 月 5 日前后为清明。此时中国黄河流域及大部地区的气温开始升高，雨量增多，春暖花开，天空清澈明朗，正是春游踏青的好时节。

谷雨：在每年公历 4 月 20 日前后。"雨生百谷"道出了谷雨节气的由来。谷雨是北方春作物播种、出苗的季节。

立夏：中国习惯把立夏作为夏季的开始，一般在公历 5 月 6 日前后。

小满：每年公历 5 月 21 日前后为小满。顾名思义，小满是指夏收作物子粒将要饱满成熟的意思。小满后，北方各地的小麦就要熟了，而黄淮流域的冬小麦将开镰收割。

芒种：芒种表示麦类等有芒作物成熟的季节，一般在每年公历 6 月 6 日前后。

夏至：每年 6 月 21 日前后为夏至。夏至表示炎热的夏天已经到来，同时也是一年中白天最长的一天。

小暑：在每年公历 7 月 7 日左右。一般小暑后就要数伏，[①] 所以小暑标志着一年最炎热的季节就要到来了。

大暑：在公历 7 月 23 日前后。顾名思义，大暑是一年中天气最热的时候。

立秋：在每年公历 8 月 8 日前后。中国习惯上把这一天作为秋季开始。

处暑：在每年公历 8 月 23 日前后。处暑是反映气温由热向冷变化的节气。

白露：在每年 9 月 8 日前后，白露指气温降低，并出现露水。

秋分：在每年公历 9 月 23 日前后。"秋分秋分，日夜平分"。此时阳光直照赤道，

---

① 伏指初伏、中伏和末伏。它是从夏至后第三个庚日开始的。

11

昼夜几乎等长。

寒露：在每年公历10月8日前后。寒露一到，华北地区便开始进入深秋，而东北地区则呈初冬景象，长江流域及以南地区却仍郁郁葱葱。

霜降：每年公历10月23日或24日。霜降表示气候渐渐寒冷，北方地区开始有霜。

立冬：每年公历11月7日前后为立冬。立冬是表示冬季开始的节气。这时，黄河中下游地区即将结冰。

小雪：在每年公历11月22日前后。它表示已经到了开始下雪的季节。此时，东北、内蒙古、华北北部地区气候寒冷。

大雪：每年公历12月7日前后。一交大雪，黄河流域的冬小麦进入了休眠期。

冬至：每年12月22日前后为冬至。冬至为北半球冬季的开始。这天昼最短，夜最长。冬至过后便是"数九"了。

小寒：在每年公历1月6日前后。这时正值"三九"前后，中国大部分地区进入严寒时期。

大寒：在每年公历1月20日前后。大寒为中国大部分地区一年中最冷的时期。

我国民间流行有"节气歌"一首："春雨惊春清谷天，夏满芒夏暑相连。秋处露秋寒霜降，冬雪雪冬小大寒。"可以帮助我们轻松记住这二十四个节气。

天文历法

《周易》所用的卜筮方法与历法密不可分，《系辞传》里传下来的方法，所谓"归奇挂扐，三变成爻，四营成易"就是模拟闰法来进行的。闰法与筮理一脉相通，[①] 我们要掌握卜筮方法，首先要先懂一点历法的知识。

公历，也就是我们现在使用的历法，也称阳历。由于卜筮的方法中用不到公历，那就先不要管它了。

农历是我国广泛使用的历法，又称阴历、夏历，是因为它的纪月法以月相为标准，以月亮从朔到上弦、望、下弦再到朔的一个朔望月为一个月。推算农历先推算二十四节气和定朔（推算日月黄经相等的时刻——朔），朔所在某日，即为初一，从朔到朔为一个月，相距29日的为小月，30日为大月。月从中气得名，月内有某中气的即为某月份，如含有中气"雨水"即为农历正月。无中气为闰月，闰月无名，取用前月名，如四月后的闰月为"闰四月"，如此使农历年与回归年的差距随时得到调正。在农历中，平年12个月，日数为354或355日；闰年13个月，日数为383或384日。这就是我国

---

① 参见《周易筮法研究》，黄山书社，汪显超著，2002年6月第1版。

自公元前十四世纪的殷代起,到1911年的辛亥革命止,一直在使用的"十九年七闰(加七个闰)月"的历法。因为二十四节气是由太阳的位置决定的,因此农历合适的称呼应是"阴阳历"。

还有另一种历法是干支历。天干地支简称干支。天干共十个字,顺序为甲、乙、丙、丁、戊、己、庚、辛、壬、癸;地支共十二个字,顺序为子、丑、寅、卯、辰、巳、午、未、申、酉、戌、亥,都是传统用来编排次序的字组。二者并行组合排列成天干地支表,周而复始,循环使用。干支历的纪年纪月法都同农历,它的年、月、日都各以干支顺序排列、互不干扰,闰月也同农历。干支历中的节日、三伏、九九以及出梅、入梅等与人们生活及当时社会活动密切相关,有的至今还为人们所用。

时差与天文时间

卜筮所用的时间是天文时间(视太阳黄经时),而一般人脑子里面所记的时间是钟表时间,也就是人为制定的标准时区的平均太阳时。若出生于某个时辰的头尾,往往因为"真太阳时差"而致排出来生辰八字时往往有误。

首先,要区分标准时与出生地的经度时差。

全球分为二十四个时区,以能够被15整除的经度作为该区域的中央子午线,每一时区占经度15度。在该时区中央子午线以东的地区,时间要加,以西的地区,时间要减,一度4分钟。

中国共分五个时区:

(1) 中原时区:以东经120度为中央子午线。

(2) 陇蜀时区:以东经105度为中央子午线。

(3) 新藏时区:以东经90度为中央子午线。

(4) 昆仑时区:以东经75(82.5)度为中央子午线。

(5) 长白时区:以东经135(127.5)度为中央子午线。

一个时区的"标准时",只是一个大地区的统一时间,大家共同遵守的"人工"时间而已,并不是该时区内每个地点的"本地时间(LMT)"——真正的经度时。要用出生地的经度与出生大地区的标准时来加减,全球任何地点都用这个原则。

例如:中原时区包括内蒙古、辽宁、河北、山西、山东、河南、安徽、江苏、湖北、湖南、江西、浙江、福建、广东、海南、香港、澳门、台湾。这个大地区当时钟敲定正午12点时,只有位于东经120度线上的地点才是12点,其它的地方是少于或多于12点。如香港位于东经114度10分,比东经120度偏西5度50分,其真正经度时是11时36分40秒。

其次，要区分平均太阳时与真太阳时的时差。

钟表时间每天24小时的"平均太阳时"是人造的，假想地球绕日自转、公转的轨道是正圆形，这只是政府为了行政措施的方便而设的"统一"时间。事实上，地球的自转和公转，因黄赤道的关系，并不是一年365.25日、每日都是24小时，只有每年阳历的4月25、6月14、9月1、12月24日才恰好24小时，其余的361天，不是多就是少。这种误差，称为"真太阳时差"。《世界航海历》每日都有注明真太阳日与平均太阳日的时差。

干支纪年

汉代的筮法，五行之外，还要加上干支。要学《易经》的卜筮，没有什么秘诀，不外是用五行卜筮，重点在五行，不是在八卦。用八卦来断事情，又是另外一个体系，所以严格说来，五行和八卦两种体系是分开的。但几千年来，大家都把它混合在一起。后来的一切卜筮方法，都是以干支历来起数和推断的。有的人研究《梅花易数》，用年月日时起卦，占断结果老是不准确，就是因为把历法理解错了。研究以数起卦，必须用干支历，而不是用农历。

干支纪年法就是用六十甲子纪年法来记载每一年、每一月、每一时，而不像现在公历纪时的方法来用阿拉伯数字记载时间，如2004年3月29日11时13分等；也不像农历那样用年号加数字来纪时，如唐高祖武德五年三月十五卯时等。干支历纪时的特点就是全部用干支来表示时间。如下图：

甲子	乙丑	丙寅	丁卯	戊辰	己巳	庚午	辛未	壬申	癸酉
甲戌	乙亥	丙子	丁丑	戊寅	己卯	庚辰	辛巳	壬午	癸未
甲申	乙酉	丙戌	丁亥	戊子	己丑	庚寅	辛卯	壬辰	癸巳
甲午	乙未	丙申	丁酉	戊戌	己亥	庚子	辛丑	壬寅	癸卯
甲辰	乙巳	丙午	丁未	戊申	己酉	庚戌	辛亥	壬子	癸丑
甲寅	乙卯	丙辰	丁巳	戊午	己未	庚申	辛酉	壬戌	癸亥

干支相配图

干支历纪年法在古代已十分完善。从公元54年开始，一直到现在为止，就从来没有间断或混乱过。这种方法从甲子年开始，至癸亥年止，每六十年为一个周期，周而复始，不断地循环，每隔六十年的纪年干支是完全相同的。

说到这里，我们就要问了，第一个甲子年是哪一年呢？这里特别指出：第一个甲子年的确定已经由古代的天文学学者完成了。甲子的确定，来源于天文学的观察，今天我们不能随便去改变的。干支历纪时有其特有物理和天文学含义，是对宇宙的一种描述，这也是一切卜筮方法以干支历为基础的原因。

另外，还有一个问题需要特别指出：干支历每一年的第一天既是不公历的1月1日，也不农历的正月初一，而是每一年立春的那一天。立春这一天，是每一年的第一天。

纳甲与易数

再把天干地支配合成一图，纳于八卦之中，即是所谓的"纳甲"，也就是"乾纳甲"的简称。在汉代及汉代以后，许多《周易》的研究者把这套大法则，演变成小学问，用在算命、看相卜卦上，乃至用到侦判命案上，《洗冤录》中就有这方面的学问。像这样相配，地支的辰、戌、丑、未都空出来了。而天干的位置是：东方甲乙木、南方丙丁火、西方庚辛金、北方壬癸水、中央戊己土，和地支相配，名为纳甲。也就是把五行、八卦、天干、地支，归纳到一起。

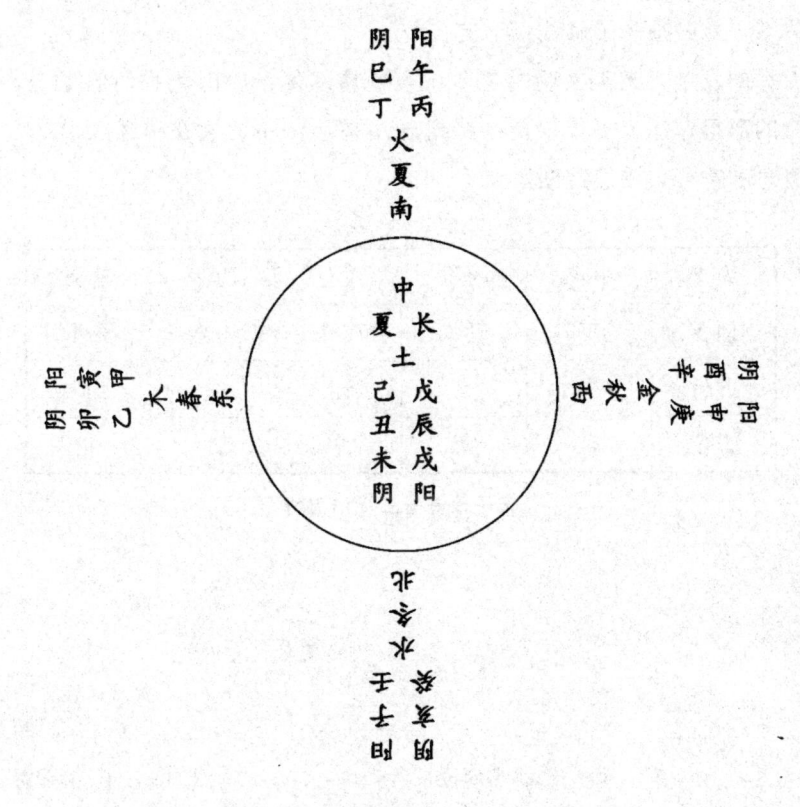

由前面圆图再配上八卦，用先天伏羲八卦图的位置纳甲，为乾纳甲、坤纳乙、艮纳丙、兑纳丁、戊己在中间，震纳庚、巽纳辛、离纳壬、坎纳癸。

地支上有六冲，也可从前面的圆圈中看到，凡是对面位的都是冲，如子与午、丑与未、寅与申、卯与酉、辰与戌、巳与亥都是相冲的。冲不一定不好，有的非冲不可。相对就是冲，这也是《易经》错卦的道理。实际上所谓冲，是二十八宿在黄道面上，走到太阳这个角度来，叫作"冲"；与太阳的方向相反，这就叫作"合"。从圆图上看，立场相等就是"合"。① 这里我们还要有一个观念，二十八宿在黄道十二宫的位置上，与太阳的躔度对立就变成"冲"，冲并不是难听的话，而是表示有阻碍。

纳甲筮法是《周易》筮法中比较成熟的一种方法，近年来，许多学者都进行了深入的研究，以刘大钧先生所著的《纳甲筮法》为最好，深入浅出，非常详尽，当世无出其右。由于这本书只是介绍最基本的概念，我们这里就不再多说了。

天干地支与五行相配

关于天干地支与五行这一套东西，如果只研究《周易》的学术思想和大的原理原则，则不必要研究了。如果要了解我们中国几千年来，《易经》八卦用之于天文、地理等方面的关系，就必须先了解五行干支。

随着人类的发展，人类文明的进步，人事愈趋复杂。因此我们的祖先，发现了天干地支五行的双重作用，不仅仅把这些概念用在历法中，又在描述人事的占断中也引用了这些概念和符号，并编定图案如下：

天干	甲乙	丙丁	戊己	庚辛	壬癸
地支	寅卯	巳午	辰戌午未	申酉	亥子
五行	木	火	土	金	水
方位	东	南	中	西	北

天干地支与五行相配图

---

① 如子与丑合、寅与亥合、卯与戌合、辰与酉合、巳与申合，等等。在十二地支中，还有两合、三合，等等。

掐指一算

在前面我们讲了先天八卦，现在讲一下后天八卦，也称文王八卦。后天八卦，还是乾、坤、离、坎、震、艮、巽、兑八个卦，可是图案上摆的位置完全不同了。周文王的八卦，为什么卦的方位要作这样的摆法，这要特别注意。假使学《易经》学到需要在某一方面应用，而且用得有功效，就要特别研究后天八卦了。"先天八卦"等于是表明宇宙形成的那个大现象，"后天八卦"是说明宇宙以内的变化和运用的法则。

从前面的图可以看到，后天八卦的位置，坎卦在北方，离卦在南方，震卦在东方，震卦对面的西方是兑卦，东南是巽卦，东北是艮卦，西南是坤卦，西北是乾卦。

说到这里，先讲一点八卦的运用，现在大家把这个后天八卦，放到左手的手指上，排的位置是这样的：

无名指的根节上放乾卦，中指的根节上放坎卦，食指的根节放艮卦，食指的中节放震卦，食指的尖节放巽卦，中指的尖节放离卦，无名指的尖节放坤卦，无名指的中节放兑卦。

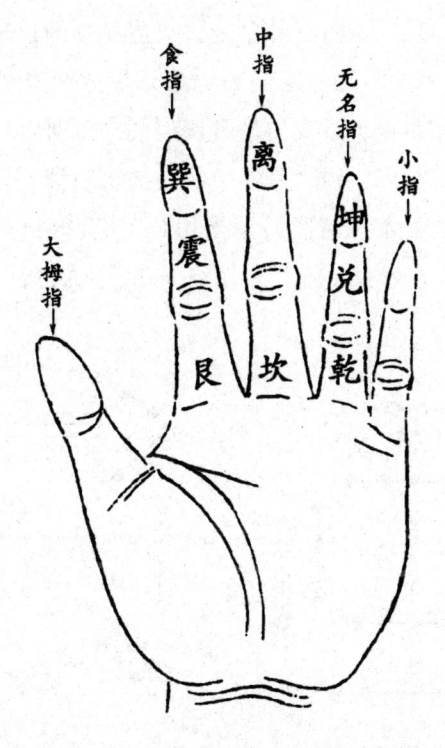

我们看了这幅手掌图，再记住了这个手指上的后天八卦，也可以象诸葛亮那样掐指一算了。记忆的方法，可以用下面四句歌词，背诵下来，更容易记住：

"一数坎兮二数坤，三震四巽数中分，五寄中宫六乾是，七兑八艮九离门。"

从图上看数字，好像很乱，其实仔细研究一下，一点也不乱，试把这个八卦圆图，加几条线，改成方图：

巽四	离九	坤二
震三	五	兑七
艮八	坎一	乾六

从这个图的位置上看，凡是相对的两个卦加起来，都得十的和数，如果连中心的五亦计进去，则无论任何一行，横的、直的、斜的三格总和都是十五，而两卦相加，都合而为十。我们中国人常说"十全十美"，把十看做是代表圆满的数，想来不是没有一点道理的。

《周易》的理、象、数

在研究《易经》的学问时，有些人以"理"去解释《易经》，有些人以"象"去解释《易经》，有些人以"数"去解释《易经》。孔子撰《十翼》，阐述了《周易》中的哲学道理，阐发的就是"易理"。比如"天行健，君子以自强不息"、"地势坤，君子以厚德载物"等等。虞翻注《易》，主要从卦象上讲《周易》的道理，讲的主要是"易象"。也就是说，从爻位变动、本卦与综卦、互卦的关系等方面来描述事物的发展趋势，吉凶悔吝，用的就是"易象"，也就是我们通常所说的"卦符"。邵雍著《皇极经世》，把古往今来说了个透彻，用的是"易数"。古代的人掐指一算，万事皆知，那就是了解了"易数"的缘故。把六十四卦配《河图》、《洛书》，就会得到"易数"。[①] 宇宙间万事万物都有它的数，这是必然的过程。所以《易经》每一卦、每一爻、每一点，都包含有理、象、数三种涵义在内。

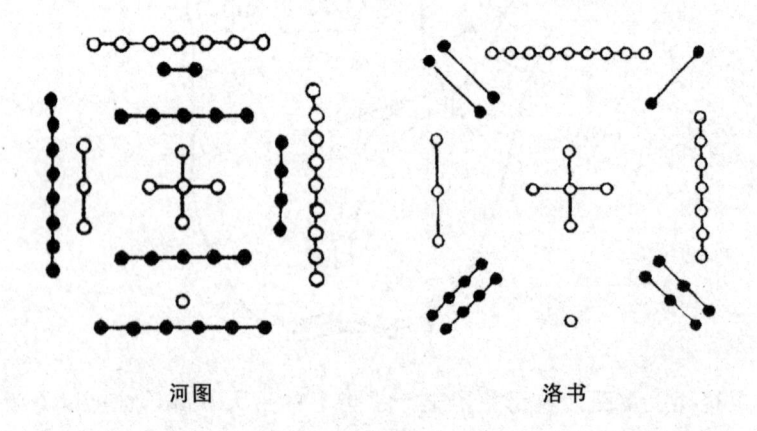

河图　　　　　　洛书

[①] 可参考《六十四卦方圆图》，欲详细研究，请阅《周易集注（易经来注图解）》，九州出版社出版。

人处在世界上，与这个世界的关系，不停地在变，只要发生了变，便包涵了它的理、象、数。人的智慧如果懂了事物的理、象、数，就会知道这事物的变。每个现象，到了一定的数，一定会变。为什么会变，有它的道理。完全明白了这些，就万事通达了。理、象、数通了，就能知变、通、达，万事前知了。

基本理论讲到这里，以下我们进行卜筮学的研究。

筮　法

我们现在看到的筮法里，记录最完全的，是汉代的筮法。汉朝也距《周易》产生的年代很近，所以汉代的易学和筮法，应该是比较权威的。汉代易学的一个重要特征就是以卦气说解释《周易》原理，而卦气说的实质就是讲一年四季阴阳二气的消长运行。京房作为汉易的代表人物，其对《周易》占筮体例的理解，都贯穿了这一基本思想。他发展了《易传》中的阴阳说，提出了阴阳二气说，并以此解释易学中的阴阳范畴。

在京房看来，《周易》是讲变化的，所谓变化，无非就是阴阳变易。有阴阳二气相交相荡，升降反复，方有卦爻象和人事吉凶的变易。阴阳二气千变万化，新新不停，生生相续，永无止境，这就叫做"易"。而事物及卦爻象的存在和变易，总是又阴又阳，不能拘于一个方面。比如离卦象为二阳爻，中包一阴爻，这是"本于纯阳，阴气贯中"，[①] 所以才有文明之象。他认为，纯阳之体，必须其中贯以阴气，使刚阳之气趋于柔顺，即使其中虚，方能发光照物，否则就会成为暴热而伤物。如果只专于一面，有阳而无阴，或有阴而无阳，或者只能长不能消，其结果必然失败。所以，《系辞》说"一阴一阳之谓道"。这是以气具有两重性说明卦爻象具有两重性。

值得注意的是，京房还阐发了阴阳转化的观念，提出了"物极则反"说。如其解释大壮卦说："壮不可极，极则败。物不可极，极则反。"这是说，大壮卦四阳爻二阴爻，阳胜阴为壮。其爻辞说，羝羊以其角触藩篱，反而被系其角，处于进退两难之地，这就是壮极则反。即是说，阳胜阴为壮，壮极则反于阴。所以事物发展到极端则走向其反面，故说"物不可极，极则反"。京房认为，"物极则反"是同气候变化，阳极阴生，阴极阳生，寒极则暑，暑极则凉，所谓"阴阳代谢"联系在一起的。也就是其解大过卦所说的"阴阳相荡，至极则反"。

以五行学说解释《周易》卦爻象和卦爻辞的吉凶，也开始于京房。他以五行配入分宫卦及卦中各爻，乾配金，坤配土，震配木，巽配木，坎配水，离配火，艮配土，

---

① 详见《京氏易传导读》，齐鲁书社出版。

兑配金。乾卦为阳卦，各爻配十二辰的阳支，初爻为子，配水；二爻为寅，配木；三爻为辰，配土；四爻为午，配火；五爻为申，配金；上爻为戌，配土。坤为阴卦，各爻配以阴支，初爻为未，配土；二爻为巳，配火；三爻为卯，配木；四爻为丑，配土；五爻为亥，配水；上爻为酉，配金。其他六子卦各爻，按阴阳区分，配入五行，皆类此。制一五行爻位图，示之如下：

兑金	艮土	离火	坎水	巽木	震木	坤土	乾金	八卦爻位
土	木	火	水	木	土	金	土	上 爻
金	水	土	土	火	金	水	金	五 爻
水	土	金	金	土	火	土	火	四 爻
土	金	水	火	金	土	木	土	三 爻
木	火	土	土	水	木	火	木	二 爻
火	土	木	木	土	水	土	水	初 爻

不仅如此，京房还按分宫卦的次序分别配入五星，即土星镇，金星太白，水星太阴，木星岁，火星荧惑。如乾宫的乾、遁、否、观卦，按五行相生顺序分别配土、金、水、木、火诸星。以下各卦依次循环配五星，至最后归妹卦，配岁星。这样，以天文学中的占星术解说人事的吉凶。京房还以五行生克说解释分宫卦同其爻位的关系，分宫卦为母，其六位为子，母子之间依五行顺序存在着相生相克的关系。同时又依据五行休王说提出八卦休王说，认为八卦同五行一样，轮流居于统治地位，某卦当政为王，其他卦则生死休废。京氏即以此解说卦爻辞的吉凶。

京房以阴阳五行学说解《易》，构造了一个以阴阳五行为间架的体系。他将八卦和六十四卦看成是世界的模式，认为《周易》既是自然界又是人类社会的缩影，作为世界变易的基本法则，即阴阳二气的运行和五行的生克，就表现在八卦和六十四卦及三百八十四爻之中，从而将西汉以来的自然哲学更加系统化了。

先知——邵康节的失误

说完了筮法，再说一下《周易》的神奇之处。如果《周易》没有什么用处，我们也就不必费心来记住这些卦名和卦序了。邵雍就是一个对《周易》活学活用的大师。邵雍，字尧夫，谥康节，后人或称之为康节先生，他用经世理论推出的历史年表非常准确。因为寒暑雨露都是阴阳二气的作用，所以邵雍由此创制了先天卦气图：

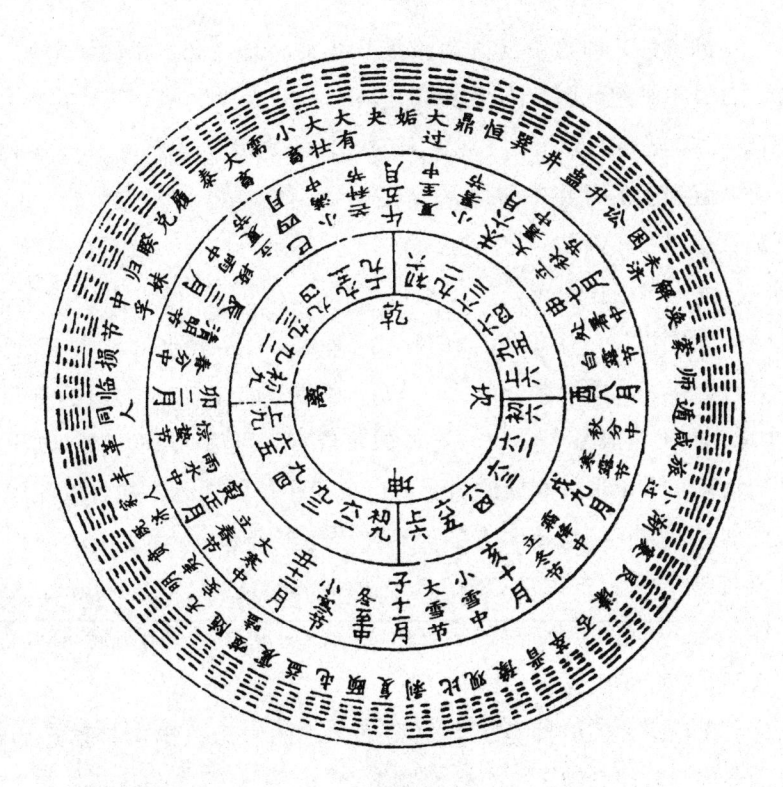

先天卦气图

这个卦气图不仅能象图中表示的那样来描述一年中阴阳二气的消长，还可以用卦气图来描述人类历史的发展。

根据邵雍所著的《皇极经世》中的理论，卦气图描述的，是一元之内，即从天地开辟到毁灭，十二万九千六百年中阴阳二气消长的状况。

依汉代卦气图将六十卦分配于一年的方式，新卦气图将六十卦分配于十二万九千六百年之中，则每卦主管：

129600÷60＝2160（年）

如同旧卦气说每卦主管六日七分一样，新卦气说每卦主管二千一百六十年。也就是说，这二千多年中天地间所发生的事变，都可用这一卦的性质加以说明。

一个卦象，怎能说明这么多年中的事变？比如从秦朝建立到现在，就是二千一百多年，一个卦象，能说得清这么多年中的事变吗？这显然有些力不从心。邵雍在这里采取了变卦的方法。比如复卦，若初爻由阳变阴，则成坤；二爻阴变阳，成临；三爻阴变阳，成明夷；四、五、上爻都依次由阴变阳，则可成震、屯、颐。这样，依据这个变卦原则，一个复卦可变为坤、临、明夷、震、屯、颐六卦。将2160年再分配给六个卦象，则每卦主管：

2160÷6＝360（年）

这360年中的事件，即可由复卦和由复卦变来的某一卦，比如说屯卦，共同加以说明。这样，每卦主管的范围就小得多了。

尽管如此，360年还是太长，于是一卦又变六卦，每卦主管 360÷6＝60（年）。还可继续变下去，直到满足需要为止。

依邵雍的思想，一元并非一定是129600年。一元，只是一个单位；这个单位，可以灵活运用。一元也可当作一年，一年也可当作一元。一元可以当作一年，所以卦气说就可运用于一元之中。一年也可当作一元，那么，每年就也可画成129600个单位。而每个单位又可当作一元而继续分成129600个单位。同样，往大处说，则129600年，或129600个元，也可当成一个单位，这样的单位，又可用129600个组成一个更大的元，即更大的单位。无论是往大处的组合，还是往小处的划分，都可以无限进行下去，直到满足自己的需要为止。流传至今的邵雍的《皇极经世》，都是别人整理过的本子。有的本子甚至把这个数字推算到7958661109946400884391936000000000000000。这样大的数字，即使把一个单位当作一秒，它所表示的时间长度也比现在所知的地球的年龄以至整个太阳系的年龄要长得多得多。

邵雍认为，无论多大的时间范围，也无论多小的时间范围，只要运用他的方法，把卦象依新的卦气图卦序分配于这个时间范围之内，那么，这个时间范围之内的天道、人事都可得到说明。在邵雍的体系面前，什么上知千年、下知千年之类都非常微不足道了，非常非常微不足道了。

依汉代形成的宇宙演化论，轻清上升，重浊下降，从而天地剖分以后，到某一阶段，才产生了人。《易传》也说，有天地然后有万物。人，自然也应产生于天地开辟之后。邵雍也接受了这些说法。并且似乎认为，在一个漫长的历史时间内，人类的情况如何？这是个非常难以了然的问题。或者说，没有什么历史记载，甚至连传说也没有。

邵雍认为，较为可信的历史，应当从帝尧开始。据邵雍推算，帝尧，处于我们这个元内的巳会、癸运、未世。巳会近午，因此正当日之中天。我们的时代，已处于午会。因为一会有129,600÷12＝10,800（年）。所以直到今天，我们仍处于午会的开始阶段，正是这一元之内兴盛发达的时代。距离天地毁灭还远得很。

邵雍根据自己的经世体系，一一考察了历史上的重大事件：从尧、舜、禹、汤，一直到宋赵匡胤作皇帝之前。

列举了这些历史事件以后，再和新的卦气图对天道、人事的说明相比照，结果是"若合符契"。就是说，依照改造过的卦气图来说明历史，乃准确无误。

当然，邵雍的目的，决不是仅仅为了说明历史。说明历史，仅仅是对自己理论的检验，理论的真正目的，是要预测未来。

随着"夏商周断代工程"的成功，我们知道了具体的《夏商周历史年表》，仔细研究这个表，你就会发现，这和《皇极经世》中的历史年表是一致的。

邵雍算历史命运，算得真准，可是怎么样算法？他只在《皇极经世》中说了个大概，并没有真正的把方法仔细告诉我们。可是话说回来，他也真值得尊敬，他可以把孔子以后古人们的各种法则融汇在一起，构成一套完整的法则，的确是了不起的。他一年到头都生病，风一吹就垮，夏天外出，车子外面还要张挂布幔，还要戴帽子，一年四季要天气好才敢出门，可能是因为用脑过度了。《宋史》中他被列为高士，皇帝再三请他出来当宰相，他说："何必出来做官，现在天下太平，有好皇帝、好领袖、好宰相，像这样的时代，不需要我出来。"

我们说，"《易》与天地准，故能弥纶天地之道"。《周易》描述的是宇宙间的至理，描述的是万有的源头，是那个最根本的"道"。检验过去，未卜先知，都是用《易》的小术。我们要讨论的是《易经》中的大道，而不仅仅是这些用法。如果舍本逐末，舍弃最根本的东西，未卜先知又如何呢？也许邵康节的先知，正是他的失误所在。

古老的筮法

《周易》是专讲卜筮的书，不讲卜筮，不讲象和数，也就失去了它的根本。所以，要研究《周易》，我们必须先讲一下筮法。

我们看到的《周易》通行本，据学者们说，应该是全的。虽然经文里并没有告诉我们怎么应用《周易》进行卜筮，但《系辞传》给了我们一个简略的说明：

天数五，地数五。五位相得而各有合，天数二十有五，地数三十，凡天地之数，五十有五，此所以成变化而行鬼神也。大衍之数五十，其用四十有九。分而为二以象两，挂一以象三。揲之以四，以象四时，归奇于扐以象闰。五岁再闰，故再扐而后挂。乾之策二百一十有六，坤之策百四十有四，凡三百有六十，当期之日。

是故四营而成易，十有八变而成卦。八卦而小成。引而伸之，触类而长之，天下之能事毕矣。显道神德行，是故可与酬酢，可与祐神矣。子曰：知变化之道者，其知神之所为乎？

占筮是用蓍草进行的。蓍草产于关中，相传可以活百年，一枝可以生出百茎来。但如无蓍草，用竹筹、策亦无不可。占卜要先求出一卦的卦象，然后再根据卦象断出吉凶。

首先取出五十根蓍草来，用右手取出一根置于一旁，作为太极。

然后是分二。将其余的四十九根蓍草，随手一分为二，两只手各拿一部分。

第三步是挂一。任意从一只手拿着的蓍草中取出一根，放在一旁。这时两手共持有的蓍草共有四十八根。

第四步是揲四。将两只手所持的蓍草分别四根一组、四根一组地取出。若两手中的蓍草恰好均能被取完，则将两手的各最后一组不取，而视为余数，即余数为八。若两手中蓍草未能被取尽，则两手所作的蓍草的数量即为余数，此余数之和必定为四。

第五步是归奇。将两手所作的蓍草归到一处。根据上面的步骤，归奇后所作蓍草的数目只可能是八和四。因为四十八减去四的倍数，余数只可能是四或八。

现在，我们已经完成了第一变，接着进行第二变。进行第二变时，先将第一变时归奇的蓍草去掉，即去掉四根或八根，再去掉前一步挂一的那一根，则第二变时的蓍草数量只可能是四十根或四十四根。进行第二变的步骤同于第一变，八是分二、挂一、揲四、归奇等步骤。只是在计算余数时，与第一步有所不同，就是在计算余数时，要将挂一的那一根加上，而第一变计算余数时，是不加挂一的那一根的。这时，因为蓍草总数为四十根或四十四根，那么第二次挂一以后，其总数只可能为三十九根或四十三根。分二、挂一、揲四以后，两手的蓍草的余数只能是一和二或三和四两种。余数之和再加上挂一的那一根，则第二变的余数也是非四即八。

接下来，我们进行第三变。用第二变剩余的蓍草的数目有三种可能：一，三十二根，也就是第一变和第二变各去掉了八根。二，三十六根，也就是第一变和第二变时一次去掉了四根，一次去掉了八根。三，四十根，也就是第一变和第二变各去掉了四根。按照与第二变完全相同的办法进行第三变，其余数也必定是四或八。

将三变后的蓍草余数相加，其和必定是以下四种情况的一种：

三次余数均为八，其和为二十四。

三次余数均为四，其和为一十二。

其中二次余数为八，一次余数为四，其和为二十。

其中二次余数为四，一次余数为八，其和为一十六。

以四十八分别减去以上三变之和，其结果分别为二十四、三十六、二十八、三十二。将这四个数字再分别除以四，最后得到六、九、七、八这四个数字。也就是说，根据以上演算方法所得到的数字只可能是六、九、七、八。其中，六为老阴，记作 ×；九为老阳，记作 ○；七为少阳，记作 一；八为少阴，记作 — —。

通过前面的三变，我们就得到了一爻。

将这个步骤再进行五次，也就是总共进行十八变以后，一卦所需的六爻，我们就能全部得到。

然后，将我们得到的六爻按从下至上的顺序排列好，就成卦了。

如将占筮所得的九和七均记为一，六和八均记为— —，按从下至下的顺序排列所得的卦，就称为本卦。由于九和六为老阳和老阴，是要变的，其所变之卦即为之卦。举例如下：

占筮结果	本卦（遁）	之卦（家人）
───	───	───
───	───	───
○ ───	───	─ ─
───	───	───
─ ─	─ ─	─ ─
× ─ ─	─ ─	───

动爻的断法

由于《周易》是占变的，其吉凶的推断是根据动爻的变化进行占断。其断法如下：

本卦和之卦完全相同的卦，也就是六爻安定的卦，即以本卦卦辞断之。

本卦和之卦全部相反的卦，也就是六爻皆动的卦，如果是乾坤二卦，以"用九"、"用六"之辞断之，如乾卦六爻皆动，则为"群龙无首，吉"。如是其它的各卦，则以之卦的卦辞占断，如筮得本卦为坎，之卦为离，则以离卦卦辞"利贞，亨，畜牝牛吉"断之。

一爻动，则以动爻之爻辞断之。

若一爻不动，五爻皆动，则以不变爻的爻辞进行占断。

两爻动者，则取阴爻之爻辞以为断，盖以"阳主过去，阴主未来"故也。如天风姤卦，初六、九五两爻皆动，则以初六爻断之，九五爻为辅助之断，因为"阳主过去，阴主未来"。所动的两爻如果同是阳爻或阴爻，则取上动之爻断之，如既济卦，初九、九五两爻皆动，则以九五爻的爻辞为断。

三爻动者，以所动三爻的中间一爻之爻辞为断。

四爻动者，以下静之爻辞断之。

古人有句老话，"卜以决疑，不疑何卜？"有疑则卜，无疑则不卜。一件事情，在两难之间，这么做也没有把握，那么做也没有把握，没有主意的时候才去占卜。如果有自己的主意，知道事情该怎么去解决的话，则应该用自己的智慧去解决问题，而不必求诸于卜筮了。

古人还有一个说法，叫"卜以固信"。也就是决定了怎么去做，但是心里没底，就卜一卦给自己增强自己的信心。历史上这样的事例很多，我就不一一列举了。

上面说的筮法，是我们老祖宗告诉我们的最正宗的筮法。但是，在这个筮法之前，还有很多更古老的筮法，但大部分都已经失传了。到了汉代，又有了更精密的纳甲筮法。

历史上传下来的卜占的方法很多，《系辞传》讲的筮法仅是卜占的方法之一。在据传为邵雍所著的《梅花易数》里，就讲了十几种占法，如以年月日时起卦，以字起卦，以自然界里的事物起卦等等。现在，人们最常使用的，就是金钱卦，据说是邵雍传下来的。

金钱卦

有的人认为，几千年下来，《易经》没有变，其实很多地方都变了。用三个铜钱卜卦的方法，就是从焦京易这个系统下来的，不过方法上历代都有变更和扩充，因为社会在演进，人事愈趋复杂。到了宋朝的邵康节，又根据《易经》，另外产生了一套法则，解释又不同。明朝以后的太乙数又不同。但是，只要是推演的方法对了，无论用哪一种方法，结果都是一样的，这也是天下事殊途而同归的道理。金钱卦起卦时，也不用"四营而成易"了。它起卦时用的是古代的外圆内方的铜钱，不过现在不容易找到，我们借用现代的硬币也可以，反正都是一正一反两面。任意将一面作为阳面，一面作为阴面，将三个钱在掌心中摇一阵后丢在桌面上，如果说其中两个钱是阴面，一个钱是阳面，便以阳面为主，记录一个"—"的记号，代表这是阳爻。有的人可能认为应该记为"— —"，其实这是不对的。因为按照《易经》的道理，"阳卦多阴"，也就是我们所常说的"物以稀为贵"。如天风姤卦就是以阴爻为主，如果把卦爻视为男女的话，六人中有五男一女，这一女就成了主要的了，所以才说"姤，女壮，勿用取女"。如果卜出的钱是两个阳面一面阴面，就是阴爻，记录一个"— —"的记号。如果三个钱全是阳面，作的记号是一个圈"〇"，也就是老阳，是动爻，要变阴的，阳极则阴生。如果三个钱全是阴面，作的记号是"×"，这是老阴，是要由阴变阳的动爻。这样连续作六次，完成六爻。装卦的顺序是由下向上依次排列，第一次所卜得的为初爻，第二次为第二爻，依次上去最后到上爻，最后得卦。这是目前卜卦的方法，它的源流，据南怀瑾先生说，是自秦汉以后开始的。卜卦主要看动爻，一件事是静态的，不动则不需要问，因为本身无事。一动而吉、凶、悔、吝生，所以要在动爻上看吉凶。

最简单的大学问——《梅花易数》

《周易》为什么能预测未来呢？古人依据天人感应的学说，认为宇宙、社会、万物都是全息的。宇宙中有的，人身也有；人身中有的，万物悉备，所谓"万物无情也有性"。在古人的观念中，宇宙万物，即使顽石之类的无知之物，与人类也是相互影响、相互作用的。人与自然界甚至与整个宇宙的相互关系，用《周易》是可以描述的。为什么呢？因为事物的变化趋势是有规律可循的，"履霜，坚冰至"，人事的吉凶悔吝是可以预知的。

任何能用来推理未来的方法，都称之为预测，如《梅花易数》、《太乙神数》、《奇门遁甲》、《六壬神课》、《子平八字》、《紫微斗数》、《纳甲筮法》等等，而在所有预测中最简单，最精确的莫过于《梅花易数》，它为初学者提供了走向活变最高境界的可循之路。《梅花易数》，其占法以时间、方位、声音、动静、地理、天时、人事、颜色、动植物等等自然界和人类社会中一切可以感知的事物异相，作为媒介体起卦，同时全方位地考察卦象的体用互变、卦爻辞，并纳入五季、五方、五色、五行、干支及三要、十应等等诸元，依据既定的逻辑推演模式，预测出人事、财运、出行、谋划、婚姻等事物的发展趋势和细节，非常适合入门者学习。而奇门遁甲、铁板神数等方法，不仅要借助一套工具书，而且起卦、推卦十分烦琐，一般读者用一生的时间也许都不会运用自如，更不要说精通了。

《梅花易数》是邵雍对《周易》的具体推衍，在历史上是名气最大的一本书，应用的主要是易占的方法。易占就是依据取象比类以简驭繁的方法来采集信息，然后在运用象数体系推演运筹，揭示出事物的趋势。这个道理很简单，但是必须要真明白，因为不明白这个道理，就不能理解预测术的思维方法和哲理本质。

研究此书，对于体会《周易》的数理本质，是十分必要的。

圣贤的教诲

我们现代人常常以为，古人是非常迷信卜筮的。事实上并非如此。其实，古代的圣贤从不迷信，在这里，我引用《帛书周易·要篇》，[①] 来说明一下先贤对神秘的卜筮之学的态度。研究易道和易数的目的，就是要开阔视野，究天人之际，使我们在学问上广见博闻，修养上有所进步，道德上有所提高。

夫子老而好《易》，居则在席，行则在橐。子赣曰："夫子它日教此弟子曰：'德行亡者，神灵之趋；知谋远者，卜筮之繁。'赐以此为然矣。以此言取之，赐缗行之为也。夫子何以老而好之乎？"夫子曰："君子言以矩方也。前祥而至者，弗祥而巧也。察其要者，不诡其福。《尚书》多疏矣，《周易》未失也，且又有古之遗言焉。予非安其用也，予乐其辞也，予何尤于此乎？"子赣曰："如是，则君子已重过矣。赐闻诸夫子曰：'逊正而行义，则人不惑矣。'夫子今不安其用而乐其辞，则是用奇于人也，而可乎？"子曰："谬哉，赐！吾告汝。《易》之道，良筮而善占，此百姓之道也，非《易》也。夫《易》，刚者使知惧，柔者使知刚，愚人为而不妄，渐人为而去诈。文王

[①] 原文见《周易研究》2008年第4期，《帛书〈要〉篇"夫子老而好易"章新释》，廖名春著。

仁，不得其志，以成其虑。纣乃无道，文王作，讳而避咎，然后《易》始兴也。予乐其知之。非文王之自作《易》，予何知其事纣乎？"子赣曰："夫子亦信其筮乎？"子曰："吾百占而七十当，唯周梁山之占也，亦必从其多者而已矣。"子曰："《易》，我后其祝卜矣，我观德义耳也。幽赞而达乎数，明数而达乎德，又有仁守者而义行之耳。赞而不达于数，则其为巫；数而不达于德，则其为史。史巫之筮，向之而未也，好之而非也。后世之士疑丘者，或以《易》乎？吾求其德而已，吾与史巫同涂而殊归者也。君子德行焉求福，故祭祀而寡也；仁义焉求吉，故卜筮而稀也。祝巫卜筮其后乎？"

  这位向孔子提问题的学生，就是我们非常熟悉的孔子弟子端木赐，字子贡（子赣）[①]，是孔子非常喜欢，也非常倚重的学生。春秋时期，孔子弟子三千，贤者七十有二，于学问道德方面各有精通。端木赐原是卫国人，善于经商，是孔子弟子中最富裕的。"赐不受命而货殖焉，臆则屡中。"[②]他不光有商业才能，在政治上也有很高的成就，曾当过鲁国的宰相。学绩优异，文化修养丰厚，善于辩论，政治、外交才能卓越，理财经商能力高超。在孔门弟子中，是把学和行结合得最好的一位。

  这么有水平的一位学生，提的问题当然也有很高的水平。早年的孔子也研究《周易》，但并非是多么的重视它，只是把它看作一般的卜筮之书。但是到了晚年，在周游列国，处处碰壁之后，在对《周易》的思想认识上，有了明显转变，非常的喜欢，甚至手不释卷，"居则在席，行则在橐"，这令学生们颇为不解。尤其是子贡，好像还有点认为老师是老糊涂了。子贡没给老师的反常行为留什么面子，直接问道："老师呀！你以前不是教导我们说，丧失德行的人才去求神问鬼，没有智谋的才会打卦问卜，我认为你那时讲得很正确，我也认认真真地按老师的教诲去做了。可老师呀，怎么你老了反喜欢上这些玩意了？"

  这个问题提得很好，一向"敬鬼神而远之"的圣人，是不讲天命和迷信的。"未能事人，焉能事鬼"？孔子始终认为尽人事是第一要义，不要迷信天命，那么，怎么老了反而崇拜起《周易》来了呢？"加我数年，五十以学《易》，可以无大过矣。"[③] 意思就是说，如果天假我年，或五年，或十年，沉潜于《周易》之中，那么我的人生大概就不会走大的弯路了。充分地肯定了《周易》对人生的指导作用，确实令人不解。

  夫子说："君子代天立言，自有自己的原则，而不能人云亦云。迷信天命和鬼神，是人生的常态。人间的祸福，当然也是常态。过去的吉祥和祸，自有其规律，不是偶

[①] 汉朝学者刘向的《说苑》中，将端木赐之字称为子赣，并指出，"子贡"乃"子赣之误"。端木赐为鲁国宰相时，鲁公赐端木氏字"子赣"，因"赣"字的古读音为 gòng，因而后人凡作"子贡"者，亦音讹所改。该说在汉朝典籍《石经》中也有修正："贡应作赣。"

[②] 《论语·先进》。

[③] 《论语·述而》。

然的。知道了祸福的规律，就会安然处世，而不是去投机取巧。在这一点上，《尚书》没有细说，《周易》却加以了保留，而且都是古圣人之说。我这么大岁数了，并非沉浸于《周易》的卜筮之应用，而是喜欢《周易》的哲学和思辨。"

孔子的回答，子贡还不是太满意，又问道："如果这样，那你又错了。您曾经教诲我说：'谦逊正直，敢作敢为，人们就不会有什么人生的困惑。'夫子您不重视卜筮的技法和结果，而只是注重《周易》的思想和方法论，这不是缘木求鱼吗？通过研究卜筮之道，也能通晓天地宇宙和人生的大道吗？"

夫子说："荒谬呀，赐！我告诉你，研究《周易》，希望百占百灵，是普通人的想法，而不是真正的易道。真正的易道，就是通过研究《周易》，发现天地人生的规律，能够敬畏规律。让鲁莽的人知道害怕，让软弱的人知道勇敢，让愚昧的人不敢妄为，让奸诈的人回归忠厚。文王仁爱，不得其志，才有了这些思想。纣王无道，文王作《易》，为了不因此书而招灾惹祸，才给此书披上了卜筮的外衣。从成书过程看来，文王作《易》的本意，本来就是说明这些道理的，你怎么会有这样的疑问呢？"

子贡又问道："夫子您也信占卜之术吗？"

孔子曰："我也占卜。一百回大概有七十回是准的，只用'周梁山'的占法。看看占的结果，哪个多，就按哪个办。"

最后，孔子总结道："《周易》的研究，我只是重视卜筮背后的规律，看到的只是卜筮背后的德义啊。通过占筮的技法得到数，通过数的结果而知晓天人之道，从而来指导自己的思想和行为。占卜只重视结果，而不研究祸福的规律，只不过是巫觋之术；重视祸福的规律，记录下来，而不能以之指导人民，也不过就是史官的职责。史官和巫觋的卜筮之术，我也研究了，但最终还是给否定了。后来的学子们，如果对我有什么怀疑的话，或许就是因为《周易》吧？我只不过求其哲学思想和方法论罢了。我和史官及巫觋，是同一种研究方向，得出的却是不同的结论。君子重视自己的修养，而不是求告于鬼神，因此很少祭祀；宽厚仁义来求得自己的福报，而不是预知未来而投机取巧，因此很少卜筮。这些神秘文化呀，我是不信的，我看重的是这些神秘文化背后的东西。"

从这里，我们可以知道，孔子晚年为什么这么喜好《周易》呢？

"吾求其德而已。"

这正是圣人对待卜筮的态度。

那么，我们普通人对待卜筮的态度呢？

"《易》之道，良筮而善占，此百姓之道也，非《易》也。"

也就是说，希望百占百中，是普通百姓对于卜筮的要求，无非也就是事能前知，趋吉避凶而已，并非易道的真髓，也是不正确的研究态度。研究易道和易数，"幽赞"和"明数"都是手段，"周梁山之占"只是一种占算的方法，最后还是要"达于德"，提升自己的修养，达到"仁"的境界。如果不能明白研究易道的目的，眼睛里只有这些占筮的手段和技法，"赞而不达于数，则其为巫；数而不达于德，则其为史。"就成了半瓶醋，要么是个神神道道的门外汉，要么是个不知变通的唯技术论者。

研究易道，目的就是要明白天人之道，从而有助于自己的道德修养。如果只重视占筮的技法，无论有多么高的准确率，无非就是"史巫之筮"，似是而非，绝不是我们研究易道的目的。我们的目的就是通过对这种常见的《易经》的讲解，使读者对神秘之学有一个充分的理解，而不至于人云亦云。这也是我们研究《易经》的正确态度。

易学家与易学典籍

研究完这本书，应该就专门的易学史做一下了解，朱伯崑教授的《易学哲学史》应该研究一下。另外，其主编的《易学基础教程》，集合了国内学人的观点，最适合易学入门者阅读。

唐人孔颖达的《周易正义》一书，是中国易学由学派分立阶段进入学派合并统一阶段的标志，长期立于学官。此书以义理学为主，兼讲象数，是易学史上除经和传外最重要的典籍。

唐人李鼎祚所撰的《周易集解》，是史料价值仅次于孔颖达《周易正义》的易学典籍。李鼎祚编纂此书的目的，主要是要对孔颖达《周易正义》重视义理之学的偏向进行纠正。他在此书中引的前人议论，多属象数一派，基本属于象数易学的范畴。如果说《周易正义》是义理学为主的总结性的易学典籍，那么《周易集解》就是偏重于象数学的总结性的易学作品。

北宋刘牧所撰的《易数勾隐图》，是两宋图书之学的现存最早的代表作品。刘牧易学是北宋时已有了很大的影响，谈论易数的人都很推崇他，很多人的易学作品，都以此书为依据。

北宋欧阳修作《易童子问》，是宋代易学中最具怀疑精神的一部作品。欧阳修作为"唐宋八大家"之一，当过高官，大家都知道，其实他的易学修养也是第一流的。读一下这本书，培养一下必要的疑古精神，是很有必要的。

北宋邵雍的《皇极经世》，是北宋易学数学一派的代表性的作品。有的人在文艺作品里总是把邵雍写成一个算命先生，这是个误会。其实他主要是把《周易》的理论应用到他的历史研究和哲学研究上，成就很大，可不光是会算算卦。他被后人尊为北宋五子之一，死后配祀孔子，你说他的学问该有多大？

《程氏易传》，是北宋程颐先生所撰的北宋理学易学的代表作品。程颐说的"饿死事小，失节事大"，大家可能都知道。他的易学作品可没有这么左，深入浅出，偏重于义理，非常好读。程颐治学严谨，是儒学正统，在宋时其作品甚至是读书人人手一册，是入门必读之书。

南宋朱震的《汉上易传》，是程氏易学派系中偏重于象数的著作。其说以《程氏易传》为依据，并综合汉唐各家的见解。其引述各家易学偏重于象数方面，对于汉代卦气、纳甲、飞伏、五行、互体、卦变诸说及北宋河图洛书说、太极图说、先天图说等等，都作了详细的解释、评论与总结。

南宋朱熹的《周易本义》与《易学启蒙》。从明朝开始，朱熹对《周易》的解释就是科举考试的标准答案，影响也最大，学《周易》者不可不知。

南宋杨简的《杨氏易传》，是心学派易学的代表作。其书认为，易学为心学的理论表现，既不重视象数，也不重视自然法象之妙，而以易之道为道心之表现，以易理为心性之学，在易学史上别具一格。

明代来知德的《周易集注》，这是明代易学最重要的作品。他在万县深山之中，专门研究易理，用二十九年的时间，写成此书。此书强调理、气、象、数的统一，而稍偏重于象数，对明以来的易学做了一次大的总结。其注先训释象义、字义及错综义，后加一圈方训释本卦本爻真意，把《周易》做成了一个严密的系统，最有见地。

明末方孔炤的《周易时论合编》，是关于《周易》象数学的总结性著作。其书以《易经》为纲，把历代各家有关的议论收集到经传相应的文字下，集前人之大成，考证精详，议论严谨。

明末清初，王夫之所著《周易内传》与《周易外传》，是明代易学集大成的作品。作为明清之际三大思想家之一，其著述甚丰。除这两部书以外，他研究《周易》的书还有《周易稗疏》、《周易考异》、《周易大象解》等。

清李光地所主编之《周易折中》，是由康熙皇帝支持编纂的易学作品，亦称《御纂周易折中》。其书兼采义理与象数，以程朱之说为正统，兼采各大家之说。上律河洛之本末，下及众儒之考定，与通经不可易者，折中而取之，故名《周易折中》。

清焦循所撰的《雕菰楼易学三书》，即《易通释》、《易章句》、《易图略》三书。焦循精研经、史、历算、声韵、训诂等，极负盛名。这部书主要从天文算学出发，将天文推步测算的方法用于易学，以天文数的比例来推求《易》的比例，由此推衍出"旁通"、"相错"、"时行"三种法则，将易学问题为先天的数理形式的问题并进行了一一解答。对汉代以来象数学中的卦变、半象、纳甲、纳音、爻辰等，一一加以考辨和驳斥。书中创见颇多，自成一个理论体系，对历史上一直没有答案的问题做了解答。如爻辞为什么会有重复，卦与卦之间有什么联系，六十四卦是不是一个整体等，做了详细的阐释。其书发前人所未发，一时被称为绝学。

清以后至今，学者们在易学研究上亦多有建树。因作品繁多，兹不再一一列举。

为什么《易经》很难读懂

《易经》的文字，都是古文，因为现在的教育，没有对我们进行系统的古文传授。古代人就不这样。司马迁在《史记自序》里说："年十岁，则诵古文。"他所学的古文，就是古代的文献典籍，是以周秦口语为基础而形成的一种书面语言。后代的人们按照这种书面语言的规则所写的文章，就是文言文。一个受过系统的古文教育的人，阅读古代文献，难度较我们要小得多。

随着历史的发展，人们的口语随着时代大约三十年有一个小的变化，六十年有一个大的变化，但文言文则保持了相对的稳定。元代有位书生，读《楚辞》不懂，竟然对屈原破口大骂："文章写得如此艰涩，真是活该投水去死！"[①]《楚辞》为什么难懂？因为屈原在《楚辞》大量吸收了当时的口语，元代的人就读不懂了。

一代又一代的历史发展中，口语的语音、词汇、语法，都时时发生着变化，语言所反映的风俗习惯、典章制度，也莫不发生了重大变革。清代学者戴震说："昔之妇孺闻而辄晓者，更经学大师转相讲授而仍留疑义，则时为之也。"在古代世人皆耳熟能详的事情，到了后代，甚至连专家学者也往往搞不明白。举个例子，贾谊的《论积贮疏》里面有这么一句："失时不雨，民且狼顾；岁恶不入，请卖爵子。"这里面的"请卖爵子"一句，在当今流行的注本中，往往都解释为"朝廷卖爵位，人民卖儿子"。这样的解释，很难解释得通。其实，这里的卖爵卖子的，都是"民"。为什么这么多的专家都如此草率呢？这是因为我们所受的教育告诉我们，古代的朝廷，经常卖官鬻爵。对于老百姓卖爵位的事情，大家都很陌生。其实《汉书》里有详细的记载，《严助传》里说："间者，数年岁比不登，民待卖爵赘子以接衣食。"汉民的爵位或是来自赐予，或是花钱买得。汉代的皇帝，经常在有重大喜庆的时候，赐民爵位，以示恩惠。这种爵位，虽是虚衔，没有什么实际权力，但在乡里可享有某些特权。一到饥荒年月，贫民往往请求把爵位转让出去以换取衣食，所以《史记索隐》中说："富人欲爵，贫人欲钱，故听买卖。"民卖爵位的事情，在汉代，只是个普通不过的事情，但在今天，如果不做些考证，也专家也不明白了。

古文的难度，主要是在音、义、典故三个方面。为了让大家轻松读懂《易经》，书中有了准确的注音、简明的白话、详细的注释。更于每爻后，结合古代易学家的解说，一一做了讲解。相信，下面的学习，将是一个轻松的过程。那么，我们就开始对《周易》及《易传》的研究吧。

---

① 见元吾邱衍《闲居录》。

卷 一

周易上经 (zhōu yì shàng jīng)

乾卦第一 (qián guà dì yī)

（乾下乾上）☰ 乾① 元② 亨③ 利④ 贞⑤。

【白话】乾卦，具有伟大、亨通、祥和、贞正的德性。

【注释】①乾：卦名，为《易经》六十四卦的首卦。一般认为乾卦象征天，由六阳爻组合而成，有至刚至阳之义。　②元：元始。本义为人头。人出生时，一般头先出母体，因而引申为开始。初生的婴儿头部较大，因而"元"字又可解释为大。　③亨：亨通，通达无碍。　④利：祥和，和谐。　⑤贞：贞正。又有"问"的意思。《说文解字》："贞，问也。"特别在卜筮时，谓占问于蓍、龟。

【讲解】乾卦提出了元、亨、利、贞四种德性和境界。《子夏易传》解释说："元，始也。亨，通也。利，和也。贞，正也。"用这四个字来定义乾卦的德性，可知乾卦代表了一切伟大的事物，象征着通达无碍、祥和有益、洁净贞正。

程颐说："上古圣人始画八卦，三才之道备矣。因而重之，以尽天下之变，故六画而成卦。重乾为乾。乾，天也。天者天之形体，乾者天之性情。"从卦象上看，乾卦由六个阳爻重叠而成，象征最纯粹的阳、最高的健，而这正是天之性情。

初九① 潜② 龙③ 勿用④。

【白话】初九，龙潜伏于水下，象征暂时不宜有所作为、施展才用。

【注释】①初九：乾卦第一爻的爻题或爻名。爻，是组成卦图的长短符号，由 ⚊ 和 ⚋ 两种符号组成，⚊ 代表阳性的事物，称作阳爻；⚋ 代表阴性的事物，称作阴爻。《易经》六十四卦均由六爻组成，其爻题的第一个字表示六爻所在的位次，即爻位。爻位自下而上依次排列，分别称作初、二、三、四、五、上。第二个字表示爻的阴阳属性，阳爻叫作"九"，因为"九"为极阳之数；阴爻叫作"六"，因为"六"在卜筮中

33

被认为是极阴之数。这里的初九，就表示自下而上处于第一位的阳爻。本书六十卦其余的爻题由此类推。　②潜：潜藏，隐藏。　③龙：龙是我国古代最受崇敬的生灵，它隐现无常，变动不居，既能潜在深渊，行走陆上，也能在天空飞腾，古人因此以龙这一特性来象征天道变化和阴阳消长变化无常、不可捉摸的状态，也用以代表具备贤能的伟大人物。　④勿用：不能发挥才用。有不可用、不能用、不必用的含意。

【讲解】阳爻为什么称为"九"？阴爻为什么称为"六"？这是在学习《易经》时首先要弄清楚的问题。我们可以从《说卦》和《系辞》二传中找到答案。《说卦传》说："参天两地而倚数。"《系辞传》说："天一地二，天三地四，天五地六，天七地八，天九地十。"在从一到十的十个数中，一二三四五为生数，六七八九十为成数。生数可以起数，参天，是天一，天三，天五，共为九，天是阳男，所以阳爻称九；两地，是地二，地四，共为六，地是阴女，所以阴爻称六。

也有论者认为，这可能由河洛图数相配而得：九在上为阳，一在下为阴，但"一"不是偶阴的数，所以取"一六共宗水"之"六"数代之，而有"阳九"、"阴六"的说法。

还有一种说法认为，老阳数为九，老阴数为六，老阴老阳都变，《周易》用变爻占筮，所以阳爻称九，阴爻称六。

潜龙，是以龙潜伏于水下的状态，象征君子应韬光养晦，待时而进。从卦象上看，这一爻位置在最下方，代表阳气初萌于地下，尚未到对外活动的时刻。凡筮卦遇乾而得到这一爻，就是在告诫人们要隐忍待机，不要轻举妄动。

九二　见龙在田。利见大人。
（jiǔ èr①　xiàn② lóng zài tián③　lì jiàn④ dà rén⑤）

【白话】九二，龙已经出现在大地上，象征见到大才大德的人物，当然是有利的。

【注释】①九二：乾卦第二爻的爻题，详见乾卦初九的讲解。　②见：出现。③田：通常释为田野，即蓄有浅水，可以种植生长植物之所。也可引申为大地之上。郑玄说："二于三才为地道，地上即田，故称田也。"初与二皆为地道，二在初上，所以称田。　④利见：适合去见。　⑤大人：德高势隆的人物。《乾凿度》认为："圣明德备曰大人。"在古代，所谓"大人"，多半指那些居上位的、德位兼备的人物。

【讲解】《易经》六十四卦，每一卦上三爻为上卦（也称外卦），下三爻为下卦（也称内卦）。乾卦的第二爻，就在下卦的中央位置，是为有利的"得中"之位。朱熹说："九二刚健中正，出潜离隐，泽及于物，物所利见。故其象为'见龙在田'，其占为'利见大人'；九二虽未得位，而大人之德已著，常人不足以当之。"孔颖达说："阳处二位，故曰'九二'。阳气发见，故曰'见龙'。田是地上可营为有益之处，阳气发在地上，故曰'在田'。初之与二，俱为地道；二在初上，所以称田。'见龙在田'，是自然之象；'利见大人'，以人事托之。言龙见在田之时，犹似圣人久潜稍出，虽非君位，而有君德，故天下众庶，利见九二之'大人'。"

从爻位来看，第二爻与第五爻分别为下卦和上卦的中爻，因此又具有一种对应关系，乾卦的九二爻和九五爻的爻辞都提到了"利见大人"。那么，为什么要比拟为"利见大人"而不比拟为"利见君子"？更不比拟为"利见小人"呢？南怀瑾、徐芹庭认为，九五爻是阳刚之主，比拟它是有德有才，得时得位，又中又正，所以称它作大人。尽管二爻、五爻相隔，但由于五是代表君道的位置，二是代表臣道的位置，君臣虽然不同位，却是同德。君臣上下，同心同德，自然就得利了，所以说"利见大人"了。

在这一爻，初九的潜龙上升到地面，预示伟大的人物已经开始出现，给天下带来生机与希望。有一种说法，认为这一爻象征了被囚于羑里的周文王快要被释放出来时的状况。

jiǔ sān① jūn zǐ zhōng rì qiánqián② xī tì③ ruò lì④ wú jiù⑤
九三　君子终日乾乾　。夕惕　若厉　。无咎　。

【白话】九三，君子终日自强不息，时时警惕，到了晚上也不敢有丝毫的懈怠，这样即使遇到险境，也能逢凶化吉。

【注释】①九三：乾卦第三爻的爻题。详见乾卦初九的讲解。　②乾乾：乾，是将乾卦的卦名作形容词用，有至阳、至刚、至健、至中、至正等含义。乾乾，即强调人要效法乾卦的德性与精神，自强不息，进取不已。　③惕：警惕，小心谨慎。　④厉：严谨而危正的德行。　⑤咎：灾患与过错。

【讲解】这一爻辞，显然是以人事来说明卦象，体现了一种刚健精神和忧患意识。九三爻已经上升到下卦的最高位，受到众人瞩目，但离真正的成功还差得远。而且，"木秀于林，风必摧之"，这时更应该有危机感，不可骄而自恃，必须时刻奋发，努力不懈。只有日夜严谨小心，乾乾不休地精进，方可避免灾患和过错，完成大人君子的德业。

jiǔ sì① huò yuè zài yuān② wú jiù
九四　或跃在渊　。无咎。

【白话】九四，龙或腾跃而起，或潜伏在深渊里，都不会有危害。

【注释】①九四：乾卦第四爻的爻题。详见乾卦初九的讲解。　②渊：水深处。

【讲解】乾卦九四爻为外卦的第一爻，与本卦初九爻有类似的现象，但情况又有所差异，这就是《系辞传》所说的"二与四，同功而异位"的现象。如果说初九爻尚处于潜伏休息的状态，九四爻却有了足够的自由和自主的选择，既可保持潜伏，又有随时腾跃而出的可能，进退有据，具有不可估量的潜在力量。

这一爻，象征着跃跃欲试，待机而动的阶段。只要把握最有利的时机，就不会发生过失与灾难。朱熹说："九阳四阴，居上之下，改革之际，进退未定之时也。故其象如此，其占能随时进退，则无咎也。"

jiǔ wǔ①   fēi lóng zài tiān   lì jiàn dà rén
九五   飞龙在天。利见大人。

【白话】九五，龙腾飞于高空云天，利于见到大才大德的伟大人物。

【注释】①九五：乾卦第五爻的爻题。详见乾卦初九的讲解。

【讲解】从爻位来看，"九"是阳数的最高位，"五"是阳数的最中位，有至尊中正之义。九五以天德居天位，刚健而纯正，中正而精粹。古时皇帝被称作"九五至尊"，便是依据其易理。尤其乾卦的九五又与其他卦的九五不同，因为乾卦是纯粹阳爻组成的卦图，是纯阳至健的卦，这样其九五得到了乾道的纯粹精华，是以圣人之德居于圣人之位，对此郑玄说："五于三才为天道。天者，清明无形，而龙在焉，飞之象也。"

乾卦从初爻开始演进，经过二、三、四爻，到达第五爻。这时，曾经潜于深渊的龙已经飞腾在天，居高临下，有了极大的活动空间，象征着刚健中正的伟大人物已据有统治者的地位，如日中天，处于大展鸿图的极盛时期。

shàng jiǔ①   kàng② lóng yǒu huǐ③
上九   亢 龙有悔。

【白话】上九，龙飞到了高亢的极点，必将有悔恨之事发生。

【注释】①上九：乾卦第五爻的爻题。上，就是至高无上的意思。详见乾卦初九爻的讲解。 ②亢：穷高、极高。《子夏易传》说："亢，极也。"又有干燥之意。③悔：怨恨。《说文解字》："悔，悔恨也。"

【讲解】就爻位而言，上九是最高和最末的一爻，位至极点，意味着再无更高的地位可占。犹如一条乘云而上的龙，飞腾到了一个极限的高度，再无上升的可能，又不能下降，进退两难，以致后悔。如果说九五是阳刚的平衡位置，上九的状态就是太过而亢，超过了平衡，所谓物极必反，如果此时再有行动，必生悔吝。朱熹说："若占得此爻，必须以亢满为戒。当极盛之时，便须虑其亢。如这般处，最是《易》之大义。大抵于盛满时致戒。"这一爻，以盛极而衰的道理，告诫世人当居高思危，自我警惕，不可再有过分的欲求。

yòng jiǔ①   xiàn qún lóng wú shǒu   jí②
用九   见群龙无首。吉。

【白话】用九,有一群龙出现,但都不强居首位,而是自由平等地共处,这是很吉利的。

【注释】①用九:通九。用,假借为通。是指乾卦六爻阳爻通行,无一爻阴爻阻隔。 ②吉:美好,吉善。

【讲解】在《易经》六十四卦中,只有乾卦与坤卦的爻辞有用九、用六的断语。为什么叫"用九"?朱熹说:"用九,言凡筮得阳爻者,皆用九而不用七。"程颐说:"用九者,处乾刚之道,以阳居乾体,纯乎刚者也。刚柔相济为中,而乃以纯刚,是过于刚也。'见群龙',谓观诸阳之义,无为首则吉也。以刚为天下先,凶之道也。"

《周易折中》案:"爻辞虽所以发明乎卦之理,而实以为占筮之用。故以九六名爻者,取用也。爻辞动则用,不动则不用。卦辞则不论动不动而皆用也。但不动者,以本卦之象辞占;其动者,是合本卦变卦之象辞占。如乾之六爻全变则坤,坤之六爻全变则乾也。先儒之说,以为全变则弃本卦而观变卦。而乾坤者天地之大义,乾虽变坤,未可纯用坤辞也;坤虽变乾,未可纯用乾辞也。故别立'用九''用六',以为皆变之占辞。此其说亦善矣。"

也就是说,所谓用九,是在占筮时,将乾卦的六爻全部看成可以变为阴爻的老阳。九数是代表阳爻的数字,在乾卦而言,因为阳极阴生,卦与爻都势在必变,没有不受其变的可能。至极的阳刚只有变为阴柔,才会有安定和吉祥。这里按南怀瑾先生的解释,用九就是"不为九所用的反面辞"。只有彻底了解和掌握各爻变化的法则,善加运用,适切因应,不为变化拘束,才能"用九"而不被"九"所用。如此超然物外,就可以很客观地见到六位阳爻,犹如群龙的变化,自身自然吉无不利了。

《彖》曰:大哉乾元①!万物资始②,乃统天③。云行雨施,品物流形④。大明⑤终始⑥,六位时成,时乘六龙⑦以御天⑧。乾道变化,各正性命⑨,保合⑩大和⑪,乃利贞。首出庶⑫物,万国咸宁。

【白话】《彖辞》说:多么伟大的天啊!它是一切产生的根元。万事万物以它为资本,才有了原始的生命;整个大自然都由它统率。一年四季,它行云施雨,繁衍万物,赋予形体。它是光明的开始和终结的根原,如天上的太阳落而复升,其所包含的六爻也因时不同,犹如六条龙一样,驾御天体运行的规律。它运行变化,形成气候季节,万物各适其位,得以繁育生存。万物只有保持阴阳会合之元气,才是真正大利而贞正

37

的生命。上天使万物丰盛，天下万国都得到平安和康宁。

【注释】①象：兽名。《周易》借以作为某一卦、某一爻断语的专有名称。　②乾元：即乾之元。是指运行不息的阳气为万事万物生命的本元。　③资：取，凭借。　④统：统率，囊括。　⑤品物：各种事物。　⑥大明：指太阳。　⑦六龙：借指六爻。乾卦六爻的爻辞中，都取用龙的功能，作为六爻变化的象征。一说上古神话传说，太阳乘车在天空中运行，车上驾六龙，其母羲和御之。　⑧御天：驾御天道运行的规则。　⑨性命：事物的质的规定性。　⑩保合：保持和融合。　⑪大和：即太和。　⑫庶：众多的意思。

【讲解】一般认为，《象传》是孔子的著述。象是兽名。相传象这种兽的齿牙锐利，能够咬断铁器和金属品，所以《易经》便假借它作为断语的名辞。

乾卦的象辞解释其卦辞，是以天的法则，说明"乾"的含义，并将"元亨利贞"分成四种德行来阐释。由"大哉乾元"到"乃统天"，解释"元"，认为"元"象征阳气是万物产生（开始）的根源；"云行雨施，品物流形"，说明"亨"，"亨"象征了万物中阳气运动变化的过程和状态；"乾道变化"以下，解释"利"与"贞"，"利贞"象征着天道和人道的合一。元、亨、利、贞四德，依时序循环不已，无始无终。这里示知有才德的君子，应将乾道、天道、人道三者有机地结合起来，正确把握治政之道，以实现"万国咸宁"的理想社会。

《象》曰：天行健，君子以自强不息。潜龙勿用，阳在下也。见龙在田，德施普也。终日乾乾，反复道也。或跃在渊，进无咎也。飞龙在天，大人造也。亢龙有悔，盈不可久也。用九，天德不可为首也。

【白话】《象传》说：天道运行周而复始，永不停息，君子当效法天道，奋发向上，自强自立，永远不可松懈。"龙潜伏于水下，暂时不宜有所作为、施展才用"，是说阳刚居下，阳气还没有萌发出来。"龙已经出现在大地上"，是说一个人的德业如阳光普照，施及天下。"（君子）终日自强不息"，是告诫要时时精进，反复践行天之正道，以求上进。"龙或腾跃而起，或潜伏在深渊里"，比喻审时度势，进退有据，就算前进也必然不会有灾患。"龙腾飞于高空云天"，是说唯有才德兼备的伟大人物，才能到达这一境界；"龙飞到了高亢的极点，必将有悔恨之事发生"，是说物极必反、盛极而衰，盈满、高亢的状态必然无法保持长久。用九的爻象表明，天生万物，却具有不居功、不居首的德性。

【注释】①象：兽名。《周易》借以作为象征与现象的意义。朱熹说："象者，卦之上下两象及两象之六爻，周公所系之辞也。" ②行：运转不停，犹如日月天体之运行。

【讲解】《象传》由说明上下卦的象征，与说明爻辞的二部分构成，相传为孔子所作。简单地说，《象传》就是研究《易经》卦象的心得。由八卦演进为六十四卦，应用的是抽象的象征性的符号，为了容易了解，再以人们的感官和意识能够观察、感觉、体会得到的事物，来解释卦的象征，所以称作"象传"或"象辞"。

有些易学家将卦图称为"大象"，将爻画称为"小象"，因而卦名、卦辞称为"大象辞"，爻辞称为"小象辞"。如乾卦《象传》中的"天行健，君子以自强不息"这二句，说明的是卦象，就称作"大象"；从"潜龙勿用"到"天德不可为首也"，是说明爻辞的部分，就是"小象"。

《文言》①曰：元者善之长②也，亨者嘉③之会也，利者义④之和也，贞者事之干⑤也。君子体⑥仁足以长人，嘉会足以合礼，利物足以和义，贞固足以干事。君子行此四德者，故曰乾元亨利贞。

【白话】元，是一切善的尊长；亨，是一切美好事物的集合；利，是一切道义的和合统一；贞，是一切事业的根本基干。君子体认实践至善的仁道，才可以成为众人的首长；将一切美好的事物集合起来，方合乎礼仪；施利于物，才能使道义达到和谐的状态；坚持中正贞固之道，就足以处理各种事务。君子实行了这四种德行，才符合乾卦卦辞所说的"元亨利贞"的道理。

【注释】①文言：《易传》"十翼"之一，是专门解释乾、坤二卦的卦辞、爻辞的著述。相传是孔子所作，但也有人怀疑是后人的假托，或为后人加入自己的意见，集成为文言。 ②长：长辈、尊长。 ③嘉：尽善尽美。 ④义：仁义。 ⑤干：树木中心的主干，喻为事物之基干。 ⑥体：身体力行，亲自体会。

【讲解】《文言传》本来是孔子研究《易经》的"十翼"之一，后来晋朝的王弼特别把乾、坤两卦之文言取出，放在乾、坤二卦卦爻辞后面，做为乾、坤两卦的结论。后世因利就便，多采用王弼的编排而成为习惯。

《文言传》是对乾坤二卦的《象传》《象传》作进一步的推衍解说，专以人事的德行修养来阐扬易理，开启了后世用儒家的理论解释《易经》的先河。

初九曰"潜龙勿用",何谓也?子曰:龙德而隐者也。不易乎世,不成乎名,遁②世无闷,不见是而无闷。乐则行之,忧则违之,确乎其不可拔③,潜龙也。

【白话】初九爻的爻辞说:"龙潜伏于水下,暂时不宜有所作为、施展才用。"这是什么意思呢?孔子说:"这是以龙潜伏的德性来比喻有才德而隐居的君子。这样的人不因时世的变易而改变自己的操守,不沉迷于功名,默默无闻地隐居也不感到苦闷,即使不被人赏识也不感到烦闷。乐意的事就坚决去做,隐忧的事就避而不做,任凭什么力量也不能动摇自己的中心意志,这就是潜龙的德性。"

【注释】①易:变动的意思。 ②遁:隐居,遁世。 ③拔:改变,动摇。

【讲解】这是孔子借用乾卦初九爻的爻辞,阐述潜龙所象征的德性,阐发学者自立立人应有的德业修养与宗旨。自本段起,以下详细说明各爻辞的意义。

九二曰"见龙在田,利见大人",何谓也?子曰:龙德而正中①者也。庸②言之信,庸行之谨,闲③邪存其诚。善世而不伐④,德博而化。《易》曰:"见龙在田,利见大人",君德也。

【白话】九二爻的爻辞说:"龙已经出现在大地上,有利于见到大才大德的人物。"这是什么意思呢?孔子说:"这是指那些具有龙的刚健德性而立身中正的君子。这样的人,即使平常的言语也能讲求诚信,即使日常的举动也不失谨慎,更随时防止邪恶,存乎诚意;行善于世而不自我矜夸,德行广博而能感化天下。所以《易经》的爻辞说:'见龙在田,利见大人。'这是指为人君长者应当具备的德行。"

【注释】①正中:九二爻居下卦的中位,故称"正中"。虞翻说:"中,下之中,二非阳位,故明言能'正中'也。" ②庸:平常。 ③闲:防止。 ④伐:矜伐,自我夸耀。

【讲解】这是孔子借用乾卦九二爻的爻辞,阐述为人君长者应有的德行和基本修养。

九三曰"君子终日乾乾,夕惕若厉,无咎",何谓也?子曰:君子进德①修业。忠信所以进德也。修辞立其诚,所以居②

业也。知至至之，可与几③也。知终终之，可与存义也。是故居上位而不骄，在下位而不忧。故乾乾因其时④而惕，虽危无咎矣。

【白话】九三爻的爻辞说："君子终日自强不息，时时警惕，到了晚上也不敢有丝毫的懈怠，这样即使遇到险境，也能逢凶化吉。"这是什么意思呢？孔子说："这是指君子致力于增进美德，修习学业。讲求忠实诚信，就能够增进美德；修饰言辞，确立至诚的心志，这是立业的根本。知道事业的时机到来，就应该全力以赴，这样的人可谓知晓了把握先机的道理；知道事业应该终止就立刻终止它，这样才能够保存道义的立场而全始全终。居于尊贵的地位而不骄傲，处在卑贱的地位而不忧愁。所以说，君子努力精进，随时警惕小心，虽然处境危险，也可免遭灾患。"

【注释】①进德：增进美德。 ②居：积蓄。 ③几：端倪，征兆。 ④因其时：随时。

【讲解】这是孔子借用九三爻的爻辞，阐明君子进德修业的道理。强调进德修业应以诚实忠信为本，才能掌控先机、全力以赴，更能知道进退持守的义理。

九四曰"或跃在渊，无咎"，何谓也？子曰：上下无常①，非为邪也。进退无恒，非离群也。君子进德修业，欲及时也。故无咎。

【白话】九四爻的爻辞说："龙或腾跃而起，或潜伏在深渊里，都不会有危害。"这是什么意思呢？孔子说："有时处在上位，有时处在下位，本来就是变动无常的，不是什么邪恶与否的问题；有时要进取，有时要退守，本来就是应时变化、没有固定的恒律，不是什么离群与否的问题。君子修养美德，增进学业，是为了把握时机，及时进取，所以就不会有危害。"

【注释】①上下无常：指九四爻仍处于或上或下的位置。

【讲解】这是孔子借用九四爻辞，来阐明立身处世、进退之间，要有智慧的抉择，要根据所面对的处境，采取适当的行动。

九五曰"飞龙在天，利见大人"，何谓也？子曰：同声相应，同气相求。水流湿，火就燥，云从龙，风从虎，圣人作①而万物者睹。本乎天者亲上，本乎地者亲下，则各从其类也。

【白话】九五爻的爻辞说："龙腾飞于高空云天，利于见到大才大德的伟大人物。"这是什么意思呢？孔子说："凡是声调相同的，就会相互应和，产生共鸣；气息相近的，自然彼此交感求合。水向低洼潮湿的地方流动，火往干燥的地方燃烧。云跟着龙而聚散；风跟着虎在动。圣人出现并有所作为，使得万物景仰。以天为本的东西自然会上升，以地为本的事物自然会向下扎根，这就是万物各依其类同的性质而相互聚合的自然法则。"

【注释】①作：出现，有所作为。

【讲解】这一段借用九五爻的爻辞，说明圣人懂得运用物与物之间相互感应的原理。古代帝王，被称作"九五至尊"，以龙象征，比拟成圣人，就是源自这一节中的"圣人作而万物者睹"。司马迁在《史记·伯夷列传》中，提到这一节的道理，极力借题发挥，说明人生的各种祸福，都是靠着风云际会的机遇而来，这可以说是"各从其类"的另一种解释。

上九曰"亢龙有悔"，何谓也？子曰：贵而无位，高而无民①，贤人在下而无辅，是以动而有悔也。

【白话】上九爻的爻辞说："龙飞到了高亢的极点，必将有悔恨之事发生。"这是什么意思呢？孔子说："身份尊贵，却没有实质根基；地位崇高，而没有得到民众的拥戴；虽有贤能的人，却因地位低下，无法辅佐。因此，在这种状态下，有所行动，必然会招来悔恨的结果。"

【注释】①无民：没有民众的拥戴。

【讲解】这是孔子借用上九爻的爻辞，告诫那些居于高位的人：地位愈高，愈有孤立的可能，因此要懂得亲民和礼贤下士的道理。

潜龙勿用，下也。见龙在田，时舍①也。终日乾乾，行事也。或跃在渊，自试也。飞龙在天，上治也。亢龙有悔，穷②之灾也。乾元用九，天下治也。

【白话】"潜龙勿用",是说有德才之人地位低下,暂时不能发生作用。"见龙在田",预示时势已经有了转机。"终日乾乾",是说自强不息,努力建立功业。"或跃在渊",是说要审时度势,自我试炼。"飞龙在天",是说形势大好,正在施展抱负。"亢龙有悔",是说功业已经达到极点,会有物极必反的灾患。"乾元用九",是说应当客观地运用阳刚的变化原则,刚兼及柔,则天下必将大治。

【注释】①舍:居,停留。 ②穷:极尽。

【讲解】这一段对于爻辞的解释,是纯粹从卦爻本身的变化来讲,以爻的时位来说明君子处在各种环境下应持有的态度。

潜龙勿用,阳气潜藏。见龙在田,天下文明。终日乾乾,与时偕行①。或跃在渊,乾道乃革②。飞龙在天,乃位乎天德。亢龙有悔,与时偕极。乾元用九,乃见天则。

【白话】"潜龙勿用",是说万物蛰伏,阳气仍在潜藏。"见龙在田",犹如阳气已经上升到地面上来,天下已见到欣欣向荣的文明气象。"终日乾乾",说明顺应天道,抓住时机自强不息。"或跃在渊",是说处于变革之时,要因时而动。"飞龙在天",是说已经高居极位,有接近于天德的作用。"亢龙有悔",说明随着时间的推移,已经到了极限。"乾元用九",是说天道循环,实为自然法则。

【注释】①偕:同,具。 ②革:改变。

【讲解】这一段以乾卦象征天道,用天体的运行,与在地球上看见太阳旋转的规律,说明六爻爻辞所含的象征意义。

乾元者,始而亨者也。利贞者,性情①也。乾始能以美利利天下,不言所利,大矣哉!大哉乾乎!刚健中正,纯粹精也。

【白话】乾元,是说乾卦代表天,创始万物而亨通和谐。利与贞,是指天内在的本性,与发之于外的感情。天创始万物,能够以最美满的利益,普遍施予天下,却从不谈及自己的功绩,这是多么伟大啊!伟大的乾元哪!它刚强、稳健、中正,纯粹精妙至极。

【注释】①性情:天性与感情。

【讲解】这一段对卦辞中的元、亨、利、贞四德加以发挥与引申,歌颂天道的伟大,其中提到了本质的性与情。南怀瑾、徐芹庭认为:性是说乾卦的体,情是说乾卦的用。它的体性本来便是天下万物的根元，为万有物类的创始者，所以它是无往而不亨通的。它的用情，是能使天下万物互利生长，发挥为美丽生命的泉源。但是它并不居功，因为它是至真、至善、至美、贞正真情的宝藏。所谓刚、健、中、正，便是它能利能贞的德性和有情有用的内涵。所以万有原始的乾元，它的性情，是绝对纯粹的精诚，至公而无私。

六爻发挥，旁通①情也。时乘六龙，以御天也。云行雨施，天下平也。

【白话】六爻变化无穷，它们发挥作用，广征旁通，把事物的变化规律尽情地表现出来。六爻犹如乘着六条矫健的龙，驾御着天的法则，有规律地运行，行云施雨，普降恩泽，使天下太平。

【注释】①旁通：曲尽。

【讲解】这一节中，"六爻发挥，旁通情也"这一句话是研究易学的关健所在。它告诉我们，由六爻构成的卦，推演下去，变化无穷，但发挥的作用，则无不本之于天道以及创始万物的真情。这一真情，可以说是易学的真髓。

君子以成德①为行，日可见之行也。潜之为言也，隐而未见，行而未成，是以君子弗用也。

【白话】君子以成就完美德行为目的，每天将修养的结果落实在可以看得到的行动上。初九爻辞所说的"潜"，是指君子尚处于隐居状态，尚未开始行动，行事的时机还不成熟。所以，君子不宜施展才用。

【注释】①成德：已成之德。

【讲解】本节重申初九爻辞以龙喻君子，说明君子对自己的行为操守极为重视，得时则进，不能发挥才用时宁愿隐藏能力，君子于时不用是因逢众阴而未可行也。

君子学以聚之，问①以辨②之，宽以居之，仁以行之。《易》曰："见龙在田，利见大人。"君德也。

【白话】君子应追求学问，以积累知识；通过诘难，以明辨是非；以宽厚的态度处世待人，以仁义为行为的准则。《易经》乾卦的九二爻辞说："龙出现在大地上，利于见到大才大德之人。"这是为人君者应有的美德。

【注释】①问：问难，诘难，即辩论。 ②辨：分辨。

【讲解】这是解说九二爻辞中的"大人"。

九三重刚而不中，上不在天，下不在田，故乾乾因其时而惕，虽危无咎矣。

【白话】九三爻由多重阳爻组成，过于阳刚，上不达于天，下不落于地，所以不仅要努力精进不已，还要时刻警惕戒慎，才可遇险化夷，免遭咎祸。

九四重刚而不中，上不在天，下不在田，中不在人，故或之。或之者，疑之也。故无咎。

【白话】九四爻也由多重阳爻组成，刚则有余，却不居中位，就好比龙既没有飞腾在天上，又下不着地，更未处于人世，所以说"或之"。所谓"或"，是疑惑的意思，表明仍在迟疑不决，尚未采取行动，所以不会有过失与灾难。

【讲解】六爻的位置，象征天、地、人三才之道。"初"与"二"是地位，"三"与"四"是人位，"五"与"上"是天位。九四爻离二爻已远，而又未到达五爻的天位，又在人位的最高处，所以说，上不着天，下不落地，中又即将不属于人，处在不安定的地位。

夫大人者，与天地合其德，与日月合其明，与四时合其序①，与鬼神合其吉凶。先天②而天弗违，后天而奉天时。天且弗违，而况于人乎？况于鬼神乎？

【白话】九五爻辞中所说的"大人"，他的德性，要与天地的功德相契合，要与日月的光明相契合；他的进退，要与春、夏、秋、冬四时的时序相契合，要与鬼神的吉凶之道相契合。他的行动，先于天时而发，但符合天的法则，天不会背弃他；后于天时而发，则遵循天的时机。这样的人，天尚且不违背他，何况是人呢？更何况是鬼神呢？

【注释】①序：次序。 ②先天：先于天时变化而行动。

【讲解】这是解释乾卦九五爻辞中的"大人"。

亢之为言也，知进而不知退，知存而不知亡，知得而不知丧。

【白话】乾卦上九爻的爻辞所说的"亢"字，是指有的人只知道前进，却不知道退守；只知道生存，却不知道衰亡；只知道获得，却不知道丧失。

【讲解】这是解释上九爻辞中的"亢龙"。

其惟圣人乎？知进退存亡而不失其正者，其惟圣人乎？

【白话】大概只有圣人，才能知晓进、退、存、亡的道理，而又不失其正道吧？能做到这一点的，大概只有圣人吧？

【注释】①正：指正道。

【讲解】在这一段中，"知进退存亡而不失其正者，其惟圣人乎？"正是对用九爻辞的最好解释，是对其所说大"吉"的赞辞。

坤卦第二

（坤下坤上）☷ 坤 元亨。利牝马之贞。君子有攸往。先迷后得。主利。西南得朋。东北丧朋。安贞吉。

【白话】坤卦，具有伟大元始、亨通的德性。如果像母马那样贞顺，是吉利的。君子有所往求，始而迷失方向，但结果会是有利的。如往西南方，则可以得到朋友；如往东南方，就可能会丧失朋友。如果安详地持守贞正之道，则是吉利的。

【注释】①坤：卦名，有大地、阴性、柔顺之意。 ②牝：雌性的兽类。 ③攸："所"的意思。有攸往即有所往。 ④丧：亡失。

【讲解】和乾卦一样，坤卦也具备元、亨、利、贞四德，但情况又有不同。坤卦的利、贞，并不是像乾卦那样，对万物都有所利、有所贞。只在像柔顺、壮健的母马般，执着于正道时，又像大地依顺着天的法则，资生万物，向前奔腾不息的情况下，才会有利。天与地，一个在上，一个在下，但大地归根结底还是要依顺天的法则变化，正如同母马，喜欢逆风驰骋，却又性情柔顺。所以，顺从是坤卦的一个重要特征，如同牝马顺从种马，地顺从天。乾、坤两卦，一为纯阳，一为纯阴，一个至健，一个至顺，两者相反相成，对立一致。

所谓"西南得朋"，是指依八卦的方位，西方是坤、兑的卦位，南方是巽、离的卦位，都属于阴；所以，往西南方，可以得到同属于阴的朋友。同理，东方是艮、震的卦位，北方是乾、坎的卦位，都属于阳；因而，往东北方，就会失去同属于阴的朋友，这就是"东北丧朋"。

还有一种说法，是以月亮盈亏的方位来解释：月初的夜晚，月亮由西南方升起，由亏而盈，得到光明；然后，由盈而亏，在月尾的早晨，月亮于东北方消失，失去光明。所以，占卜得此卦，预示如同在月黑夜间行动，虽然先迷失道路，然月有盈亏圆缺，暗极则明生，只要等待时机，终会得利的。

《彖》曰：至哉坤元！万物资生，乃顺承①天。坤厚载物，德合无疆②。含弘光大③，品物咸④亨。牝马地类，行地无疆。柔顺利贞，君子攸行。先迷失道，后顺得常。西南得朋，乃与类行。东北丧朋，乃终有庆。安贞之吉，应地无疆。

【白话】《彖传》说：多么广大的地啊！世间的万事万物靠它滋生成长，它柔顺地遵着天道而运行。大地深厚，载育万物；其美好的德性，广阔无垠。大地包容、广阔、光明、远大，使各种类的物，都能顺利地生长。母马的德性与大地相类似，奔驰于无边无际的辽阔大地上，柔和、温顺而吉祥。君子有所行动，虽然开始迷失了道路，后来懂得了顺从亨通的道理，还是走在了正道。如果往西南方，会得到朋友的帮助，一同建功立业；如果往东北方，则可能失去朋友的帮助，但最终结果还是吉庆的。安详持守贞正之道，就会有吉利的结果，因为这符合大地无穷的德性。

【注释】①承：承受，蒙受。 ②疆：边界。 ③光大：广大。 ④咸：都，统。

【讲解】这一段彖辞极力赞美坤卦的内涵，阐释了大地的德性对于万物的功能与恩惠。并且引申解释卦辞中的牝马之象与"先迷后得"，以及"西南得朋"、"东北丧朋"的道理。其结论，特别注重安与贞的修养。

《象》曰：地势①坤，君子以厚德载②物。

【白话】《象传说》：坤卦象征着大地的形势。君子应当效法大地深厚而包容万物的德性。

【注释】①势：形势。　②载：容纳。

【讲解】这段象辞指明大地的德行是宽厚的，君子们应当效法，用这样的德行来待人接物。

初六　履霜。坚冰至。

【白话】初六，脚踏上了寒霜，就知道坚冰将要到来。

【注释】①履：践，踩，踏。

《象》曰：履霜坚冰，阴始凝也。驯致其道，至坚冰也。

【白话】《象传》说："脚踏上了寒霜，就知道坚冰将要到来"，这说明阴冷之气开始凝结。按照这种情况发展下去，寒冷的冰雪季节就要来临了。

【注释】①驯：顺伏。

【讲解】初六爻为坤卦最下方的阴爻，以"履霜，坚冰"象征，说明阴气开始凝结，是因为结冰的季节马上就要来了。爻辞反映了秋冬交接之际的物候现象，说明了当时人们对自然现象的观察非常仔细。南怀瑾先生认为，以象数易学的卦气而言，在十二辟卦中，坤卦是阴历十月的卦。按节气的顺序，九月建戌，包括寒露、霜降两个节气。在十月间，便到了立冬、小雪两个节气。所以说，当行走在有霜的地面上，便可知道顺序而来的季节，就会到了天寒地冻、霜露结成坚冰的时候了。这是以一年季节中，月份节气的实际现象，作为坤卦初爻象征性的说明，是从原始而质朴的地道物理易象之学而说的。

六二　直方大。不习无不利。

【白话】六二，正直、端方、广大，一个人具备了这些品质，即使不加修习，也不会有什么不利。

【注释】①直：正直。　②方：方正，端方。　③习：与"学"字通用，包含有经验的意思。

《象》曰：六二之动，直以方也。不习无不利，地道光也。

【白话】《象传》说：按六二爻的原理行动，必然会表现出正直、端方的品质。"即使不加修习，也不会有什么不利"，这是将大地的灵德发扬光大的结果。

【讲解】这一爻，以大地的形势说理。大地一直向前延伸，古代说天圆地方，又极为广大；所以用直、方、大来形容。以大地的德行来说，固执纯正是"直"；有整然的法则性是"方"，顺从天的德行是"大"。只要具备"直""方""大"的德行，不需要学习，也不会不利。

"六"是阴爻，"二"已升到偶数的阴位。阴爻阴位得正，又在下卦的中位，所以中正，是最纯粹的。也就是具备了大地的德性，就可以大胆放心地前进，没有什么不利的。

还有一种说法，认为象辞是以太阴（月亮）运行的现象来作比类，说明爻辞直、方、大的内涵。如南怀瑾先生认为，阴历每月初三的晚上，眉月首先出现在西南方的上空；假定以坤卦的初爻做为第一阶段的象征，再过六天，在初九的晚上，便是坤卦第二爻的阶段；那时候的月亮，一半光明，平直如绳，叫做上弦的月色，对着正北方。所以从象来说理，便有"六二之动，直以方也"的现象。这个时候，地面上已经有了上弦的光明，所谓"地道光也"，是自然的现象。因为自然如此，所以便说"不习无不利"，表示不必加以人为的修习，也自然而然，便无什么不利的情况。

$^{liù\ sān}$　　$^{hán\ zhāng①}$　$^{kě\ zhēn}$　　$^{huò\ cóng\ wáng\ shì}$　　$^{wú\ chéng\ yǒu\ zhōng}$
六三　含章　可贞。或从王事，无成有终。

【白话】六三，胸怀才华而不显露，不失柔顺的贞正之道，如果辅佐君王，从事政务，虽然没有大的成功，也会有好的结果。

【注释】①章：美丽的文采。

^{xiàng}　^{yuē}　$^{hán\ zhāng\ kě\ zhēn}$　　$^{yǐ\ shí\ fā\ yě}$　　$^{huò\ cóng\ wáng\ shì}$　　$^{zhī\ guāng\ dà\ yě}$
《象》曰：含章可贞，以时发也。或从王事，知光大也。

【白话】《象传》说：爻辞中所谓的"含章可贞"，是说要把握适当的时机，发挥其美丽的文采。"或从王事"，是说美丽的文采终究会被发现，君子辅佐君王，必能大显身手，一展抱负。

【讲解】六三爻居于下卦的最终一爻，是以阴爻居奇数的阳位，这一情况类似乾卦以阳爻居阴位的九四爻。阳刚之爻与阳刚之位都是进取的象征，阴柔之爻与阴柔之位都是退隐的象征，但如果遇上阴爻居阳位、阳爻居阴位，则是可进可退、可出可处的象征，所以乾卦九四爻辞为"或跃在渊，无咎"，坤卦六三爻辞为"含章可贞，或从王事，无成有终"。"或"字就意味着"两可"（可进、可退）。在进退未定之际，古人要求人们不要急于进取，宜含藏章美、固守道德、无为处事，即使有事也只要跟从即可，不必为首。当然，"三"在下卦的最高位，已不能永远不变，预示美丽的文采终究不可久藏，有才德的君子还是会出来辅佐君王，这时就要懂得把握功成名遂身退的时机，这便是"无成有终"。

六四 括囊①。无咎无誉。

【白话】六四，扎紧囊口，虽得不到赞誉，但也没有过咎。

【注释】①囊：小口袋。

《象》曰：括囊无咎，慎不害①也。

【白话】《象传》说："扎紧囊口，虽得不到赞誉，但也没有过咎"，说明适当收敛，谨言慎行，是不会有害的。

【注释】①不害：没有害处。

【讲解】坤卦六四是阴爻，在偶数的阴位，却是上卦的最下位，虽然得正，但不得中，过于阴柔，仍然是危险的位置。因此，这时当效法收束囊口的情形，谨慎小心，渐求引退，既要没有过错，也不求有更好的名誉，那就自然能够避免灾祸了。

六五 黄裳①。元吉。

【白话】六五，穿上黄色的衣裳，甚为吉祥。

【注释】①裳：下身的衣服。

《象》曰：黄裳元吉，文①在中也。

【白话】《象传》说："穿上黄色的衣裳，甚为吉祥"，这是因为黄色代表中，行事持守中道，当然吉祥。

【注释】①文：文采。此外指"裳"，借指美好的内在德性。

【讲解】根据我国古代的五行学说，认为构成物质的元素，为木、火、土、金、水；五行配五色，相当于青、赤、黄、白、黑；以方位来说，又相当于东、南、中、西、北。黄色是大地的颜色，也是中央的颜色，是中正的象征。六五爻在上卦的中位，因而以黄色象征。但由于是阴爻居阳位，并不正，所以用"裳"比拟。裳是装饰性的下衣，喻为谦逊的品性。下衣是黄色的，象征中庸谦逊的态度；"文在中也"，就是说具备像黄色下衣般的中庸谦逊的美德，这是最吉祥的，因为内在的文采，自然会流露于外。

上六 龙战于野①。其血玄②黄。

【白话】上六，群龙大战于郊野，流下青黄色的血。

【注释】①野：郊野。 ②玄：青苍色。

《象》曰：龙战于野，其道穷也。

【白话】《象传》说："群龙大战于郊野"，说明它的道路已经到穷尽之处了。

【讲解】孔颖达说："（此）即《说卦》云'战乎乾'是也。战于卦外，故曰'于野'。阴阳相伤，故'其血玄黄'。"上六已到达六爻的最高位，又是偶数的阴位，而坤卦又全部是阴爻，是阴旺盛到极点之爻。阴极反阳，就不能不与阳争。战龙于野，就象征在阴阳的对立中，双方的矛盾已经发展到最后阶段，形成了争战，势必造成两败俱伤的局面，当然凶险。天玄地黄，天地相争，所以流的血是黑黄色。

用六 利永贞①②。

【白话】用六，利于占问长久之吉凶。

【注释】①永：长久。 ②贞：问。

《象》曰：用六永贞，以大终也。

【白话】《象传》说：用六爻"利于占问长久之吉凶"，是说它能保持柔顺贞正之道，必将得到最大的善终。

【讲解】坤卦用六与乾卦用九的用意相同，就是善于运用坤卦六爻的变化法则，不被变化拘束。但不同的是，乾卦用九，是指善用阳刚，如天道创始养育万物，而不求回报，处在主动的地位，象征着君道、师道、父道。而坤卦用六，则是运用阴柔，如大地顺从天道，生成负载万物，是属于从属的地位，象征臣道、母道。因而，坤卦用六就必须持守纯正柔顺的德性，才能获得有利的结果。

为什么说坤卦用六之爻利于占问长久之吉凶呢？因为这一爻所含的道理是极为深刻的。它告诫人们居下位、处劣势还能用柔顺贞正之道，则可保长久相安无事。干宝说："阴体其顺，臣守其柔。所以秉义之和，履贞之干。唯有推变，终归于正。是周公始于负扆南面，以光王道，卒于复子明辟，以终臣节，故曰'利永贞'也。"

《文言》曰：坤至柔而动也刚，至静而德方①。后得主而有常②。含万物而化光。坤道其顺乎？承天而时行。

51

【白话】《文言》说：坤卦的本性是极为柔顺的，但当它变动起来时却很刚强；坤卦的形态是极为宁静的，而它却有方正的德性。它遵循主顺的常道而后有所得，孕育万物而化生光明。坤卦之道难道不是非常柔顺的吗？就在于它顺承天道的规律而运行不息。

【注释】①方：方正。　②常：规律，常道。

【讲解】这一节文言解释坤卦柔顺的性质、形态与德性。就乾与坤的关系来说，乾为君主，坤为臣子，坤必须随天而运行，故称"后得主而有常"；坤为地而含亨光大，所以说"含万物而化光"。《周易折中》案："'动刚'，释'元亨'也，气之发动而物生也。'德方'，释'利贞'也，形之完就而物成也。'柔静'者，坤之本体，其刚、其方，乃是乾为之主，而坤顺之以行止者，故继之曰'后得主而有常'，释'先迷后得主'也。'含物化光'，谓亨利之间，致养万物，其功盛大，释'西南得朋'也。'承天时行'，谓顺承于'元'，至'贞'不息，阴道始终于阳，释'东北丧朋'也。盖孔子既以坤之'元亨利贞'，配乾为四德，则所谓西南东北者，即四时也，故用《彖传》所谓'含弘光大'者，以切西南，又用所谓'乃顺承天，行地无疆'者，以切东北。欲人知四方、四德，初非两义。此意《彖传》未及，故于《文言》发之。"

积善之家，必有余庆。积不善之家，必有余殃。臣弑其君，子弑其父，非一朝一夕之故，其所由来者渐矣，由辨之不早辨也。《易》曰："履霜，坚冰至。"盖言顺也。

【白话】积善的人家，必然有多余的吉庆；积不善的人家，必然有多余的殃祸。臣下弑君犯上，儿子杀死父亲，并不是一朝一夕的缘故，而是平日逐渐累积的结果，是由于应当明辨的时候没有及早辨明所造成的。所以《易经》说："履霜，坚冰至。"大概就是说事情的结果必然是顺着一定的方向发展而来的。

【注释】①殃：灾祸。　②弑：下杀上叫弑。　③顺：同慎。朱熹说："古字'顺''慎'通用。案，此当作'慎'，言当辨之于微也。"

【讲解】这一节，解释初六爻辞"履霜，坚冰至"。吕祖谦说："'盖言顺也'，此一句尤可警。非心邪念，不可顺养将去。若顺将去，何所不至。惩治遏绝，正要人著力。"

直其正也，方其义也。君子敬以直内，义以方外，敬义立而德不孤。直方大。不习无不利，则不疑其所行也。

【白话】六二爻辞中的"直"就是内心正直，"方"就是行为方正。君子庄敬不苟，使内心正直；以道义的准则，为外在行为的规范；只要庄敬不苟、行为合义，他的德业自然就不会孤立。所以说只要具有正直、端方、广大的品质，即使不修习也没有什么不利。因为他的所作所为，自然是没有可疑之处的。

【注释】①义：行事正当而合宜。　②敬：有庄肃、谨慎、恭敬等意思。

【讲解】这一节，解释六二爻辞中的"直、方、大"。《朱子语类》："'敬以直内'，是持守功夫；'义以方外'，是讲学功夫。'直'是直上直下，胸中无纤毫委曲。'方'，是割裁方正之意，是处此事皆合宜，截然不可得而移易之意。"

阴虽有美，含之以从王事，弗敢成也。地道也，妻道也，臣道也。地道无成，而代有终也。

【白话】阴柔虽然是美好的德性，但要含蓄隐藏，用以辅佐君王、从事君政务时，即使功高也不敢自居。这就是大地之道，为妻之道，为臣之道。大地之道，即是循天则而行，生长万物又不归功于己，而只是代天做事，完成上天的事业。

【注释】①代：代替，指代替乾。　②终：完成，结果。

【讲解】这一节解释六三爻辞的含章、柔顺、不居功，认为这是地道之本性，也是为从属辅佐者应有的美德。荀爽说："六三阳位，下有伏阳。坤，阴卦也。虽有伏阳，含藏不显。以从王事，要待乾命，不敢自成也。"宋衷说："臣子虽有才美，含藏以从其上，不敢有所成名也。地得终天功，臣得终君事，妇得终夫业，故曰'而代有终也'。"

天地变化，草木蕃。天地闭，贤人隐。《易》曰："括囊无咎无誉。"盖言谨也。

【白话】在天地的运行变化中，草木繁衍茂盛；如果天地闭塞，则贤能的人就会隐退了。所以《易经》说："扎紧囊口，虽得不到赞誉，却也不会有过咎。"这大概是说言行应当谨慎吧。

【注释】①蕃：繁衍茂盛。　②天地闭：比喻政治混乱的时世。

【讲解】这一节，解释六四的"括囊"。虞翻说："谓阳息坤成泰。天地反，以乾变坤，坤化升乾，万物出震，故'天地化，草木蕃'矣。谓四。泰反成否，乾称贤人。隐藏坤中，以俭德避难，不荣以禄，故'贤人隐'矣。"张浚说："括囊，盖内充其德，待时而有为者也。汉儒乃以'括囊'为讥，岂不陋哉？阳舒阴闭，故孔子发'天地闭'之训。夫闭于前而舒于后，生化之功，自是出也。'括囊'之慎，庸有害乎？"

<u>君子黄中</u>①<u>通理</u>。<u>正位居体</u>。<u>美在其中，而畅</u>②<u>于四支</u>③，<u>发于事业，美之至也</u>。

【白话】君子当如黄色，居于中位，通达事理。应当使自己保持在正当的地位，则美德就蕴于全身，自然畅达于四肢，而能行动自如。还应当使美德向外表现在事业上，这才是美的极致。

【注释】①黄中：黄色居中位而有中庸之德。朱熹说："黄中，言中德在内，释'黄'字之义也。" ②畅：畅达。 ③四支：即四肢。

【讲解】这是解释六五爻辞的"黄裳"。六五阴变阳为坎，坎为先天坤的卦位，又因九五为坎的正位，由坤变坎是为阳居阴位之体，意味着君子应谨守中正的德性，并将此德性以柔顺的手段推展到行为的各个方面，这才是真正的美。

<u>阴疑</u>①<u>于阳必战，为其嫌于无阳也。故称龙焉。犹未离其类也，故称血焉。夫玄黄者，天地之杂也。天玄而地黄</u>。

【白话】坤阴发展到极盛，达到与阳势均力敌的程度时，阴阳必然会发生争战。因为坤卦是纯阴的象征，上六爻更是阴极的象征。阴爻极盛，错误地认为阳已经被消灭了，自以为能代替阳的地位，所以自称为"龙"。但实质上它本身顺承乾元的变易而来，仍然无法改变自己阴类的本质属性，所以阴阳相战，但仍各持其性，血色不同，是为"其血玄黄"。所谓玄黄，就是天地相混的色相，天色为玄（青），地色为黄。

【注释】①疑：猜疑。一说通"凝"，有交结、聚合之义。

【讲解】这是解释上六爻辞。程颐说："阳大阴小，阴必从阳，阴既盛极，与阳偕矣。是疑于阳也。不相从则必战。卦虽阴，恐疑无阳，故称龙。见其与阳战也，于野，进不已而至于外也。盛极而进不已，则战矣。虽盛极，不离阴类也，而与阳争，其伤可知，故称血。阴既盛极，至于阳争，虽阳不能无伤，故其血玄黄。玄黄，天地之色，谓皆伤也。"也就是说，阴达极盛，再不甘顺从天道时，阴阳相争，必然会造成痛苦流血的双败局面。

屯卦第三

（震下坎上） ䷂ 屯① 元亨利贞。勿用有攸往。利建侯②。

【白话】屯卦，具有元始、亨通、祥和、贞正的德性。不要轻举妄动，但是有所往进，有利于建国封侯。

【注释】①屯：卦名。屯的原义为草木萌芽于地，有生的开始的含义。草木萌芽，充满生机，又有充满、充实的意思。另外，草木萌芽的过程，相当艰难，也有艰难、停止的意义。 ②建侯：建国封侯。

【讲解】乾为天，坤为地，天地交会，万物开始生成，充满于天地之间。因而，在乾、坤二卦之后，接着就是屯卦，象征生的开始、充实与艰难。

屯卦的互卦有坤和艮，所以卦体虽变，却尚有坤卦元、亨、利、贞的卦德；不过，艮为止，所以"勿用"。从自然现象来说，草木萌芽之时，生气蓬勃，不畏艰难，意志坚定，所以说，屯卦也具备元亨利贞四种德行。然而，草木刚刚萌芽，非常脆弱，仍然不能利用，也没有用处；因而"勿用"，不可轻举妄动。

不过，草木萌芽之后，就坚定而茁壮地成长，从此欣欣向荣，前途不可限量。所以，占得这一卦，意味着只要锲而不舍地继续奋发进取，就有建国封侯、成就一番事业的有利条件，所以说"有攸往，利建侯"。

《彖》曰：屯，刚柔始交而难生。动乎险中，大亨贞。雷雨之动满盈，天造①草②昧③，宜建侯而不宁。

【白话】《象传》说：屯卦，是阳刚和阴柔开始交合，万物艰难萌生的象征。虽说是在艰难险阻之中行动，但如果德行贞正，一定会顺利亨通。雷雨大作，到处充盈大水，在一片冥昧之中，上天草创化生万物。在这样的情况下，应及时建国封侯。但即便如此，也难以得到安宁。

【注释】①造：造就，创作。 ②草：包含有杂乱丛生的意思。 ③昧：蒙昧，晦冥昏暗的现象。

【讲解】程颐说："屯，物之始生，故继乾、坤之后。以二象言之，云雷之兴，阴阳始交也。以二体言之，震始交于下，坎始交于中，阴阳相交，乃成云雷。阴阳始交，云雷相应而未成泽，故为屯。"从卦形来看，屯卦的下卦为震，象征雷，它是坤卦最下方的阴爻变成阳爻，为阴阳刚开始相交的形象；上卦为坎，象征水、雨、云，它是乾卦的中爻交于坤卦中爻的结果。所以，屯卦就有阴阳相交、雷雨交作的现象。此外，震卦的卦象是一阳爻动于两阴爻之下，所以它的卦德为动；坎卦为一阳爻陷于二阴爻之间，所以它的卦德为险。这就是"动乎险中"的由来。全卦象征刚与柔开始相交，发生创始时期的艰难现象。告诫人们前途仍然艰险，必须坚持纯正的初衷，不可轻率行动。

《象》曰：云雷，屯。君子以经纶①。

【白话】《象传》说：屯卦的卦象是上云（坎）下雷（震），云雷交临，是即将有雨的征兆。在这种初创功业的艰难时期，君子应负起规划经营的大任。

【注释】①经纶：经，凡织丝之纵线都叫经。纶，青的丝绳。经纶，是以织布时理顺纱线的情形，来比喻规划经营。

【讲解】前面的《象传》以象来说理，解释屯卦为"动乎险中"，告诉我们事业还处于暗昧的草创时期，前途大有艰难，尚不稳定。而这里《象传》的解释则偏重于人文德业，进一步说明此时的君子应该敢于任事，对未来大业有所规划经营。

初九 磐桓①。利居贞。利建侯。

【白话】初九，功业初创时期，万事艰难，难免徘徊不前，但如果持守贞正之道，仍有利于建立功业。

【注释】①磐桓：即盘桓。磐是大石，桓是树名，大石压住草木，阻碍生长，因此以磐桓有徘徊不前的意思。

《象》曰：虽磐桓，志行正也。以贵下贱，大得民也。

【白话】《象传》说：虽然徘徊难进，但有志行中正的现象。只要能以尊贵的身份而自居下位，自然会大得民心。

【讲解】屯卦初九为阳爻，居于最下方的位置，所以虽然一阳初动、生机方萌，却处在艰难困顿的状态中。加上初九爻又与上卦的六四爻相应，六四爻在上卦坎即陷、险的最下方，是危险的陷阱，所以难免要徘徊不前。不过，初九阳爻居阳位得正，只要坚持贞正之道，仍然有利。另外，《易经》以阳为贵，以阴为贱。初九阳爻居于阴爻之下的卑位，象征君子以贤明而居众人之下，与基层群众亲近，就可以大得民心，大有作为。

六二　屯如邅如①②。乘马班如③④。匪寇婚媾。女子贞不字⑤。十年乃字。

【白话】六二，徘徊不前。乘骑并列，步调不一。来者不是盗寇，而是来求婚的。于是占问女子宜嫁与否，得到了十年过后方宜出嫁的结果。

【注释】①屯如：困顿的样子。如，与若、然同。　②邅如：徘徊难进的样子。③乘马：四匹并列的马。　④班：行动不一致。《左传》中曾提到有将脱离行列的马，称作"班马"。　⑤字：古称女子许嫁为字。另有一说，认为古代没有将出嫁说成字的用法，应当作怀孕解。

《象》曰：六二之难，乘刚也①。十年乃字，反常也。

【白话】《象传》说：六二爻之所以有困难之象，是因为它位于初九阳爻之上，是柔盛于刚。爻辞说"十年过后方宜出嫁"，这是违反常理的。

【注释】①乘：凡阴爻在上曰乘，在下曰承，这里指本卦六二阴爻位于初九阳爻之上。

【讲解】六二阴爻居阴位，是为得位，而且在下卦的中位，所以中正。六二爻又与上卦的九五爻阴阳相应，照理说可以结为夫妻。然而六二恰好又处在阳刚初九的上方，为阳刚所逼，所以才有徘徊不前、进退两难之象。就像并列的四匹乘马，脚步不一致，难以顺利前进。形象地说，就是初九强横，胁迫六二下嫁，但六二贞烈，等待十年之久，才摆脱初九的纠缠，终于与相应的九五结合。说明在艰难困顿中，必须有坚定的意志，坚守贞正之道，这样终究会有好的结果。程颐说："二守中正，不苟合于初，所以'不字'。苟贞固不易，至于十年，屯极必通，乃获正应而字育矣。以女子阴柔，苟能守其志节，久必获通，况君子守道不回乎？"

六三　即鹿无虞①。惟入于林中。君子几②不如舍③。往吝④。

【白话】六三，追逐山鹿时，由于没有掌管山泽的虞人的引导，而进入丛林之中。

这时君子要见机行事，不如退舍而放弃。如果仍穷追不舍，就必须会有灾厄发生。

【注释】①虞：虞人。上古官制，执掌山泽的官名。 ②几：通"机"，时机。③舍：舍弃。 ④吝：阻塞不通。有惜、恨、耻的含义，比"悔"的程度高，接近"凶"。

《象》曰：即鹿无虞，以从禽①也。君子舍之往吝穷也。

【白话】《象传》说："追逐山鹿而缺少虞人的引导"，只能盲目地跟着猎物奔跑，结果一无所获。君子应及时放弃，因为如一意追逐，必然会陷入困顿之中，无路可走。

【注释】①禽：与"擒"通用。又据《白虎通》的解释，禽是鸟兽的通称。有被人们擒捉制服的意思。

【讲解】本卦六三爻的爻象，下接震卦六二的阴爻，上接坎卦初六的阴爻，重阴错落，可作为鹿角交叉的象征。而且重阴叠障，犹如一片阴气凝重的森林。又六三为阴爻居阳位，因而不满，想要妄动。但六三既不正，也不中，上卦的上六为阴爻，又无法相应而给予支援，如果轻率冒进，必然陷入困境。这一爻告诫人们应当见机而作，明辨取舍，不可盲目行动。

六四 乘马班如。求婚媾。往吉。无不利。

【白话】六四，骑着马纷纷前去求婚。前往就会有吉庆，没有什么不利的。

《象》曰：求而往，明也。

【白话】《象传》说：坚定不移地前去追求，是一种明智的举动。

【讲解】六四与初九阴阳正应，有如男女相匹配，故称"婚媾"。不过，由于六四阴爻与上卦的九五爻又过于接近，在初九、九五两个阳爻遥相牵制之下，六四意志动摇，犹如脚步不一致的四匹乘马，进退两难。但由于与九五接近，只须前进去求，就会有阴阳相得而媾合的可能，所以说吉祥，没有不利。这一爻，说明当进退两难之时，应当采取积极的态度，主动结合同志，向前追求，才是明智的举动。

也有研究者认为，六四爻以柔顺之性居于近君之位，而其才能却不足以济渡屯难，因而借助脚力（马匹）以济时艰。比喻人们做人做事进德修业都应该求助贤能以自辅，便能人事有成、德业日进。胡炳文曰："凡爻例，上为往，下为来。六四下而从初，亦谓之往者，据我适人，于文当言往，不可言来。如需上六'三人来'，据人适我，可谓之来，不可谓往也。"

九五　屯其膏①。小贞②吉。大贞凶。

【白话】九五，就像屯积凝结的脂膏，恩泽难以布施。占问日常小事，尚有吉利可言；但要占问大事，就会有凶险。

【注释】①膏：脂油。这里引申为恩泽。　②贞：占问。

《象》曰：屯其膏，施①未光也。

【白话】《象传》说：所谓"就像屯积凝结的脂膏"，是说不能广施恩泽，前途并不光明。

【注释】①施：布施。

【讲解】九五爻居上卦之中，是孤阳陷在重阴的中间，虽有滋润与发挥光热的能力，但困于环境，无法发施它的光辉。九五阳爻本来与六二阴爻阴阳相应，可是六二阴柔，没有力量给以应援，不足以解困。这就好比一个正人君子，虽然处在适当的位置上，但是四周受到群阴小人的包围，始终不能有所作为。在这样的情况下，如果保持贞正以自处，小事方面还算吉祥。而大事方面，即使保持贞正，也难免会有凶险。这一爻，告诫人们在孤立无援时，应当退守自保，不可逞强冒进。

上六　乘马班如。泣血涟①如。

【白话】上六，骑着马纷纷而来（求婚），却进退两难，因此悲伤哭泣，泣血不止。

【注释】①涟：落泪的样子。

《象》曰：泣血涟如，何可长①也。

【白话】《象传》说："悲伤哭泣，泣血不止"，这种情形怎能长久呢？

【注释】①长：长久。

【讲解】上六爻阴柔，却上升到极点，处于日暮途穷、进退两难的险境中。而下卦的六三，同属阴爻，不能给予支援，所以心怀忧惧，血泪涟涟。这样的状况，当然不能长久。这一爻重申了物极必反的道理，也告诉我们：事情没有永远的一帆风顺，但同样也没有永远的困厄，只要坚守正位，必能化险为夷。

蒙卦第四

（坎下艮上）䷃ 蒙① 亨。匪② 我求童蒙。童蒙求我。初筮③ 吉。再三渎。渎④ 则不告。利贞。

【白话】蒙卦，具有亨通的德性。不是我去求年幼无知的人，而是年幼无知的人有求于我。初次求教，就像占筮一样，我会有问必答。但如果再三地乱问，就是没有诚意，近于轻侮和冒犯，这样我就不会再告知他了。持守贞正之道，是有利的。

【注释】①蒙：卦名。本指草木萌芽初茁的现象。借指蒙昧的状态。 ②匪：通"非"。 ③筮：古时用蓍草来占卜吉凶的一种术法。 ④渎：亵渎，冒犯。

【讲解】万物生成后，一开始还处于一种幼稚蒙昧的状态中，必须予以教育，蒙卦讲的就是这方面的道理。本卦的下卦为坎，象征水、险；上卦为艮，是山的形象，有止的作用。所以，蒙卦的卦形，是山下有险，昏蒙的场所。又，下卦是险，上卦是止，意味着内心恐惧，对外抗拒，象征幼稚愚昧，所以命名为"蒙"。

这一卦，以九二爻为主体。九二刚爻得中，又与六五阴阳相应，具备启蒙的力量，因而有亨通的德性。而启蒙的工作，要求动机纯正，坚持到底，所以持守贞正之道才有利。

《彖》曰：蒙。山下有险，险而止，蒙。蒙，亨。以亨行，时中也。匪我求童蒙。童蒙求我，志应也。初筮告，以刚中也。再三渎。渎则不告，渎蒙也。蒙以养正，圣功也。

【白话】《彖传》说：蒙卦的卦象为上艮下坎，犹如山下有险阻。路途险阻，则止步不前，徘徊不进，这正是一种蒙昧的情状。"蒙，亨通"，就是告诉我们要想亨通顺利，必须进行启蒙教育，而且要把握适当的时机。"不是我去求年幼无知的人，而是年幼无知的人有求于我"，只有这样，才能思想一致，便于配合，达到良好的教育效果。"第一次请教我，我会有问必答"，是因为他有阳刚的正气，态度诚恳。而爻辞说"如果再三地乱问，就是没有诚意，近于轻侮和冒犯，这样我就不会再告知他了"，是因为他的行为已经亵渎了启蒙，违背了求教的初衷。启蒙是为了培养纯正的品质，而这正是圣人教化的功德。

【讲解】这一段象辞，是用卦体、卦德、卦位分别解释卦名、卦辞。告诫人们要坚持本分，不可对心无诚意之人折腰屈就。

《象》曰：山下出泉①，蒙。君子以果行②育德。

【白话】《象传》说：蒙卦的卦象是上山（艮）下水（坎），有山下流出泉水之象。要想发掘甘泉，必须设法准确地找出泉水的位置，即意味着必须先进行启蒙教育。君子必须有果决的行为，以此来培育良好的品德。

【注释】①泉：从地下涌出来的水。 ②果行：行为果断。

【讲解】蒙卦为上艮下坎，与上坎下艮的屯卦互为反对的综卦。古代象数易学家们认为屯卦是代表每月初一早晨的符号，而蒙卦是代表初一晚上的符号。而这一段象辞所讲的道理，是引用蒙卦的卦象，以山下出泉，来比拟人文教化思想的开始，阐发圣人"蒙以养正"的理念，是纯粹以理说象。

初六 发蒙。利用刑①人。用说②桎梏③。以往吝。

【白话】初六，进行启蒙教育，犹如通过刑罚来纠正人的行为一样，是有利的。但刑罚的目的，只在利用刑具告诫，期望无刑，脱去刑具。如果严罚约束太过，反而引起反抗，遭到困厄。

【注释】①刑：使人受惩罚，有纠正的意思。 ②说：通"脱"。 ③桎梏：即刑具。桎，脚镣。梏，手铐。也可解作拘束。

《象》曰：利用刑人，以正法①也。

【白话】《象传》说："利用刑罚来纠正人的行为"，这是为了确立正确的法度，以便遵循。

【注释】①正法：以法规为标准。

【讲解】蒙卦初六爻的象征，据虞翻所说："发蒙之正，初为蒙始，失其位，发蒙之正以成兑。兑为刑人，坤为用，故曰'利用刑人'矣。坎为穿木。震足，艮手。互为坎连，故称桎梏。初发成兑。兑为说。坎象毁坏。故曰'用说桎梏'之应。历险，故'以往吝'。吝，小疵也。"

初六是阴爻，又在最下方的位置，是最蒙昧的时期。所以，必须"发蒙"，启发人的蒙昧。一开始利用刑罚以纠正过失，是有利的，但又不可刑罚过甚。在启蒙的最初阶段，固然应当严厉，但又不可过当，首先要端正法则，因为法比罚重要。

九二　包①蒙吉。纳②妇吉。子克③家。

【白话】九二，包容蒙昧，是吉利的。娶妻，也是吉利的。生下的孩子能够成家立业。

【注释】①包：包容。　②纳：收受，归内，引入。　③克：能够。

《象》曰：子克家，刚柔节①也。

【白话】《象传》说："孩子能够成家立业"，这是因为阴阳配合、刚柔相济的结果。

【注释】①节：即接，交接。

【讲解】从卦象上看，九二爻是下卦惟一的阳爻，也就是惟一刚健的力量，是下卦的主体，负有统率其他阴爻和进行启蒙的责任。但由于教导的对象众多，资质不同，不能强求一致，应当包容。加上九二处在下卦的中位，性格中庸，能够包容，所以吉祥。而孩子之所以能成家立业，是由于九二能够与三、四、五的阴爻接近，并且包容的缘故。

这一爻，告诫人们教育应当有所包容，做到有教无类。

六三　勿用取女。见金夫①。不有躬②。无攸利。

【白话】六三，不能娶这样的女子为妻，因为她见到有财势的人就会委身投靠，忘了自己，这种婚姻是没什么好处的。

【注释】①金夫：有财势的人。　②躬：身体，有自身的意思。

《象》曰：勿用取女，行不顺①也。

【白话】《象传》说："不能娶这样的女子为妻"，主要是指这个女子的行为不检点，是不合乎礼仪的。

【注释】①顺：解作"慎"。

【讲解】王弼说："童蒙之时，阴求于阳，晦求于明。六三在下卦之上，上九在上卦之上，男女之义也。上不求三，而三求上，女先求男者也。女之为体，正行以待命者也。见刚夫而求之，行在不顺，故勿用取女，而无攸利。"

六三爻是阴爻，有女子的象征。但为邻近九二的阳爻所乘，处在重阴之中，而且不得其位，不中不正，有自失主的现象。因此象辞引申它的意义，便有"行不顺"的告诫。

$$\text{六四 } \underset{\text{kùn}①}{\text{困}} \underset{\text{méng}}{\text{蒙}} 。 \underset{\text{lìn}}{\text{吝}} 。$$

【白话】六四，人被困在蒙昧之中，阻塞忧吝而不通。

【注释】①困：围困。指六四爻夹在二阴之间而被困。

$$《象》曰：\underset{\text{kùn méng zhī lìn}}{\text{困 蒙 之 吝}}，\underset{\text{dú yuǎn shí yě}}{\text{独 远 实 也}}。$$

【白话】"为蒙昧无知所困扰"，是因为远离了现实，孤立无援。

【讲解】胡炳文说："初与三比二之阳，五比上之阳，初、三、五，皆阳位，而三、五又皆与阳应，惟六四所比、所应、所居皆阴，困于蒙者也。蒙岂有不可教者，不能亲师取友，其困而吝也，自取之也。"

六四爻是阴爻，而初六爻也是阴爻，无法实现阴阳相应，加上六四距离阳爻九二太远，得不到援助，因而蒙昧困顿，有忧吝之象。"实"指阳爻而言。阴爻中间是断开的，为虚；阳爻之间是连接的，为实。这就是阳实阴虚。在本卦中，只有六四爻与九二爻、上九爻相距最远，所以说"独远实"。

$$\underset{\text{liù wǔ}}{\text{六五}} \underset{\text{tóng méng}}{\text{童 蒙}} 。 \underset{\text{jí}}{\text{吉}} 。$$

【白话】六五，蒙童虚心地向老师求教，必获吉祥。

$$《象》曰：\underset{\text{tóng méng zhī jí}}{\text{童 蒙 之 吉}}，\underset{\text{shùn yǐ xùn}①\text{ yě}}{\text{顺 以 巽 也}}。$$

【白话】《象传》说："蒙童虚心地向老师求教，必获吉祥"，这是因为蒙童对老师采取了恭顺而谦逊的态度。其教育结果自然是比较有效的，当然也是吉祥的。

【注释】①巽：顺服、谦卑。

【讲解】陆绩说："六五阴爻，又体艮，少男，故曰'童蒙'。"本卦六五爻虽然也是阴爻，但得中，并居"五"的尊位，上接上九的阳爻，下交九二的阳爻，可谓上下都有应援，处在待变、将变、适变的阶段。一变成阳爻，上卦就成为巽，象征风，全卦成为风水涣卦之象，风调雨顺，必须大吉大利。

$$\underset{\text{shàng jiǔ}}{\text{上 九}} \underset{\text{jī méng}}{\text{击 蒙}} 。 \underset{\text{bù lì wéi kòu}}{\text{不 利 为 寇}} 。 \underset{\text{lì yù}①\text{ kòu}}{\text{利 御 寇}} 。$$

【白话】上九，进行启蒙教育，不宜像对待盗寇那样采用过于严厉的手段，而应该以和缓的方式及早施教，这样可防患于未然。

【注释】①御：防御。

《象》曰：利用御寇①，上下顺②也。

【白话】《象传》说：启蒙教育要重在防患于未然，只有这样施教才可使上下顺应，心志相通。

【注释】①顺：顺应。

【讲解】吴澄说："二刚皆治蒙者。九二刚而得中，其于蒙也能包之、治之以宽者也；上九刚极不中，其于蒙也乃击之、治之以猛者也。"上九爻阳刚，又在最高的位置，以启蒙的态度来说，过于刚强，所以说"击蒙"，即攻击蒙昧之意。从卦象来看，最上层有刚强的上九对外，内部又有刚强的九二巩固，上下相互应援，所以说"顺"。

需卦第五

（乾下坎上）☰ 需①　有孚②。光亨贞吉。利涉大川④。

【白话】需卦，象征等待。言而有信，光明磊落，做事才会亨通顺利，占卜必得吉祥的结果。出外远行，有利于涉越巨流大川。

【注释】①需：卦名，有所欲求。又可与须字互相通用。　②孚：信用。　③涉：渡河。　④大川：大河。

【讲解】需卦由坎、乾二卦组成，上卦坎为水、为险；下卦乾为天，虽然刚健，但前面有大水险阻，不可冒然前进，应当等待，所以，卦名为"需"，有等待、踌躇之义。不过，乾是纯刚，坚强有力，只要等待，有信心，最后前途仍然光明，可以亨通，利于涉水渡过大川，所以占断是吉。需卦的主体九五爻位于上卦坎的中央，是得中之位，又为阳爻居阳位，是为得正，且在"五"的尊位，所以从卦象来说，需卦中心充实，象征信实。

《彖》曰：需，须也。险在前也。刚健而不陷①，其义不困穷矣。需有孚，光亨贞吉，位乎天位②，以正中也。利涉大

$$\overset{chuān}{川}，\overset{wǎng\ yǒu\ gōng\ yě}{往有功也。}$$

【白话】《彖传》说：需，是等待的意思。前面有险阻，但自身刚健中正，就不会陷于危险之中；等待适合的时机，就不会遭遇穷困。爻辞说"需卦，言而有信，光明磊落，做事才会亨通顺利，占卜必得吉祥的结果"，这是说它内卦的乾象，处于天道相通的位置，本身具有至正至中的本分。所谓"有利于涉越巨流大川"，是说再往前去，就一定会获得成功。

【注释】①不陷：不会陷入险境。　②位乎天位：指本卦九五爻居于卦中的天位。

【讲解】需卦《彖传》用卦德解释卦名为什么取名为"需"（卦义）。用卦体、卦象、卦才解释卦辞。教人如何从容不迫等待机会，心怀诚信、光明磊落而化险为夷，脚踏实地前进无往而不胜。

$$\overset{xiàng}{《象》}\overset{yuē}{曰：}\overset{yún\ shàng\ yú\ tiān}{云上于天，}\overset{xū}{需。}\overset{jūn\ zǐ\ yǐ\ yǐn\ shí\ yàn①\ lè}{君子以饮食宴乐。}$$

【白话】《象传》说：需卦的卦象是上坎（水）下乾（天），水在天上为云，所以有云在天上之象。只要阴阳调和，自然就会化云为雨。君子这时要心平气和，照常享受饮食宴会的乐趣，以等待有利的时机。

【注释】①宴：宴会。

【讲解】这里象辞以卦象说理，认为有才德的君子在才能没有得以施展之时，要安以待时，饮食以养其气体，宴乐以和其心志。只要时机成熟，自然有大展鸿图的时候。

$$\overset{chū\ jiǔ}{初九}\ \overset{xū\ yú\ jiāo①}{需于郊}。\overset{lì\ yòng\ héng②}{利用恒}。\overset{wú\ jiù}{无咎。}$$

【白话】初九，在郊外等待，需要有恒心，这样可以有利，不会有什么灾咎。

【注释】①郊：旷远之地。　②利用恒：利恒用。恒，久也。

$$\overset{xiàng}{《象》}\overset{yuē}{曰：}\overset{xū\ yú\ jiāo}{需于郊，}\overset{bù\ fàn\ nàn①\ xíng\ yě}{不犯难行也。}\overset{lì\ yòng\ héng\ wú\ jiù}{利用恒无咎，}\overset{wèi\ shī}{未失}$$
$$\overset{cháng②\ yě}{常也。}$$

【白话】《象传》说：爻辞说"在郊外等待"，是说不能在难以行进时冒险轻率前行；"需要有恒心，这样可以有利，不会有什么灾咎"，是因为言行举止没有失去常规，没有违背常理。

【注释】①犯难：冒险。　②常：常理。

【讲解】孔颖达说："难在于坎，初九去难既远，故待于郊。郊者境上之地，去水远也。恒，常也。远难待时，以避其害，故宜保守其常，所以无咎。"就是说，初九爻在开始的最下方，离上卦坎的险最远，所以是在"郊外"等待。又因为初九是阳爻，刚毅有恒，能够坚持常规正道，所以不会有过失和灾难。这一爻，说明在必须等待时，应保持距离，以策安全；而且要有恒心，意志不可动摇。

九二 需于沙①。小有言②。终吉。

【白话】九二，在沙滩上等待，虽然可能要承受别人的非难和怨言，但耐心等待，终获吉祥。

【注释】①沙：沙滩，沙洲。 ②小有言：怨言。

《象》曰：需于沙，衍在中也。虽小有言，以终吉也。

【白话】《象传》说：爻辞说"在沙滩上等待"，表明虽近于险地，但内心宽闲、安定。所以虽然要承受一些非难和怨言，但终会获得吉祥。

【注释】①衍：安定。

【讲解】九二爻比初九爻更接近上卦坎水，所以，用"沙"来表征。孔颖达说："沙是水旁之地，去水渐近，待时于沙，故难稍近而'小有言'，但履健居中，以待要会，终得其吉也。"这一爻，强调等待必须忍耐，不可急进，不可被他人的闲言怨语动摇。

九三 需于泥。致①寇至。

【白话】九三，在泥泞中等待，会招致盗寇到来。

【注释】①致：招致，招来。

《象》曰：需于泥，灾在外也。自我致寇，敬慎不败也。

【白话】《象传》说：爻辞说"在泥泞中等待"，说明灾祸还在外面，尚未到来；而自己却招致盗寇到来，说明要处处谨慎小心，才能避开危险，立于不败之地。

【讲解】九三又更接近上卦坎水，随时有陷入的危险，所以以"泥"表征。下卦接连三个阳爻，刚强过度，而九三又离开中位，以灾害的程度来说，已相当于随时会有外敌来袭的状态了。程颐说："泥，逼于水也。既进逼于险，当致寇难之至也。三，刚而不中，又居健体之上，有进动之象，故致寇也。苟非敬慎，则致丧败矣。"

六四 需于血。出自穴①。

【白话】六四，在血泊中等待，陷进深穴中，最后还是脱出险境。

【注释】①穴：沟穴。

《象》曰：需于血，顺以听①也。

【白话】《象传》说："在血泊中等待"，说明只要沉着冷静，顺应时势，听天由命，自然能化险为夷。

【注释】①听：听从天命，顺应时机。

【讲解】王弼曰："穴者，阴之路也。处坎始，居穴者也。九三刚进，四不能距，见侵则避，顺以听命也。"六四已经进入上卦坎的险境中，可能有伤亡的危险。由于坎为水、为血、为穴，六四为阴、为顺，故有"需血"、"出穴"、"顺听"之象。不过，六四虽然柔弱，但由于为阴爻居阴位得正，因而即使陷入穴中，也会顺应变化，化险为夷。

九五 需于酒食。贞吉。

【白话】九五，备好酒食，等待客人，占问的结果是吉祥的。

《象》曰：酒食贞吉，以中正①也。

【白话】《象传》说：所谓"备好酒食等待客人，占问的结果是吉祥的"，是因为此时九五爻居于中正至尊之位。

【注释】①中正：指九五爻居中正之位。

【讲解】九五爻为阳爻居阳位得正，又处在"五"的至尊之位，所以最安全。因而，用可以安闲地饮食等待，作为象征。程颐说："五以阳刚居中，得正位乎天位，克尽其道矣。以此而需，何需不获？故宴安酒食以俟之，所需必得也。既得贞正，而所需必遂，可谓吉矣。"

上六 入于穴。有不速①之客三人来。敬之终吉。

【白话】上六，落入沟穴之中，忽有三个不速之客来访。只要对他们恭恭敬敬，待之以礼，终获吉祥。

【注释】①速：招请。

《象》曰：不速之客来。敬之终吉，虽不当位，未大失也。

【白话】《象传》说："有不速之客到来，对他们恭恭敬敬、待之以礼，终获吉祥"，说明本爻虽然处在不适当的地位，但也没有大的损失。

【讲解】关于本卦上六爻的解释，可参照荀爽的见解。荀爽说："需道已终，云当下入穴也。云上升极，则降而为雨，故《诗》云：朝跻于西，崇朝其雨。则还入地。故曰'人于穴'。云雨入地，则下三阳动而自至者也。"又曰："三人谓下三阳也。须时当升，非有召者。故曰'不速之客'焉。乾升在上，君位已定。坎降在下，当循臣职。故敬之终吉也。"

这里所说的"不当位"，是指上六为阴爻居阴位，应该当位。但因到达"上"的极点，已进退无路，虽然在最高位，却等于没有地位，而且，阴爻在阳爻的上方，也反常。不过，因为能以诚意对待，不会有大损失。

上六与下卦的九三相应。下卦包括九三在内的三个阳爻本来有刚勇直前的德性，但因为前面有险，所以等待已久，现在已经到了等待的终极时刻，因而相拥而来，以"不速之客三人"来象征。上六柔弱，对三位刚强的不速之客，既无力量赶走，只有以诚意恭敬相待，才能避免有大的损失。

讼卦第六

（坎下乾上）䷅ 讼① 有孚。窒惕②。中吉。终凶。利见大人。不利涉大川。

【白话】讼卦，象征诉讼。诚实守信，心存戒惧，坚守正道，居中不偏，可获吉祥。如果强争不休，终会有凶险。有利于见大德大才之人，不宜涉越巨流大川。

【注释】①讼：卦名。争讼、斗争。 ②窒：堵塞不通。 ③惕：中心恐惧。

【讲解】讼卦的上卦为乾、为刚健，下卦为坎、为险陷。一方刚强而有才干，一方内心阴险，二者必然争讼。而讼卦《象传》认为，乾为天、坎为水，天是由东向西旋转，而水是由西往东流，方向正好相反，犹如人与人之间在相互争讼，因此以"讼"为卦名。

依据《说卦传》，"坎"有忧虑加多的含意；所以，须加警惕，把握中庸的原则行动，才会吉祥。而上九是在重叠三个阳爻的最上层，过于刚强，逞强争讼，以求达到目的，所以最后的结果是凶。要像"涉大川"一般逞强冒险，也是不利的。

《彖》曰：讼，上刚下险。险而健，讼。讼有孚，窒惕中吉，刚来而得中也。终凶，讼不可成也。利见大人，尚中正也。不利涉大川，入于渊也。

【白话】《彖传》说：讼卦的上卦乾为刚，下卦坎为险，阳刚在上而危险在下，面临危险而刚健不屈，必然会发生争讼。卦辞说"诚实守信，心存戒惧，坚守正道，居中不偏，可获吉祥"，这是因为刚健而得中正之道的缘故。"强争不休，终会有凶险"，是说争讼本非上策，不可能会成功。"有利于见大才大德之人"，是要崇尚中与正的精义。"不宜涉越巨流大川"，是因为会有坠入深渊的危险。

【讲解】讼卦《彖传》用卦德解释卦名，用卦变、卦体、卦象解释卦辞。告诫人们不要为小事而争讼不休、伤神劳命，更不能居于危险之地而冒险去打官司。

《象》曰：天与水违①行，讼。君子以作事谋②始。

【白话】《象传》说：讼卦的上卦为乾为天，下卦为坎为水，是天在水上。天从东向西转动，江河百川之水从西向东流，天与水是逆向相背而行的，象征着争讼的情形，所以称讼卦。君子要领会本卦的精神，做事深谋远虑，谨慎其初，以消除可能的争端。

【注释】①违：违背。　②谋：筹划。

【讲解】这里以卦象解释讼卦卦名的由来，阐明避免争讼之道。

初六　不永①所事②。小有言。终吉。

【白话】初六，不要长久地陷入争讼之事中，虽会承受一些闲言碎语，但最终将获吉祥。

【注释】①永：长久。　②所事：这里指争讼之类的事情。

《象》曰：不永所事，讼不可长也。虽小有言，其辩明也。

【白话】《象传》说："不要长久地陷入争讼之事中"，说明与人争讼决不可长久，应当适可而止。虽然会承受一些闲言碎语，但通过辩明道理，还是可以分清是非的。

【讲解】初六为阴爻居阳位，不得正位，又在最下方，因而柔弱。虽然与上卦的九四为阴阳相应,但中间有九二阻碍,力量薄弱,所以仍无法避免争讼之事。但只要不将争讼拖得太久,虽然小有责难,最后还是有吉祥的结果。这一爻旨在说明争讼不可拖延过久,应当以明辨事理来求得化解。王弼说:"处讼之始,讼不可终,故'不永所事'然后乃吉。凡阳唱而阴和,阴非先唱者也。处讼之始,不为讼先,虽不能讼,而必辩明也。"

九二　不克①讼。归而逋②。其邑③人三百户。无眚④。

【白话】九二,打官司输了,只有走为上策,逃回有三百户人家的小邑中避居,就不会有灾祸。

【注释】①克:胜,能够。　②逋:逃逸,逃亡。　③邑:古代居住所在地的通称。邑人即同邑里的人。　④眚:原义为眼睛生翳、散光,看物产生虚幻的光晕,这里指过失、灾难。

《象》曰:不克讼,归逋窜①也。自下讼上,患至掇②也。

【白话】《象传》说:"打官司输了,只有逃跑回来",这是因为自己位低势弱,却不自量力,与上面有权有势的人争讼,必然要失败。灾祸降临,完全是咎由自取。

【注释】①窜:逃跑、逃窜。　②掇:拾取。

【讲解】九二阳刚,为下卦坎险的中央,本来就喜欢争讼。又与九五同是阳爻,不能相应,必然会有争讼之事。但九五阳爻处于上卦中央的尊位,至刚、至中、至正,非位置低下的九二可比。九二与之争讼,必然会失败,这就是以下讼上,咎由自取。只有逃到不起眼的小城中避难,方可免于灾祸。

王弼说:"以刚处讼,不能下物,自下讼上,宜其不克。若能以惧,归窜其邑,乃可以免灾。邑过三百,窜而据强,灾未免也。"这一爻,旨在说明不可逞强争讼,应当退让反省,免遭祸害。

六三　食旧德①。贞厉②终吉。或从王事。无成。

【白话】六三,安享、保食先人的德业,坚守贞正之道,时时小心防备危险,以此自励,最终会获得吉祥。或许也会辅佐君王,建功立业,但并无所成。

【注释】①旧德:先人的德业、俸禄。　②厉:勉励。

《象》曰:食旧德,从①上吉也。

【白话】《象传》说："安享、保食先人的德业"，说明只要谦逊地顺从上位，就可以获得吉祥的结果。

【注释】①从：顺从。

【讲解】六三阴柔，无力与人争讼，唯有隐忍退让，坚守纯正，才能度过艰难，最后得到吉祥。虞翻说："乾为旧德。食，谓初、四、二已变之正。三动得位，体噬嗑，食四，变食乾，故食旧德。三变在坎，正危贞厉，得位，故终吉也。"杨启新说："'食旧德'，安其分之所当得，是不与人竞利也。'或从王事'者，分之所不得越，是不与人竞功也。"

九四　不克讼。复即命。渝安贞。吉。

【白话】九四，打官司输了，要回心反省，改变初衷，撤回诉状，退出争端，而安于贞正之道，这样就会得到吉祥的结果。

【注释】①即：就。　②命：天命，亦即正理。　③渝：变易，改变。

《象》曰：复即命，渝安贞，不失也。

【白话】《象传》说：爻辞说"回心反省，从而改变初衷，退出争端，安于贞正之道"，这样就不会有损失了

【讲解】杨简说："九刚、四柔，有始讼终退之象。人惟不安于命，故以人力争讼。今不讼而即于命，变而安于贞，吉之道也。"程颐说："四以阳刚而居健体，不得中正，本为讼者也。承五、履三而应初。五，君也，义不克讼。三居下而柔，不与之讼。初，正应而顺从，非与讼者也。四，导刚健欲讼，无与对敌，其讼无由而兴，故'不克讼'也。"

九四虽为阳爻，但在上卦的最下位，不得中；阳爻居阴位，又不正，所以争讼不会得胜。不过，正因为柔顺，能够回头反思，改变初衷，安于正理，终于有吉祥的结果。

九五　讼。元吉。

【白话】九五，诉讼会得到公正的判决，可谓大吉大利。

《象》曰：讼元吉，以中正也。

【白话】《象传》说：诉讼会得到吉祥的结果，这是因为居上位者能持中守正，公

正判决。

【讲解】这一爻,说明裁判诉讼,应以至中至正为根本。从卦象来看,所谓的中正,是指九五爻居于上卦的中位,阳刚又至中至正,象征公平、公正、合理的裁判诉讼,因而吉祥。程颐说:"以中正居尊位,治讼者也。治讼得其中正,所以元吉也。元吉,大吉而尽善也。吉大而不尽善者有矣。"

上九 或锡①之鞶②带。终朝三褫③之。

【白话】上九,诉讼获得了胜利,得到服饰皮带之类的诰赏,但在一天之内却几次被剥下身来。

【注释】①锡:通"赐",赏赐。 ②鞶带:大带。古时用作束衣的素丝带子。 ③褫:夺衣叫褫。引申为剥夺之义。

《象》曰:以讼受服,亦不足敬也。

【白话】《象传》说:因为争讼获胜而得到赏赐,是不值得尊敬的。

【讲解】本卦上九爻达到了阳刚的极点,足以赢得诉讼,并因此而享受荣耀,但这样的荣耀是难以持久的,而且也不会受人尊敬,可谓虽胜犹耻。朱熹说:"以刚居讼极,终讼而能胜之,故有锡命受服之象。然以讼得之,岂能安久?故又有'终朝三褫'之象。其占为终讼无理,而或取胜,然其所得终必失之。圣人为戒之意深矣。"

师卦第七

(坎下坤上) ䷆ 师①贞。丈人②吉。无咎。

【白话】师卦,有贞正的德性。坚守正道,由富有经验的统帅领兵,可得吉祥,必无灾祸。

【注释】①师:卦名。古代称军队为"师"。 ②丈人:大人。这里指德高望重、富有经验的军队统帅。

【讲解】朱熹说:"师,兵众也。下坎上坤,坎险坤顺,坎水坤地。古者寓兵于农,伏至险于大顺,藏不测于至静之中。又卦惟九二一阳居下卦之中,为将之象;上下五阴顺而从之,为众之象。九二以刚居下而用事,六五以柔居上而任之,为人君命将出师之象,故其卦之名曰'师'。丈人,长老之称。用师之道,利于得正,而任老成之人，乃得吉而无咎。戒占者亦必如是也。"

按朱熹的说法，师卦下卦是坎，为险、为水；上卦是坤，为顺、为地。古代兵农合一，平时耕田，农闲训练，战时就应召参战。兵的性质凶险，像水一般不安定；农民的性格柔顺，像地一般不动。师卦即为二者的结合。其卦象是在顺与地的下面，有险与水；意味着在农民中间，隐藏着兵。

这一卦，只有九二这一阳爻居于下卦的中央，被上下五个阴爻围护，有统帅之象。九二刚强，在下层，握有实权；六五柔和而居上位，象征君王任命统帅，以扩张军势。所以，这一卦命名为"师"。

《彖》曰：师，众也①。贞，正也。能以②众正，可以王矣③。刚中而应，行险而顺，以此④毒天下，而民从之，吉又何咎矣。

【白话】师，表示兵士众多。贞，是坚持固有的正道。能以贞正之道率领兵众，便可以作君王治理天下了。刚健居中，处下应上，即使遇到险境，也会有惊无险，顺顺利利。凭此兴兵，统治天下，能得到民众拥护应从，当然吉祥，哪有什么灾祸呢？

【注释】①众：这里指兵众、军队。 ②以：率领。 ③王：古代又与"用"字的意义通用。 ④毒：治理，统治。

【讲解】师卦《彖传》用卦体、卦德解释卦辞"师，贞，丈人吉，无咎"的意义。阐明能以众正，方可以率师为王治理天下的道理。在本卦中，九二爻为阳为刚，位于下卦坎的中位，与六五爻正对应，所以有"刚中而应"之象；又下卦为坎为险，上卦坤阴柔顺，所以说"行险而顺"。

《象》曰：地中有水，师。君子以容民①畜②众。

【白话】《象传》说：师卦的卦象是下坎（水）上坤（地），为地中有水之象。地中蕴藏着取之不尽的水，正如民众中蕴藏着充足的兵源。君子当效法卦象中的精神，包容和畜养天下百姓。

【注释】①容：容纳，包容。 ②畜：养。

【讲解】就卦象而言，汉代象数易学家认为，师卦是从比卦的覆象而来。先天的坤与后天的坎，都居于北方的水位。坤坎合居故成比，综覆比卦便是师。

初六 师出以律。否臧①凶。

【白话】初六，出师征战必须严守纪律。如果军纪败坏，必然会有凶险。

【注释】①否臧：不善，这里指军纪不好。

《象》曰：师出以律，失律①凶也。

【白话】《象传》说："出师征战必须严守纪律"，因为如果军队违背纪律，指挥不灵，必然要发生凶险。

【注释】①失律：指违背军纪。

【讲解】初六是师卦的第一爻，象征出师作战的开始阶段。在战争的开始阶段，应以严明的军纪为根本，因为只有军纪严明，战略战术才能得到完全的贯彻，才有打胜仗的可能。程颐对此曾论道："初，师之始也。故言出师之义及行师之道。在邦国兴师而言，合义理则是以律法也，谓以禁乱诛暴而动。苟动不以义，则虽善亦凶道也。善，谓克胜。凶，谓殃民害义也。在行师而言，律，谓号令节制。行师之道，以号令节制为本，所以统制于众。不以律则虽善亦凶，虽使胜捷，犹凶道也。"也就是说，军纪败坏，纵使打，侥幸得胜，仍是凶险的。

九二　在师中吉。无咎。王三锡①命。

【白话】九二，在军中任统帅，持守中道，不偏不依，可获吉祥，必无灾祸。君王多次进行奖励，并委以重任。

【注释】①锡：通"赐"，赏赐。

《象》曰：在师中吉，承①天宠也。王三锡命，怀②万邦③也。

【白话】《象传》说："在军中任统帅，持守中道而获吉祥"，这是因为承受天意，得到君王的恩宠。"君王多次进行奖励"，是因为君王能安抚万邦，使天下臣服。

【注释】①承：受。　②怀：归依。　③邦：国家。

【讲解】朱熹说："九二在下，为众阴所归，而有刚中之德。上应于五，而为所宠任，故其象占如此。"九二爻是本卦中唯一的阳爻，位于下方，得到许多阴爻的拥护，又在下卦的中位，象征刚毅、中庸，军队有巩固的领导中心，这样当然吉祥，不会有过失灾祸。九二爻又与至尊的六五爻阴阳相应，象征得到君王的宠信，多次给予奖励。

六三　师或舆①尸。凶。

【白话】六三，出师征战，不时有用大车运送尸体的现象，凶险。

【注释】①舆：车子。

《象》曰：师或舆尸，大无功①也。

【白话】《象传》说："出师征战，不时有用大车运送尸体的现象"，说明出师不利，大无功绩可言。

【注释】①功：功绩。

【讲解】王申子说："三不中不正，以柔居刚，是小人之才弱志刚者，而居二之上，是二为主将，三躐而尸之也。凡任将不专，偏裨擅命，权不出一者，皆舆尸也。军旅何所听命乎？其取败必矣。"也就是说，六三阴爻居阳位，以柔居刚，位不正，象征缺乏统御才能，不能胜任；且位置不中，象征统帅好大喜功，轻举妄动，必然失败。

六四　师左次①。无咎。

【白话】六四，军队暂时撤退，驻扎于敌方左边高地，没有灾咎。

【注释】①左次：到左方驻扎。次，驻扎。古代兵法的原则，布阵要使低地在左前方，才能攻击便利，而且有速度；高地要在右后方，可以当作防御的据点。"左次"就是到达高地的左方，使高地在右后方布阵。这里实质上有撤退以避开敌军锋芒的意思。

《象》曰：左次无咎，未失常①也。

【白话】《象传》说："军队暂时撤退，驻扎于敌方左边高地，没有灾咎"，因为这样的做法并没有违背用兵的常理。

【注释】①失常：违背常规。

【讲解】朱熹说："左次，谓退舍也。阴柔不中，而居阴得正，故其象如此。全师以退，贤于'六三'远矣。故其占如此。"六四阴柔，且不处中位，本来无战胜的可能。可是，阴爻阴位得正，又在下卦坎的险阻的前方，象征暂时避开敌军锋锐，于安全地带布阵，据守高地，而不轻举妄动，这是合乎用兵之道的，所以说无咎。

六五　田①有禽②。利执言③。无咎。长子帅师。弟子④舆尸。贞凶。

【白话】六五，打仗就像打猎，打猎要目标确立，才能擒获猎物；打仗则必须出师有名，这样才利于仗义执言，不会有灾咎。出师作战，须委任德高望重的长者统率军队；若是指派经验浅薄的人任统帅，一定大败，运尸而归，占问的结果必然是凶的。

【注释】①田：田猎。 ②禽：通"擒"，擒获。 ③执言：发表意见，提出建言。 ④弟子：指轻浮而无经验的人。

《象》曰：长子帅师，以中行也。弟子舆尸，使不当也。

【白话】《象传》说："必须委任德高望重的长者统率军队"，这是因为长者能居中守正，行为有法度，必然获胜。"指派经验浅薄的人任统帅，一定大败，运尸而归"，说明用人不当，必招致大败。

【讲解】五为君位，是兴师之主，因此这一爻讲的是兴师任将之道。六五是这一卦的主体，居于上卦中央至尊的位置；又为阴爻，德性柔顺、中庸，因此不会轻易主动发动战争。如要出师，则必须是名正言顺的。好像禽兽入于田中，侵害农作物，于义宜猎取则猎取之。如此行动，一定不会有灾咎。

上六 大君有命。开国①承家②。小人勿用。

【白话】上六，征战获胜，国君颁布诏命，论功封爵，或封诸侯，或授大夫。要注意重用君子，不可任用小人。

【注释】①开国：封邑，封为诸侯。 ②承家：受邑，被封为大夫。

《象》曰：大君有命，以正功也。小人勿用，必乱邦也。

【白话】《象传》说："国君颁布诏命，论功封爵"，这是为了按论功行赏。"决不可任用小人"，是因为任用小人必定会危害邦国，使国家陷于混乱。

【讲解】上六爻意味着出师作战的结束，接下来就是论功行赏，各得其所。同时，强调当警惕小人，不可任其形成势力。

卷 二

比卦第八

（坤下坎上） ䷇ 比①吉。原筮②元永贞。无咎。不宁③方来。后夫凶。

【白话】比卦，象征相亲相辅，相互依附，吉祥。相亲相辅的原则，就是用卜筮来验证，也是具备元始、坚贞、永固的德行，不会有灾祸。不安分的诸侯现在也前来归附，而那些迟来后到的人，必然会有凶险。

【注释】①比：卦名。有比附、亲近之意。　②原筮：古代的占卜方法，有初筮或再筮等不同的解释。　③宁：安宁，安详。

【讲解】程颐说："比，吉道也。人相亲比，自为吉道。故《杂卦》云'比乐师忧'。人相亲比，必有其道。苟非其道，则有悔咎。故必推原占决其可比者而比之。"以卦形来说，比卦的主体为九五爻。九五居上卦至尊的中位，阳爻阳位，至中至正又得位，上下又有五个阴爻追随，有群众依附领袖之象。任何团体，人人相亲相爱，互相合作，追随领袖，和平共处，当然吉祥。

《彖》曰：比，吉也。比，辅也，下顺从也。原筮元永贞无咎，以刚中也。不宁方来，上下应①也。后夫凶，其道穷也。

【白话】《象传》说：比卦，是吉利的。比，就是相亲相辅，居下位的人能顺从上层的领导者。"相亲相辅的原则，就是用卜筮来验证，也是具备元始、坚贞、永固的德行，不会有灾祸"，这是因为领导者刚毅中正。"不安分的诸侯现在也前来归附"，表明上下交应，君臣同心。"那些迟来后到的人，必然会有凶险"，是因为他们有损于相亲相辅的关系，几近穷途，十分危险。

【注释】①上下应也：指本卦九五、六二两爻相互呼应。

77

《象》曰：地上有水，比。先王以建万国，亲诸侯。

【白话】《象传》说：比卦下卦为坤、为地，上卦为坎、为水，因此为地上有水之象。地因水而柔顺，水因地而流动，二者亲密无间，互相依附。先王领悟到这个道理，便建立万国，与诸侯相亲相辅。

【讲解】《子夏易传》解释本卦卦象说："地得水而柔，水得地而流，比之象也。夫凶者，生平乖争。今既亲比，故云比吉。"虞翻则说："师，二上之五，得位。众阴顺从，比而辅之，故吉。与大有旁通。"

初六　有孚比之。无咎。有孚盈缶①。终来有它吉。

【白话】初六，诚实守信，众人都会前来亲附，不会有灾咎。诚信盈满，如同美酒充满了酒缸，最终一定有人前来依附，还会得到其他意外的吉祥。

【注释】①缶：小口大腹的陶制器皿。

《象》曰：比之初六，有它吉也。

【白话】《象传》说：比卦的初六爻，一开始便具有诚信的德行，所以有其他意外的吉祥。

【讲解】初六是比卦开始的第一爻，说明诚信是比附的根本；要相亲相附，必由诚信开始。程颐说："初六，比之始也。相比之道以诚信为本。中心不信而亲人，人谁与之？故比之始，必有孚诚乃无咎也。孚，信之在中也。诚信充实于内，若物之盈满于缶中也。缶，质素之器。言若缶之盈实其中，外不加文饰，则终能来有它吉。它，非此也外也。若诚实充于内，物无不信，岂用饰外以求比乎？诚信中实，虽它外皆当感而来从。孚信，比之本也。"

初六爻是内卦坤卦初爻的动象。外卦为坎，构成上有雨水降临于大地的象征。因此初六爻的爻辞说："有孚比之。"是采用雨水初降的现象作为象征。故说："无咎。"

六二　比之自内①。贞吉。

【白话】六二，发自内心地与人亲善，贞正自守，这是吉利的。

【注释】①内：内心。

《象》曰：比之自内，不自失也。

78

【白话】《象传》说:"发自内心地与人亲善",说明自己没有失掉本位、偏离正道。

【讲解】朱熹说:"柔顺中正,上应九五,自内比外,而得其正。吉之道也。占者如是则正而吉矣。"六二以阴爻居阴位,又在下卦中位,因而柔顺、中正。六二与上卦的九五阴阳相应,在发自内心、主动亲近九五的过程中,能坚持纯正的动机,掌握应有的分寸,不失人格,因此必然吉祥。

$$\text{liù sān} \quad \text{bǐ zhī fěi ① rén}$$
六三　比之匪　人。

【白话】六三,亲附那些不该亲附的人。

【注释】①匪:通"非",指本不该与之亲附的人。

$$\text{xiàng yuē} \quad \text{bǐ zhī fěi rén} \quad \text{bù yì shāng hū}$$
《象》曰:比之匪人,不亦伤乎?

【白话】《象传》说:"亲附那些不该亲附的人",难道不是一件很可悲的事吗?

【讲解】这一爻,说明应当慎重选择相亲相辅的对象。王弼说:"四自外比,二为五应,近不相得,远则无应,所与比者,皆非己亲,故曰'比之匪人'。"从卦象上说,六三阴柔,不中不正,素质很差;上下爻以及应当相应的上六,又都是阴爻,以致阴阴相斥;又亲近了不该亲近的人,所以非常可悲。

$$\text{liù sì} \quad \text{wài bǐ zhī} \quad \text{zhēn jí}$$
六四　外比之。贞吉。

【白话】六四,在对外交往中与人亲善,贞正而吉祥。

$$\text{xiàng yuē} \quad \text{wài bǐ yú xián①} \quad \text{yǐ cóng shàng yě}$$
《象》曰:外比于贤　,以从上也。

【白话】《象传》说:在对外交往中亲附那些贤能的人,并以此态度顺从居于尊上地位的君主,才能获得吉祥的结果。

【注释】①贤:贤能的人。

【讲解】这一爻,强调应依附贤明高尚的人。虞翻说:"在外体,故称外。得位比贤,故贞吉也。"李过说:"二与四皆比于五。二应五,在卦之内,故言'比之自内'。四承五,在卦之外,故言'外比之'。外内虽异,而得其所比,其义一也,故皆言'贞吉'。"也就是说,六四爻为阴爻居阴位得正,本应与初六相应,但初六同为阴爻,于是转而向外,亲附阳刚、中正的九五爻,所以有"外比于贤"之象。

$$\text{jiǔ wǔ} \quad \text{xiǎn bǐ ①} \quad \text{wáng yòng sān qū ②} \quad \text{shī qián qín} \quad \text{yì rén bù jiè} \quad \text{jí}$$
九五　显比　。王用三驱　。失前禽。邑人不诫。吉。

【白话】九五，君王与众人更加亲善。君王心地仁厚，在围猎时只从三面驱赶，网开一面，让那些往前跑的禽兽逃走，并不赶尽杀绝。对这样心地仁厚的君王，人们不用心存戒惧，所以是吉祥的。

【注释】①显比：大比，特别亲善。显即大。 ②三驱：从三面驱赶。

《象》曰：显比之吉，位正中也。舍①逆②取顺，失前禽也。邑人不诫，上使中也。

【白话】《象传》说：君王与众人更加亲善，可获得吉祥，是因为他位正居中。舍弃背逆的人，收取顺从的人，这就是"失前禽"的寓意所在。"人们不用心存戒惧"，是因为君王心地仁厚，对下亲辅，使人们心甘情愿地归附顺从。

【注释】①舍：舍弃。 ②逆：背逆。

【讲解】虞翻说："五贵多功，得位正中，初三以变体重明，故'显比'。谓'显诸仁'也。坎五称王。三驱，谓驱下三阴，不及于初，故'失前禽'。谓初已变成震，震为鹿，为惊走，鹿之斯奔，则'失前禽'也。坤为邑师，震为人师。时坤虚无君，使师二上居五中，故'不诫吉'也。"

九五爻为比卦的主体，唯一的阳爻，刚健中正，又在尊位；因而，其他的阴爻，都来亲近依附，达到一个空前的程度，所以说"显比"。《礼记·王制》中，有"天子不合围"的说法，即天子在狩猎时，只由三面赶禽兽，称作"三驱"，舍弃往前方逃的，只捕杀迎面来的，所以说"失前禽"。这样的行猎礼制，包含着一种不忍轻加征诛的仁德，所以说有大吉之象。

上六 比之无首。凶。

【白话】上六，众人亲附却没有首领，必有凶险。

《象》曰：比之无首，无所终也。

【白话】《象传》说："众人亲附却没有首领，必有凶险"，是因为众人最终无处归附，失去了立足的地方。

【讲解】朱熹说："阴柔居上，无以比下，凶之道也。故为无首之象，而其占则凶也。"也就是说，上六阴爻，已达到这一卦的极点，但缺乏刚毅，柔而无决，不具备成为领袖的条件，无法得到属下的拥戴与亲近，所以结果凶险。

小畜卦第九

（乾下巽上）☰ 小畜①　亨。密云不雨。自我西郊②。

【白话】小畜卦，象征小有积蓄，具有亨通的德性。天空积云密布，却还没有下雨，云气是从我西面的郊外升起来的。

【注释】①小畜：卦名。小，有少、稍、不足的意思。畜，本作"蓄"，积蓄。②郊：邑外为郊。

【讲解】小畜卦的下卦乾和上卦巽都是阳多阴少，只有六四是阴爻，其他五爻都是阳爻。一阴居中，五阳为其所蓄，可以化小为大，所以此卦有亨通顺利的德性。不过，以一阴蓄养五阳，有时会因蓄积力量不足，有不得不稍为停顿的现象，所以称作"小畜"。不过，由于下卦乾为健，上卦巽为入，九二爻与九五爻都刚健中正，所以虽暂时有停顿，但最后仍有理想的结果。

在卦辞中，由于蓄积没有达到饱和状态，用"密云不雨"来比拟。密云为阴，西是阴的方位，都象征蓄积力量不足。相传周文王被囚羑里，撰述卦辞的时期，正相当于小畜时刻，由羑里看，周在西方，所以说"我"。《周易折中》案："此卦须明取象之意，则卦义自明。《象》言'密云不雨'者，地气上腾而天气未应，以其云之来'自我西郊'。阴倡而阳未和故也。盖以上下之阴阳言之，则地气阴也，天气阳也；以四方之阴阳言之，则西方阴也，东方阳也。阴感而阳未应，乃卦所以为'小畜'之义。"

《彖》曰：小畜，柔得位而上下应之，曰小畜。健而巽，刚中而志行，乃亨。密云不雨，尚往也。自我西郊，施未行也。

【白话】《彖传》说：小畜卦，有阴柔得位而上下互相配合的现象，所以叫"小畜"。刚健而不失谦逊，阳刚中正，能够实现自己的志向，是亨通顺利的。"积云密布却没有下雨"，是说仍须努力奋发向前。"云气从西郊升起"，是说虽有抱负，但仍未得以施展。

【讲解】小畜卦的《彖传》用卦体解释小畜卦名的由来，用卦德、卦体解释卦辞。从卦象来说，六四爻居于阴位，与卦中各阳爻都有呼应，这就是"柔得位而上下应之"；九五、九二爻分别居于上下爻的中位，这就是"刚中"。有论者认为，这是我国古代气象学方面的重要文献。

《象》曰：风行天上，小畜。君子以懿①文德②。

【白话】《象传》说：小畜卦的上卦为巽为风，下卦为乾为天，为风行于天上之象。风在天上吹，甘霖未降，仍在积蓄力量，所以称作"小畜"。君子当效法其中的精神，致力于修养文章才艺与道德，等待良机施展抱负。

【注释】①懿：美而善。　②文德：文章才艺与道德。

【讲解】程颐说："乾之刚健，而为巽所畜。夫刚健之性，惟柔顺为能畜止之，然非能固制其刚健也。但柔顺以忧系之耳，故为小畜也。"

初九　复自道。何其咎。吉。

【白话】初九，自己返回到原来的道路上，怎么会有灾害呢？当然是吉祥的。

《象》曰：复自道，其义吉也。

【白话】《象传》说："自己返回到原来的道路上"，就是回复到天道，它的意义当然是吉祥的。

【讲解】这一爻，说明在困境中应当坚持当初纯正的动机。王申子说："复，反也。初以阳刚居健体，志欲上行而为四得时、得位者所畜，故复。"程颐说："初九阳爻而乾体，阳在上之物，又刚健之才足以上进，而复与在上同志，其进复于上，乃其道也。"复自道，是指初九属于下卦乾，乾为天应在上，所以初九本应升进，返回自己原来的地位。然而，相应的六四是柔弱的阴爻，力量不足，无法支援。但初九到底是阳爻阳位得正，又与六四阴阳相应，即便不太顺利，仍然能够循正确的途径回去，所以是吉祥的。

九二　牵①复。吉。

【白话】九二，被人牵引着返回到原来的道路上，是吉祥的。

【注释】①牵：携手，牵引。这里指九二爻受初九爻影响而返回。

《象》曰：牵复在中，亦不自失①也。

【白话】《象传》说："被人牵引着返回到原来的道路上"，是重新回到居中的位置，从而不会丧失自己阳刚中正的德行。

【注释】①失：丧失。

【讲解】崔憬说:"四柔得位,群刚所应,二以中和牵复自守,不失于行也。"下卦乾卦的三个爻都有前进上升的愿望。九二阳刚居中,本有前进上升的实力,但看到初九知难而退,受其影响,不再妄自前进,而是与初九回复中正之本。这样,就不会丧失原有的阳刚正中的德行,结果当然是吉祥的。

jiǔ sān　　yú tuō① fú ②　　fū qī fǎn mù
九三　舆说　辐 。夫妻反目。

【白话】九三,车子上的辐条从车身脱落,仿佛夫妻反目为仇,彼此乖离。

【注释】①说:通"脱"。　②辐:固定车轮于轮轴上的掣栓。

xiàng yuē　　fū qī fǎn mù　　bù néng zhèng shì① yě
《象》曰:夫妻反目,不能正室也。

【白话】《象传》说:"夫妻反目为仇",是因为没能端正家室,处理好家庭关系。

【注释】①室:家,这里指家庭的关系。

【讲解】九三爻也是阳爻,刚健而要进升。但不在中位,与上九是阳,又不能相应。同时,九三爻接近六四爻,有时会阴阳相吸,和睦相处,就像车轮与车轴,被"辐"结合在一起,也可比喻为夫妻关系。可是九三毕竟刚毅,并不能安于被留住的现状,于是就有"舆脱辐"之象;由于九三不安于室,与六四发生争执,就以"夫妻反目"象征。

虞翻的说法是:"豫(即小畜卦的错卦),震为夫,为反。巽为妻,离为目。今夫妻共在四,离火动上,目象不正,多白眼,夫妻反目。妻当在内,夫当在外。今妻乘夫而出在外,《象》曰:不能正室。三体离需饮食之道,饮食必有讼,故争而反目也。"南怀瑾认为,此说也未尽妥贴:"如据焦赣《易林》的象数来说,本卦中爻有互离的现象,离为目。对错豫卦,二三爻为半象的离卦。三四爻也自为半象的离卦。两个半象的离相反,所以便构成反目的现象。反目不能当作白眼来解。"

liù sì　　yǒu fú　　xuè qù tì① chū　　wú jiù
六四　有孚。血去惕 出。无咎。

【白话】六四,言而有信,避免忧虑,远离惊惧,这样就不会有灾咎了。

【注释】①惕:戒惧。

xiàng yuē　　yǒu fú tì chū　　shàng hé① zhì yě
《象》曰:有孚惕出,上合 志也。

【白话】《象传》说:"言而有信,远离惊惧",是因为能与居上位者志同道合。

【注释】①合:符合。

【讲解】朱熹分析这段爻辞说:"以一阴畜众阳,本有伤害忧惧,以其柔顺得正,虚中巽体,二阳助之,是'有孚而血去惕出'之象也。无咎宜矣。故戒占者亦有其德则无咎也。"

六四是唯一的阴爻,也是众阳爻前进的阻力,本来会有受到伤害的忧惧。不过,六四阴爻德性柔顺,又阴位得正,是上卦巽的阴爻,而巽象征入,所以六四谦逊而能容人。加以上方有二个阳爻援助,所以能够避免伤害与忧惧。所谓的"上合志",即六四顺从九五,上合九五之志。这一爻,说明心怀诚信,就可排解惊忧,得到应援。

jiǔ wǔ　　yǒu fú luán rú ①　　fù yǐ qí lín
九五　有孚挛如。富以其邻。

【白话】九五,言而有信,与他人携手共进,互相帮助。不但自己会有致富的可能,而且可以连带着让邻人一同富起来。

【注释】①挛如:牵系、心系。挛本指手指弯曲握紧,如痉挛等;挛如,即手握拢的样子。

xiàng　yuē　　yǒu fú luán rú　　bù dú fù yě
《象》曰:有孚挛如,不独富也。

【白话】《象传》说:"言而有信,与他人携手共进,互相帮助",表明要与人共同富裕,不独享富贵。

【讲解】《九家易》说:"有信,下三爻也。体巽,故挛如。如,谓连接其邻。邻,谓四也。五以四阴作财,与下三阳共之。故曰'不独富也'。"这一爻,说明既要自强,也要助人。上卦的三爻,合力突破阻碍升进,所以说"邻"。而且,九五至尊中正,具有实力,可以协助相邻的两爻。因而,只要排除私欲,有携手共进的诚信,不但自己富有,也要使邻居富有,就能得到邻居的协助。

shàng jiǔ　　jì ① yù jì chǔ ②　　shàng dé zài ③　　fù zhēn lì　　yuè jī wàng ④　　jūn zǐ
上九　既雨既处。尚德载。妇贞厉。月几望。君子
zhēng xiōng
征凶。

【白话】上九,天降大雨,但不久又停息了。阳刚者的德行积蓄渐满,到了极限。这时妇人当坚守正道,因为月圆而亏,情况仍有危险。君子贸然出行,必有凶险。

【注释】①既:已经。 ②处:居,止。 ③载:满。 ④望:阴历每月十五月圆的时节叫做望。

xiàng　yuē　　jì yù jì chǔ　　dé jī zài yě　　jūn zǐ zhēng xiōng　　yǒu suǒ yí ① yě
《象》曰:既雨既处,德积载也。君子征凶,有所疑也。

【白话】《象传》说:"天降大雨,但不久又停息",说明功德的积累已经饱和。"君子贸然出行,必有凶险",是说如果还不满足而再要向前进取,便会遭遇疑忌了。

【注释】①疑:疑忌。

【讲解】上九已是蓄积的极点,惟一的阴爻六四以诚信与五阳精诚合作,共同蓄积力量,已经到达饱和状态。以月亮的盈亏来比喻:小畜的积蓄犹如月之渐盈,到了饱和时,犹如月之几望。此时,阴爻已经上升至卦的最高点,凌驾众阳之上,失去了应有的柔顺德性,出现了阴压制阳的反常现象。所谓月盈而亏、满则招损,如果再贪多无厌,不肯安于现状,就会有凶险。

履卦第十

(兑下乾上) ䷉ 履虎尾。不咥人。亨。

【白话】履卦,行走的时候,踩到了老虎的尾巴,老虎却没有咬伤人,表明亨通顺利。

【注释】①履:卦名。有礼和践踏的意思。 ②咥:啮咬。

【讲解】这一卦,下卦是兑,上卦为乾。兑为泽、为悦、为和;而乾则至刚至强。兑跟在乾后面,所以用踩到老虎尾巴来比拟。不过,兑具备和悦的德行,老虎并没有咬他,象征着做事亨通顺利。还有一说,认为履即合礼仪之义:乾为天,兑为泽;乾在上,兑在下,符合上下尊卑之礼,所以卦名为履。

依据《系辞传》的解释,周文王推演八卦,是在暴君纣王的统治下,受苦的期间;所以,卦辞中充满了危机感。

《彖》曰:履,柔履刚也。说而应乎乾,是以履虎尾,不咥人,亨。刚中正,履帝位而不疚,光明也。

【白话】《象传》说:履卦,有柔顺履践刚正的象征。柔弱者小心行事,跟在刚强者之后,能够取悦而应于刚强者,所以就像踩着老虎尾巴,老虎却不咬人那样,做事亨通顺利。德性阳刚、持中、守正,虽登帝位也会问心无愧,因为其品德正大,行为光明。

【注释】①说:通"悦"。 ②疚:羞愧,愧疚。

【讲解】履卦下卦为兑,阳爻多,阴爻少,属于阴卦,所以柔顺;上卦乾为纯阳卦，象征刚强；所以履卦是柔顺踏到刚强的形象。由于柔顺，与刚强者和悦应对，所以办事顺利，意志可以通达。这一卦的九五阳爻阳位得正，位居上卦中央，又在至尊的位置，所以，登上帝位也可谓实至名归，不必感到愧疚。

《象》曰：上天下泽，履。君子以辩上下，定民志①。

【白话】《象传》说：履卦上卦为乾为天，下卦为兑为泽，所以为天下有泽之象。天在上，泽在下，上下有别，尊卑分明。君子当领会其中精神，分清上下尊卑名分，安定民心，使得天下秩序井然。

【注释】①定：安定。

【讲解】朱熹在分析本卦象时认为，古代阶级分明，公、卿、大夫、士，依功绩才能，赐给爵位；农、工、商，依身份限制财富；这样，才能使人民的志向安定，天下太平。可是，后世的公、卿、大夫、士，无功无德，却想得到爵位；农、工、商，企图获得与身分不相称的财富。这当然使天下大乱。因此，履卦讲的就是"辨上下"，各安其分，注重臣道与君道的德业行履。后世道家、儒家指导人生的修养，可以说都是这一卦象的精神发挥。

初九　素履①。往无咎。

【白话】初九，穿着没有装饰的鞋子，如此前往发展，不会有什么灾咎。

【注释】①素：白色。　②履：鞋子。

《象》曰：素履之往，独行愿①也。

【白话】《象传》说："穿着没有装饰的鞋子而前往发展"，表明以朴实无华、特立独行的态度处世，便能实现自己的志愿。

【注释】①愿：志愿。

【讲解】初九爻是阳爻，在最下位，象征有才能，却甘心情愿安于低下的地位。这是踏步前行的第一步，还不曾被富贵诱惑，仍然本着自己平素的志向前进，所以不会有过失。这里的"独"，有特立独行、不随世俗的意思。这一爻，说明实践理想，履行责任，应当不改初衷，特立独行，不同流合污。

九二　履道坦坦①。幽②人贞吉。

【白话】九二，行走在平坦的道路上，犹如幽居不出的人，能够持守贞正之道，可获吉祥。

【注释】①坦坦：平坦的样子。 ②幽：隐，暗，深远。

《象》曰：幽人贞吉，中①不自乱也。

【白话】《象传》说："幽居不出的人，能够持守贞正之道，可获吉祥"，是因为内心平静而不自乱。

【注释】①中：指内心。

【讲解】九二阳爻处于下卦中位，性格刚健、中庸，但与上九同为阳爻，不能相应，因而隐居不出。他执着纯正，不求闻达，意志不被世俗扰乱，当然吉祥。梁寅说："行于道路者，由中则平坦，从旁则崎险。九二以刚居中，是履道而得其平坦者也。持身如是，不轻自售，故为幽人贞吉。"

六三 眇①能视。跛②能履。履虎尾。咥人凶。武人为于大君。

【白话】六三，眼睛快要瞎了，但还勉强能看到东西；腿跛了，但还勉强能走几步。这样的人容易踩在老虎尾巴上，老虎回头咬人，自然凶险。这就像一个勇武之人，本无治国之才，却要成为国君。

【注释】①眇：偏盲，小视。 ②跛：足偏废。

《象》曰：眇能视，不足以有明也。跛能履，不足以与行也。咥人之凶，位不当也。武人为于大君，志刚也。

【白话】《象传》说："眼睛快要瞎了，但还勉强能看到东西"，说明已经不足以分辨事物；"腿跛了，但还勉强能走几步"，说明再不能出外远行；会有老虎回头咬人的凶险之事，是因为并没有处在适当的位置。"勇武之人要成为国君"，说明他的志行过于刚强。

【讲解】虞翻曾释本爻说："乾象在上，为武人。三失位，变而得正，成乾。故曰'武人为于大君'，志刚也。"侯果说："六三兑也，互有离巽。离为目，巽为股，体俱非正。虽能视，眇目者也。虽能履，跛足者也。故曰：'眇能视，不足以有明。跛能履，不足以与行。'是其义也。"

南怀瑾先生则认为："本卦的六三爻，本来以阴柔顺适而处在乾阳以下，便有大臣

卷二·履卦第十

87

追随君上，通顺上下，安定民志的现象。假定它不守本分，昧却自身安分的重要，一变成为阳刚之气，便有自动的要想履践乾卦之位的现象。所以《周易》的爻辞，就把它比拟于'武人为于人君'的象征。好像一个拥兵自重的权臣，要有篡位的迹象。可是它本身所见不明，所行不当，犹如老虎的要想咥人；它的结果，反会被上位的乾刚所吞没，当然便是大凶之象。这是极力告诫身处权要者必须笃守臣道的名训。"

九四　履虎尾。愬① 愬终吉。

【白话】九四，踩着了老虎的尾巴，但只要小心翼翼，戒慎恐惧，终获吉祥。

【注释】①愬：惊惧。

《象》曰：愬愬终吉，志① 行也。

【白话】《象传》说："小心翼翼，戒慎恐惧，终获吉祥"，是因为小心谨慎，志愿得行。

【注释】①志：上进的志愿。

【讲解】这一爻，强调戒慎恐惧，以柔制刚的法则。九四并不处在中位，而且阳爻阴位，是为不正，尾随在老虎即九五的后面，依然会有危险。不过，与六三的柔弱却要逞强相反，九四却是刚强而在柔位。也就是说，强而有力，但态度柔顺，戒慎恐惧，因而能够避免伤害，施展抱负，当然吉祥。

九五　夬① 履。贞厉。

【白话】九五，急躁冒险，决然前行，不顾一切，占卜的结果是会有危险。

【注释】①夬：同"决"。果决、用强的意思。

《象》曰：夬履贞厉，位正当也。

【白话】《象传》说："决然前行，不顾一切，占卜的结果是会有危险"，是因为有才能又得到适合的地位，以致恃才自负，招致凶险。

【讲解】《周易折中》案："凡《象传》所赞美，则其爻辞无'凶''厉'者，何独此爻不然。盖履道贵柔。九五以刚居刚，是决于履也。然以其有中正之德，故能常有危厉之心，则虽决于履，而动可无过举矣。"九五为阳爻居阳位，又处在"五"的至尊地位，以致刚强果决。下卦兑为和，犹如一个和悦服从、唯命是听的部下，使得九五独断独行，肆无忌惮。这种作风，即或动机纯正，仍然危险。这一爻，就是说明刚愎自用、一意孤行的危险性。

_{shàng jiǔ} _{shì lǚ kǎo① xiáng} _{qí xuán② yuán jí}
上九 视履考祥。其旋元吉。

【白话】上九，回头检视走过的路，从中考察吉凶祸福，力求周旋圆满，大吉大利。

【注释】①考：考察。 ②旋：周旋，在此当圆满、没有瑕疵解。

_{xiàng} _{yuē} _{yuán jí zài shàng} _{dà yǒu qìng yě}
《象》曰：元吉在上，大有庆也。

【白话】《象传》说：大吉大利，高居尊上之位，表明有大的喜庆临门。

【讲解】王弼说："祸福之祥，生乎所履。处履之极，履道成矣。故可'视履'而'考祥'也。居极应说，高而不危是其旋也。履道大成，故'元吉'。"上九以阳爻居阴位，能刚健也能阴柔，是履卦之极，是祸是福，要看实践的结果而定。告诫人要以温顺平和的态度，广纳众议，才会有好的收获。

_{tài guà dì shí yī}
泰卦第十一

_{qián xià kūn shàng} _{tài①} _{xiǎo wǎng dà lái} _{jí hēng}
（乾下坤上） ䷊ 泰 小往大来。吉，亨。

【白话】泰卦，有小往而大来、阴去而阳来的象征，吉祥，有亨通的德性。

【注释】①泰：卦名。泰字有通、宽、安等义。

【讲解】泰卦的卦象，乾卦为天却居下，坤卦为地却升到上位，似乎不合常理。但实际上，这是天地相交，地重由上下降，天轻由下上升，才不会背离，而能密切交合，成为阴阳沟通的安泰现象，所以，卦名为"泰"。

所谓"小往大来"，"小"是指阴，即纯阴的坤卦；"大"是指阳，即纯阳的乾卦。"往"是往外，"来"是入内，也就是坤到了外卦，为"小往"；乾来到内卦，是"大来"。

泰卦是消息卦之一。所谓消息卦，又称辟卦，是以十二个卦象来表示一年四季、十二月、二十节气阴阳二气的消长变化。其中，乾卦是阳气最盛的时期，相当于四月。接着由最下方产生阴气，成为姤卦，是五月。然后，随着阴长阳消经过，遁卦是六月；否卦是七月，观卦是八月，剥卦是九月，到达阴气最盛的坤卦，是十月。到十一月，阳又再生. 成为复卦；十二月是临卦，正月是泰卦，二月是大壮卦，三月是夬卦，最后又循环到四月，重新开始。泰卦代表正月，相当于天地相交，万物亨通的安泰时期；

所以吉祥、亨通。

《彖》曰：泰，小往大来。吉，亨，则是天地交而万物通也，上下交而其志同也。内阳而外阴，内健而外顺，内君子而外小人。君子道长，小人道消也。

【白话】《象传》说："泰卦，象征小往而大来、阴去而阳来，是吉祥的，具有亨通的德性"，这说明天地之气相互交感，而万物得以亨通，象征着上下意见沟通，而能志同道合。泰卦的内卦阳刚而外卦阴柔，内里强健而外面柔顺，君子处于内而小人居于外。这象征着君子光明之道逐渐增长，而小人阴暗之道逐渐消弱。

【讲解】泰卦的《象传》指出，泰卦的核心在于阐明天地通泰之道和上下通泰的人道。从卦象来说，纯阴的坤卦，变化到泰卦，阳在内卦成长，将阴排斥到外卦，正象征君子的声势伸张，小人的声势消退，必然天下泰平。项安世说："泰、否《象》皆具三义：第一段以重卦上下为义，于阴阳二气无所抑扬，但贵其交而已；第二段以卦体内外为义，虽在内在外，各得其所，要是重内轻外，则已于阴阳有所抑扬矣；第三段以六爻消长为义，至此则全是好阳而恶阴，以阳长阴消为福，则不止于抑扬而已。"

《象》曰：天地交，泰。后①以财成②天地之道，辅相天地之宜③，以左右民。

【白话】《象传》说：泰卦的上卦为乾为天，下卦为坤为地，天地交感，为之通泰。君王当运用天地交合的道理，以辅助天地，达成化生万物之正当目标，从而护佑天下百姓，使他们安居乐业。

【注释】①后：指君王。 ②财成：即裁成，原意为裁布制成衣服。这里指运用。 ③宜：即义。正当。

初九 拔茅茹①②。以其汇③。征吉。

【白话】初九，将白茅拔起时，由于它们的根系相连，因而把同类者连带拔起。象征出征是吉祥的。

【注释】①茅：白茅。 ②茹：柔软的根相连叫茹。 ③汇：类，汇同。

《象》曰：拔茅征吉，志在外①也。

【白话】《象传》说："拔起白茅，出征可获吉祥"，说明志在向外发展。

【注释】①外：即向上。初九与六四阴阳相应，初九向上发展，显示了阴阳二气相吸相通。

【讲解】程颐说："初以阳爻居下，是有刚明之才而在下者也。时之否，则君子退而穷处；时既泰，则志在上进也。君子之进必与其朋类相牵援，如茅之根然，拔其一则牵连而起矣。茹，根之相牵连者，故以为象。汇，类也。贤者以其类进，同志以行其道，是以吉也。君子之进，必以其类，不惟志在相先，乐于与善，实乃相赖以济。故君子、小人，未有能独立不赖朋类之助者也。"

初九阳爻处于最下位，但其性阳刚，必然要向上升进。要升进，就必须结合同志，共同努力。而下卦的三个阳爻，就象征志同道合，相互结合的同志。要拔除茅草，不能只拔除一根，必须将根部牵连在一起的同类，全部拔起。以此象征同志间的团结，向外求发展，才能无往不利。

九二　包荒①。用冯河③。不遐④遗。朋亡。得尚于中行。

【白话】九二，有包容远大的胸怀，徒步涉越大川巨流。礼贤下士，对远方的贤德之人也不遗弃；不与人结党营私，凡事崇尚中道而行。

【注释】①包：包容。　②荒：远大。　③冯：通"凭"，依靠。　④遐：遥远。

《象》曰：包荒得尚于中行，以光大也。

【白话】《象传》说："有包容远大的胸怀"，"凡事崇尚中道而行"，是因为这符合中庸之道，可光大自己的德性。

【讲解】九二刚爻在柔位，因而具有内心刚毅果断，外表柔和宽大的性格，以这种性格处世，符合中庸的原则，占断必然是吉。朱熹说："九二以刚居柔，在下之中，上有六五之应，主乎泰而得中道者也。占者能包容荒秽而果断刚决，不遐遗远而不昵朋比，则合乎此爻中行之道矣。"这里，是释"荒"为荒秽。

这一爻，说明保持安泰，应当包容，且不带一丝私欲地举用贤才，摒弃不肖之人。

九三　无平不陂①。无往不复。艰贞无咎。勿恤其孚。于食有福。

【白话】九三，没有永远平坦而不变为陡坡的路，没有只出去而不回来的人。处在艰难困苦的环境中，只要坚守正道，就不会有灾咎。不要怕不能取信于人，安心享用自己的俸禄，这就是一种福分。

【注释】①陂：不正的丘陵地。　②恤：忧患、忧虑。

《象》曰：无往不复，天地际①也。

【白话】《象传》说："没有只出去而不回来的人"，这是贯于天地间的法则。

【注释】①天地际：天与地交界处。意指九三爻处在乾、坤的交接处。

【讲解】程颐说："三居泰之中，在诸阳之上，泰之盛也。物理如循环，在下者必升，居上者必降，泰久而必否，故于泰之盛，与阳之将进，而为之戒曰无常平安而不险陂者，谓无常泰也；无常往而不返者，谓阴当复也。平者陂，往者复，则为否气矣。当知天理之必然，方泰之时，不敢安逸，常艰危其思虑，正固其施为，如是则可以无咎。"

九三爻到达下卦三个阳爻的最上方，是阳刚的极盛时期。所谓盛极必衰，安泰到达极盛，必然遭遇阻塞，而此时正处在一个临界点。因而，以"无平不陂、无往不复"来比拟，言明这是大自然法则的常理，应当体认。在艰难困苦中，安泰得来不易，仍然要坚守纯正，不改初衷，才不会有灾祸。

六四 翩翩①。不富以其邻。不戒以孚。

【白话】六四，轻举妄动，像鸟一般翩翩然快飞，这样就不能保有财富。不过，却能与邻里和好相处，相互间不必抱着戒备的态度，而以诚相见。

【注释】①翩翩：形容鸟快飞的样子。

《象》曰：翩翩不富，皆失实也。不戒以孚，中心愿也。

【白话】《象传》说："轻举妄动，像鸟一般翩翩然快飞，不能保有财富"，是说失去了原来的诚实。"邻里之间不必抱着戒备的态度，而以诚相见"，因为这是大家内心共同的意愿。

【讲解】六四爻已经超过泰卦的一半，由上升到极限，开始回落。所以用鸟快飞的样子来寓意轻率冒进，不可能保有财富。"不富"在《易经》中专用来形容阴爻，因为阴爻的中间断开空虚。"不富"，是说由应当在下方的阴，上升到上方，因而丧失了实力。

不过，六四阴爻居阴位得正，又与九二阴阳相应；所以能够得到近邻六五、上六的信任，从而能以诚相见。李简说："阴气上升，阳气下降，乃天地之交泰也。上以谦虚接乎下，下以刚直事乎上，上下相孚，乃君臣之交泰也。君臣交泰，则天下泰矣。故下三爻皆以刚直事其上，上三爻皆以谦虚接乎下。四当二卦之交，故发此义。"所以占得此爻，应当心怀诚信而不钻营于富贵，以免致祸。

liù wǔ　dì yǐ①　guī② mèi　yǐ zhǐ③ yuán jí
六五　帝乙　归　妹。以祉　元吉。

【白话】六五，商代帝王乙嫁出自己的女儿，因此获得了福分，可谓大吉大利。

【注释】①帝乙：商代纣王的父名。商代天子以"乙"为名号的很多，这是以诞生日的干支命名。　②归：指女子出嫁。　③祉：与"福"通用。

xiàng yuē　yǐ zhǐ yuán jí　zhōng yǐ xíng yuàn yě
《象》曰：以祉元吉，中以行愿也。

【白话】《象传》说："获得了福分，可谓大吉大利"，说明因为实现了长期以来心中祈求的意愿，所以结果是吉祥的。

【讲解】所谓"中以行愿"，从卦象来说是六五居中，实现了居中的愿望。六五爻处尊位，是泰卦的主体，阴爻得中，柔顺中庸；阴爻的中心空虚，又象征谦虚。这位天子，自己谦虚，又与下方刚健的九二相应，是天子将女儿下嫁给有力量的下属的形象，当然吉利。

shàng liù　chéng fù yú huáng①　wù yòng shī　zì yì gào mìng　zhēn lìn
上六　城复于隍　。勿用师。自邑告命。贞吝。

【白话】上六，城墙崩塌在干涸的护城河沟里，此时不可兴兵作战。只能在城邑中发布命令，力图挽救。占问此卦，得忧吝的结果。

【注释】①隍：城下无水的沟坑。

xiàng yuē　chéng fù yú huáng　qí mìng luàn yě
《象》曰：城复于隍，其命乱也。

【白话】《象传》说："城墙崩塌在干涸的护城河沟里"，说明局势已经开始散乱了。

【讲解】朱熹说："泰极而否，城复于隍之象，戒占者不可力争，但可自守，虽得其贞，亦不免于羞吝也。"这一爻，告诫预势已经显现的时候，只能面对现实，让损害减少到最低限度，不必勉强挽救。

上六爻已是泰卦的极点，必然盛极而衰，由"泰"而"否"。"无平不陂，不往不复"，用沟中的土堆积而成的城堡，也终于崩塌，又使沟恢复到原来的平地。在这种情况下，不可以动用武力，如果企图一举挽回颓势，只有加速灭亡。

否卦第十二

（坤下乾上） ䷋ 否之匪人。不利君子贞。大往小来。

【白话】否卦，象征闭塞，是封闭了不该封闭的人。凡占得此卦，不利于君子坚守正道。有大往而小来之象。

【注释】①否：卦名。阻塞不通。 ②匪：非。

【讲解】否卦和泰卦一样，也是由乾、坤二卦组成，但位置正好相反，是乾天在上，坤地在下，这似乎合乎常理，应当吉祥。但实际上，这是天地阴阳二气不能交接之象。阴阳二气不交，则万物生长必受阻塞，所以卦名为"否"。

否卦为消息卦之一，代表七月，亦即阴阳不相交，万物不生长；以人事来说，是反常的时期，有小人日渐得势，君子日益被排斥在外的现象，所以占断对君子的正直不利。即或坚守正道，也得不到任何利益。

以卦象而言，乾到了外卦（上卦），是"大往"；"坤"来到内卦（下卦），是"小来"。另有一说，认为否卦是由渐卦变化而来。渐卦的九三阳爻，升到上卦"四"位；六四阴爻降到下卦"三"位，就成为否卦，这就是"大往小来"。

《彖》曰：否之匪人。不利君子贞。大往小来，则是天地不交而万物不通也，上下不交而天下无邦①也。内阴而外阳，内柔而外刚，内小人而外君子。小人道长，君子道消也。

【白话】《象传》说："否卦，象征闭塞，是封闭了不该封闭的人，不利于君子坚守正道，有小往而到来之象"，这是因为天地阴阳不能交合，使万物生长阻塞不通。上下不相交接，则天下分崩离析，不成邦国。否卦，是阴者居内而阳者居外，柔弱者居内而刚强者居外，小人居内而君子居外。因此，象征着小人阴暗之道逐渐增长，而君子光明之道逐渐消弱。

【注释】①无邦：指国家政治失常、分崩离析，国不成国。

【讲解】否卦的内卦全部是阴爻，外卦全部是阳爻，象征外表刚强，内心却柔弱，性格相当于小人。阴是小人，阳是君子，小人盘据在朝廷内，君子就被驱逐于外了。

《象》曰：天地不交，否。君子以俭德辟难，不可荣以禄。

【白话】《象传》说：否卦的下卦为坤为地，上卦为乾为天，有天在地上之象。天在极高之处，地在极低之处，天地阴阳二气因而不能互相交合，所以时世闭塞不通。此时君子必须以德行约守自己，以避免灾难；不可以追求禄位为荣耀，以免遭到小人陷害。

【注释】①俭：约束，有压抑在心中不显露之义。　②辟：同"避"。

初六　拔茅茹。以其汇。贞吉。亨。

【白话】初九，将白茅拔起时，由于它们的根系相连，因而把同类者连带拔起。只要坚守正道，可获吉祥，亨通顺利。

《象》曰：拔茅贞吉，志在君也。

【白话】《象传》说："拔起茅草，坚守正道，可获吉祥"，说明有为君主建功立业的远大志向。

【注释】①君：用作动词，亲君、拥君的意思。

【讲解】程颐说："泰与否皆取茅为象者，以群阳、群阴同在下，有牵连之象也。泰之时，则以同征为吉；否之时，则以同贞为亨。始以内小人外君子为否之义，复以初六否而在下为君子之道。《易》随时取义，变动无常。否之时，在下者君子也，否之三阴，上皆有应；在否隔之时，隔绝不相通，故无应义。初六能与其类贞固其节，则处否之吉；而其道之亨也。当否而能进者，小人也。君子则伸道免祸而已。君子进退，未尝不与其类同也。"

否卦下卦的三个阴爻，就象茅草的根，相互牵连，可喻为小人营私结党的时期。不过，这是初爻，小人丑恶的真面目，还没有显露。因而告诫，君子应当团结，坚守纯正，就可以吉祥亨通。

六二　包承。小人吉。大人否。亨。

【白话】六二，包容、奉承有权势的人，小人因此获得吉祥，而有才德的君子不这样做，才会顺利亨通。

【注释】①包承：包容、承受。　②大人：指君子。

$$\textit{xiàng}\quad \textit{yuē}\quad \textit{dà rén pǐ}\quad \textit{hēng}\quad \textit{bù luàn qún}①\ \textit{yě}$$
《象》曰：大人否。亨，不乱群也。

【白话】《象传》说：有才德的君子不去包容、奉承有权势的人，才会顺利亨通，因为有才德的君子是不能与小人混杂在一起的。

【注释】①乱群：混杂在一起。

【讲解】六二阴柔，处在中位，且阴爻阴位得正，象征谄佞当道，小人得吉，君子则难以出头。但君子当坚守正道，不被小人乱了心志，不与小人同流合污，可顺利亨通。程颐说："六二，其质则阴柔，其居则中正。以阴柔小人而言，则方否于下，志所包畜者，在承顺乎上，以求济其否，为身之利，小人之吉也。大人当否，则以道自处，岂肯枉己屈道，承顺于上，惟自守其否而已。身之否，乃其道之亨也。或曰：上下不交，何所承乎？曰：正则否矣。小人顺上之心，未尝无也。"

$$\textit{liù sān}\quad \textit{bāo xiū}①$$
六三 包羞 。

【白话】六三，有包容羞辱的象征。

【注释】①包羞：包容羞辱，亦即行为恶劣，心中却不知道羞耻。

$$\textit{xiàng}\quad \textit{yuē}\quad \textit{bāo xiū}\quad \textit{wèi bù dāng yě}$$
《象》曰：包羞，位不当也。

【白话】《象传》说：六三爻有包容羞辱的象征，是因为它所处的位置不适当。

【讲解】位不当，是指六三阴爻居阳位。六三不中不正，行阴暗之道而不知羞耻，说明小人已经显露了阴险的真面目。

$$\textit{jiǔ sì}\quad \textit{yǒu mìng}①\ \textit{wú jiù}\quad \textit{chóu}②\ \textit{lí}③\ \textit{zhǐ}④$$
九四 有命 无咎。畴 离 祉 。

【白话】九四，奉行天命，开通闭塞，就不会有灾咎，志同道合的同伴们都可以获得福分。

【注释】①命：天命。 ②畴：田畴，引申为同类。 ③离：通"罹"，遭遇。 ④祉：福。

$$\textit{xiàng}\quad \textit{yuē}\quad \textit{yǒu mìng wú jiù}\quad \textit{zhì}①\ \textit{xíng yě}$$
《象》曰：有命无咎，志 行也。

【白话】《象传》说："奉行天命，替天行道，开通闭塞，就不会有灾咎"，说明君子之志可以施行了。

【注释】①志：指打破闭塞状态的志愿。

【讲解】项安世解释这一爻时说："泰九三于'无咎'之下言'有福'，否九四于'无咎'之下言'畴离祉'者，二爻当天命之变，正君子补过之时也。泰之三，知其将变，能修人事以胜之，使在我者无可咎之事，然后可以勿恤小人之孚，而自食君子之福也。否之四，因其当变，能修人事以乘之，有可行之时，而无可咎之事，则不独为一己之利，又足为众贤之祉也。是二者苟有咎焉，其祸可胜言哉。"

九四阳刚，有打破闭塞状态的才能，但由于是阳爻处阴位，刚毅不足，因此想要救世，需要天命，也就是要看命运与际遇，才能决定祸福。在这种情况下，如果九四与九五、上九志同道合，齐心协力，就能一展抱负，获得福分。

九五　休否。大人吉。其亡①其亡。系于苞桑②。

【白话】九五，闭塞的局面将要休止，环境逐渐开朗，有才德的君子可以获得吉祥。但要居安思危，常常以"将要灭亡，将要灭亡"这样的警句来提醒自己，才能像系结在根深蒂固的桑树上那样，安然无事。

【注释】①其亡：将要灭亡。其，将要。　②苞桑：桑木的根纠结牵缠在一起。苞为桑木的根本。

《象》曰：大人之吉，位正当也。

【白话】《象传》说："有才德的君子可以获得吉祥"，是因为他所处的地位是正当的。

【讲解】《朱子语类》："问：九五'其亡其亡，系于苞桑'如何？曰：有戒惧危亡之心，则便有苞桑系固之象。盖能戒惧危亡，则如'系于苞桑'，坚固不拔矣。如此说，则象占乃有收获，非是'其亡其亡'而又'系于苞桑'也。"

九五阳刚，得位又得中，可以担当打破闭塞、恢复太平的事业，所以说"大人吉"。然而在此过程中，仍潜伏着危险，必须时刻警惕，居安思危，方可确保安全。

上九　倾①否。先否后喜。

【白话】上九，闭塞不通的局面将被倾覆。这是闭塞到了极点，而后迎来喜庆之日。

【注释】①倾：倾覆。

《象》曰：否终①则倾，何可长也？

【白话】《象传》说：闭塞到了极点，必然要发生倾覆，否极而泰来，闭塞的局面怎么可能永久不变呢？

【注释】①终：最后，极点。

【讲解】孔颖达说："处否之极，否道已终，能倾毁其否，故曰'倾否'也。否道未倾之时，是'先否'；已倾之后，其事得通，故曰'后有喜'也。"

上九爻已经是否卦的终了，物极必反，这是自然法则和必然趋势。而且上九阳爻刚毅，也足以使闭塞的气运倾覆，所以先闭塞而后有喜庆。这一爻，说明否极必然泰来，黑暗不会长久，应当坚定信心，不可动摇。

同人卦第十三

（离下乾上）☰ 同人于野。亨。利涉大川。利君子贞。

【白话】同人卦，与人一同聚在原野上，亨通顺利。有利于涉越大河巨流。有利于君子坚守贞正之道。

【注释】①同人：卦名。和同于人。

【讲解】孔颖达说："同人，谓和同于人。野，是广远之处，借其野名，喻其广远。言和同于人，必须宽广无所不同，用心无私，乃得亨通，故云'同人于野，亨'。与人同心，足以涉难，故曰'利涉大川'。与人和同，易涉邪僻，故'利君子贞'也。"

同人卦由乾、离二卦组成，下卦离为火，上卦乾为天。火光明，向上升，有与天相同的特性，所以是"同人"的形象。且本卦阴阳相应的六二爻、九五爻都居于正位，中正相同，也是"同人"的形象，因而卦名为"同人"。还有一种看法，认为这一卦只有个阴爻，其余五个阳爻与他结合，也有"同人"的含义。《礼记·礼运篇》中所说的天下为公的大同世界，正是这一卦的理想境界。

在原野中集合群众，象征在广阔的范围，公平无私地与人和同。世界上所有的人和同，当然一切亨通。由于外卦乾刚健而自强不息，能够超越险阻，所以有利于涉大川；内卦离为火、为明，意味着内心光明，外向刚健的性格，所以有利于君子坚守贞正之道。

《彖》曰：同人，柔得位得中。而应乎乾，曰同人。同人曰。同人于野。亨。利涉大川。乾行也。文明①以健，中正而应，君子正也。惟君子为能通天下之志。

【白话】《象传》说：同人卦，柔顺者得处适当而中正的位置，且顺应上位的刚健者，所以叫"同人"。同人的卦辞说，"与人一同聚在原野上，亨通顺利，有利于涉越大河巨流"，说明阳刚中正的乾道得以施行。同人卦的性质为文明而刚健，中正又有正应，这正是君子的正德正道。只有这样的君子，才能沟通天下人的心志，促成天下大同。

【注释】①文明：离卦为火、为明，离又通"丽"，与"文"字意思相近，所以有文明之象。

【讲解】同人卦《象传》用卦体解释卦名，用卦德、卦体解释卦辞。阐明了同人的定义、大同的原则以及大同方式道路。柔得位而中，是指六二爻阴柔，得处下卦中正之位。乾行，是指"利涉大川"，由于乾刚健中正，又居于"五"的至尊之位，能够渡济艰难，所以利涉大川。中正而应，是指九五爻与六二爻都居于中位正位，且阴阳相应。

《象》曰：天与火，同人。君子以类族①辨物。

【白话】《象传》说：同人卦的上卦为乾为天，下卦为离为火，有天下有火之象。火向上燃烧、光明，与天的性质相同，形成"同人"的形象。君子应当效法其中的精神，以同类聚集成族的大同精神，辨析万物，审异求同。

【注释】①类族：以同类事物相聚。

【讲解】这段象辞说明，真正的大同既是同类相聚，也要明辨差异，且不必计较小的差异，这就是求同而存异。

初九 同人于门。无咎。

【白话】初九，一出家门口就与众人相聚，和睦相处，必无灾咎。

《象》曰：出门同人，又谁咎也？

【白话】《象传》说："一出家门口就与众人相聚，和睦相处"，又有谁会来加害于你呢？

【讲解】王弼说："居同人之始，为同人之首者也。无应于上，心无系吝，通夫大同。出门皆同，故曰'同人于门'也。出门同人，谁与为咎?"也就是说，只要以天下为公，去除私心来与人和同，就不会有灾咎。

从卦象来说，初九爻为刚健的阳爻，在下方的位置，与九四同为阳爻，不相应；但也象征中间没有私情存在，与人交往的公正与广阔，所以说，是在门外与人交往，即已超越在一门之内的狭隘的近亲关系。像这样交往广阔，当然不会有灾咎。

这一爻，说明与人和同，首先应去除私心，打破门户间的成见。

六二　同人于宗①。吝。

【白话】六二，只与本宗族的人相聚和同，必然会招致困苦。

【注释】①宗：宗族。

《象》曰：同人于宗，吝道①也。

【白话】《象传》说："只与本宗族的人相聚和同"，说明怀有私心，气度狭小，是招致困苦的危险之道。

【注释】①吝道：危险之道。

【讲解】这一爻说明与人和同，重在交往的广泛，所以卦辞有"同人于野，吉"的说法。如果只重视宗亲之人，表示气度太小，是有危险的。蔡清说："柔得位、得中而应乾曰'同人'，今乃谓'同人于宗吝'者，盖卦是就全体上取其有相同之义。然同人之道贵乎广，今二、五相同，虽曰两相与则专，然其道则狭矣。曰'于宗吝'，以见其利于野。"

从卦象来说，下卦六二爻上与九五阴阳相应，自然便受私心的障碍，因而虽在同人之中，却只顾其宗亲，观念太过狭隘。

九三　伏戎①于莽②。升其高陵③。三岁不兴。

【白话】九三，将军队埋伏在密林之中，又登上高处观察瞭望，如此小心翼翼，三年都不敢兴兵出战。

【注释】①戎：军队。　②莽：密林、草丛。　③高陵：高地。

《象》曰：伏戎于莽，敌刚也。三岁不兴，安行也。

【白话】《象传》说："将军队埋伏在密林之中"，是因为敌方的力量极为强大。"三年都不敢兴兵出战"，是因为在强敌面前难有制胜把握，只能按兵不动，安于本位，不敢轻率冒进。

【讲解】同人卦只有一个阴爻，其他的阳爻，包括九三爻，都要与之和同。但九三虽阳爻居阳位，却不在中位，性情暴躁，过于刚强，与上九又无法相应，就想与下方接近的六二交往。可是，六二与九五阴阳相应相得，关系密切，九三要"横刀夺爱"，九五必定加以攻击。面对强大的九五，九三不敢与之正面冲突，只能在密林中设置伏兵，并登高观察形势。但这样小心恐惧，恐怕三年也不能出兵，最后只有不了了之。

<u>jiǔ sì</u>　<u>chéng qí yōng</u>①　<u>fú kè</u>② <u>gōng</u>　<u>jí</u>
九四　乘其墉 。弗克 攻。吉。

【白话】九四，虽然登上了城墙，但却没有进攻，是吉祥的。

【注释】①墉：高的城墙。　②克：能够。

<u>xiàng</u>　<u>yuē</u>　<u>chéng qí yōng</u>　<u>yì fú kè yě</u>　<u>qí jí</u>　<u>zé kùn ér fǎn</u>① <u>zé yě</u>
《象》曰：乘其墉，义弗克也。其吉，则困而反 则也。

【白话】《象传》说：虽然登上了城墙，却放弃了进攻，因为这才是合乎仁义的做法。这样的做法可获吉祥，是因为经过内心的挣扎，终于又返回正道，所以吉祥。

【注释】①反：同"返"。

【讲解】从卦象上说，九四刚强，但以阳爻居阴位，不中不正，又与初九不相应，所以也想与六二阴爻亲近，却被中间的九三爻像墙一样隔开，于是登墙攻击。不过，九四阳爻处阴位，虽然暴躁，却有自知之明，省悟到自己的行为不合仁义之道，且没有必胜的把握，终止放弃攻击。所以，占断仍然吉祥。

这一爻，说明和同代表正义的结合，相处的众人必须都能去除彼此的私心，才能建立和同的基础。

<u>jiǔ wǔ</u>　<u>tóng rén xiān hào táo</u>① <u>ér hòu xiào</u>　<u>dà shī</u>② <u>kè xiāng yù</u>
九五　同人先号咷 而后笑。大师 克相遇。

【白话】九五，与人聚合同处，起先大声痛哭，后来放声大笑，因为大军作战告捷，各路军队相会在一起。

【注释】①号咷：号叫哭泣。　②大师：大军。

<u>xiàng</u>　<u>yuē</u>　<u>tóng rén zhī xiān</u>　<u>yǐ zhōng zhí yě</u>　<u>dà shī xiāng yù</u>　<u>yán xiāng kè yě</u>
《象》曰：同人之先，以中直也。大师相遇，言相克也。

【白话】《象传》说：与人聚合同处，起先大声痛哭，是因为内心中正无私，悲愤正义不能伸张；各路大军相会在一起，是说因为终于打败强敌，大获全胜。

【讲解】胡炳文说："同人九五刚中正而有应，故'先号咷而后笑'。旅上九刚不中正而无应，故'先笑后号咷'。"九五爻刚健中正，在尊位，又与柔和中正的阴爻六二相应，二者当然和同。但中间的九三、九四两爻却在中间阻扰，因而无法结合。九五必须用大军击败强敌，才能够与六二相遇。其间难免会有困难，然而，和同是以道义为基础，不容易破坏，最后仍然和同。所以用开始哭泣，最后欢笑来比拟。

shàng jiǔ　　tóng rén yú jiāo　　wú huǐ
上九　同人于郊。无悔。

【白话】上九，在荒郊与人和同相处，不会发生后悔之事。

xiàng　yuē　tóng rén yú jiāo　zhì① wèi dé yě
《象》曰：同人于郊，志　未得也。

【白话】《象传》说："在荒郊与人聚合相处"，是说天下大同的愿望还没有得以实现。

【注释】①志：指天下大同的志愿。

【讲解】杨时说："'同人于野亨'，上九'同人于郊'止于'无悔'而已。何也？盖以一卦言之，则于野无昵比之私焉，故'亨'。上九启卦之外而无应，不同乎人，人亦无同之者，则静而不通乎物也，故'无悔'而已。"

本爻爻辞所说的"同人于郊"，虽然已经进入大同的初阶，但与卦辞中的"同人于野"的大同理想相比，还有一定的差距，所以其结果不是"亨"，而是"无悔"。

从卦象来说，上九爻在这一卦的最外面，里面没有与之和同的对象，所以说在郊外。"郊"与"野"相比，后者是指广大公平无私，前者接近城市，但仍然偏僻，象征想与人和同，也缺乏对象。像这样孤独，应当不吉祥；然而，其远离人群，是因为不愿同流合污，早已觉悟，所以不会后悔。但在别人看来，并不能说是真正得志。

大有卦第十四

qián xià lí shàng　　dà yǒu①　yuán hēng
（乾下离上）　䷍　大有　元亨。

【白话】大有卦，表示大有收获，具有元始、亨通的德性。

【注释】①大有：卦名。大有收获。

【讲解】大有卦由离、乾二卦组成，离卦的日，上升到乾卦的天上，就像太阳普照，万物丰收；而且，唯一的六五阴爻，在尊位得中，其他五个阳爻都属于他，也像君王高高在上，拥有天下，所以卦名叫"大有"。

大有卦下卦乾为刚健，上卦离为光明，兼备刚健与光明的德性。一个阴爻在"五"

的尊位，与下卦乾的天相应，象征应天命，得人心，足以领导人民，完成伟大的事业。所以，本卦有元始、亨通的德性。

程颐说："卦之才可以'元亨'也。凡卦德，有卦名自有其义者，如比吉、谦亨是也；有因其卦义便为训戒者，如师'贞丈人吉'、同人'于野亨'，是也；有以其卦才而言者，大有'元亨'是也，由刚健文明应天时行，故能'元亨'也。"

《彖》曰：大有，柔得尊位大中。而上下应之，曰大有。其德刚健而文明，应乎天而时行，是以元亨。

【白话】《象传》说：大有卦，是柔顺者居于尊位，博大而中正，而且上下阳刚者都与之相应，所以叫"大有"。大有卦的德性，是刚健而文明，能顺应天道，依天时而行动，所以说有元始、亨通的德性。

【讲解】柔得尊位大中，是指六五爻阴柔，而处在"五"的尊位，是为"柔得尊位"。同时，六五爻又处在上卦的中位，所以叫"大中"。上下应之，是指全卦的五个阳爻都与六五爻呼应。《周易折中》案："卦辞未有不根卦名而系者，况柔中居尊，能有众阳，是虚心下贤之君，而众君子皆为之用。其亨孰大于是哉！《彖传》又推卦德、卦体以尽其蕴，其实皆不出乎卦名之中也。《程传》谓卦名未足以致'元亨'，由卦才而得'元亨'者，恐非《易》之通例。"

《象》曰：火在天上，大有。君子以遏恶扬善，顺天休命。

【白话】《象辞》说：大有卦的上卦为离为火，下卦为乾为天，有火在天上之象。火高悬于天上，象征太阳光明普照天下，万物丰收。君子应当效法其中精神，抑恶扬善，顺应上天美善之命。

【注释】①遏：抑止。 ②休：美好。

【讲解】这一卦，说明君王以广大的天下为所有，必须讲求统治的方法，否则邪恶将乘隙而生；因而，君子必须遏止邪恶，显扬善行，以顺应至善至美的天命。

初九 无交害。匪咎。艰则无咎。

【白话】初九，没有骄傲的弊害，所以不会有灾咎。行事虽然艰难，但可避免祸害。

【注释】①无交害：没有骄傲带来的弊害。交，即骄。　②匪：通"非"。

《象》曰：大有初九，无交害也。

【白话】《象传》说：大有卦的初九爻，说明不要得意忘形而骄傲，以避免弊害。

【讲解】朱熹说："虽当大有之时，然以阳居下，上无系应，而在事初，未涉乎害者也，何咎之有？然亦必艰以处之则无咎，戒占者宜如是也。"

初九为阳爻，但在最下位，又与同是阳爻的九四不能相应，象征有才华，还不能出人头地，又缺少有力的援引，奋斗才刚刚开始，不会大有所获，所以没有因骄傲造成的过失。在艰难中才会谨慎戒惧，不发生过失。

九二　大车以载。有攸往。无咎。

【白话】九二，用大车装载丰收之物，无论前往何处，都不会有灾咎。

《象》曰：大车以载，积①中不败也。

【白话】《象传》说："用大车装载丰收之物"，说明才德与富贵蕴积在中间，如此才不会有失败。

【注释】①积：聚积，屯积。

【讲解】程颐释这一爻说："九以阳刚居二，为六五之君所倚任，刚健则才胜，一居柔则谦顺，得中则无过，其才如此，所以能胜大有之任，如大车之材强壮，能胜载重物也，可以任重行远，故'有攸往'而'无咎'也。大有丰盛之时，有而未极，故以二之才，可往而无咎，至于盛极，则不可以往矣。"

九二爻阳刚，有才能，在下卦得中，行事合乎中庸之道，且与象征君王的上卦六五相应，象征得到信任，委以大任，就象装载在大车中，不论前往何处，也不会败坏，没有灾祸。

九三　公用亨①于天子。小人弗克②。

【白话】九三，王公大臣朝见天子，并得享天子的宴请，小人则不能得到这种恩宠。

【注释】①亨：通享。　②克：能够。

《象》曰：公用亨于天子，小人害也。

【白话】《象传》说:"王公大臣朝见天子,并得享天子的宴请",这样的恩宠如果让小人得到,则是有害的。

【讲解】朱熹说:"亨,《春秋传》作'享',谓朝献也。古者亨通之'亨'、享献之'享'、烹饪之'烹',皆作'亨'字。九三居下之上,公侯之象,刚而得正,上有六五之君,虚中下贤,故为享于天子之象。占者有其德,则其占如是。小人无刚正之德,则虽得此爻,不能当也。"

南怀瑾先生认为:"所谓'小人害也'的观念,恰如《论语》所载孔子谓季氏'八佾舞于庭,是可忍也,孰不可忍也'的道理一样的。上柔下刚,致使小人得志,礼义大乱,其为害便可知了。"

九四 匪其彭①。无咎。

【白话】九四,富有而不自我膨胀、盛气凌人,就不会有灾咎。

【注释】①彭:盛大的样子。如《诗经·齐风·载驱》有"行人彭彭"。

《象》曰:匪其彭,无咎,明辨晳①也。

【白话】《象传》说:"富有而不自我膨胀、盛气凌人,就不会有灾咎",说明要明辨事理,有谨慎自处的智慧。

【注释】①晳:明白,清楚。

【讲解】沈该说:"以刚处柔,谦以自居,而惧以戒其盛,得明哲保身之义,故无咎也。"这一爻说明在大有收获时应不露锋芒,自我抑制,如此才不会有灾祸。从卦象来说,九四爻阳刚,接近在阴柔的君主六五,就不免自恃刚强象。不过,九四是阳爻居阴位,又有谦逊之性,还不至于自我膨胀得太过分,所以不会发生灾祸。

六五 厥①孚交如。威如②。吉。

【白话】六五,心怀诚信与人交往,并以威严自立,是吉祥的。

【注释】①厥:其。 ②威如:威严的样子。

《象》曰:厥孚交如,信以发志也。威如之吉,易①而无备②也。

【白话】《象传》说:"心怀诚信与人交往",就可以以自己的诚信感动别人,使别人也变得有诚信;"威严自立,是吉祥的",在于自己是温中带威,平易近人,因而人们对自己敬而不惧。

【注释】①易:平易。 ②备:戒备。

【讲解】六五阴爻而处至尊之位,柔顺谦虚,中庸而不偏激。其与九二阴阳相应,象征以诚信待下,下必然也以诚信回报。但作为领导者,过于亲和柔顺,就难免纪律败坏,因此需要以威严自立,恩威并济,才会吉祥。俞琰说:"既有诚信以接下而人信之,又有威严以自重而人畏之,为大有之君,而刚柔得宜如此,故吉。"

上九　自天祐①之。吉无不利。

【白话】上九,得到来自上天的护佑,必然吉祥而无不利。

【注释】①祐:保佑,护佑。

《象》曰:大有上吉,自天祐也。

【白话】《象传》说:大有卦上九爻是吉祥的,是因为有来自上天的护佑。

【讲解】程颐解释这一爻说:"上九在卦之终,居无位之地,是大有之极,而不居其有者也。处离之上,明之极也。惟至明所以不居其有,不至于过极也。有极而不处,则无盈满之灾,能顺乎理者也。五之孚信而履其上,为蹈履诚信之义。五有文明之德,上能降志以应之,为尚贤崇善之义。其处如此,合道之至也。自当享其福庆。'自天祐之',行顺乎天而获天佑,故所往皆吉,无所不利也。"其意是说大有而能不居其有,谦卑待人,这才是居高位的君子应有的修养,符合满而不溢的天道,必然获得上天的保佑,就会吉祥无往而不利了。

卷 三

谦卦第十五

（艮下坤上） ䷎ 谦 亨。君子有终。

【白话】谦卦，象征谦虚，行事亨通顺利。有此德行的君子必有善终。

【注释】①谦：卦名。具有谦虚、谦卑、谦让等意义。

【讲解】谦卦提倡谦虚、谦逊。在《易经》的六十四卦中，吉凶都互有消长，没有全部是吉或是凶的卦，惟有谦卦，六爻都吉利。可见古代先贤们对谦虚这一美德的重视。

谦卦由艮、坤二卦组成，下卦艮象征山、止，上卦坤象征顺、地。内心知道抑止，外表柔顺，这就是谦虚的态度。而且，本来山高地低，而这一卦却是艮山处在坤地之下，也就是高山将自己贬低到地的下面，这也是谦虚的形象。威文先生说："这卦顺利。君子会有好结果的。"

《彖》曰：谦，亨。天道下济而光明，地道卑而上行①。天道亏盈而益谦，地道变盈而流谦。鬼神害盈而福谦，人道恶盈而好谦。谦尊而光，卑而不可逾②，君子之终也。

【白话】《彖传》说：谦卦，行事亨通顺利。因为天的法则是阳气下降，周济万物，而光明普照天下；地的法则是卑顺居下，阴气上升，阴阳交感，自然亨通。天的法则，是亏损盈满，而培补虚缺；地的法则，是变动盈满，而增益卑微；鬼神的法则，是损害盈满，而施福谦虚；人类的法则，是疾恨盈满，而喜好谦逊。谦虚的美德，使尊贵者得到尊敬，使卑微者不受欺压。这是君子终获善报的根本所在。

【注释】①上行：向上运行。 ②逾：超越。

【讲解】南怀瑾先生认为，《彖传》对谦卦的阐释，格调特别高，可见儒家如何尊重谦虚。而老子的道德，也可以说是专门用来解说谦虚的。墨家的兼爱，也源自这一谦虚的精神。

《象》曰：地中有山，谦。君子以裒①多益寡，称物平施。

【白话】《象传》说：谦卦的下卦为艮为山，上卦为坤为地，是地中有山之象，象征着才高德美而隐含不露，所以称为"谦"。君子当效法其中的精神，减损多余的，增益不足的；衡量事物的多与少，从而公平地分配、施予。

【注释】①裒：同"掊"，减少。 ②称：衡量。

初六 谦谦君子①。用涉大川。吉。

【白话】初六，谦虚而又谦逊的君子，能凭着这种美德涉越大河，克服艰险，获得吉祥。

【注释】①谦谦：谦而又谦。

《象》曰：谦谦君子，卑以自牧①也。

【白话】《象传》说：爻辞所谓"谦虚而又谦逊的君子"，是说这样的人能以谦卑的德行来自我约束。

【注释】①牧：本指放养动物，这里指约束。

【讲解】初六阴爻，柔顺而甘居最下位，这正是一种谦卑的美德。以此冒险犯难，即便是徒步涉过大河那样，也可获吉祥。爻辞中的"用"字，强调谦虚并非消极的退让，而是积极有所作为。程颐说："初六以柔顺处谦，又居一卦之下，为自处卑下之至，谦而又谦也。"胡一桂说："涉川贵于迟重，不贵于急速。用谦谦之道涉川，只是谦退居后而不争先，自然万无一失，故吉。"

六二 鸣①谦。贞吉。

【白话】六二，谦逊的美名远扬四方，获得共鸣，固守中正之道，必然吉祥。

【注释】①鸣：谦谦的美德获得共鸣。

《象》曰：鸣谦贞吉，中心得也。

【白话】《象传》说："谦逊的美名远扬四方，获得共鸣，固守中正之道而得吉祥"，这是说谦逊的美德发自内心，自然就会得到好的名声。

【讲解】苏轼说："雄鸣则雌应，故《易》以阴阳唱和寄之于鸣。谦之所以为谦者三，六二其邻也，上九其配也，故皆和之而鸣于谦。"六二阴爻阴位，在下卦中位，因而柔顺中正；象征谦虚的美德，隐藏在心中，没有形之于外。"鸣谦"是谦虚得到共鸣，所以纯正吉祥。这一爻，说明谦虚必须发自内心，动机纯正，引起共鸣，才是谦虚。

jiǔ sān　láo qiān　jūn zǐ yǒu zhōng　jí
九三　劳谦。君子有终。吉。

【白话】九三，勤劳辛苦而又谦虚的君子，终究会得到吉祥的结果。

xiàng yuē　láo qiān jūn zǐ　wàn mín fú① yě
《象》曰：劳谦君子，万民服也。

【白话】《象传》说："勤劳辛苦而又谦虚的君子，终究会得到吉祥的结果"，这是因为君子有功而不骄，受到万民的敬服。

【注释】①服：佩服。

【讲解】南怀瑾先生认为："本爻爻辞象辞的所说，如大禹治水，九年劳绩的情形，便是本卦本爻的效用。又本爻三五相互而成为坎卦。坎为劳卦，故称劳谦。王弼之说。因此自宋以后，就薄互体而不用，贤如朱熹，也不能免俗。"

九三爻是本卦唯一的阳爻，又处在下卦的最上位，象征负有重大责任的人物。九三有刚毅之性，阳爻阳位得正，因而，上下五个阴爻，都以他为重心。因而，必然辛劳而有功，但却能保持谦逊的态度。这样的君子，最后必然吉祥，可使万民归心。这一爻，说明谦虚必须有实质，有功而不居，才是真正的谦虚。

liù sì　wú bù lì huī① qiān
六四　无不利㧑谦。

【白话】六四，发扬谦虚的美德，行事无往不利。

【注释】①㧑：挥举，发挥。

xiàng yuē　wú bù lì huī qiān　bù wéi zé yě
《象》曰：无不利㧑谦，不违则也。

【白话】《象传》说："发扬谦虚的美德，行事无往不利"，因为这本身并不违背谦虚之道。

【讲解】本卦本爻的解释，据程颐说："四居上体，切近君位，六五之君，又以谦柔自处，九三又有大功德，为上所任，众所宗，而己居其上，当恭畏以奉谦德之君，卑巽以让劳谦之臣，动作施为，无所不利于㧑谦也。㧑，施布之象，如人手之㧑也，动息进退，必施其谦，盖居多惧之地，又在贤臣之上故也。"

六四阴爻柔顺，阴爻阴位得正，又在上卦的最下位，象征谦卑。然而，六四的地位比九三高，刚健正直则不及；但由于发挥谦让的美德，所以不会有不利。这一爻的爻象，说明以阴柔得正而发挥谦德，不违背谦之法则。

liù wǔ　　bù fù yǐ qí lín　　lì yòng qīn fá①　　wú bù lì
六五　不富以其邻。利用侵伐。无不利。

【白话】六五，虽然并不富有，但由于虚怀若谷，而能得邻人的爱戴。这有利于出兵征伐，无往不利。

【注释】①侵伐：兴兵伐罪。

xiàng　yuē　lì yòng qīn fá　zhēng bù fú yě
《象》曰：利用侵伐，征不服也。

【白话】《象传》说："有利于出兵征伐"，是指征伐那些骄横而不可一世的人。

【讲解】胡炳文说："谦之一字，自禹征有苗而伯益发之。六五一爻不言谦，而曰'利用侵伐'，何也？盖'不富'者，六五虚中而能谦也；'以其邻'者，众莫不服五之谦也；如此而犹有不服者，则征之固宜。"

这一爻，说明谦逊治国，在不得已的情况下，也要使用暴力手段。六五阴柔而居于至尊的地位，如同一个人本身并不富有，却因谦逊而得到邻人的爱戴。像这样怀柔而德谦的君王，出兵征伐，必然是不得已而为之，所以不会有不利。

shàng liù　míng qiān　lì yòng xíng shī　zhēng yì guó①
上六　鸣谦。利用行师。征邑国。

【白话】上六，谦虚的美德远扬四方，获得共鸣，有利于用兵行师，征伐不服的邑国。

【注释】①邑国：在管辖范围内的诸侯国。

xiàng　yuē　míng qiān　zhì wèi dé yě　kě yòng xíng shī　zhēng yì guó yě
《象》曰：鸣谦，志未得也。可用行师，征邑国也。

【白话】《象传》说："谦虚的美名远扬四方，获得共鸣"，是因为君子的志向并没有得到伸张；可以用兵出师，是为了征伐那些不服的邑国。

【讲解】上六是谦卦的极点，谦虚的美名已经远扬四方，赢得众人共鸣。在这种情势下，当然有利于用兵征战。不过，上六阴爻柔弱，又因上位无位，地位不明确，并没有力量征伐他国，只能在自己的领土内，讨伐叛乱。

豫卦第十六

（坤下震上） ䷏ 豫① 利建侯行师。

【白话】豫卦，象征愉快、欢乐，有利于建国封侯、兴兵征战。

【注释】①豫：卦名。豫借为愉、娱，欢乐的意思。

【讲解】孔颖达说："谓之'豫'者，取逸豫之义，以和顺而动。动不违众，众皆悦豫，故谓之'豫'也；动而众悦，故'利建侯'；以顺而动，故可以'行师'也。"

豫卦由坤、震二卦组成，下卦坤是顺，上卦震是动，是愉快地追随行动的形象，所以命名为"豫"。以人事比拟，人人都乐于追随行动，必然可以建立公侯的基业，有利于用兵。此外，这一卦只有九四是阳爻，其他的阴爻都服从他，因而得志，心中喜悦，也是"豫"。

《彖》曰：豫，刚应而志行。顺以动①，豫。豫顺以动，故天地如之，而况建侯行师乎？天地以顺动，故日月不过，而四时不忒②。圣人以顺动，则刑罚清而民服。豫之时义大矣哉！

【白话】《彖传》说：豫卦的卦象，是刚柔相济，阴阳相应，因而得以遂行志向；顺应时机而行动，必然欢乐愉快，所以称"豫"。豫卦顺时而动，所以天地的运动，也正如它顺时而动，何况建国卦侯与兴兵征战这类事呢？天地顺时而动，所以日月运行才不会有失误，四季变化才不会出差错。而圣人顺时而动就会赏罚分明，万民诚服。所以豫卦所包含的顺时而动的意义宏大得很啊！

【注释】①顺以动：顺应时机而行动。本卦坤为地、为柔顺，震为动，有顺而动之象。 ②忒：变更、差错。

《象》曰：雷出地奋①，豫。先王以作乐崇②德，殷荐之③上帝，以配祖考④。

【白话】《象传》说：豫卦的上卦为震为雷，下卦为坤为地，有地上响雷之象。雷在地上轰鸣，使大地振动，这是阴阳和乐的现象，所以称作"豫"。古代圣明的君主，效法这一精神而创造了音乐，并用音乐来崇敬盛德。他们举行盛大隆重的仪礼，把音乐献给天帝，并用它来祭祀祖先的亡魂。

【注释】①奋：振动飞扬。　②崇：尊崇。　③殷：丰盛。荐：进献。　④祖考：祖先、祖宗。

【讲解】《孝经》中说："周公在冬至这一天，到郊外祭祀始祖后稷；九月在明堂，一并祭祀亡父文王与天帝。"祭祀中使用音乐，是为了使人、神喜悦，有将他们召唤到地上的效用。

$$\text{chū liù} \quad \text{míng yù} \quad \text{xiōng}$$
初六　鸣豫。凶。

【白话】初六，安乐之时，自鸣得意，结果乐极生悲，必有凶险。

$$\text{xiàng} \quad \text{yuē} \quad \text{chū liù míng yù} \quad \text{zhì qióng}① \text{ xiōng yě}$$
《象》曰：初六鸣豫，志穷　凶也。

【白话】《象传》说：初爻所说"安乐之时，自鸣得意"，是说其志已到穷极，所以结果凶险。

【注释】①穷：困窘的样子。

【讲解】初六为阴爻居阳位而不正，但由于与九四阴阳相应，象征在上层有强大的援助，因而有自鸣得意的态度，当然结果凶恶。这一爻，强调不可因一时的得志而迷失了自己，像这样的得意忘形，难免会招来祸患。

$$\text{liù èr} \quad \text{jiè}① \text{ yú}② \text{ shí} \quad \text{bù zhōng rì}③ \quad \text{zhēn jí}$$
六二　介　于　石。不终日　。贞吉。

【白话】六二，耿介正直的德性坚如磐石，还不到一天的时间，就悟出过分欢娱之患。能坚守正道，必获吉祥。

【注释】①介：耿介，孤高。　②于：通"如"。　③不终日：不须一天的时间。

$$\text{xiàng} \quad \text{yuē} \quad \text{bù zhōng rì zhēn jí} \quad \text{yǐ zhōng zhèng yě}$$
《象》曰：不终日贞吉，以中正也。

【白话】《象传》说："还不到一天的时间，就悟出过分欢娱之患，能坚守正道而必获吉祥"，这是因为能居中守正以自处。

【讲解】豫卦六二爻居中位，又阴爻阴位得正，象征众人都沉溺于欢乐中，唯独其能特立独行，保持清醒，坚守中正，像大石头般坚定不移。由于纯正，因而吉祥。正如程颐所说："逸豫之道，放则失正，故豫之诸爻，多不得正，才与时合也。惟六二一爻处中正，又无应，为自守之象。当豫之时，独能以中正自守，可谓特立之操，是其节介如石之坚也。"

liù sān　　xū① yù huǐ　　chí yǒu② huǐ
六三　盱　豫悔。迟有　悔。

【白话】六三，阿谀奉承以媚上，这样得来的欢愉安逸，必然会招致悔恨。如果迟迟才省悟，又会有更大的悔恨。

【注释】①盱：仰视。　②有：通"又"。

xiàng　yuē　　xū yù yǒu huǐ　　wèi bù dāng yě
《象》曰：盱豫有悔，位不当也。

【白话】《象传》说："阿谀奉承以媚上，这样得来的欢愉安逸，必然会招致悔恨"，这是由于所处位置不正的缘故。

【讲解】程颐说："六三阴而居阳，不中不正之人也。以不中正而处豫，动皆有悔。"六三为阴爻而居阳位，且不在中位，象征不中不正之人。且又接近这一卦的主体即九四爻，因而仰视九四的脸色，对其逢迎取悦，自己也能得到安乐。但这种行动不合中正之道，不久就会后悔。所以，必须立即悔改，否则真的后悔莫及。这一爻，说明安乐应得自正当，不可不择手段。

jiǔ sì　yóu① yù　dà yǒu dé　wù yí　péng hé② zān③
九四　由　豫。大有得。勿疑。朋盍　簪　。

【白话】九四，欢乐愉快自有由来，大有所得，不必怀疑。朋友们会像簪发并头一样，积聚在周围。

【注释】①由：由来。　②盍：聚合。　③簪：古代头发上的饰物。借作相聚的意思。

xiàng　yuē　　yóu yù dà yǒu dé　　zhì dà xíng yě
《象》曰：由豫大有得，志大行也。

【白话】《象传》说："欢乐愉快自有由来，大有所得"，因为君子的志向大可实行。

【讲解】关于本爻，虞翻解释说："由，自从也。豫有五阴，坤以众顺，故大有得。得群阴也。坎为疑，故勿疑。小畜，兑为朋。盍，合也。坤为盍。簪，聚会也。坎为聚。坤为众阴并应，故朋盍簪。簪，旧读作攒，作宗也。"崔憬说："以一阳而众阴从己，合簪交欢，故其志大行也。"

九四爻是豫卦唯一的阳爻，居于五阴之间，与上下各阴爻呼应，阴阳相得，成为朋友、同志，更得到象征君王的六五爻的信任，到处可以大行其志，因而大有所得，其欢愉可以说自有由来，不必怀疑。

<pre>
        liù wǔ   zhēn① jí   héng② bù sǐ
         六五   贞 疾。 恒   不死。
</pre>

【白话】六五，占问疾病的吉凶，得到的结果是长久安康，不会死亡。

【注释】①贞：占问。　②恒：长久。

<pre>
      xiàng yuē liù wǔ zhēn jí chénggāng① yě héng bù sǐ zhōng wèi wáng yě
      《象》曰：六五贞疾， 乘 刚 也。恒不死，中未亡也。
</pre>

【白话】《象传》说：豫卦六五爻占问疾病的吉凶，是由于阴柔凌于阳刚之上，带来病患。得到的结果是长久安康，不会死亡，是因为一直持守中正之道。

【注释】①乘刚：指阴居阳之上，不顺从阳刚。

【讲解】虞翻解释本爻说："恒，常也。坎为疾，应在坤，坤为死。震为反生。位在震中，与坤体绝，故贞疾，恒不死也。"侯果说："六五居尊而乘于四，四以刚动，非己所乘。乘刚为政，终亦病。若恒不死者，以其中也。"

六五为阴爻，其性柔顺，却处在至尊的地位，更凌驾于刚强的九四之上，所以情势危险，像是重病的人。不过，由于处在上卦的中位，还没有丧失权威，不至于灭亡。在这样的情况下，只有坚守中正之道，才能避免灭亡。

<pre>
       shàng liù míng① yù chéng yǒu yú② wú jiù
        上六   冥 豫。 成 有 渝 。 无咎。
</pre>

【白话】上六，情势天昏地暗，也仍不放弃寻欢作乐，十分危险。但如果能及时改正，就不会有灾咎。

【注释】①冥：昏暗。　②渝：变易，改变。

<pre>
       xiàng yuē   míng yù zài shàng hé kě cháng yě
       《象》曰：冥豫在 上 ，何可长也。
</pre>

【白话】《象传》说："情势天昏地暗，也仍不放弃寻欢作乐"，这样的人高居上位，又怎么能够长久呢？

【讲解】王应麟说："冥于豫而勉其有渝，开迁善之门也；冥于升而勉其不息，回进善之机也。"《周易折中》案："'贞疾'与'成有渝'两爻之义，亦相为首尾。如人之耽于逸乐，而不能节其饮食起居者，是致死之道也，苟使纵其欲而无病，则将一病不支，而亡也无日矣。惟其常有疾也，故常能忧惧儆戒而得不死也。然所贵乎忧惧儆戒者，以其能改变尔。向也耽于逸乐，昏冥而不悟，殆将习与性成矣。今乃一变所为，而节饮食，慎起居，则可以复得其性命之理，岂独不死而已乎？故于五不言'无咎'而于上言之，所以终卦义而垂至戒也。"

上六阴柔，已达到欢乐的极点，乐极生悲，离灾祸已经不远，所以，必须改变以往做法。"成有渝"，讲的就是物极必反、爻极必变的道理。上卦震象征动，动就有变的可能。虽然沈溺于安乐，已经到达极点，但只要改变心意，能够悔改，仍然不会有灾祸。

随卦第十七

（震下兑上） ䷐ 随 元亨利贞。无咎。

【白话】随卦，具有伟大、亨通、祥和、贞正的德性，没有灾咎。

【注释】①随：卦名。有随和、随从的意思。

【讲解】"随"是随从、随和，实质是从善。这一卦，主要在阐释追随从善的原则，强调舍弃己见，随和众人。随卦由震、兑二卦组成，下卦震是动，上卦兑是悦，此动而彼悦，就有"随"的意思。总之，自己虚心随和他人，他人也会来随和自己，能够相互随和，当然任何事都可以成功。所以，占断说没有灾祸。

《彖》曰：随，刚来而下柔。动而说，随。大亨贞无咎，而天下随时。随时之义大矣哉！

【白话】《彖传》说：随卦，阳刚谦居于阴柔之下，若有行动，众人必然乐于相从，这就是随和。随卦有伟大、亨通、贞正的德性，没有灾咎。因而天下万事，都要随适宜的时机而行动。随时而动的意义真是很宏大啊！

【注释】①下：谦卑。 ②说：通"悦"，乐意。

【讲解】随卦《彖传》用卦变的方法及卦德解释卦名，用卦辞的吉利来说明以刚下柔、以阳随阴的重大意义。告诫人们随时而动、以正相随。

《象》曰：泽中有雷，随。君子以向晦入宴息。

【白话】《象传》说：随卦的上卦为兑为泽，下卦为震为雷，有泽中有雷之象。泽中有雷响，雷声随波涛而出，而泽随从雷声而震动，所以卦名为"随"。君子行事应当遵从这一大自然的法则，随时而作息，白天勤奋工作，夜晚就要回到家中安息。

【注释】①向：面对。 ②晦：昏暗，日暮。 ③宴：安息。

【讲解】南怀瑾先生在解释随卦卦象时则认为："震为雷，以一阳初发，自下而上，作为位居东方的象征，也代表了每天早晨太阳出自东方的现象。如果用它代表一年的季节，它又是春分节序的象征。兑为泽，以二阳潜藏在一阴之下，位居西方的象征，而又代表了每天太阳西下于地平面的现象。用它代表一年的季节，它又是秋分节序的象征。……以一天的现象来讲，便有阳入阴中，万物随时而进入昏晦安息的情况。以一年的现象来讲，便有秋气萧森，万物随时而渐次进入安息归藏的景象。因此本卦象辞与象辞，都特别强调'动而说'、'天下随时，随时之义大矣哉'以及'君子以向晦入宴息'。"以上说法，可备参考。

chū jiǔ　　guān yǒu yú ①　　zhēn jí　　chū mén jiāo yǒu gōng
初九　官有渝　。贞吉。出门交有功。

【白话】初九，官事发生了变化，须持守贞正之道，方得吉祥。出门交朋友，一定能成功。

【注释】①渝：改变。

xiàng　yuē　guān yǒu yú　cóng zhèng jí yě　chū mén jiāo yǒu gōng　bù shī ① yě
《象》曰：官有渝，从正吉也。出门交有功，不失也。

【白话】《象传》说："官事发生了变化"，但无论怎么变，只要始终遵从正道，就可以获得吉祥。"出门交朋友，一定能成功"，是因为其唯正是从，见善而从，就不会有过失。

【注释】①失：过失。

【讲解】朱熹说："卦以物随为义，爻以随物为义。初九以阳居下。为震之主，卦之所以为随者也。既有所随，则有所偏主而变其常矣。惟得其正则吉。又当出门以交，不私其随则有功也。故其象占如此。亦因以戒之。"

在随卦中，初九是随从行为的开始，也是下卦的主体。下卦震代表动，有动才会随。初九追随他人，有时不得不变通，但也不能违背原则。当出任的官位有变动时，不可自乱阵脚，仍然要坚守正道，才会吉祥。此外，还应当走出门外，与他人交往，扩大接触面，才会有利。

象辞中所谓"从正"，是指初九以阳爻居阳位得正，又顺随居中的六二；顺随六二，是不失顺随的正道，所以说"不失"。

liù èr　xì ① xiǎo zǐ　shī zhàng fū
六二　系　小子。失丈夫。

【白话】六二，常与小人交往，就会失去追随君子的机会。

【注释】①系：有系与继的意义。

xiàng　yuē　xì xiǎo zǐ　fú jiān yǔ ① yě
《象》曰：系小子，弗兼与也。

【白话】《象传》说:"常与小人交往,就会失去追随君子的机会",是因为不能既与小人交往,又兼而追随君子。

【注释】①与:亲近的意思。

【讲解】这里的"小子"指的是初九,"丈夫"指的是九五。六二与九五阴阳相应,本应追随九五,但距离过远,且因为本身阴柔,不能贞正自守,而被下方接近的初九牵引,转而追随初九,以致失去了追随九五的机会,因为与"小子"发生关系,必然失去"丈夫",二者不可兼得。这一爻,强调不可因贪图近利而放弃了追随正道的机会。

liù sān　　xì zhàng fū　　shī xiǎo zǐ　　suí yǒu qiú dé　　lì jū zhēn
六三　系丈夫。失小子。随有求得。利居贞。

【白话】六三,追随君子,不再与小人交往。随从于君子,必然有求必得,居心贞正就有利。

xiàng　yuē　　xì zhàng fū　　zhì shě xià yě
《象》曰:系丈夫,志舍下也。

【白话】《象传》说:追随君子,说明其心志已经舍弃下方的小人而不顾了。

【讲解】六三爻与六二爻的情形相似,都提到了追随丈夫、小子的问题,但因爻位不同,观念便有差异。虞翻说:"随,众阴随阳。三之上,无应。系于四,失初小子。故系丈夫,失小子。艮为居,为求。谓求之正,得位远应。利上乘四,故利居贞矣。"

在这里,"丈夫"指九四,"小子"指初九。六三与上方的上六同为阴爻而不相应,就会依附靠近的阳爻九四。下方虽然有阳爻初九,由于追随九四的缘故,就舍弃了,这就是"系丈夫,失小子"。九四阳刚,高居臣位,所以,与六二追随下方的初九相比,六三追随的是比自己更优秀的对象,因而是有利的。

jiǔ sì　　suí yǒu huò　　zhēn xiōng　　yǒu fú① zài dào yǐ míng　　hé jiù
九四　随有获。贞凶。有孚 在道以明。何咎?

【白话】九四,追随他人而有所收获,但占卜的结果为凶。虽有凶险,但心存诚信,坚守正道,光明正大,哪会有什么灾祸呢?

【注释】①孚:诚信。

xiàng　yuē　suí yǒu huò　　qí yì xiōng① yě　　yǒu fú zài dào　míng② gōng yě
《象》曰:随有获,其义凶 也。有孚在道,明 功也。

【白话】《象传》说:"追随他人而有所收获",本身就有凶险之义。心存诚信,坚守正道,可逢凶化吉,这是明察事理、明辨进退之功。

【注释】①义凶:指威望超过了君王,会有凶险。　②明:辨明。

【讲解】关于本爻爻象，孔颖达解释说："'随有获'者，处说之初，下据二阴，三求系已，不距则获，故曰'随有获'也。'贞凶'者，居于臣地，履非其位以擅其民，失其臣道，违其正理，故贞凶也。'有孚在道以明，何咎'者，体刚居说而得民心，虽违常义，志在济物。心存公诚，著信在于正道，有功以明，更有何咎哉！故云：有孚在道以明，何咎也。"

九四阳爻刚毅，有能力，又接近和追随尊位的九五，当然会大有收获。然而与此同时，也有凌驾君王之上的趋势，难免被猜疑。即或忠贞，也有危险。不过，心存诚信，不背离为臣的正道，了解哲明保身的道理，从而使在上者放心，在下者心服，就不会有任何灾祸了。

九五　孚于嘉①。吉。

【白话】九五，把诚信带给美善之人，可获吉祥。

【注释】①嘉：美善。

《象》曰：孚于嘉吉，位正中也。

【白话】《象传》说："把诚信带给美善之人，可获吉祥"，这是因为处于居中的正位。

【讲解】九五阳爻，象征善，其得正居中，不倚不偏，又与下卦同样得正居中的六二爻阴阳相应，就是中正与中正相应，善与善随和，当然可以信赖，非常吉祥了。

上六　拘系之①。乃②从维③之。王用亨④于西山⑤。

【白话】上六，只有把不顺从的人拘禁起来，他才会服从追随；再把他们捆绑起来，他们才会一直追随下去。君王在西山设祭，以示至诚之心。

【注释】①拘：拘束、拘禁。　②乃：又。　③维：束缚。　④亨：通"享"，祭祀。项安世说："大有九三'公用亨于天子'、随上六'王用亨于西山'、益六二'王用亨于帝'、升六四'王用亨于岐山'，四爻句法皆同，古文'亨'即'享'字。今独益作'享'读者，俗师不识古字，独于'享帝'不敢作'亨帝'。"　⑤西山：岐山，在周都西方。

《象》曰：拘系之，上穷也。

【白话】《象传》说："只有把不顺从的人拘禁起来，他才会服从追随"，这是因为位居极上，随和顺从之道已经穷尽。

【讲解】南怀瑾先生认为："本卦本爻的象征，以阴爻位居上六的地位，欲变而上无所应，而且必须俯就九五阳爻的拘束，故有'拘系之，乃从维之'的比拟。但上六阴穷而必变，变就九四、九五，便成为乾象，故有'王用亨'的比拟。"

蛊卦第十八

（巽下艮上） ䷑ 蛊① 元亨。利涉大川。先甲三日。后甲三日。

【白话】蛊卦，具有伟大的、亨通的德性。有利于涉越大河巨流。在做大事以前，须经过七天的观察分析，才会知道怎么去做。

【注释】①蛊：卦名。本为毒虫名，引申为惑乱，多事，比喻腐败。 ②甲：十天干之一。

【讲解】蛊卦象征救弊治乱，拨乱反正。苏轼说："器久不用而虫生之谓之蛊，人久宴溺而疾生之谓之蛊，天下久安无为而弊生之谓之蛊。蛊之灾，非一日之故也，必世而后见，故爻皆以父子言之。"蛊是因食物腐败而生出的虫，象征社会秩序崩溃，由太平盛世而陷入混乱，发生事端。此时，必须毅然决然地将腐败切除．才能愈治，而且必须面对艰难险阻。所以有"涉大川"之象。不过，最终还是亨通顺利的。

关于"先甲三日"及"后甲三日"的含义，据子夏《传》说："先甲三日者，辛、壬、癸也。后甲三日者，乙、丙、丁也。"根据十天干甲、乙、丙、丁、戊、己、庚、辛、壬、癸的排法，甲日的前三天是辛日，甲日的后三天是丁日。从辛日到丁日共七天，周代的人占卜时一般以七天为一个循环，所以"先甲三日，后甲三日"中隐含着周而复始的意思，也有防微杜渐、防患于未然之意。

《彖》曰：蛊，刚上而柔下。巽而止，蛊。蛊，元亨而天下治也。利涉大川，往有事也。先甲三日，后甲三日，终则有始，天行①也。

【白话】《彖传》说：蛊卦，是阳刚在上而阴柔在下。下卦是巽卦，有顺而止的意义，如此方能治乱。蛊卦，具有伟大的、亨通的德性，秉此而治乱，天下将乱而复治，重归太平。"有利于涉越大河巨流"，是说往前迈进，跨越艰险，将会有所作为。"先甲三日，后甲三日"，这是说有终有始，周而复始，这是天道运行的必然规律。

【注释】①天行：天道运行。

【讲解】蛊卦的上卦是艮，为刚健的阳卦；下卦是巽，为柔顺的阴卦，所以说"刚上而柔下"，是上下不能沟通，不久将发生混乱的形象。而且，下卦巽是从，上卦艮是止，在下者屈卑顺从，在上者停止不前，必然就会腐败，因而，卦名为"蛊"。

《象》曰：山下有风，蛊。君子以振民育德。

【白话】《象传》说：蛊卦的上卦为艮为山，下卦为巽为风，有山下起大风之象。象征已经到了需要救弊治乱、拨乱反正的时候。君子当领会其中的精神，振兴民生，化育民德。

【注释】①振：振兴。

【讲解】山下起风，风向山吹，草木果实散乱，是开始败坏的形象。《左传》僖公十五年，卜徒父占筮，就得到蛊卦，他解说："蛊的内卦是风，外卦是山，一年到此，是为秋天，我们可以拾取落下的果实了。"这段象辞强调，当事情陷入败乱局面之时，不可坐视不理，当效法自然，有所作为。

初六　干父之蛊。有子。考无咎。厉终吉。

【白话】初六，挽救父亲失败的事业，匡正其过失，能有这样的儿子，做父亲的当然不会有灾咎。只要勤勉努力，最终必获吉祥。

【注释】①干：树干，引申为中坚的意思。　②蛊：这里指前人败坏的事业。③考：原意为老，一般指亡父，也可指活着的父亲。如《书经》"康诰"中有"大伤考心"的说法。

《象》曰：干父之蛊，意承考也。

【白话】《象传》说："挽救父亲失败的事业，匡正其过失"，说明其意志在于承续发展前人的事业。

【讲解】京房《易传》释这一爻说："'干父之蛊，有子考，亡咎。'子三年不改父道，思慕不皇，亦重见先人之非，不则为私。"胡炳文认为："爻辞有以时位言者，有以才质言者，如蛊初六以阴在下，所应又柔，才不足以治蛊；以时言之，则为蛊之初，蛊犹未深，事犹易济，故其占为有子，则其考可无咎矣。然谓之蛊，则已危厉，不可以蛊未深而忽之也。故又戒占者知危而能戒，则终吉。"

120

初六爻象征着治乱的开始。此时状况还不严重，但做儿子的已兢兢业业，开始挽救前人败坏的事业。有这样能干的儿子，就可以重振家业，做父亲的当然不会有灾祸。然而，挽救败坏的事业，必然困难重重，所以必须奋发勤勉，最后才能吉祥。

　　　　 jiǔ èr　　gàn mǔ zhī gǔ　　bù kě zhēn
九二　干母之蛊。不可贞。

【白话】九二，矫正母亲所造成的过失，不可采用严厉的贞正之道。

　　　　xiàng　yuē　gàn mǔ zhī gǔ　dé zhōng dào① yě
《象》曰：干母之蛊，得中道也。

【白话】《象传》说："矫正母亲所造成的过失"，必须掌握中庸之道，刚柔适中，不可偏颇。

【注释】①中道：中庸之道。

【讲解】本卦中，唯独这一爻涉及"母之蛊"，其中的原因何在？虞翻曾解释说："应在五。泰，坤为母，故干母之蛊。失位，故不可贞。变而得正，故贞而得中道也。"李鼎祚则说："位阴，居内，母之象也。"

九二为阳刚的阳爻，又处在下卦的中位，象征有才干的儿子。九二与六五相应，六五是阴，位居九二之上，象征母亲。这一爻，说的就是刚强的儿子挽救柔弱母亲的过失。但方法和态度要有别于"干父之蛊"，不可过分严厉而伤了亲情。当以刚柔并济的中庸之道，使母亲采纳自己的意见，达到补正的目的。

　　　　jiǔ sān　gàn fù zhī gǔ　xiǎo yǒu huǐ①　wú dà jiù
九三　干父之蛊。小有悔。无大咎。

【白话】九三，挽救父亲失败的事业，匡正其过失，虽然会遇到小的困厄而产生懊悔，但不会有大的危害。

【注释】①小有悔：指因匡正过程中出现的小失误而有悔。

　　　　xiàng　yuē　gàn fù zhī gǔ　zhōng wú jiù yě
《象》曰：干父之蛊，终无咎也。

【白话】《象传》说："挽救父亲失败的事业，匡正其过失"，最终不会有灾咎。

【讲解】王弼解释本爻说："以刚干事而无应，故有悔也。履得其位，以正干父，虽小有悔，终无大咎矣。"李鼎祚说："爻位俱阳，父之事。"

九三爻以阳刚居阳位，过于刚强，又不处中位。在匡正父亲过失的过程中，难免操之过急，考虑不周，多少会有懊悔。不过，九三在代表"顺"的下卦巽中，有顺从的美德，而且阳爻阳位得正。所以，对父亲柔顺，动机纯正，结果就不会发生大的过失。

　　　　　liù sì　　　yù① fù zhī gǔ　wǎng jiàn lìn
　　六四　裕　父之蛊。往见吝。

【白话】六四，宽容地处理父亲失败的事业，姑息父亲的过失，如此发展下去，必会有困厄。

【注释】①裕：宽裕，引申为宽容。

　　　　xiàng　yuē　　yù fù zhī gǔ　　wǎng wèi dé① yě
　　《象》曰：裕父之蛊，往未得也。

【白话】《象传》说："宽容地处理父亲失败的事业，姑息父亲的过失"，如此发展下去，难以达到重振家业的目的。

【注释】①未得：毫无结果。

【讲解】《朱子语类》："此两爻说得'悔吝'二字最分明。九三有悔而无咎，由凶而趋吉也。六四虽目下无事，然却终吝，由吉而趋凶也。"六四柔爻柔位，过于柔弱。以这种性格，为父亲的失败善后，就会过于宽大，不能追根究底，彻底整顿，以致愈陷愈深，遭到困厄。这说明挽救败坏的事业，必须彻底，不可过于宽容。

　　　　liù wǔ　　gàn fù zhī gǔ　　yòng yù①
　　六五　干父之蛊。用誉。

【白话】六五，挽救父亲失败的事业，匡正其过失，一定会受到人们的赞誉。

【注释】①用誉：得到荣誉。

　　　　xiàng　yuē　gàn fù yòng yù　chéng yǐ dé yě
　　《象》曰：干父用誉，承以德也。

【白话】《象传》说："挽救父亲失败的事业，一定会受到人们的赞誉"，这是因为以良好的德行来继承父亲的事业，总是会受到欢迎的。

【讲解】朱熹说："柔中居尊，而九二承之以德，以此干蛊，可致闻誉。故其象占如此。"也就是说，六五阴爻柔顺，在上卦至尊的中位，下方又有相应的阳爻九二，象征后面有刚毅的儿子为后盾，可继承父亲的事业，当会赢得声誉。

　　　　shàng jiǔ　　bù shì① wáng hóu　gāo shàng② qí shì
　　上九　不事　王侯。高尚　其事。

【白话】上九，救弊治乱的事业完成，不再侍奉王侯，而是高尚其志，做自己本分的事。

【注释】①事：侍奉、服事。　②高尚：使之高尚。

　　　　　　xiàng yuē　bù shì wáng hóu　　zhì kě zé① yě
　　《象》曰：不事王侯，志可则 也。

【白话】《象传》说："不再侍奉王侯"，其高尚的志向，可作为后世的楷模。

【注释】①则：准则，榜样。

【讲解】程颐释本爻说："上九居蛊之终，无系应于下，处事之外，无所事之地也，以刚明之才，无应援而处无事之地，是贤人君子，不偶于时，而高洁自守，不累于世务者也。故云：不事王侯，高尚其事。"

上九阳爻刚毅，处蛊卦之终，为"上位无位"；又在蛊卦的最外面，与下卦的九三同为阳爻而无相应，象征功成之后，自甘淡泊，置身事外，不再为王侯卖命。这是一种高尚的人生态度，可作为后世的准则。"不事王侯，高尚其事"一语，在《后汉书·逸民传》的序中被加以引用，成为赞美隐士的话。

　　　　　　　　　　lín guà dì shí jiǔ
　　　　　　　　　临卦第十九

　　　duì xià kūn shàng　　　　 lín①　 yuán hēng lì zhēn　zhì yú bā yuè yǒu xiōng
　　（兑下坤上）　䷒　临　元亨利贞。至于八月有凶。

【白话】临卦，具有伟大、亨通、祥和、贞正的德性。但到了八月阳衰阴盛之时，会有凶险。

【注释】①临：卦名。本意是由上往下看，也有迫近的意义。

【讲解】临卦象征督导，强调阳临阴、刚临柔、上临下。本卦为十二消息卦之一，代表十二月，二阳升腾于四阴之下，渐渐成长，由下向上逼迫阴，有进逼的意思，故命名为"临"。为什么说"至于八月有凶"呢？这是因为十二消息卦中代表八月的观卦，恰与临卦互反相综，变成二阳息退于四阴之上的现象。根据阴阳互相消息而形成胜负的道理，所以便说"八月有凶"。

临卦由兑、坤二卦组成，下卦兑是悦，上卦坤是顺，愉悦而且顺从，就保证愿望可以亨通。因而，这一卦"元亨利贞"四德具备，只要坚守正道，就有利。不过，阴刚相互消长，到了八月，又阴盛阳衰，就可能有凶险，必须警惕。

　　　　　tuàn yuē　lín　gāng jìn ér zhǎng　yuè ér shùn　gāng zhōng ér yìng　dà hēng yǐ
　　《彖》曰：临，刚浸而长。说而顺，刚中而应。大亨以
zhèng　 tiān zhī dào yě　 zhì yú bā yuè yǒu xiōng　 xiāo bù jiǔ yě
正，天之道也。至于八月有凶，消不久也。

【白话】《象传》说：临卦，阳刚逐渐成长，其性喜悦而顺适，这是因为阳柔处于中

位,而与阴柔互相感应。大为亨通顺利,是由于坚持正道,符合天道运行的法则。到了八月会有凶险,是说阴阳相互消长,阳不会永远强大,阳消退的时期不久就会到来。

【讲解】朱熹说:"临,进而凌逼于物也。二阳浸长以逼于阴,故为临。十二月之卦也。又其为卦,下兑说,上坤顺,九二以刚居中,上应六五。故占者大亨而利于正。然'至于八月'当有凶也。八月,谓自复卦一阳之月,至于遁卦二阴之月,阴长阳遁之时也。或曰:'八月'谓夏正八月,于卦为观,亦临之反对也。又因占而戒之。"

这段彖辞强调,治理天下的自然法则在于,居上位者用愉快的心理和柔顺的性情去真心实意地爱人民、顺从人民,人民就会顺应他,就能大通大治。而且阴阳消息、治乱兴替,是循环的,这是天地间的自然法则。

《象》曰:泽上有地,临。君子以教思无穷,容①保民无疆。

【白话】《象传》说:临卦的上卦为坤为地,下卦为兑为泽,有地在泽上之象。泽上有地,地居高而临下,因而卦名为"临"。君子应当效法其中的精神,永不懈息地教化人民的思想,以无边的盛德包容保护人民。

【注释】①容:包容、容纳。

初九 咸①临。贞吉。

【白话】初九,以感化之心下临民众,坚守贞正之道,可获吉祥。
【注释】①咸:通"感"。感化、感应。

《象》曰:咸临贞吉,志行正也。

【白话】《象传》说:"以感化之心下临民众,坚守贞正之道,可获吉祥",因为其志向和行为都很合乎正道。

【讲解】程颐分析这一爻说:"咸,感也。阳长之时,感动于阴。四应于初,感之者也。比它卦相应尤重,四近君之位,初得正位,与四感应,是以正道为当位所信任,得行其志,获乎上而得行其正道,是以吉也。它卦初、上爻不言得位失位。盖初、终之义为重也。临则以初得位居正为重。凡言'贞吉',有既正且吉者,有得正则吉者,有贞固守之则吉者,各随其事。"

咸临,就是以人格感化而下临民众。这一卦,是阳长阴息、阳盛逼阴的时期,初九与六四阴阳相应、相互感召,所以,初九不是以威势,而是以人格来感化六四。而且，初九阳爻刚毅，阳爻阳位得正，具备这种贞正的德行，其志向和行为就会合正道，因而吉祥。

jiǔ èr　xián lín　　jí wú bù lì
九二　咸临。吉无不利。

【白话】九二，以感化之心下临民众，可获吉祥，没有什么不利的。

xiàng yuē xián lín　　jí wú bù lì　wèi shùnmìng① yě
《象》曰：咸临，吉无不利，未顺命也。

【白话】《象传》说："以感化之心下临民众，可获吉祥，没有什么不利的"，这是因为民众还未能完全顺服而事事从命，于是以感化之道相临。

【注释】①顺命：顺服从命。

【讲解】九二阳爻阴位不正，为什么说"吉无不利"呢？这是因为，九二与六五阴阳相应，因而能够以人格感化六五。六五阴爻柔顺，九二阳爻刚毅，在下卦中位，升进不会有障碍，所以做什么事都有利。上方集结的四个阴爻，不会心甘情愿地听命于九二，所以九二要以刚毅中庸的德行来感召，才能使其顺服听命。蔡清说："初九以刚得正而吉，九二以刚中而吉，刚中则贞无待于言也。刚中最《易》之所善。"

liù sān　gān① lín　wú yōu lì　jì yōu② zhī　wú jiù
六三　甘临。无攸利。既忧之。无咎。

【白话】六三，以甜言蜜语下临百姓、笼络人心，必无所利。不过，已经能心怀忧惧而改过，就不会有灾咎。

【注释】①甘：以甜言蜜语讨好他人。　②忧：忧虑而后改正。

xiàng yuē gān lín wèi bù dāng yě　jì yōu zhī jiù bù cháng yě
《象》曰：甘临，位不当也。既忧之，咎不长也。

【白话】《象辞》说："以甜言蜜语下临百姓、笼络人心"，这是因为所处的地位不适当的缘故。不过，由于已经能心怀忧惧而改过，灾咎也不会长久。

【讲解】这一卦讲"临"的观念，前两爻皆为"咸临"，而到了六三爻，一变而为"甘临"，其中的道理，据《周易折中》讲："临卦本取势之盛大为义，因其势之盛大，又欲其德业之盛大，是此卦象爻之意也。初、二以德感人，故曰'咸'，以德感人者，盖以盛大为忧而未尝乐也。六三说主，德不中正，以势为乐，故曰'甘临'。夫恣情于势位，则何利之有哉？然说极则有忧之理，既忧则知势位之非乐，而咎不长矣。此爻与节三'不节之嗟'正相似，皆兑体也。"

与初九、九二相比，六三在下卦的最上方，居高临下，按说有利。然而，六三阴爻柔弱，地位又不中不正，不能以人格与德行来感化人；六三又是下卦兑的主体，兑卦有悦的含意，因而六三只能用甜言蜜语的和悦态度来笼络人心，当然不利。不过，如果六三觉悟到自己这种态度的危险性，因而戒慎，就可避免灾祸发生。

六四　至临①。无咎。

【白话】六四，亲临民间视察民情，则无灾咎。

【注释】①至临：亲临视察的意思。也指亲自处理国事，礼贤下士。

《象》曰：至临无咎，位当也。

【白话】《象传》说："亲临民间视察民情，则无灾咎"，这是因为所处的地位是正当的。

【讲解】六四以阴爻居阴位，所以说地位正当，而且与下方的初九阴阳相应。本身正当，又能亲临视下，任用贤能的初九，这种态度当然不会有灾咎。王宗传说："四以上临下，其与下体最相亲，故曰'至临'，以言上下二体，莫亲于此也。"

六五　知①临。大君之宜。吉。

【白话】六五，以聪明才智而临于天下，治理国家，这是伟大的君王应当做的，必获吉祥。

【注释】①知：通"智"。智慧，聪明。

《象》曰：大君之宜，行中①之谓也。

【白话】《象传》说："以聪明才智而临于天下，治理国家，这是伟大的君王应当做的"，说的就是奉行中正之道。

【注释】①行中：行为中正。

【讲解】六五阴爻柔顺，处在至尊的君位，与下方的九二刚爻阴阳相应，象征本身不必行动，完全委任下方的贤能，是以智慧君临天下。对伟大的君王来说，这是最适宜的统治之道，所以说是吉祥的。而且，六五与九二都在中位，实行中正之道是适宜的。王申子说："《中庸》曰：'唯天下至圣，为能聪明睿知，足以有临也。'故知临为大君之宜。六五以柔中之德，任九二刚中之贤，不自用其知而兼众知，为知之大，是宜为君而获吉也。"

上六　敦①临。吉。无咎。

【白话】上六，以敦厚宽仁的态度临于天下，治理国家，必得吉祥，没有灾咎。
【注释】①敦：敦厚宽容。

《象》曰：敦临之吉，志在内①也。

【白话】《象传》说："以敦厚宽仁的态度临于天下，治理国家，必得吉祥"，这是其志存于内的缘故。
【注释】①内：指下卦。下卦又称为内卦。
【讲解】上六处在这一卦的最上位，已经达到极致。一般来说，物极必反，发展到极致的并不吉祥，但由于上六阴爻柔顺，对下方升进而来的两个刚爻，能够宽容敦厚地相待，这样的态度当然会得吉祥，没有灾咎。上六与内卦的初九、九二两个阳爻本来不相应，但在这一卦中，只有两个阳爻可用，因而不得不运用内卦的这两个阳爻，这就是"志在内"。

这一爻，强调领导应当敦厚，不可刻薄。杨启新说："处临之终，有厚道焉，教思无穷，容保无疆者也。如是则德厚而物无不载，道久而化无不成。"

观卦第二十

（坤下巽上）☲　观①　盥②而不荐③。有孚颙④若⑤。

【白话】观卦，在祭祀前洗手，要像在尚未举行的奉献祭品仪式上那样，心怀诚敬、庄严肃穆。
【注释】①观：卦名。有展示、仰视的意思。　②盥：指古人在将祭祀之时必先洗手，以示尊敬。　③荐：祭祀时奉献祭品。　④颙：严正、温恭的样子。　⑤若：与"然"字同。
【讲解】朱熹说："观者，有以中正示人而为人所仰也。"在祭祀之前洗手的时候，就要像尚未举行的奉献祭品同样的虔诚严正，才能被人们敬服仰慕。所以这一卦所阐释的，是要将道义展示于众人之前，众人必然也对自己瞻仰的道理。此外，这一卦还反映了古人提倡观察分析的思想，要求人们不仅要从宏观上观察社会总体、观察国君，而且还要从微观上观察自身一生之行为得失，以决定自己的进退，同时还得观察他人以辨别其是否君子。

从卦象来说，九五阳爻在尊位，被四个阴爻瞻仰；九五也以中正的德性，展示于天下。所以命名为"观"。

观卦也是消息卦之一，代表八月，是阴长阳消的时期，但其易理并不由这一点发挥，而由其他的角度阐释，因为《易经》的一贯立场，是抑阴助阳。

《彖》曰：大观在上，顺而巽，中正①以观天下。观，盥而不荐。有孚颙若，下观而化也。观天之神道，而四时不忒。圣人以神道设教，而天下服矣。

【白话】《彖传》说：为人君者高高在上，为万民敬仰。犹如和顺的巽风，吹遍了大地，要以中正的德行临观天下。观卦的卦辞说，"在祭祀前洗手，要像在尚未举行的奉献祭品仪式上那样，心怀诚敬、庄严肃穆"，这是要让在下者观瞻盛德，受到感化。观察天道变化的神妙规律，就会悟出四季循环无差的真正道理。圣人就是遵照神妙的天道法则，以教化民众，而使天下臣服的。

【注释】①中正：指卦中九五爻以阳爻居阳位，又处于上卦的中位。

《象》曰：风行地上，观。先王以省①方观民设教。

【白话】《象传》说：观卦的上卦为巽为风，下卦为坤为地，有风行地上之象。风在地上吹，遍及万物。先代君王们效法其中的精神，省视四方，观察民情，设置教化，移风易俗。

【注释】①省：审视，视察。

【讲解】南怀瑾先生认为："从象数易学家的观点来说，观卦代表象征八月之卦。阴消阳息，秋风起兮，而大地万物渐至肃肃退藏的现象。它与阳消阴息，代表春阳二月，和风普及大地的大壮卦相错。便构成了春秋二季之际，可以普观生物化生不已的生命过程中，体会到盈虚消息的图象。因此便把古代礼制中注重春秋二祭的大礼精神，与它配合比拟，便形成本卦以祭祀与神道设教等观念，作为它的说明了。"

初六 童①观②。小人无咎。君子吝。

【白话】初六，像幼童一样观察事物，这对一般百姓来说没有什么害处，但对君子来说，则是耻辱。

【注释】①童：在这里有愚昧无知之意。 ②观：观察。

《象》曰：初六童观，小人道也。

【白话】《象传》说：初六爻辞所谓的"像幼童一样观察事物"，这是无知无识的一般百姓观察事情的方式。

【讲解】从卦象来说，本卦各爻所说的，是对处于尊位的九五的观仰。初六阴爻柔弱，又处在最下位，距离遥远，因而象征没有才识；如同无知的幼童一般不能高瞻远瞩。"小人"指庶民，即一般无知无识的百姓。庶民"童观"，是必然的情形，所以说没有过失。但对身负教化重任的君子来说，则是耻辱。

六二 窥①观。利女贞。

【白话】六二，从门缝中偷偷向外面观察，有利于女子坚守正道。

【注释】①窥：窥视，偷看。

《象》曰：窥观女贞，亦可丑也。

【白话】《象传》说：从门缝中偷偷向外面观察，虽然有利于女子坚守正道，但也是一种可耻的行为。

【讲解】从卦象来说，六二阴爻处于内卦，柔弱黑暗，观看九五时看不清楚，好像是由门缝中偷看，观察的视野必然十分偏狭。对于足不出户的古代女子来说，这是可以理解的举动。但对于堂堂的君子来说，这种行动太不光明磊落，非常可耻。胡炳文说："初位阳，故为童。二位阴，故为女。童观，是茫然无所见，小人日用而不知也。窥观，是所见者小，而不见全体也。占曰'利女贞'，则非丈夫之所为可知矣。"

六三 观我生①进退。

【白话】六三，观察省视自我的言行，以决定进退。

【注释】①生：草木萌长，这里指自己所决定的各种行为措施。

《象》曰：观我生进退，未失道①也。

【白话】《象传》说："观察省视自我的言行，以决定进退"，这样做并没有违背正道。

【注释】①道：指通过瞻仰、效法君王，从而与之保持一致。

【讲解】朱熹说："我生，我之所行也。六三居下之上，可进可退，故不观九五，而独观己所行之通塞以为进退。占者宜自审也。"这里是从卦象来解释：六三在下卦的最上方，处于可进可退的位置。不必观察高高在上的九五，应当观察自己的主张，来决定进退。应当择善固执，不可趋炎附势，失去了自己的原则。

liù sì　guān guó zhī guāng　lì yòng bīn① yú wáng
六四　观国之光。利用宾于王。

【白话】六四，观察一个国家的礼乐风俗，有利于成为辅佐君王的宾客。

【注释】①宾：即仕，古代才德兼备的人，前往朝廷，君王以宾客的礼仪招待，所以说宾。

xiàng　yuē　guān guó zhī guāng　shàng bīn yě
《象》曰：观国之光，尚宾也。

【白话】《象传》说："观察一个国家的礼乐风俗"，说明这个国家的君王礼尚贤士。

【讲解】之所以要"观国之光"，是因为通过观察一国的礼仪风俗，足以知晓这个国家的君王的德行如何，是否尊重贤士。今天所说的"观光"，语源就出自此处。六四为阴爻，处在上卦巽的最下方，性格柔顺，因而适合于辅佐君王。

jiǔ wǔ　guān wǒ shēng　jūn zǐ wú jiù
九五　观我生。君子无咎。

【白话】九五，观察省视自我的言行，君子可免于灾咎。

xiàng　yuē　guān wǒ shēng　guān mín yě
《象》曰：观我生，观民也。

【白话】《象传》说："观察省视自我的言行"，在于通过观察民情风俗，便可知自己的作为是否正当。

【讲解】从卦象来说，九五阳爻而处在至尊的中位，下面有四个阴爻仰观，象征一位有德行的君王。他应当经常反省观察自己的日常作为，坚守中正，这样就不会有灾祸。正如孔颖达所说："九五居尊，为观之主，四海之内，由我而化，我教化善，则天下有君子之风，教化不善，则天下著小人之俗。故观民以察我道，有君子之风者则无咎也。"

南怀瑾先生认为，九五爻的"观我生"，是观顾国计民生的大我，才是君临天下，临观无私的大义。这是君子修身、齐家、治国、平天下之道的枢机，也便是本卦的重心所在。

shàng jiǔ　guān qí shēng①　jūn zǐ wú jiù
上九　观其生。君子无咎。

【白话】上九，观察省视民生状况，君子可免灾咎。

【注释】①生：这里指民生。

《象》曰：观其生，志未平也。

【白话】《象传》说："观察省视民生状况"，因为君子始终以改善民生为己任，天下未安，其志难平。

【注释】①平：平息，平静。

【讲解】从卦象来说，上九阳爻，处在君王九五的上方。虽然超然于世俗以外，但却仍然需要观察他人的所作所为，择善而从，以不善为戒，这对君子来说是不会有灾咎的。这一爻，说明在上者时刻都被人仰观，不可掉以轻心。

噬嗑卦第二十一

（震下离上） ䷔ 噬嗑 亨。利用狱。

【白话】噬嗑卦，具有亨通的德性。有利于施行刑罚。

【注释】①噬嗑：卦名。噬，啮食；嗑，合拢。

【讲解】朱熹说："噬，啮也。嗑，合也。物有间者，啮而合之也。为卦上下两阳而中虚，颐口之象。九四一阳，间于其中，必啮之而后合。故为噬嗑，其占当得亨通者。有间故不通，啮之而合，则亨通矣。"

噬嗑卦由离、震二卦组成，上九、初九是本卦最上和最下的两个爻，都是阳爻，象征实质实物，而六五、六三、六二都是阴爻，有空虚的现象。上下皆实，中间空虚，很像人的嘴上下颚相对。中间的九四爻是阳爻，就像嘴里有实物隔于其中的样子。嘴中有物，一定要咬而食之，吞食食物，嘴必合拢，所以本卦就命名为"噬嗑"，即是吃而合之的意思。

这一卦具有亨通顺利的德性。凡事不能亨通，必然中间有障碍，如果像吃食物那样，将中间的障碍咬碎，当然就亨通了。噬嗑卦象征刑罚，而刑罚就是要铲除构成障碍的不良分子。

《彖》曰：颐中有物，曰噬嗑。噬嗑而亨，刚柔分，动而明，雷电合而章。柔得中而上行，虽不当位，利用狱也。

【白话】《象传》说：口中含有东西，需要咬合，叫"噬嗑"。口中有物，上下齿咬而合之，自然畅达而亨通。阳刚和阴柔分离，交相动作而光明，如同雷电交击而彰明。柔弱者处守中道，并能奋力向上，虽然不在纯柔之位，但有利于刚柔相济，用刑法排除阻碍，达到政通人和。

【注释】①颐：从鼻以下到下颌的部位，包括嘴的整个部分。 ②刚柔分：指噬嗑卦下卦震为阳卦，为刚，上卦离为阴卦，为柔。也指卦中阴爻和阳爻分开了。 ③动而明：震为动，离为明。 ④柔得中：指六二阴爻位于下卦的中位。

【讲解】噬嗑卦《象传》用卦体解释卦名，又用卦名、卦体、卦德、上下二象、卦变等方法解释卦辞，并阐明刑罚治狱之道就是刚柔相济、得中而行。

由卦变来看，噬嗑卦是由益卦变化而来。益卦的六四柔爻上升，到达"五"的中央位置；同时，原来在"五"位的刚爻，下降到"四"的位置，就成为噬嗑卦。本卦的主体为六五爻，柔爻居刚位，且在外卦的中位，象征刚柔兼备，具备威吓、明察、适中的条件，所以有利于执行刑罚。

《象》曰：雷电，噬嗑。先王以明罚敕①法。

【白话】《象传》说：噬嗑卦的上卦为离为火，下卦为震为雷，有雷电交击之象。雷电交击，犹如咬合一样；雷有威慑力，电能放光明而象征明察秋毫。古代君王汲取其中的精神，明其刑法，端正法令。

【注释】①敕：端正，整饬。

【讲解】《论语·子路》有云："刑罚不中，则民无所措手足。"也就是说，刑罚不能中肯公正，人民将手足不知所措。因而，必须整饬法令，使刑罚公正。

初九 屦校①灭②趾③。无咎。

【白话】初九，脚上戴着木枷，只伤了脚趾头，尚无灾咎。

【注释】①屦校：刑具戴在脚上。屦，即履。校，枷。 ②灭：伤害。 ③趾：脚趾。

《象》曰：屦校灭趾，不行也。

【白话】《象传》说："脚上戴着木枷，只伤了脚趾头"，是为了使其受到警戒，不敢再犯法。

【讲解】朱熹说："初、上无位，受刑之象。中四爻为用刑之象。初在卦始，罪薄过小，又在卦下，故为'屦校灭趾'之象。止恶于初，故得无咎。占者小伤而无咎。"

本卦初九爻相当于刑罚的开始，罪行尚不严重，象征着一个最初犯有轻微的刑法的人，被加上脚镣的刑具，伤了脚趾，受到应得的惩罚。这种初犯的人，在他所犯不重，罪过不大时，即加以申戒，使他能有所警惕，不敢再犯法。所谓"无咎"，《系辞传》解释说："小惩而大戒，此小人之福也。"也就是说，小的惩罚，使人戒惧，不敢犯大恶，对小人物来说，这就是福。

六二　噬肤① 灭② 鼻。无咎。

【白话】六二，实施刑罚，就像咬柔软的皮肤一样容易，因咬入很深，毁掉了鼻子，也是没有祸患的。

【注释】①肤：柔软的肉。　②灭：没也。

《象》曰：噬肤灭鼻，乘刚也。

【白话】《象传》说："实施刑罚，就像咬柔软的皮肤一样容易，因咬入很深，毁掉了鼻子"，这是因为必须用重刑使刚强的犯人屈服。

【讲解】孔颖达说："六二处中得位，是用刑者。肤是柔脆之物，以喻服罪受刑之人也。乘刚而刑未尽顺，噬过其分，故至'灭鼻'，言用刑太深也。刑中其理，故'无咎'。"

六二阴爻阴位得正，在下卦中位，因而裁判公正，刑罚适切，处置罪犯，就像咬柔软的肉那样容易。而对于刚强的罪犯，一定要加以至深至严的刑罚，否则将收不到惩诫的效果。所以，刑罚像咬到自己的鼻子，没入肉中那样深，也不会有错。

根据古代易学象数家的解释，本爻变阳，成兑。兑为口，有噬之象。互卦艮为鼻，本爻变艮成离，不见鼻，故有"噬肤灭鼻"之象。

六三　噬腊肉①。遇毒②。小吝。无咎。

【白话】六三，实施刑罚，就像咬坚硬而味道浓烈的腊肉那样，会遇上一些小麻烦，但并没有大的灾咎。

【注释】①腊肉：坚硬之肉。　②毒：味道浓厚。

《象》曰：遇毒，位不当也。

【白话】《象传》说："实施刑罚，就像咬坚硬而味道浓烈的腊肉那样"，这是因为所处地位不正当的缘故。

【讲解】本爻变成离，离为火，故有腊肉之象。六三阴爻柔弱，不在中位，又阴爻阳位不正，所以说"位不当"。在实施刑罚时优柔寡断，不能公正适切地顺利进行，就像咬坚硬又味道浓烈的肉，困难不易下咽，会有小的麻烦。但经过咬碎以后，就能排除障碍，最后还是不会有灾咎。

九四 噬干胏① 得金② 矢③。利艰贞。吉。

【白话】九四，实施刑罚，就像咬带骨头的干肉那样困难，必须像金一样刚强，像箭一样正直，才有利于在艰难中坚守正道，这样结果会是吉祥的。

【注释】①干胏：坚硬的带骨头的干肉。 ②金：刚也。 ③矢：箭。这里象征直。

《象》曰：利艰贞吉，未光也。

【白话】《象传》说："有利于在艰难中坚守正道，结果是吉祥的"，表明处境并未光明。

【讲解】九四这一爻，正是颐中有物之象。根据象数学家的解说，因本爻为阳爻，故有干胏与金之象；互卦坎，有矢象。因此本爻称"噬干胏，得金矢"。由于九四以阳刚而居阴柔之位，不中不正，故称"未光"。既然"未光"，就会艰难，所以要具备像金和箭一样的德行，并坚守正道，才能得到吉祥。陆绩说："金矢者，刚直也。噬胏虽难，终得申其刚直也。"

六五 噬干肉。得黄金①。贞厉。无咎。

【白话】六五，实施刑罚，像吃干硬的肉脯那样艰难，须像黄金一样刚坚中和，坚守正道，且心怀危厉，小心谨慎，终无灾咎。

【注释】①黄金：黄是中央之色，有"中"的象征。金是刚强之意。

《象》曰：贞厉无咎，得当也。

【白话】《象传》说："坚守正道，虽然有凶险，但终无灾咎"，这是因为实施刑法得当的缘故。

【讲解】六五爻为阴爻，阴属坤土，坤土有"黄"的象征；本爻变阳，则外卦成乾，乾为金，所以有"得黄金"的象征。所谓"得当"，是因六五居刚用柔，而又居中，所以刑法运用适中、恰当。得当而适中的刑罚，自然使人信服。加之又有像黄金一样刚强的九四辅佐，并坚守正道，谨慎用刑，就更不会有灾咎。

上九 何校①灭耳。凶。

【白话】上九，肩负重枷，磨伤了耳朵，必有凶险。

【注释】①何：借为"荷"，担荷，负荷。

《象》曰：何校灭耳，聪①不明也。

【白话】《象传》说："肩负重枷，磨伤了耳朵"，这是因为受罚者太不聪明，执迷不悟，不能改恶从善，结果遭受重刑。

【注释】①聪：听觉。

【讲解】上九已达到刑罚的极限，罪大恶极，象征着犯过而屡次不改的人。正如《系辞传》所说："恶积而不可掩，罪大而不可解。"因此必然遭受重刑，肩上戴着枷锁，磨伤了耳朵，占断凶险。根据象数学家的解说：互卦为坎，坎为加忧，为桎梏，为耳痛，故有"何校灭耳"的现象。

贲卦第二十二

（离下艮上） ䷕ 贲①亨。小利有攸往。

【白话】贲卦，是亨通顺利的，有所前往可获小利。

【注释】①贲：卦名。原意为贝壳的光泽，引申为饰的意思。

【讲解】贲有修饰之意。贲卦由离、艮二卦组成。离为火，艮为山，山是草木百兽所聚之，山下有火，则万物皆被其光采，故有贲饰的象征。以人事而论，离为明，艮为止，以文明的制度，使每个人止于一定的分际，这就是人类集体生活必须的装饰，所以称作贲卦。朱熹云："贲，饰也。'卦自损来者，柔自三来。而文二，刚自二上而文三。自既济而来者，柔自上来而文五，刚自五上而文上。又内离而外艮，有文明而各得其分之象，故为'贲'。"

《彖》曰：贲亨。柔来而文①刚，故亨。分刚上而文柔，故小利有攸往。天文也。文明②以止③，人文也。观乎天文，以察时变。观乎人文，以化成天下。

【白话】《象传》说：贲卦，亨通而畅达。因其以柔顺之德，来文饰刚强，刚柔适中，所以说亨通畅达。又分出阳刚上升而装饰阴柔，所以有所前往可获小利。这样将刚与柔交互文饰，犹如日月星辰的交互运行，成为天的文饰；人文灿烂，达于礼仪，成为人伦的文饰。仰观天象文饰，可以明察四季时序的变化；俯观人伦文彩，可以实施教化，移风易俗，大治天下。

【注释】①文：文饰。　②明：指离卦，离为明。　③止：艮为止。

【讲解】按前引朱熹的解释，贲卦所以亨通，是由卦变而来。损卦的六三柔爻下降，文饰原来的刚爻，所以亨通。又既济卦将九五爻刚爻割爱，上升文饰原来的柔爻，这就是彖辞所说的"分刚上而文柔"。

《象》曰：山下有火，贲。君子以明庶政，无敢折狱^①。

【白话】《象传》说：贲卦上卦为艮为山，下卦为离为火，为山下有火之象。山下火光把山上草木照得通明，文彩焕发，所以名"贲"。君子当领会其中精神，使政事通达清明，但不可轻易以文饰决断讼狱。

【注释】①折狱：审判案件，决断讼狱之事。

【讲解】朱熹认为："折狱者专用情实，有文饰者则没其情矣，故无敢用文以折狱也。"

初九　贲其趾。舍车而徒^①。

【白话】初九，修饰其脚趾，舍弃车马而徒步行走。

【注释】①徒：徒步行走。

《象》曰：舍车而徒，义^①弗乘也。

【白话】《象传》说："舍弃车马而徒步行走"，这是因为按道义不该乘坐车马。

【注释】①义：公认的合理准则。

【讲解】初九处贲卦最下方，以脚趾为象征。初九阳刚，而下卦离为明，所以，刚毅贤明，甘心在最下位，贫贱不移，洁身自爱。乘车马而行并不符合他的地位，于礼不合，所以他宁愿舍弃车，徒步行走。朱熹说："刚德明体，自贲于下，为舍非道之车，而安于徒步之象。占者自处当如是也。"这一爻，说明文饰应讲求实际，符合自己的身分和地位，不追求过分的华饰，否则会招致非议。

六二　贲其须^①。

【白话】六二，装饰年长者的胡须。

【注释】①须：即"鬚"的古字。毛在嘴边叫髭，在颊叫髯，在颐叫鬚。

《象》曰：贲其须，与上兴也。

【白话】《象传》说："装饰年长者的胡须"，是因要与居上位者一起振兴其业。

【讲解】侯果曾释本爻说："自三至上，有颐之象也。二在颐下，须之象也。上无其应，三亦无应，若能上承于三，与之同德，虽俱无应，可相与而兴起也。"就是说，贲卦"三"以上的部分，成三的形状，与颐卦的口相似，六二紧接在下面，所以相当于下颚的胡须。六二阴柔中正，与上方阳刚得正的九三接近，双方在上卦又都无应，因而阴阳相吸，一起行动，得以振兴事业，这就像胡须装饰下颚，与下颚一起行动。

九三 贲如濡①如。永贞吉。

【白话】九三，将自己装饰得像水洗过一样光泽柔润，永远坚守正道，便可获得吉祥。

【注释】①濡：沾湿，这里指像打湿一样的光泽。

《象》曰：永贞之吉，终莫之陵①也。

【白话】《象传》说："永远坚守正道，便可获得吉祥"，是说永久坚持正道，最终才不会受人凌辱。

【注释】①陵：同"凌"。凌辱。

【讲解】朱熹说："一阳居二阴之间，得其贲而润泽者也。然不可溺于所安，故有永贞之戒。"这一爻强调文饰虽然经过温润，还是要坚守正道，不被文饰所迷惑而不能自拔，如此才能获得吉祥。

六四 贲如皤如①。白马翰如②。匪寇婚媾。

【白话】六四，修饰得洁白素雅，骑着白马轻快地往前奔驰。前方来者并不是盗寇，而是前来求婚的人。

【注释】①皤如：洁白的样子。 ②翰如：飞快的样子。

《象》曰：六四，当位疑也。匪寇婚媾，终无尤也。

【白话】《象传》说：六四爻虽然当位得正，但却心存疑虑。"前方来者并不是盗寇，而是前来求婚的人"，说明最终将没有怨尤。

【讲解】朱熹以卦象释本爻说："皤，白也。马，人所乘，人白则马亦白矣。四与初相贲者，乃为九三所隔而不得遂，故'皤如'。而其往求之心，如飞翰之疾也。然九三刚正，非为寇者也。乃求婚媾耳。故其象如此。"就是说，六四与初九阴阳相得，本为正应，相互修饰，但九三却隔在中间。六四急于与初九相聚，骑马飞快前往，却被九三拦住。于是心怀疑虑，怕是遇上了盗寇，等弄清楚九三只是为求婚而来后，误会冰释，疑虑消除，终无怨尤。

陆绩认为，震为马，为白，故称"白马翰如"。

六五 贲于丘园①。束帛戋戋②。吝。终吉。

【白话】六五，装饰山丘陵园，整束着纯朴无华的一点儿丝绢，虽然暂时遭遇艰难，最终必获吉祥。

【注释】①丘园：山丘陵园。 ②戋戋：轻少。

《象》曰：六五之吉，有喜也。

【白话】《象传》说：贲卦六五爻所得的吉祥结果，说明必有喜事临门。

【讲解】所谓"贲于丘园，束帛戋戋"，据荀爽解释说："艮，山；震，林。失其正位，在山林之间，贲饰丘陵，以为园圃，隐士之象也。五为王位，体中履和，勤贤之主，尊道之君也。故曰'贲于丘园，束帛戋戋'。君臣失正，故吝。能以中和饰上成功，故终吉而有喜也。"五为阳位，六五以阴柔居之，故失其正位，变阳，则得阴阳之正位，故有喜。这一爻，强调文饰应不失纯朴，要注意实质。

上九 白贲。无咎。

【白话】上九，装饰洁白素净，必无灾咎。

《象》曰：白贲无咎，上得志也。

【白话】《象传》说："装饰洁白素净，必无灾咎"，是因为君子之志得以实行。

【讲解】程颐释本爻说："上九贲之极也。贲饰之极，则失于华伪，唯能质白其贲，则无过失之咎。白，素也。尚质素则不失其本真。所谓尚质素者，非无饰也，不使华没实耳。"

上九爻处贲卦修饰的极点，极则反璞归真，崇尚质素，所以说"白贲无咎"。而且，"上位无位"，上九到达这一位置，领悟到装饰的空虚，更以文质相符、文饰而不失本真为志向，而"白贲"正是其志得以实行的结果，所以说没有灾咎。

卷 四

剥卦第二十三

（坤下艮上） ䷖ 剥 不利有攸往。

【白话】剥卦，不利于前去行事。

【注释】①剥：卦名。有剥落、侵蚀的意思。

【讲解】"剥"就是剥落、侵蚀。一味注重文饰，到达极点，就完全形式化，成为虚饰，不免要产生剥落的现象。朱熹说："剥，落也。五阴在下而方生，一阳在上而将尽，阴盛长而阳消落。九月之卦也。阴盛阳衰，小人壮而君子病。又内坤外艮，有顺时而止之象。故占得之者，不可以有所往也。"也就是说，本卦五阴在下，一阳在上，阴长变刚，刚阳剥落，所以称为"剥"。

这一卦有阴盛阳衰的气象。郑玄说："阴气侵阳，上至于五，万物零落，故谓之剥也。五阴一阳，小人极盛，君子不可有所之，故不利有攸往也。"以人事而言，象征小人得势，君子困顿的时刻。内卦坤是顺，外卦艮是止，顺从而不行动，是剥落的现象。在这种情况下，并不利于采取积极行动。

剥卦也是消息卦之一，代表九月。

《彖》曰：剥，剥也。柔变刚也。不利有攸往，小人长也。顺而止之，观象也。君子尚消息盈虚，天行也。

【白话】《彖传》说：剥，就是剥落的意思，也是阴柔剥削、改变阳刚并取而代之。"不利于前去行事"，是因为小人道长，君子不宜有所作为。应当顺应时势，停止行动，这是观察阴长阳消的时势而得出的结论。君子应当重视消长盈虚的变化规律，待时而动，这正是天道运行的法则。

【注释】①柔变刚：本卦众阴爻上升改变上方的一阳。 ②顺而止：下卦坤为顺，上卦艮为止。 ③消息盈虚：即消去、增加、盈满、空虚。

【讲解】这段象辞告诫人们如何事天、如何处世，强调必须重视消息盈虚的自然变化规律。

《象》曰：山附于地，剥。上以厚下安宅。

【白话】《象传》说：剥卦的上卦为艮为山，下卦为坤为地，有高山附着在地上之象。高山附地，有倾倒剥落的危险，且高山受侵蚀而风化，逐渐接近于地面，因而卦名为"剥"。在上位的人当领会其中精神，宽厚对待在下者，使民安居。

【讲解】陆绩说："艮为山，坤为地，山附于地，谓高附于卑，贵附于贱，君不能制臣也。"卢氏曰："上，君也。宅，居也。山高绝地，今附地者，明被剥矣。属地时也。君当厚赐于下，贤当卑降于愚，然后得安其居。"

初六　剥床以足。蔑①贞凶。

【白话】初六，床的剥落、损毁从床腿开始，如果不坚守正道，结果必有凶险。

【注释】①蔑：通"灭"。虞翻解作"无"。

《象》曰：剥床以足，以灭下也。

【白话】《象传》说："床的剥落、损毁从床腿开始"，是说剥落是从损毁下部的根基开始的。

【讲解】床在人下，足在床下，"剥床以足"，表明剥落从下级开始，以渐次及于上。初六爻正当剥落的开始时刻，床已经剥落到脚，此时再不守正道，就会有凶险。俞琰说："阴之消阳，自下而进，初在下，故为剥床而先以床足灭于下之象。当此'不利有攸往'之时，唯宜顺时而止耳。'贞凶'，戒占者固执而不知变，则凶也。"

六二　剥床以辨①。蔑贞凶。

【白话】六二，床的剥落已经损及床腿的顶部，如果不坚守正道，结果必有凶险。

【注释】①辨：指床板的下方、床脚的上方部位。

《象》曰：剥床以辨，未有与①也。

【白话】《象传》说："床的剥落已经损及床腿的顶部"，这是由于没有得到相应的扶助。

【注释】①未有与：指六二爻没有相与应者。六二当与六五为应，但六五为阴爻，同性而无法相应,所以称"未有与"。

【讲解】剥落由下而上,已到床身的下方。以人事而言,是朝政进一步腐败,邪恶更进一步地侵蚀正直,形势愈加凶险。此时君子无人相与应和、扶助,更要坚守正道,以避凶险。俞琰说:"既灭初之足于下,又灭二之辨于中,则进而上矣。得此占者:若犹固执而不知变,则其凶必也。"

六三 剥之。无咎。

【白话】六三,虽被剥落损坏,却没有什么灾咎。

《象》曰:剥之,无咎,失①上下也。

【白话】《象传》说:"虽被剥落损坏,却没有什么灾咎",是因为脱离了上下阴柔的小人,而与君子相呼应。

【注释】①失:断绝。

【讲解】这一爻处在阴剥落阳的局势中,从初到五,都是阴爻,喻为结党的阴柔小人;唯独六三不同流合污,而是与上下阴柔小人脱离关系,独应于阳刚的君子上九。所以,虽仍处剥落的时刻,却不会有灾咎。所以荀爽说:"众皆剥阳,三独应上,无剥害意,是以无咎。"

六四 剥床以肤①。凶。

【白话】六四,床的剥落已经损及床面,必有凶险。

【注释】①肤:皮肤,此处指与人的皮肤接触的床面部分。

《象》曰:剥床以肤,切①近灾也。

【白话】《象传》说:"床的剥落已经损及床面",是说灾祸已经确实迫近。

【注释】①切:确切,切实。

【讲解】床腿、床身都已经剥落,现在更到达了床的表面,与人的皮肤接触,灾祸已经真真切切地迫近眼前,必然凶险。程颐说:"始剥于床足,渐至于肤。肤,身之外也。将灭其身矣。其凶可知。阴长已盛,阳剥已甚,贞道以消,故更不言蔑贞,直言凶也。"

六五 贯鱼①。以宫人宠②。无不利。

【白话】六五，率领后宫的嫔妃，像鱼贯然相连一样排好，依名分次序，承受君王的宠爱，就没有什么不利的。

【注释】①贯鱼：贯穿在一起的鱼，比喻很有秩序。　②宫人：后宫的嫔妃。

$$《象》曰：以宫人宠，终无尤也。$$

【白话】《象传》说："率领后宫的嫔妃，承受君王的宠爱"，最终不会有什么过失。

【讲解】这段爻辞和象辞以鱼、宫人喻指阴柔的人。崔憬说："鱼与宫人，皆阴类，以比小人焉。鱼大小一贯，若后夫人嫔妇御女，小大虽殊，宠御则一，故终无尤也。"

六五处尊位，在五个阴爻的最上方，象征皇后，其他的阴爻是嫔妃，而君王则是上九。皇后率领后宫的嫔妃依名分次序，承受君王上九的宠爱，不会发生争风吃醋的不利现象；正如小人相结为害，但君王能宠爱小人，使之顺从，不妨碍正事，就没有不利的了。

$$上九　硕果不食。君子得舆。小人剥庐。$$

【白话】上九，硕大的果实不曾被摘取吃掉，君子摘食，如同得到赏赐的车子，实至名归；如果小人摘食，则必然招致破家之灾。

【注释】①硕：大。　②舆：车。　③庐：房屋。

$$《象》曰：君子得舆，民所载也。小人剥庐，终不可用也。$$

【白话】《象传》说："君子摘食，如同得到赏赐的车子"，是由于百姓愿意拥戴君子；"小人摘食，则必招致破家之灾"，是由于小人终究是不可以任用的。

【注释】①载：通"事"，指服事、支持。

【讲解】上九是剥落的极致，阳已经被剥落殆尽，只剩下了一个，硕果仅存，没有被摘食。不过，物极必反，剥尽而归于复，此时的百姓渴望恢复太平，纷纷拥戴有才德的君子。但如果是阴险的小人出现在上位，就成为极端的剥落，仅存的硕果也保不住了，就像家的屋顶，也被剥落，再没有安身之处。侯果说："艮为果，为庐，坤为舆，处剥之上，有刚直之德，群小人不能伤害也。故果至硕大，不被剥食也。君子居此，万姓赖安，若得乘其车舆也。小人处之，则庶方无控，被剥其庐舍，故曰剥庐，终不可用矣。"

复卦第二十四

（震下坤上）☷ 复 亨。出入无疾。朋来无咎。反复其道。七日来复。利有攸往。

【白话】复卦，是亨通顺利的。出入没有疾病，朋友往来也不会有灾咎。返回复归有一定的规律，七天为一个回复的周期。有利于前往发展。

【注释】①复：卦名，有来复、回复之意。 ②疾：疾病。也有解释为快速的。

【讲解】复卦象征着回复，由坤、震二卦组成。卦中除一阳爻在下面外，其余都为阴爻，有阴极而消、阳气回复之象，所以卦名为"复"。

复卦是消息卦之一，代表十一月。是继剥卦之后的一阳重生，描述阳刚之气由下蓬勃发展起来。剥卦的上九剥落，成为纯阴，代表十月的坤卦；这时，阳又在下方酝酿，到了十一月的冬至，一个阳爻又在"初"位出现，成为复卦。这样阴阳去而复返，使万物生生不息，所以亨通。又内卦震是动，外卦坤是顺，阳在下方活动，上升是自然而然的，象征出入没有疾病，志同道合的朋友来，也没有灾难。

所谓"七日来复"，按南怀瑾、徐芹庭的归纳，由古至今有四种解释：其一，王弼认为阳气始于剥尽之后，至阳气来复，凡经七日，犹今一星期有七天。其二，从卦象来说，五月消息卦姤为一阴生，至十一月复为一阳生，共经过七个月，历七个变化，故称七日来复。其三，《易纬稽览图》认为一年十二月三百六十五日四分日之一，以坎震离兑四方正卦，卦别六爻，爻主一气，其余六十卦，卦有六爻，爻主一日，而六日七分之理，说明七日来复。其四，李鼎祚认为，十月末为纯坤用事，坤卦将尽，则复阳来，隔坤之一卦，六爻为六日，复来成震，一阳爻生为七日，故言反复其道，七日来复。

《彖》曰：复，亨，刚反，动而以顺行，是以出入无疾，朋来无咎。反复其道，七日来复，天行也。利有攸往，刚长也。复其见天地之心乎？

【白话】《彖传》说：复卦之所以亨通顺利，是由于阳刚返回，自下向上活动，畅通顺利地前进，所以象征出入都没有疾病，朋友往来也不会有灾咎。所谓"返回复归有一定的规律，七天为一个回复的周期"，这是天道运行的自然法则。"有利于前往发展"，是因为君子的阳刚之道渐渐增长。从复卦之中，大概可以看出天地化育万物而生生不息的意志吧？

【注释】①反：通"返"。返回。

【讲解】所谓动而顺行，从卦象来说，是指本卦下卦为震为动、上卦为坤为顺。虞翻说："刚从艮入坤，从反震，故以反动，坤顺震行，故而以顺行。乾成坤，反出于震，而来复为道，故复其道。刚为昼日，消乾六爻为六日，刚来反初，故七日来复，天行也。坤为复，谓三复位时，离为见，坎为心，阳息临成泰，乾天坤地，故见天地之心。"

《象》曰：雷在地中，复。先王以至日①闭关，商旅不行，后②不省方③。

【白话】《象传》说：复卦的上卦为坤为地，下卦为震为雷，有雷在地中之象。雷在地中震动，微弱的阳气渐渐复生，所以卦名为"复"。古代君王领会其中的精神，在冬至这一天关闭关口，全国休息，连商人旅客也停止活动，君王自己也不巡行省察四方之事。

【注释】①至日：指冬至之日。冬至在十一月，本卦是十一月的卦，故知是冬至。②后：指君王。③方：指四方之事。

【讲解】虞翻解释本卦卦象说："先王谓乾初，至日，冬至之日，坤阖为闭关，巽为商旅，为近利市三倍，姤巽伏初，故商旅不行。姤《象》曰'后以施命诰四方'，今隐复下，故后不省方。"

复卦一阳初生在冬至，冬至之日，上卦坤主静为禽、关闭；下卦震为足、为动，错卦为巽、为股，股动足而行，乃指商旅之人；商旅不行，是在告诫人们，冬至为昼短夜长、阴盛阳衰之期，处事要谨慎，当安定自己的个性，等待时机的到来。

古代国家大事，甚至君主的起居，都要因应季节决定；否则，人与天的行动，不相配合，就会引起天灾。《礼记·月令》，对配合每月天象的行事，一一详细规定，在十一月，君王就要斋戒，隐蔽不出，以等待阴阳稳定。

初九 不远复。无祗①悔。元吉。

【白话】初九，行而不远，失去方向，适时复归，这样就没有多大的悔恨，必然大吉大利。

【注释】①祗：大。

《象》曰：不远之复，以修身②也。

【白话】《象传》说：行而不远，失去方向，适时复归，这是因为君子能及时反省，注意自身修养。

【注释】①修身：提高品德修养的水平。

【讲解】初九是本卦唯一的阳爻，为一阳复来。初九又是卦的开始，象征事物在刚开始时，就是有过失，也不会严重，能够改善。所以《系辞传》引用这一爻辞说："颜氏之子，其殆庶几乎？有不善，未尝不知；知之，未尝复行也。"这样当然不会后悔，大吉大利。程颐说："复者，阳反来复也。阳，君子之道。故'复'为反善之义。初，刚阳来复。处卦之初，复之最先者也。是不远而复也。失而后有复，不失则何复之有？惟失之不远而复，则不至于悔；大善而吉也。"

六二　休①复。吉。

【白话】六二，改正以往过失，复归于美善之道，是吉祥的。

【注释】①休：有美、善、喜、庆的意思。

《象》曰：休复之吉，以下仁也。

【白话】《象传》说："复归于美善之道，是吉祥的"，是因为能够向下亲近具备仁德的君子。

【讲解】六二阴爻居阴位，得位而居下卦之中，与初九为近邻。六二柔顺中正，能够向下亲近仁德的君子九五，受其影响而改正既往的过失，回复到美与善的正道，所以是吉祥的。王弼说："得位居中，比初之上，而附顺之，下仁之谓也。既处中位，亲仁善邻，复之体也。"《朱子语类》云："学莫便于近乎仁，既得仁者而亲之，资其善以自益，则力不劳而学美矣。故曰：'休复。吉。'"

六三　频①复。厉。无咎。

【白话】六三，屡次犯错而总是能复归正道，虽然危险，但却不会有灾咎。

【注释】①频：数次，屡次。

《象》曰：频复之厉，义无咎也。

【白话】《象传》说：屡次犯错而总是能复归正道，虽然危险，但毕竟能够改过从善，理应没有灾咎。

【讲解】六三阴爻居阳位，不中不正，又是内卦震（为动）的最上一爻，是以阴躁而处动之极，所以把持不定，频频犯错，又频频改过。频频犯错，当然危险，但每次又知道改过，所以应当无咎。

六四 中行。独复。

【白话】六四，居中行正，独自复归正道。

《象》曰：中行独复，以从道也。

【白话】《象传》说："居中行正，独自复归正道"，说明君子自持中正，复归道义。

【讲解】六四处于五阴之中，上下各有二阴，故称"中行"。六四与初九阴阳正应，能独自专心跟随阳刚的正道，故称"独复"。中行独复，就是指六四位于五个阴爻中间，被包围在群阴中，但得正，又只有他单独与初九相应，所以不受众小人干扰，较有主见，能独自回归正道。

六五 敦①复。无悔。

【白话】六五，敦厚诚实地复归正道，就没有悔恨。

【注释】①敦：即厚。

《象》曰：敦复无悔，中以自考①也。

【白话】《象传》说："敦厚诚实地复归正道，就没有悔恨"，是因为能以中庸之道来考察反省自己的言行，促成自己返回正道。

【注释】①考：有成与校的含义。

【讲解】六五爻虽远离阳刚的初九，又以阴爻居阳而不得位，但居上卦坤的中位，因而有中庸、柔顺的德性，象征虽有过失，但能笃守原则，返回正道，当然不会有后悔。

上六 迷复。凶。有灾眚①。用行师。终有大败。以其国君凶。至于十年不克征。

【白话】上六，陷入迷途而不知悔改并复归正道，必然凶险，同时也有灾难。以这样的态度行兵出师征战，终将大败，就连国君也会有凶险，以至于一蹶不振，十年之久还不能兴兵征战。

【注释】①灾眚：灾难。 ②克：能够。

《象》曰：迷复之凶，反君道也。

【白话】《象传》说："陷入迷途而不知悔改并复归正道，必然凶险"，是因为违背了为君之道。

【讲解】上六的"迷复"，与初九的"不远复"截然相反。"不远复"是在错误的道路上走得不远就复归正道了，而"迷复"则是执迷不悟，远而不复。上六阴柔，处于复卦的极点，失道已远，象征到最后也不能迷途知返，必然凶险，天灾人祸接踵而至。出兵打仗不但遭到大败，还会连累国君，使国家元气大伤，无力再战。

胡炳文说："'迷复'与'不远复'相反。初不远而复，迷则远而不复。'敦复'与'频复'相反。敦无转易，频则屡易。'独复'与'休复'相似。休则比初，独则应初也。'十年不克征'亦'七日来复'之反。"

无妄卦第二十五

（震下乾上）䷘ 无妄 元亨利贞。其匪正有眚。不利有攸往。

【白话】无妄卦，具有伟大、亨通、祥和、贞正的德性。然而，如果不能坚守正道，就会有灾祸，不利于前往发展。

【注释】①无妄：卦名，无虚妄的意思。 ②匪：通"非"。 ③眚：灾害。

【讲解】无妄，就是真实而不虚妄，行事处事均合乎天理，没有掺杂一丝一毫的私欲。胡居仁说："无妄，诚也。诚，天理之实也。圣人只是循其实理之自然，无一毫私意造为，故出乎实理无妄之外，则为过眚，循此实理无妄而行之，则吉无不利。不幸而灾疾之来，亦守此无妄之实理而不足忧。卦辞、爻辞皆此意。"

由卦变来看，讼卦的九二与初六交换，成为无妄卦。讼卦的九二，本来不正，降到初位得正，因为这一变动，由虚变实，自然而且合理，所以卦名为"无妄"。

　　无妄卦由乾、震二卦组成，上卦乾为健，下卦震为动。这一卦的九五爻刚健中正，又与内卦中正的六二相应。这样动而健的形象，非常吉祥，所以具有伟大、亨通、祥和、贞正四种德性。

　　为什么说"匪正有眚，不利有攸往"呢？虞翻说："非正，谓上也，四已之正，上动成坎，故有眚。变而逆乘，天命不祐，故不利有攸往矣。"也就是说，初九为阳，故刚来交初，外卦乾，六三、九四皆失位不正，四变，阴上变阳则外卦为坎，坎为灾眚，故有眚。

　　《史记·春申君列传》中，"无妄"被写作"无望"，是"无所期望"但却如此，有意外的意思。这一卦，是望外的福；也有依道理必然如此的意思。

　　《彖》曰：无妄，刚自外来，而为主于内，动而健，刚中而应。大亨以正，天之命也。其匪正有眚。不利有攸往，无妄之往，何之矣？天命不祐①，行矣哉。

　　【白话】《彖传》说：无妄卦，阳刚从外而来，成为内部的主宰，行动起来刚健有力，且阳刚居中，与下阴阳相应。持守正道，因而大为亨通顺利，这正是天命所在，不可违背。如果不能坚守正道，就会有灾祸，不利于前往发展，这是因为不守正道而贸然行动，又能达到什么目的呢？得不到上天佑助，又怎么能行得通呢？

　　【注释】①祐：护佑，保佑。

　　【讲解】无妄卦外卦为乾，代表阳刚，由外逐渐向内卦运行，所以叫"刚自外来"。本卦下卦为震为动，上卦为乾为健，是为"动而健"。所谓"刚中而应"，是指九五阳爻居于上卦的中位，与下卦的六二相应。虞翻释这段彖辞说："动，震也；健，大亨，谓乾。刚中谓五而应二，大亨以正，变四承五，乾为天，巽为命，故曰'大亨以正，天之命也'。四已变，上动体屯，坎为泣血涟如，故何之矣？四已变成坤，天道助顺，上动逆乘巽命，故天命不右，行矣哉？言不可行也。"

　　《象》曰：天下雷行物与，无妄。先王以茂①对②时育万物。

　　【白话】《象传》说：无妄卦的上卦为乾为天，下卦为震为雷，有雷在天下面运行之象。天下雷声震动，万物应声奋起，各正其性命，没有虚妄，所以卦名叫"无妄"。

古代的君王效法这一精神，尽其所能地配合季节时序，顺应万物的各自性质，自然而然地养育万物。

【注释】①茂：尽力。　②对：顺应。

【讲解】荀《九家易》说："天下雷行，阳气普遍，无物不与，故曰物与也。物受之以生，故曰物与无妄也。"

chū jiǔ　　wú wàng　　wǎng jí
初九　无妄。往吉。

【白话】初九，真诚而不虚妄，前往行事必获吉祥。

xiàng　yuē　wú wàng zhī wǎng　dé zhì yě
《象》曰：无妄之往，得志也。

【白话】《象传》说："真诚而不虚妄地前往行事"，是说其志向必然得以实现。

【讲解】初九阳刚，为内卦的主爻，有刚正之德，行不虚妄，所以吉祥而得志。这一爻，说明行事真诚而不虚伪，必然有利。

liù èr　bù gēng huò　bù zī① yú②　zé lì yǒu yōu wǎng
六二　不耕获。不菑　畬　。则利有攸往。

【白话】六二，不在刚刚开始耕田时就期望获得丰收，不在刚刚开始垦荒时就期望新地变良田，有这种踏实而不妄求的精神，就有利于前往行事。

【注释】①菑：新开垦一年的田。　②畬：开垦后两年的可以收获的熟田。

xiàng　yuē　bù gēng huò　wèi fù yě
《象》曰：不耕获，未富也。

【白话】《象传》说："不在刚刚开始耕田时就期望获得丰收"，是说不妄求非分的财富。

【讲解】虞翻由卦象释本爻说："有益耕象，无坤田，故不菑。震为禾稼，艮为手，禾在手中，故称获。初爻非坤，故不菑而畬。得位应五，利四变之益则坤体成，有耒耨之利，故利有攸往，往应五也。四动坤虚，故未富也。"也就是说，从初爻至五爻有益卦的象征，无妄无坤的现象，故无田；四变正，则益卦，二爻至四爻为坤。

六二阴爻居下卦中位，其性柔顺，因而能顺应天理，一切听任自然，没有非分的欲望。所谓无妄，在这里就是"无望"，即不作非分之望；只求耕耘，不问收获，才称得上是无妄。

liù sān　wú wàng zhī zāi　huò xì zhī niú　xíng rén zhī dé　yì rén zhī zāi
六三　无妄之灾。或系之牛。行人之得。邑人之灾。

【白话】六三，遭受意想不到的灾祸，就像把牛拴在路边，却被路过的人顺手牵走，而把牛拴在那儿的乡邑之民就遭受了失牛的灾祸。

《象》曰：行人得牛，邑人灾也。

【白话】《象传》说：路过的人顺手把牛牵走，把牛拴在那儿的乡邑之民因而遭受了无妄之灾。

【讲解】虞翻从卦象来释本爻说："上动体坎，故称灾也。四动之正，坤为牛，艮为鼻为止，巽为桑为绳，系牛鼻而止桑下，故或系之牛。乾为行人，坤为邑人，乾四振三，故行人之得；三系于四，故邑人之灾。"

六三阴爻而居于阳位，是谓不正，所以会有完全意想不到的灾害。邓柏球先生认为，这条爻辞说明古人看到了事物的偶然性的一面。卦爻辞的作者一方面强调人们主观上的努力可以避免灾难，同时也看到了与主观努力没有关系的偶然灾害的出现，并且举例说明这一偶然性的存在。

九四　可贞。无咎。

【白话】九四，能够坚守正道，就不会有灾咎。

《象》曰：可贞无咎，固有之也。

【白话】《象传》说："能够坚守正道，就不会有灾咎"，因为坚守正道是其本身固有的德行。

【讲解】虞翻释本爻说："动得正，故可贞。承五应初，故无咎也。动阴承阳，故固有之也。"这里所谓的"动"，就是爻变，即阳爻变阴爻，阴爻变阳爻。四为阴位，九四失位不正，变阴则得正，而能与九五上下相承。九四阳爻，又是乾的一部分，而乾为健，因此九四秉性刚健正直，能够固守无妄的正道，所以无咎。

九五　无妄之疾。勿药有喜。

【白话】九五，患上意想不到的疾病，但无须用药就会痊愈，这是喜事。

《象》曰：无妄之药①，不可试②也。

【白话】《象传》说：患上意想不到的疾病，不可轻易尝试和随便服用药物。

【注释】①之药：于药，指吃药。　②试：用，尝试。

【讲解】虞翻从卦象释本爻说："四已之正，上动体坎，坎为疾，故曰无妄之疾也。巽为木，艮为石，故称药。坎为多眚，药不可试，故勿药有喜。"这里所谓的"之"，也是爻变的意思。

九五居于尊位，又在上卦乾的中央，刚健中正，为无妄卦的主爻，不应该有病害。如取药，则疾患必生。出人意料的疾病，不必治它，自然会回复。如妄自取药，则必凶，因为药是治有妄的。处在无妄的位置，故不必吃药而自能愈。

shàng jiǔ　wú wàng　xíng yǒu shěng　wú yōu lì
上九　无妄。行有眚。无攸利。

【白话】上九，虽然真诚而不虚妄，但仍然不宜行动。如果勉强行动，就会遭受灾咎，没什么好处。

xiàng　yuē　wú wàng zhī xíng　qióng① zhī zāi yě
《象》曰：无妄之行，穷之灾也。

【白话】《象传》说：虽然真诚而不虚妄，但其行动却招致灾咎，这是由于时位穷极而造成的灾咎。

【注释】①穷：终极。这里指上九处于本卦的终极之位。

【讲解】上九处于无妄的极点，虽然真诚无妄，但因位处穷极，动必致灾，所以不可逞强前行，而应该静守以保其身。虞翻以卦象释本爻说："动而成坎，故行有眚，乘刚逆命，故无攸利。"就是说九四已变阴，上九又变阴，则外卦成坎，坎为灾眚，故有眚。而上九变阴后，下乘九五，故无所利。

dà xù guà dì èr shí liù大畜卦第二十六

qián xià gèn shàng　　　dà xù①　lì zhēn　bù jiā shí　jí　lì shè dà chuān
（乾下艮上）　☰ 大畜　利贞。不家食。吉。利涉大川。

【白话】大畜卦，有利于坚守正道。有才德的人不求食于家，而应食禄于朝廷，才会吉祥。有利于涉越大河巨流。

【注释】①大畜：卦名。畜有蓄积和停止两种意思。

【讲解】大畜，有"所蓄至大"之义，这主要表现在三个方面：一是道德学问的蕴蓄；二是人才方面的畜养；三是行为方面的畜止。

大畜卦由乾、艮二卦组成。因乾健上进，艮止在上，止而畜积之，能畜止刚健的乾；畜止的对象大，畜止的力量也大，所以称"大畜"。另外，内外卦都具备阳刚的德性，道德蓄积得也大，也是"大畜"的意思。

由卦变来看，大畜卦是由需卦的上六与九五互换而成。也就是说，大畜卦的六五礼贤下士，将贤者抬举到自己的上方，畜养贤者。因此，有才德的贤者应当"不家食"，也就是不在家里吃自己耕种的粮食，而是到朝廷做官接受俸禄，为礼贤下士的明君效劳。

六五又与内卦的九二相应，内卦乾是天，因而，六五坚守中正，应天行道，没有任何艰险不能克服，所以卦辞说"利涉大川"。

《彖》曰：大畜，刚健笃实①辉光，日新其德。刚上而尚贤，能止健，大正也。不家食吉，养贤也。利涉大川，应乎天也。

【白话】《彖传》说：大畜卦，刚健笃实，光辉灿烂，不断地增进其美德，日有所新。阳刚在上，而能推崇贤能之士，又能畜止刚健的君子，这才是最大的正道。"不求食于家，而应食禄于朝廷，才会吉祥"，是因为明君礼贤下士，畜养贤能之士。"有利于涉越大河巨流"，是因为顺应天道而行，自然能够克服艰难险阻。

【注释】①笃实：厚实。乾为刚健，艮为山，有笃实之像。 ②止健：艮为止，乾为健。

【讲解】虞翻结合《象传》释本卦卦象说："刚健谓乾，笃实谓艮，二已之五，利涉大川，互体离坎，离为日，故辉光日新。健，乾。止，艮也。二五易位，故大正。二五易位成家人，今体颐养象，故不家食吉，养贤也。"

《象》曰：天在山中，大畜。君子以多识前言往行①，以畜其德。

【白话】《象传》说：大畜卦的上卦为艮为山，下卦为乾为天，有天在山中之象，象征大量的畜养积聚，所以卦名为"大畜"。君子当效法这一精神，更多地学习领会前代的嘉言善行，以蕴蓄培养其德行。

【注释】①前言往行：以往的言行。

【讲解】向秀就本卦卦象论道："止莫若山，大莫若天，天在山中，大畜之象。天为大器，山则极止，能止大器，故名大畜也。"虞翻则说："君子谓乾，乾为言，震为行，坎为志（识也，记也），乾知大始，震在乾前，故志前言往行，有颐养象，故以畜其德。"

chū jiǔ　yǒu lì　 lì yǐ ①
初九　有厉。利已　。

【白话】初九，有危险，有利于止步不前。

【注释】①已：止。

xiàng　yuē　yǒu lì lì yǐ　bù fàn zāi yě
《象》曰：有厉利已，不犯灾也。

【白话】《象传》说："有危险，有利于止步不前"，是说不应冒着危灾而前进。

【讲解】大畜卦下卦乾为健，三个阳爻都是阳刚主进，但被上卦艮所阻止，所以前进艰难。尤其初九爻位低势弱，更须审时度势，正确估量自己，不轻易冒险，即"不犯灾"。虞翻说："二变正，四体坎，故称灾也。"

jiǔ èr　yú tuō① fù ②
九二　舆说　辐　。

【白话】九三，车子上的辐条从车身脱落。

【注释】①说：通"脱"。　②辐：通"輹"，是捆缚车身与车轴而使之相连的革绳。

xiàng　yuē　yú tuō fù　zhōng wú yóu yě
《象》曰：舆说辐，中无尤也。

【白话】《象传》说：虽然车子上的辐条从车身脱落，无法前行，但只要言行合乎中庸之道，就不会有什么过失。

【讲解】九二爻秉性阳刚，也有前进的要求，但被与之相应的六五所畜止，出现像车子辐条脱落一样的危险，再也无法前行。在这种情况下，由于九二在内卦得中，能持守中庸之道，当止则止，不会冒进，因而不会有什么过失。

jiǔ sān　liáng mǎ zhú　lì jiān zhēn　rì xián① yú wèi ②　lì yǒu yōu wǎng
九三　良马逐。利艰贞。日闲　舆卫　。利有攸往。

【白话】九三，驾驭着骏马奔逐，有利于在艰难中坚守正道。每天都练习车马防卫的技能，这样才有利于前往发展。

【注释】①闲：学习，训练。　②卫：防卫。

xiàng　yuē　lì yǒu yōu wǎng　shàng hé zhì yě
《象》曰：利有攸往，上合志也。

153

【白话】《象传》说：九三爻辞说"有利于前往发展"，是因为与上级志同道合，大有可为。

【讲解】朱熹说："三以阳居健极，上以阳居畜极，极而通之时也。又皆阳爻，故不相畜而俱进。有'良马逐'之象焉。"

九三阳刚，处在下卦乾即健的极点；在上卦本当相应的上九，也是阳刚，而且在艮卦，又是止的极点。二爻无法相应，象征极端阻塞，难以通行。然而，九三与上九秉性刚健，都不会停止，可谓意志相合，这就是象辞说的"上合志"，即九三与居上位的上九合志。由于急于前进，九三骑着良马，奔逐向前。可是险阻在前，过分冒进，就有陷入危险的可能，所以，必须在艰难中坚守正道，并像"日闲舆卫"一样蓄积自己的能力，作好万全准备，才有利于前进。

六四 童牛① 之牿②。元吉。

【白话】六四，在尚未长角的小牛头上套上横木，以防止它长出角后顶人，这是大吉大利的。

【注释】①童牛：还没有长角的小牛。 ②牿：装在牛角上的横木，以防触伤人。

《象》曰：六四元吉，有喜①也。

【白话】《象传》说：六四爻辞所谓"大吉大利"，说明有喜庆的事。

【注释】①有喜：有喜庆的事。

【讲解】六四为上卦艮的初爻，以阴爻居阴位，是为得正，能阻止刚健，其阻止的对象是与之相应的初九。初九在最下位，力量弱，正像没有角的小牛，又装有防止抵人的横木，所以六四毫不费力就能将其阻止。由于能止患于未然，所以大吉而有喜。

六五 豮豕①之牙。吉。

【白话】六五，面对牙齿锋利的猪，不必除掉它的利齿，而是避其锋利，将它阉割，使它变温顺。这样它的牙虽然锋利，但已没有可怕之处，所以是吉祥的。

【注释】①豮豕：去了势的猪，此指阉猪。

《象》曰：六五之吉，有庆①也。

【白话】《象传》说：六五爻所说的吉祥，说明有值得喜庆的事情。

【注释】①有庆：有喜。

【讲解】六五阴爻柔顺中庸，处于尊位，面对要阻止的力量极强的九二，犹如面对有利牙的猪，并不正面阻止，而是找机会将猪去势，使其变得温顺，就是有牙也不可怕了。程颐说："六五居君位，止畜天下之邪恶。夫以亿兆之众，发其邪欲之心，人君欲力以制之，虽密法严刑不能胜也。夫物有总摄，事有机会，圣人操得其要，则视亿兆之心犹一心。道之斯行，止之则戢，故不劳而治，其用若豮豕之牙也。豕，刚躁之物，而牙为猛利。若强制其牙，则用力劳而不能止其躁猛。虽絷之维之，不能使之变也。若豮去其势，则牙虽存而刚躁自止。其用如此，所以吉也。"

shàng jiǔ　　hé ① tiān zhī qú ②　　hēng
上九　何　天之衢　。亨。

【白话】上九，何其畅达的通天大道，必然亨通顺利。

【注释】①何：何其，多么。也有释为负荷、担当的。《周易折中》案："何字，程《传》以为误加，《本义》以为发语，而诸家皆以'荷'字为解，义亦可从。"　②衢：通往四方的路，即十字路。

xiàng yuē　hé tiān zhī qú　dào dà xíng yě
《象》曰：何天之衢，道大行也。

【白话】《象传》说：爻辞说"何其畅达的通天大路"，是说君王大量畜养积聚贤士，蓄德之道通行无阻。

【讲解】朱熹说："何天之衢，言何其通达之甚也。畜极而通，豁达无碍。故其象占如此。"从卦象来说，上九已经到了阻止的极点，"畜极而通"，莫如让刚健的下卦自由通过，如四通八达的天路一般，使其畅通无阻，使贤者各尽所能，各展其才。

颐卦第二十七

zhèn xià gèn shàng　　yí ①　zhēn jí　guān yí ②　zì qiú kǒu shí ③
（震下艮上）☲ 颐　贞吉。观颐。自求口实。

【白话】颐卦，坚守正道，可获吉祥。观察颐养之道，要靠自己去求得口中的食物。

【注释】①颐：卦名。有保养、休养的意思。　②观颐：观察养生之道。　③口实：口中的食物。

【讲解】颐卦象征颐养。颐本指从鼻以下到下颌的部位，包括嘴的整个部分。这一卦由艮、震二卦组成，上下二阳，内含四阴，外实内虚，上止而下动，就像张开的口；

而且，食物由口进入体内，供给营养，有颐养的含意，因而卦名为"颐"。

颐卦的卦辞，强调人应当观察和领悟颐养的正道，自己的生活需要必须靠自己去求得。《朱子语类》释卦辞说："养须是正则吉。观颐，是观其养德正不正。自求口实，是观其养身正不正。未说到养人处。"林希元说："人之所养有二：一是养性，一是养身。二者皆不可不正。观其所养之道，如《大学》圣贤之道，正也；异端小道，则不正矣。又必'自求口实'，如重道义而略口体，正也；急口体而轻道义，则不正矣。皆正则吉，不正则凶。"

《彖》曰：颐，贞吉，养正则吉也。观颐，观其所养也。自求口实，观其自养①也。天地养万物，圣人养贤以及万民，颐之时大矣哉！

【白话】《彖传》说：颐卦，坚守正道而获吉祥，是因颐养之道正当，才会吉祥。"观颐"，就是就是要观察一个人是如何养育他人的；"自求口实"，则是观察其自我养生之道。天地养育万物，使万物各得畅茂生长；圣人畜养贤能的人，并通过贤能的人，将福泽推及万民，颐养因时制宜的意义真是伟大啊！

【注释】①自养：自己如何养育自己。

【讲解】所谓养正，是指养德重于养身，养身的途径需正当。宋衷说："颐者所由饮食自养也，君子割不正不食，况非其食乎？是故所养必得贤明，自求口实，必得体宜，是谓养正也。"而"养正则吉"的道理，据姚信说："以阳养阴，动于下，止于上，各得其正，则吉也。"

为什么说"颐之时大矣"呢？李鼎祚说："天地养万物，圣人养贤，以及万民，人非颐不生，故大矣。"

《象》曰：山下有雷，颐。君子以慎言语，节饮食。

【白话】《象传》说：颐卦的上卦为艮为山，下卦为震为雷，有雷在山下震动之象。春雷在山下滚动，天气转暖，万物得以养育生成，所以卦名为"颐"。君子当领会其中的精神，言语谨慎以修养德行，节制饮食以涵养身体。

【讲解】一般认为，这段象辞中所说的慎言语，目的在于养德；节饮食，目的在于养身。荀爽则另有一说："雷为号令，今在山中闭藏，故慎言语。雷动于上，以阳食阴，艮以止之，故节饮食。言出乎身，加乎民，故慎言语，所以养人也。饮食不节，残贼群生，故节饮食以养物。"

chū jiǔ　　shě ěr líng guī①　guān wǒ duǒ yí②　xiōng
初九　舍尔灵龟。观我朵颐。凶。

【白话】初九，舍弃灵龟般的智慧而不用，看我鼓动腮帮子咀嚼进食，必有凶险。

【注释】①灵龟：古代占卜用的龟，古人认为其可通神灵。此处比喻智慧。　②朵颐：即动颐。

xiàng　yuē　guān wǒ duǒ yí　yì bù zú guì① yě
《象》曰：观我朵颐，亦不足贵也。

【白话】《象传》说："徒然看我鼓动腮帮子咀嚼进食"，说明徒然垂涎他人之食，却不知运用自己的智慧来求得口中之食，并不值得尊之为贵。

【注释】①贵：尊贵。

【讲解】这里爻辞中的"尔"指"初九"，"我"指"六四"。初九阳爻而处在最下位，象征社会下层刚毅的人。但初九与六四阴柔小人相应，以致产生贪欲，蠢蠢欲动，将自己如同灵龟般的智慧舍弃，徒然垂涎他人手中的食物。如此不知自奋，必然会有凶险。

liù èr　diān yí①　fú② jīng③ yú qiū　yí zhēng④ xiōng
六二　颠颐。拂经于丘。颐征凶。

【白话】六二，颠倒颐养的正道，不奉养上而反养下，这是违背常理的。如果这样来实行颐养之事，结果必然凶险。

【注释】①颠颐：养下叫颠颐。　②拂：违。　③经：常理。　④征：行。

xiàng　yuē　liù èr zhēng xiōng　xíng shī lèi① yě
《象》曰：六二征凶，行失类也。

【白话】《象传》说：六二爻辞说"这样来实行颐养之事，必有凶险"，是因为这种违背常理的行为得不到人们的支持。

【注释】①类：同类。

【讲解】对于六二爻的含义，朱熹《周易正义》解释得很明白："颠，倒也。拂，违也。经，义也。丘，所履之常处也。六二处下体之中，无应于上，反倒下养初，故曰'颠颐'。下当奉上，是义之常处也。今不奉于上，而反养于下，是违此经义于常之处，故云'拂经于丘'也。'颐征凶'者，征，行也。若以此而养，所行皆凶，故曰'颐征凶'也。"又云："颐养之体，类皆养上也。今此独养下，是所行失类也。"

157

六三　拂颐。贞凶。十年勿用。无攸利。

【白话】六三，违背颐养的常理，虽然贞正，也会有凶险。在十年之内都不可有作为，没有什么好处。

《象》曰：十年勿用，道大悖①也。

【白话】《象传》说："在十年之内都不可有作为"，是因为其行为大大违背了颐养的正道。

【注释】①悖：违背。

【讲解】六三爻阴柔，不中不正。本应与上九相应，但上九居外，不能与六三相交应，于是六三就违背颐养之道而阿附于下方的初九。朱熹说："阴柔不中正，似处动极，拂于颐矣。既拂于颐，虽正亦凶。故其象占如此。"这一爻，说明人如果违背了颐养的常理，做什么事都不会顺心如意。

六四　颠颐。吉。虎视眈眈①。其欲逐逐。无咎。

【白话】六四，颠倒颐养的正道，以上养下，是吉祥的。要像老虎那样眈眈而视，欲望逐逐而敦实，这是没有灾咎的。

【注释】①眈眈：如老虎垂视看着。

《象》曰：颠颐之吉，上施光也。

【白话】《象传》说："颠倒颐养的正道，以上养下，是吉祥的"，是因为在上者能够向下普遍地施舍光明恩德。

【讲解】六二爻和六四爻的爻辞都说"颠颐"，为什么前者为凶而后者为吉，结果截然相反呢？朱熹《周易正义》解释得很明白："'上'谓四也。下养于初，是上施也。能威而不猛，如虎视耽耽，又寡欲少求，其欲逐逐，能为此二者，是上之所施有光明也。然六二'颠颐'则为凶，六四'颠颐'得为吉者，六二身处下体而又下养，所以凶也；六四身处上体，又应于初，阴而应阳，又能威严寡欲，所以吉也。"

六五　拂经。居贞吉。不可涉大川。

【白话】六五，违背颐养的常理，但如能居处正位，可获吉祥。只是不能处理艰难的大事，就像不可涉越大河巨流一样。

《象》曰：居贞之吉，顺以从上①也。

【白话】《象传》说："能够居处正位，可获吉祥"，是因为能够顺从亲近居于上位的贤者。

【注释】①顺以从上：指六五阴爻柔顺，以阴顺阳，亲从于阳刚的上九。

【讲解】六五以阴柔居尊位，故不能有大作为而施其惠于下，只能自保以从上。虞翻说："失位故拂经。无应顺上，故居贞吉。艮为居也。涉上成坎，乘阳无应，故不可涉大川矣。"南怀瑾按：六五以阴居阳位，故失位。六二为阴，故无应。上承上九，故顺上。颐上与四易位，则三至五互坎，五在坎上，故涉坎。九四已变阳，六五在其上，故乘阳。

《周易正义》释爻辞说："以阴居阳，'拂颐'之义也。行则失类，故宜'居贞'也。无应于下而比于上，故可守贞从上，得颐之吉，虽得居贞之吉，处颐违谦，难未可涉也。"

上九 由①颐。厉吉。利涉大川。

【白话】上九，天下众生都依靠他的颐养，虽然有艰险，却是吉利的。有利于排除万难，做成大事，如同顺利涉越大河巨流一样。

【注释】①由：依靠。

《象》曰：由颐厉吉，大有庆也。

【白话】《象传》说："天下众生都依靠他的颐养，虽然有艰险，却是吉利的"，说明这是大有吉庆的事呀。

【讲解】为什么本爻说"大有庆"呢？吴慎解释得很清楚说："养之为道，以养人为公，养己为私。自养之道，以养德为大，养体为小。艮三爻皆养人者，震三爻皆养己者。初九、六二、六三，皆自养口体，私而小者。六四、六五、上九，皆养其德以养人，公而大者也。公而大者，吉，得颐之正也；私而小者，凶，失颐之贞也。可不观颐而自求其正耶？"也就是说，君子如果能以大公无私之心来作为颐养的准则，就能得到众人的拥护，以达成志业。如此，自然大有吉庆。

大过卦第二十八

（巽下兑上） ䷛ 大过①。栋桡②③。利有攸往。亨。

【白话】大过卦，房屋的栋梁弯曲。有利于前往发展，亨通顺利。

【注释】①大过：卦名。就是太过的意思。 ②栋：梁上屋脊木，即栋梁。 ③桡：弯曲。

【讲解】大过，有已大到不能再大之意。朱熹说："大，阳也。四阳居中过盛，故为'大过'，上下二阴不胜其重，故有栋桡之象。又以四阳虽过，而二五得中。内巽外兑，有可行之道，故利有所往而得亨也。"

大过卦由巽、兑二卦组成，卦中有四个阳爻，阳大阴小，阳过度旺盛，是大得过度的形象，所以称作"大过"。从卦形来看，四个阳爻居中，而上下为两阴，就像一根中间坚实、两端软弱的木材用作栋梁，两端无法承受中间部分的重量，以致栋梁中央向下弯曲。这象征人的地位高，却不堪重任。不过，阳爻虽然过度，但九二、九五两爻却分别在内外卦得中，内卦巽为顺，外卦兑为悦，因而中庸、顺从、喜悦，所以有利于前往发展，而且亨通顺利。

《彖》曰：大过，大者过也。栋桡，本末①弱也。刚过而中②，巽而说行。利有攸往，乃亨。大过之时大矣哉！

【白话】《象传》说：大过，就是阳刚极为过分的意思。房屋的栋梁弯曲，是因为栋梁的两端过分软弱，不堪重负，因而弯曲。阳刚虽然过分，却能实行中道，行事柔顺而和悦。所以，有利于前往发展，结果仍会亨通顺利。大过卦因时制宜的意义，是多么伟大啊！

【注释】①本末：指栋梁的两端，喻指大过卦的上、下两端的阴爻。王弼说："初为本，而上为末。" ②刚过而中：指大过卦阳刚过度，但其中九二、九五分别在内外卦居中位。

【讲解】这段彖辞用"本末弱"来解释"栋桡"这一现象，寓意深刻。向秀说："栋桡则屋坏，主弱则国荒。所以桡，由于初、上两阴爻也。初为善始，末是令终，始终皆弱，所以'栋桡'。"

《象》曰：泽灭①木，大过。君子以独立不惧，遁世无闷。

【白话】《象传》说：大过卦的上卦为兑为泽，下卦为巽为木，有水泽淹没树木之象，象征极为过分、大有过失，因而名为"大过"。君子应当领会其中的精神，能够特立独行而无所畏惧，隐遁世外而不苦闷烦恼。

【注释】①灭：没。

【讲解】虞翻解释卦象说："君子谓乾初，阳伏巽中，体复一爻潜龙之德，故独立不惧，忧则违之，乾初同义，所以遁世无闷也。"南怀瑾按：大过自大壮以来，大壮内卦为乾，变大过则内卦为巽，故阳伏阴中，乾初九为潜龙，故即以乾初九《文言》解之。

初六 藉①用白茅②。无咎。

【白话】初六，祭祀时用白色的茅草铺垫在祭品的下面，没有什么灾咎。

【注释】①藉：铺垫。 ②白茅：很贵重的茅草，柔软而洁白，所以称为"白茅"。

《象》曰：藉用白茅，柔在下也。

【白话】《象传》说："祭祀时用白色的茅草铺垫在祭品的下面"，是因为柔顺居于下位。

【讲解】初六阴柔，又在下卦巽亦即顺的最下方；所以极端柔顺。即使在盛大过度的时刻，仍然戒慎恐惧。祭祀时，本来直接把祭品放置在地上就可以了，现在又用白色柔软的茅草衬垫在下面，使它更加安稳，以这种恭敬谨慎的态度行事，自然不会有什么灾咎。胡瑗说："为事之始，不可轻易，必须恭慎，然后可以免咎。况居大过之时，是其事至重，功业至大，尤不易于有为，必当过分而慎重，然后可也。苟于事始慎之如此，则可以立天下之大功，兴天下之大利，又何咎之有哉？"

大过内卦巽为白，外卦兑为西方金，也是白色。九二以上的阳爻，合而为一阳，象征贵重之物。

九二 枯杨生稊①。老夫得其女妻②。无不利。

【白话】九二，枯萎的杨树重新长出新枝嫩芽，老年男子娶了年轻的妻子，无所不利。

【注释】①秭：即稚，指老根长出新芽。　②女妻：还是少女的妻子。

《象》曰：老夫女妻，过以相与也。

【白话】《象传》说："老年男子娶了年轻的妻子"，行为虽然过分，但由于阴阳相调、刚柔相济，还是相与相配的。

【注释】①过：过分，异于常态。

【讲解】根据象数学家的观念，巽为阳，从二爻至五爻互乾为老夫，外卦兑为少女，所以有"老夫女妻"的象征。

九二爻是四个阳爻中最下方的一个，在上卦无应，而接近初六。阴阳相吸，有亲近婚配的可能。九二是盛大过度的阳，与初六结合，就像已经枯了的杨柳，得到生气，重新长出新芽；又如老人讨得年轻的妻子，虽然的婚配异于常态，但由于阴阳调和、刚柔相济，可以生子，所以无所不利。

九三　栋桡。凶。

【白话】九三，房屋的栋梁弯曲，必有凶险。

《象》曰：栋桡之凶，不可以有辅也。

【白话】《象传》说："房屋的栋梁弯曲，必有凶险"，是因为无法辅助和补救栋梁。

【注释】①辅：帮助、配合。这里指上六的帮助。

【讲解】俞琰说："卦有四刚爻，而九三过刚特甚，故以卦之栋桡属之。"吴慎说："九三栋桡自桡也。所谓太刚则折。"九三以阳爻处阳位，刚强过度，就像栋梁下弯，不久就有倒塌的危险。九三虽然与上六相应，但由于九三刚强，过度自信，上六虽然有心辅助，却帮不上忙，无法挽回危势，所以凶险。

九四　栋隆。吉。有它吝。

【白话】九四，房屋的栋梁向上隆起，可以获得吉祥。但有其他方面的遗憾。

《象》曰：栋隆之吉，不桡乎下也。

【白话】《象传》说："房屋的栋梁向上隆起，可以获得吉祥"，是因为栋梁不再向下弯曲。

【讲解】从变卦的角度来说，大过卦九四爻变水风井，中互兑错为艮，艮即有隆起之象。栋梁隆起，就是补救了向下弯曲的危险。

九四以阳爻居阴位，所以虽然全卦阳刚过盛，但九四却刚柔兼备，又与初六相应，能够增加阴柔的力量，从而使栋梁不再向下弯曲，所以说是吉祥的。不过，本来刚柔均衡的九四与阴柔的初六相应相辅，就会因受牵连而变得过于柔和，以致有其他方面的意外和遗憾。

九五　枯杨生华①。老妇得其士夫②。无咎无誉。

【白话】九五，枯萎的杨树重新开花，衰老的妇人嫁给了年轻的丈夫，虽然没有什么灾咎，但也没有声誉可言。

【注释】①华：即花。　②士夫：年轻的丈夫。"士"与"老"相对。

《象》曰：枯杨生华，何可久也。老妇士夫，亦可丑①也。

【白话】《象传》说："枯萎的杨树重新开花"，怎么能够长久呢？老妇、少夫，也是丑陋羞耻的事啊。

【注释】①丑：丑陋羞耻。

【讲解】九五处在四个阳爻的最上方，也就是阳刚过盛的极点；在下卦又无应，只好与上方的阴爻亲近。但上六已经衰老，二者的结合就像枯萎的杨树开花，老妇嫁给壮男，即或无咎，也不会光荣。

虞翻解释本爻象说："阳在五也，夬三月时，周之五月，枯杨得泽，故生华矣。老妇谓初，巽为妇，乾为老，故称老妇电。夫谓五，大壮震为夫，兑为少，故称士。……乾为久，枯而生华，故不可久也。妇体姤，淫，故可丑也。"就是说，在十二消息中，夬卦代表夏历三月，于周为五月。上卦兑为泽，华花也。大壮外卦震，震为长男，故为士夫。大过卦从初爻至五爻有姤卦的象征，姤一阴遇五阳，故淫，淫故可丑也。

上六　过涉灭顶①。凶。无咎。

【白话】上六，涉水过河，却被水淹没头顶，虽然凶险，但最终不会有灾咎。

【注释】①过涉灭顶：涉水不知深浅，以至于水淹过头顶。灭，即没。

《象》曰：过涉之凶，不可咎①也。

【白话】《象传》说：涉水过河而有凶险，但事已至此，不可再加责怪。

【注释】①咎：怨咎，责怪。

【讲解】上六处于本卦的极点，又是阴爻，软弱无力，却没有自知之明，盲目冒进，犹如不知河之深浅便贸然涉渡，结果遭遇灭顶之险，幸好没有造成更大的灾咎。事情既然已经发生，再责怪也无济于事，所以说"不可咎"。

从变卦来看，上六变乾，本卦兑泽乘乾首，因而有灭顶之象。然而，变乾，湖水退而头又露出，所以虽有凶险，却没有灾咎。

坎卦第二十九

（坎下坎上） 习坎① 有孚。维心② 亨。行有尚③。

【白话】坎卦，在重重险阻中能够坚定信念，执著专一，心怀诚信而获得亨通，其行为是值得称道崇尚的。

【注释】①习坎：卦名。习，重复，即六十四卦中的坎卦是由八卦中的坎卦重叠而成。习也有学习之意。 ②维心：维系在心中。维，维系。 ③尚：崇尚，赞许。

【讲解】坎卦象征艰险。这一卦，主要阐释突破艰险的原则。京房说："险也，水流其中为坎。"这一卦上下都是坎卦，一阳陷在二阴中，为陷、为险，且两坎重叠，象征重重的险难。这一卦的卦辞，在卦名前加了一个"习"字，因为除了乾坤两卦之外，在上下卦相同的纯卦中，这是最先出现的一卦，所以加"习"字特别注明。又坎上下是阴爻，中间是阳爻，阴虚阳实，象征心中诚信实在，所以说"有孚"。

《象》曰：习坎，重险也。水流而不盈，行险而不失其信。维心亨，乃以刚中也。行有尚，往有功也。天险不可升也。地险山川丘陵也。王公设险以守其国，险之时用大矣哉。

【白话】《象传》说：习坎，表示重重的艰险。水流入坑坎中而没有盈满，经历各种艰险而没有失去诚信。心怀诚信而获得亨通，是因为有阳刚中正的德性。其行为值得称道崇尚，是因为以此勇往直前，就可获得成功。天之险不可攀升，地之险为山河丘陵。王公法象天地，设置城池关隘等险阻，以守境护国。可见险阻的时用实在很大啊！

【讲解】"水流而不盈"，按《孟子·尽心上》的说法，流水的性质，不流满坑穴，不会再往前流。水就像这样，不论前方有多少险阻，决不违背这一本性，坚定地信守所以卦辞说"有孚"而亨通顺利。

所谓"行险而不失其信",据荀爽说:"阳来为险而不失中,中称信也。""维心亨,乃以刚中也"。据侯果说:"二五刚而居中,则心亨也。"也就是指九二、九五分别位于下卦和上卦的中间,比喻处于险境而守中正之道,能按照积极、慎重的原则走出险境。

这一段象辞,用卦象解释卦辞。在解释的过程中,指出了"天险""地险"同卦象中的险象的关系,并指出了王公设险用险的目的和意义。

《象》曰:水洊至①,习坎。君子以常德行,习教事。

【白话】《象传》说:坎卦的卦象为水上有水,为水流不断、接连而至之象,象征重重险阻,恒久不已,所以卦名为"坎"。君子有鉴于此,当努力不懈以保持德行,反复修习以推进教育事业。

【注释】①洊至:一再到来。

【讲解】陆绩说:"洊,再重习也。水再至而溢通流,不舍昼夜,重重习,相随以为常,有似于习,故君子象之,以常习教事,如水不息也。"虞翻说:"君子谓乾,五在乾称大人,在坎为君子,坎为习,为常,乾为德,震为行,巽为教令,坤为事,故以常德行,习教事也。"可与这段象辞互相印证。

初六 习坎。入于坎窞①。凶。

【白话】初六,身处重重艰险,落入陷坑中的小穴中,必有凶险。

【注释】①窞:坎陷中的小坎。

《象》曰:习坎入坎,失道凶也。

【白话】《象传》说:"身处重重艰险,落入坎穴中的小穴中",在于迷失了正道,因而有凶险。

【讲解】窞为陷中之陷,在坎穴中的最下方。初六阴柔,处在坎卦重重险难的最下方,不能与同为阴爻的六四相应,又以阴爻居阳位而"失道",无法脱身,所以凶险。张浚说:"阴居重坎下,迷不知复,以习于恶,故凶。失正道也。《传》曰:'小人行险以侥幸。'初六之谓。"虞翻说:"习,积也,位下,故习坎,坎为入,坎中小穴称窞,上无其应,初二失正,故曰'失道凶'矣。"

九二　坎有险。求小得①。

【白话】九二，身处坎穴之中，仍面临凶险，只能求得小小的收获。

【注释】①小得：微小的收获。

《象》曰：求小得，未出中也。

【白话】《象传》说："只能求得小小的收获"，说明还没有从坎穴中逃离出来。

【讲解】九二处在下卦坎的中位，被坎险包围，所以有"未出中"之象。在身处陷坑、面临凶险的情况下，九二只能先求得小小的收获；不可操之过急，应设法逐步脱险。

杨时说："求者，自求也。外虽有险而心常亨。故曰：求小得。"陈仁锡曰："求其小，不求其大，原不在大也。涓涓不已，流为江河。如掘地得泉，不待溢出外，然后为流水也。"《周易折中》案："杨氏、陈氏之说极是。凡人为学作事，必自求小得始。如水虽涓涓而有源，乃行险之本也。"

六三　来之①坎坎。险且枕②。入于坎窞。勿用。

【白话】六三，来来往往都处在重重坎穴之中，前后都有凶险，并且落入坎穴中的小穴中。在这种情况下，不可轻举妄动。

【注释】①之：往。　②险且枕：面对凶险而头又枕着凶险，指前后都是凶险。

《象》曰：来之坎坎，终无功也。

【白话】《象传》说："来来往往都处在重重坎穴之中"，表明还是不能摆脱危险，走出困境。

【讲解】虞翻以卦象释本爻说："坎在内称来，来坎终坎，故来之坎坎，枕，止也。艮为止，三失位，乘二则险，承五隔四，故险且枕，入于坎窞，体师三舆，故勿用。"南怀瑾先生按："上下皆坎，故来之坎坎。三至五互艮，六三以阴居阳位故失位。下乘九二之阳，故险，与上承于五，而为四所隔，故止。初爻至四爻有师卦的现象，师卦六三'师或舆尸凶'，而三在其中，故曰'体师三舆'。"

六三秉性阴柔，以阴爻而处阳位，不正不中，而且夹在上下两个坎卦的中间，进退皆险，陷入危险的深处，任何行动，都不会有用，因而不可轻举妄动。

六四　樽酒簋贰。用缶。纳约自牖。终无咎。

【白话】六四，一樽酒，两簋饭，用瓦缶盛着，由窗户将这些俭约的进献给君王，最终不会有灾咎。

【注释】①樽：酒器。　②簋：装谷物的竹盘。　③缶：没有文饰的朴素的瓦器。　④纳：送进。　⑤约：俭约。

《象》曰：樽酒簋贰，刚柔际也。

【白话】《象传》说："一樽酒，两簋饭"，是说在艰险中能够刚柔相济，坦诚交往。

【注释】①际：彼此之间。

【讲解】崔憬释本爻说："于重险之时，居多惧之地，近三而得位，比五而承阳，修其絜诚，进其忠信，则虽祭祀省，明德惟馨，故曰樽酒簋贰用缶。纳约，文王于纣时，行此道，从羑里纳约，卒免于难，故曰'自牖终无咎'也。"

六四爻阴柔，上承阳刚而处尊位的九五爻，刚柔之间、君臣之间本应严格分际，但处于重险之中，刚强的君与柔顺的臣，就不能不省去一切繁文缛节，而以诚意和忠信代替了。臣下进献食物，仅有一樽酒、两盘饭，盛之以朴素的瓦器，且不经由正门，由窗户送给君王。不经由正规的程序，以见微知著的方法，启发君王的明智；这样，才能渡过险难，终于没有灾祸。

九五　坎不盈。祗既平。无咎。

【白话】九五，坎穴还没有盈满，安定而险平，不会有灾咎。

【注释】①祗：李鼎祚解作"禔"，虞翻解作"安"，王弼以为语助之辞。

《象》曰：坎不盈，中未大也。

【白话】《象传》说："坎穴还没有盈满"，说明居处险中，君子的居中之道还没光大。

【注释】①中：居中之道。

【讲解】这里的"盈"字，与《孟子》中的"盈科而后进"之"盈"同。九五爻变为坤，坤为地，地平均，意指水流行无阻。九五爻位已经接近水满，但蓄存的动能还不足，所以居中之道还未光大，这就是"中未大"。九五为中正，阳为大之位，现在变成阴，没有到达大、满而溢的地步。不过，毕竟九五已经接近坎卦结束的位置，流入坎穴中的水虽没有盈满,但已经达到平面,不久即可溢出。象征着即将脱险,所以不会有灾咎。

上六 系用徽纆。寘于丛棘。三岁不得。凶。

【白话】上六,用麻绳重重捆绑起来,囚置于荆棘丛生的牢狱中,三年不得解脱,十分凶险。

【注释】①徽纆:麻绳。三股为徽,两股为纆。 ②寘:同"置"。 ③丛棘:就是牢狱。古时在监狱外种九棘,所以监狱也称丛棘。

《象》曰:上六失道,凶三岁也。

【白话】《象传》说:上六爻违背了正道,所以将遭受三年的凶险。

【讲解】上六阴柔,且处在坎卦的顶点,犹如被绳索重重捆绑,投入牢狱,三年都不能走出,象征在险坎中越陷越深,迷失正道,凶险达到了极点。

离卦第三十

(离下离上) ䷝ 离 利贞。亨。畜牝牛。吉。

【白话】离卦,有利于持守贞正之道,必然亨通顺利;畜养温顺的母牛,可获吉祥。

【注释】①离:卦名。有附丽、光明的意思。 ②牝牛:母牛。

【讲解】离,即丽。"麗"是并排的两头鹿,有相互依附的含义;麗又通"离",所以离与丽都有附着的意思。这一卦,阐释的正是依附的原则。

从卦象来说,离卦是一阴附于上下二阳之间,有附丽的意思,因而命名为"离"。离为火,火的内部空虚,外表光明,正是中间阴虚,外方阳实的卦形;而且,火又必定附着在燃烧的物体上,这也符合"离"的卦名。

天地间的物体,必定附着在某种物体上,始得以存在;但附着的对象,必须正当。坚守正当才有利,才能亨通。卦辞中以温顺的母牛来比喻柔顺的德性。说明附着必须坚守正道,才能有利,亨通;但必须具备柔顺的德性,才能吉祥。

《彖》曰:离,丽也①。日月丽乎天,百谷草木丽乎土,重明以丽乎正，乃化成天下。柔丽乎中正，故亨，是以畜牝牛吉也。

【白话】《象传》说：离，就是附丽的意思。日月附丽在天空之中，百谷和草木附丽于大地之上。上下都充满光明，而且又附丽于正道，才能够教化天下，达成转风移俗的目的。柔顺者附丽于中正之处，坚守正道，所以亨通顺利，就像畜养温顺的母牛一样吉祥。

【注释】①丽：附丽、附着的意思。

【讲解】离卦为纯卦，由两个离卦重叠而成，离为光明；所以是双重的光明，这就是"重明"。六二爻得正，又上下光明，是光明又附着于正当的形象，所以能够化成天下。六二与六五都以柔爻附着在中位，且六二又在正位，柔顺中正，因而亨通，吉祥。高亨说："本卦是两离相重，离为日，为明，然则本卦卦象是'重明'，谓人有重明之智慧。其次，本卦之六二为阴爻，为柔，居下卦之中位；六五为阴爻，为柔，居上卦之中位。是为'柔丽乎中正'，象人有柔和之道，附丽于正道。"

《象》曰：明两作，离。大人以继明照于四方。

【白话】《象传》说：离卦的卦象为离下离上，有光明接连出现之象，象征无限光明。大才大德之人当效法这一现象，不间断地用太阳般的光明美德普照四方。

【注释】①明两作：离卦上下皆为离，离为明，故称"明两作"。

【讲解】虞翻说："两谓日与月也，乾五之坤成坎，坤二之乾成离，离坎，日月之象，故明两作离，作，成也，日月在天，动成万物，故称作矣，或以日与火为明两作也。"可为这一卦象的说明。

初九　履错然。敬之。无咎。

【白话】初九，行事出现错乱，而后能恭敬慎重，就不会有灾咎。

【注释】①履错然：足迹错杂状。履，行也。错，错杂。

《象》曰：履错之敬，以辟咎也。

【白话】《象传》说："行事出现错乱，而后能恭敬慎重"，是为了避免灾咎的发生。

【注释】①辟：同"避"，避免。

【讲解】初九阳刚积极，在离卦的开始，象征聪明，又急于上进。然而，在事情的开始阶段，方向不明就横冲直撞，脚步错乱，就有陷入危险的可能。幸而能及时省悟，谨慎小心，不再轻举妄动，这样就不会有灾咎了。孔颖达说："身处离初，故其所履践，恒错然敬慎，不敢自宁。故云：'履错然敬之无咎。'若能如此恭敬，则得避其祸而无咎。"

liù èr　huáng① lí　yuán jí
六二　黄　离。元吉。

【白话】六二，依附于黄色，大吉大利。

【注释】①黄：为土色，土在五行的中央，所以是中色。此处借指中正之道。

xiàng yuē　huáng lí yuán jí　dé zhōng dào yě
《象》曰：黄离元吉，得中道也。

【白话】《象传》说："依附于黄色，大吉大利"，是因为黄色代表中道，坚守中正之道，必然大吉大利。

【讲解】六二在内卦的中位，因而依附于中色；六二又阴爻阴位得正，具备中正的德性，只要持守中道，当然大吉。王弼说："居中得位，以柔处柔，履文明之盛而得其中，故曰'黄离，元吉'也。"

jiǔ sān　rì zè① zhī lí　bù gǔ fǒu② ér gē　zé dà dié③ zhī jiē　xiōng
九三　日昃 之离。不鼓缶 而歌。则大耋 之嗟。凶。

【白话】九三，日落西山，犹如人生开始步入暮年，此时如果不击缶而高歌，到垂垂老矣之时就只能空自哀叹，必有凶险。

【注释】①日昃：即日西斜。　②缶：瓦器，可以作乐器用。　③耋：八十岁的老人。

xiàng yuē　rì zè zhī lí　hé kě jiǔ yě
《象》曰：日昃之离，何可久也？

【白话】《象传》说："日落西山，犹如人生开始步入暮年"，夕阳的光明又怎么可能持久呢？

【讲解】九三阳爻阳位正当，在上下两离卦即明的中间。象征前一个太阳，已日薄西山；后一个太阳，正蓬勃东升。生老病死，本是自然的常理，不必太在意。所以，步入暮年之际，就应当敲着酒坛高歌，欢度余年，乐天知命。否则，等到真正垂垂老矣之时再徒然嗟叹，就来不及了。

jiǔ sì　tū rú qí lái rú①　fén rú　sǐ rú　qì rú
九四　突如其来如 。焚如。死如。弃如。

【白话】九四，强烈的光明突如其来，犹如燃烧的烈火，但盛极而衰，转眼间又烟消云散，一片死寂，犹如被抛弃一般。

【注释】①如：与"然"同，样子，状态。

《象》曰：突如其来如，无所容①也。

【白话】《象传》说："强烈的光明突如其来"，必然让人无法容忍。

【注释】①容：容忍。

【讲解】九四处在上下两离的连接处，相当于前面的太阳已经西沉，后面的太阳正在升起的时刻，所以有强烈的光明突如其来的样子。太阳高升，至中午时分，则热度达于极点，有焚烧万物之状。盛极而衰，又有死绝和被抛弃的样子。孙振声先生认为，以人事而论，这象征一位明君崩逝，由后一位明君继承，正是有权势的奸臣威胁君位的时刻。像这样的奸雄，必然被焚、被杀、被唾弃，死无容身之地。这一爻，说明依附不可乘人之危，采取胁迫的手段。

六五　出涕沱若①。戚嗟若。吉。

【白话】六五，泪如雨下，忧伤叹息，却是吉祥的。

【注释】①沱若：即滂沱，比喻涕泗横流的样子。

《象》曰：六五之吉，离王公也。

【白话】《象传》说：六五爻是吉祥的，是因为附于王公之位。

【讲解】六五爻处于"五"的尊位，所以说是"离王公"。六五柔弱而不正，并被上下的阳刚逼迫，所以有泪如雨下、忧伤叹息之象。然而六五在外卦得中，由于地位尊贵，奸险的小人难免有所顾忌。再加上能居安思危，时刻警觉，因而能化险为夷，获得吉祥。沈竹礽说："处大人之位，能视民如伤，而能忧民之忧，所以为吉祥。"

上九　王用出征。有嘉①折②首③。获匪其丑④。无咎。

【白话】上九，君王兴兵征伐，特别嘉奖奋勇杀敌的将士，并捕获不愿归附者，这样做是没有灾咎的。

【注释】①嘉：嘉许。　②折：斩。　③首：首领，头。　④丑：小丑，这里指一般的士兵。

《象》曰：王用出征，以正邦也。

【白话】《象传》说："君王兴兵征伐"，是为了除去民害、安定邦国。

【讲解】上九已是这一卦光明的极点，位置高，能够明察邦国的大势，而且阳刚果断。为了除去民害、安定邦国，必然要兴兵征伐。但即便如此，并不滥杀无辜，只诛杀首恶，对其余士兵则不深究，所以无咎。《周易折中》案："上九承四、五之后，有重明之象。故在人心则为克己而尽其根株，在国家则为除乱而去其元恶。"

卷 五

周易下经

咸卦第三十一

（艮下兑上） ☱☶ 咸①。亨。利贞。取②女吉。

【白话】咸卦，亨通畅达，有利于坚守正道，娶妻可获吉祥。

【注释】①咸：卦名，即感的意思。 ②取：就是娶的古字。

【讲解】咸，即感，意思是交互感应。之所以不直接说感，是因为"感"字去掉"心"，以象征无心的感应，这是异性间自然而然的现象。"咸"又有皆的意思，因为万物皆有感应，因而以皆与感的含义，命名为"咸"。

咸卦由艮、兑二卦组成，下卦艮是少男，上卦兑是少女，象征少男谦虚追求少女。而且男女之间的感情，没有比少男少女间更深的了，所以有此象。男女相互感应，进而爱慕，合乎自然天理，因而亨通顺利。只要不失纯正的动机，婚姻必然吉祥，所以卦辞说"取女吉"。

郑玄说："咸，感也。艮为山，兑为泽；山气下，泽气上，二气通而相应，以生万物，故曰感也。其于人也，嘉会礼通，和顺于义，于事能正，三十之男有此三德，以下二十之女，正而相亲悦，取女吉之道也。"

《彖》曰：咸，感也。柔上而刚下①，二气②感应以相与，止而说③，男下女，是以亨利贞取女吉也。天地感而万物化生，圣人感人心而天下和平。观其所感，而天地万物之情可见矣。

【白话】《彖传》上说：咸，就是感的意思。阴柔居于上而阳刚处于下，如此阴阳二气方能交相感应而亲切配合，阳刚一方稳重而知止于礼，阴柔一方乐观而能欢快欣悦，犹如男子以礼下求女子，两情相悦，所以卦辞说"亨通顺利，有利于坚守正道，

173

娶妻可获吉祥"。天地交相感应，而使万物化育生长；圣人感化人心，而使天下和平安定。观察天地间感应的法则，就能发现天地万物的情态了。

【注释】①柔上而刚下：指兑为少女，为阴柔之卦，居于上卦；艮为少男，为阳刚之卦，位于下卦。　②二气：即阴阳二气。　③止而说：咸卦下卦为艮为止，上卦为兑为悦，故说"止而说"。说，通"悦"。

【讲解】所谓"天地感而万物化生"，据荀爽解释："乾下感坤，故万物化生于山泽。"陆绩则说："天地因山泽孔窍，以通其气，化生万物也。"虞翻以卦象来释"圣人感人心而天下和平"，认为："乾为圣人，初四易位，成既济，坎为心，为平，故圣人感人心而天下和平，此保合太合、品物流形也。"

《象》曰：山上有泽，咸。君子以虚受人。

【白话】《象传》说：咸卦的上卦为兑为泽，下卦为艮为山，为山上有泽之象。泽中之水向下渗透，山土吸收水分而滋润，彼此相互感应交流。君子当效法其中的精神，虚怀若谷以接纳他人。

【讲解】虚怀若谷，不存自我之见，才能与他人感应沟通。孔颖达从义理方面释本卦说："君子法此咸卦，下山上泽，故能空虚其怀，不自有实，受纳于物，无所弃遗，以此感人，莫不皆应。"

初六　咸其拇。

【白话】初六，感应发生在脚拇趾上。

【注释】①拇：脚拇指。

《象》曰：咸其拇，志在外也。

【白话】《象传》说："感应发生在脚拇趾上"，说明其志向是向外追求。

【讲解】朱熹说："咸，以人身取象。感于最下，咸拇之象也。感之尚浅。欲进未能，故不言吉凶。此卦虽主于感，然六爻皆宜静而不宜动也。"以下各爻，都是以人体感应的部位来比喻。

初六爻居于内卦之下，对于外界的触动，只有微弱而无心的感应，正如人的脚拇指虽有感应，但并不足以使全身有所动作，所以有"咸其拇"的象征；而且初六爻与外卦九四相应，所以说"志在外也"。虞翻则解释为："艮为指，坤为母，故咸其拇，失位远应，之四得正，故志在外，谓四也。"也能讲得通。

六二 咸其腓。凶。居吉。

【白话】六二，感应发生在小腿肚上，会有凶险。但如果居安守分，便可获得吉祥。

【注释】①腓：小腿肚。崔憬说："腓，脚膊，次于拇上，二之象也。"孔颖达说："腓，足之腓肠也。"

《象》曰：虽凶，居吉，顺不害也。

【白话】《象传》说："虽然会有凶险，但只要居安守分，可获吉祥"，是因为顺守阴柔的本性，就不会有灾害。

【注释】①顺：顺从，适应。

【讲解】六二在初六上方，相当于腿肚。腿肚受到触动，感应比脚拇脚更深，因而会动。如果腿肚要动，脚就跟着动，这样就会妄动，妄动就有危险。不过六二阴柔得正，又在下卦的中位，由于中正，又能顺应柔和的本性，不会妄动，才得以安全。王弼说："咸道转进，离拇升腓，腓体动躁者也。感物以躁，凶之道也。由躁故凶，居则吉矣。处不乘刚，故可以居而获吉。"

九三 咸其股。执其随。往吝。

【白话】九三，感应发生在大腿上，固执地盲目跟从他人，这样前去行事，必然导致灾凶。

【注释】①股：大腿。 ②执：执意，固执。 ③随：盲从。 ④吝：有错不改。《易经》以悔、吝来表示吉凶未定，知过能改叫作"悔"，其结果是吉；知过不改叫作"吝"，其结果是凶。

《象》曰：咸其股，亦不处也。志在随人，所执下也。

【白话】《象传》说："感应发生在大腿上"，说明其不愿意安居静处。如果一心要盲目跟从他人，所执意追求的未免就太低下了。

【注释】①不处：即动。

【讲解】崔憬释本爻象说："股而次于腓上，三之象也。刚而得位，虽欲感上，以居艮极，止而不前，二随于己，志在所随，故执其随，下比二也。而遂感上，则失其正应，故往吝穷也。"

九三在六二的上方，相当于腿肚之上的大腿。大腿随着脚行动，当下方的脚趾与腿肚要行动时，大腿也不能不动，这就是"随人"之象。不过，九三阳刚，又在内卦艮的顶点，有知止的德行；因而，也能够静候发展，而不妄动。但如果跟随初六、六二这样的阴柔的小人妄动，就会有灾凶。

九四 贞吉悔亡。憧憧①往来。朋从尔思。

【白话】九四，坚守正道，就可以获得吉祥，没有后悔。走来走去，心神不定，只有朋友之类的人才会感应和赞同你的想法。

【注释】①憧憧：往来不绝的样子，这里指动摇不定。

《象》曰：贞吉悔亡，未感害也。憧憧往来，未光大①也。

【白话】《象传》说："坚守正道，就可以获得吉祥，没有后悔"，说明还没有因感应而遭受祸害；"走来走去，心神不定"，是因为用私心来感物，不够光明正大。

【注释】①光大：光明正大。

【讲解】九四的位置在中而居上，处在一连三个阳爻的正中间，相当于心脏。爻辞中不说明心脏有感，是因为古人认为感应本来就是心的事。因而这一爻也是全卦的主体。九四阳爻阴位不正，因此有感应而有所动作时，就必须坚守正道，才会吉祥，不会后悔。如果心神不定，走来走去，犹豫不决，表明有了私心，这样就无法与天地众生有更广泛的感应，只能得到少数朋类的应和，这就是爻辞说的"憧憧往来，未光大也"。这一爻，就是在强调消除私心，心地光明正大，才能更好地与人感应沟通。

胡炳文说："寂然不动，心之体；感而遂通，心之用。'憧憧往来'，已失其寂然不动之体，安能感而遂通天下之故。'贞吉悔亡'，无心之感也。何思何虑之有？'憧憧往来'，私矣。"

九五 咸其脢①。无悔。

【白话】九五，感应发生在背部，不会有后悔。

【注释】①脢：背上的肉，指背部。

《象》曰：咸其脢，志末也。

【白话】《象传》说："感应发生在背部"，说明其志向未免过于微小了。

【讲解】九五相当于背部，在心脏的后方。当身体大多数部位因有感应而有所动作时，唯有背肉反应最迟钝，甚至没有反应。这象征着一种不被外物所动的孤僻态度，不与外界感应沟通，就不会被不正的事物所引诱，所以说不会后悔。然而，对外界无动于衷，虽然无悔，但同时也不能感动他人，这样志向就太微小了。

上六　咸其辅① 颊② 舌。

【白话】上六，感应发生在颚、脸颊、舌头上。

【注释】①辅：为唇齿相辅的辅，亦即颚。　②颊：脸颊。

《象》：咸其辅颊舌，滕①口说也。

【白话】《象辞》说："感应发生在颚、脸颊、舌头上"，只是在玩弄口舌而已。

【注释】①滕：通"腾"，沸腾。这里指口若悬河、滔滔不绝地说话。

【讲解】颚、脸颊、舌头在人体的最上部，又在上卦兑中。兑有悦言、口舌的象征，而颚、颊、舌也正是用来说话的。上六处在咸卦的顶点，感应已经到穷极之处。又由于上六是上卦兑的终了，兑为悦，因而倾向于以甜言蜜语取悦于人，使其感动。这根本就是缺乏诚意的小人行为，不是君子应有的态度，更不符合感应的正道。

恒卦第三十二

（巽下震上）䷟　恒① 亨。无咎。利贞。利有攸往。

【白话】恒卦，亨通顺利，没有灾咎，有利于坚守正道，从而有利于前往发展。

【注释】①恒：卦名。有恒久的意思。《序卦传》云："夫妇之道不可以不久也，故受之以恒。"

【讲解】恒，有恒常、永久的意思。郑玄说："恒，久也。巽为风，震为雷。雷风相须而养物，犹长女承长男，夫妇同心，而成家，久长之道也。夫妇以嘉会礼通，故无咎，其能和顺干事，所行善矣。"恒卦由震、巽二卦组成，下卦巽象征长女，上卦震象征长男。女在男的下方，男尊女卑，在古代被视为夫妇的恒常之理，所以卦名为"恒"。占得这一卦，只要有恒，坚守正道，就能够亨通，并无往不利。

《彖》曰：恒，久也。刚上而柔下①，雷风相与，巽而动②，刚柔皆应③，恒。恒亨无咎，利贞，久于其道也。天地之道，恒久而不已也。利有攸往，终则有始也。日月得天而能久照，四时变化而能久成。圣人久于其道，而天下化成。观其所恒，而天地万物之情可见矣。

【白话】《象传》说：恒，就是恒久的意思。阳刚在上而阴柔处下，雷厉风行，二者相互济助，既谦逊顺从，又积极行动，刚柔相济相应，这就是天地间的恒常之理。"恒卦亨通顺利，没有灾咎，利于坚守正道"，是说必须长久不懈地恪守正道。因为天地的运行法则，就是永恒长久而不停息。坚守正道而有利于前往发展，是因为事物的发展有始必有终，有终必有始，周而复始，循环不已。日月遵循天之法则运行，就能长久普照万物；四季往复变化，就能长久生成万物。圣人长久持守正道，就能教化天下达成大治。只要洞察事物变化的永恒规律，就能了解天地万物生化之情了。

【注释】①刚上而柔下：指震刚在上而巽柔在下。 ②巽而动：震为动，巽则为巽逊。李鼎祚说："此本泰卦也，六四降初，初九升四，是刚上而柔下也，分乾与坤雷也，分坤与乾风也，是雷风相与，巽而动也。" ③刚柔皆应：指本卦的初六与九四、九二与六五、九三与上六之间都是阴柔与阳刚相应的。《九家易》说："初四二五，虽不正，而刚柔皆应，故通无咎矣。"

《象》曰：雷风，恒。君子以立不易方①②。

【白话】《象传》说：恒卦的上卦为震为雷，下卦为巽为风，有风雷交加之象。雷与风时常相伴相随而不停活动，为恒久的象征，所以卦名为"恒"。君子应当效法这一精神，树立己身，坚守恒久不变的正道。

【注释】①君子以立：君子树立己身。 ②方：即道。

初六 浚恒①。贞凶。无攸利。

【白话】初六，深切追求恒久之道，结果必有凶险，没有一点好处。

【注释】①浚恒：深切地求恒道。浚，即深。

《象》曰：浚恒之凶，始求深也。

【白话】《象传》说：深切地追求恒久之道而有凶险，是因为一开始就求得过深，欲速则不达。

【讲解】胡瑗说："天下之事，必皆有渐，在乎积日累久，而后能成其功。是故为学既久，则道业可成，圣贤可到；为治既久，则教化可行，尧、舜可至。若是之类，莫不由积日累久而后至，固非骤尔而及也。初六居下卦之初，为事之始，责其长久之道，永远之效，是犹为学之始。"初六爻为本卦的第一爻，一开始就急于实现理想目的，追求过于深切，恰恰违背了日积月累的恒久之道，欲速则不达，所以凶险。

jiǔ èr　huǐ wáng①
九二　悔亡。

【白话】九二，没有悔恨。

【注释】①亡：即无的意思，古书中这两个字往往通假。

xiàng yuē　jiǔ èr huǐ wáng　néng jiǔ zhōng① yě
《象》曰：九二悔亡，能久中也。

【白话】《象传》说：九二爻没有悔恨，是因为能够持久地坚守中正之道。

【注释】①中：指九二爻居于下卦的中位。

【讲解】九二阳爻阴位不正，本来不利。但九二处在下卦的中位，态度中庸，所以不会有悔恨之事。虞翻说："失位，悔也。动而得正，处中多誉，故悔亡也。"

jiǔ sān　bù héng qí dé　huò chéng zhī xiū①　zhēn lìn
九三　不恒其德。或承之羞。贞吝。

【白话】九三，不能长久地保持德行，有可能会蒙受羞辱，结果不免招致困难。

【注释】①羞：羞辱，耻辱。

xiàng yuē　bù héng qí dé　wú suǒ róng① yě
《象》曰：不恒其德，无所容也。

【白话】《象传》说："不能长久地保持德行"，就得不到他人的信任，将会无处容身。

【注释】①无所容：无地可容，难以自容。

【讲解】九三爻以阳爻居阳位，本象征才德兼备之人，但九三上应有如太上皇一般的上六，有逢迎权贵的弱点，不能坚守固有的德性，难免会蒙羞，并且被世人所排斥，从而无处容身。可参看荀爽的阐释："与初同象，欲据初隔二，与五为兑，欲说之，隔四意无所定，故不恒其德，与上相应，故往承之，为阴所乘，故或承之羞也。贞吝者，谓正居其所，不与阴通也。无居自容，故贞吝也。"

jiǔ sì　tián① wú qín
九四　田无禽。

【白话】九四，田猎没有捕到禽兽。

【注释】①田：田猎。

$$《象》曰：久非其位，安得禽也？$$

【白话】《象传》说：长久地处在不适当的位置上，又怎么能捕得到禽兽呢？

【注释】①安：是何的意思。

【讲解】九四为上卦震卦的主爻，但阳爻居阴位，为不中不正，也就是"非其位"，所以，狩猎不会有任何擒获。胡瑗说："常久之道，必本于中正。九四以阳居阴，是不正也。位不及中，是不中也。不中不正，不常之人也。以不常之人，为治则教化不能行，抚民则膏泽不能下，是犹田猎而无禽可获也。"

$$六五\quad 恒其德贞。妇人吉。夫子凶。$$

【白话】六五，长久地保持柔顺之美德，坚守正道，如此女人便可以获得吉祥，男子则遭遇凶险。

【注释】①夫子：指男子。

$$《象》曰：妇人贞吉，从一而终也。夫子制义，从妇凶也。$$

【白话】《象传》说：女人坚守正道便可以获得吉祥，在于女人能终生只跟随一个男人。但男人做事需要衡量、裁度事理，决断多方。如果只是遵从妇人"从一而终"之道，必有凶险。

【注释】①制义：以义来裁断一件事情。制，决断，裁断。

【讲解】六五阴爻居阳位，居位不正，但柔顺而得中，又与下卦居中的九二阳爻相应，象征坚守柔顺服从的德性。柔顺服从是妻子的正道，坚持这一纯正的德性，是正确而吉祥的。但对男人来说，只顾遵从妇人之道而不知变通，对自身而言是非常不利的。

$$上六\quad 振恒凶。$$

【白话】上六，摇摆不定，不能坚守恒久之道，结果必然凶险。

【注释】①振恒：不停地振动。

《象》曰：振恒在上，大无功也。

【白话】《象传》说：上位之人摇摆不定，不能坚守恒久之道，最终不会有大的建树。

【讲解】王弼说："夫静为躁君，安为动主。故安者，上之所处也。静者，可久之道也。处卦之上，居动之极，以此为恒，无施而得也。"上六居于恒卦的最上方，已经到达这一卦的极点，象征极端恒久。但上卦震是动，因而经常动荡不安；上六又为阴柔之爻，难以坚持恒久之道，所以凶险。

遁卦第三十三

（艮下乾上） ䷠ 遁①　亨。小利贞。

【白话】遁卦，是亨通顺利的。对小人而言，则有利于守正。

【注释】①遁：卦名。退避的意思。

【讲解】遁，是退避、退隐的意思。这一卦主要阐释的，正是一种以退避、隐忍为特征的思想。提醒君子在小人当道的环境中，必须暂时退避。程颐说："遁，《序卦》：'恒者久也。物不可以久居其所，故受之以遁。遁者，退也。'夫久则有去，相须之理也。遁所以继恒也。遁，退也，避也，去之之谓也。为卦天下有山，天在上之物，阳性上进；山高起之物，形虽高起，体乃止物，有上陵之象而止不进。天乃上进而去之。下陵而上去，是相违遁，故为遁去之义。二阴生于下，阴长将盛，阳消而退，小人渐盛君子退而避之，故为遁也。"

遁卦由乾、艮二卦组成，天高于上，山止于地，有遁止不进的象征；又二阴爻生于下，阴渐长，有小人渐盛，君子退而避之的现象，所以命名为"遁"。卦辞中的"小"，指二阴；"小利贞"，是指小人虽然势力伸张，如果坚守纯正，不逼害孤高的君子，也会有利。

遁卦也是消息卦之一，代表六月。

《彖》曰：遁亨，遁而亨也。刚当位而应①，与时行也。小利贞，浸而长②也。遁之时义大矣哉！

【白话】《象传》说："遁卦，亨通顺利"，是说在应该退避的时候退避，而后才会亨通顺利。阳刚者处中正之位，而与在下阴柔者相应和，顺应时势的变化而退避。"小人有利于守正"，是说小人势力渐长，势必至于极盛，物极则反，所以守正才会有利。遁卦所揭示的相机而动的思想意义真是太伟大了！

【注释】①刚当位而应：是指九五以阳爻居于阳尊之位，与六二相应。　②浸而长：逐渐成长，渐渐繁盛。

【讲解】遁卦《象传》以爻位说解释卦辞，告诫人们要审时度势，与时偕行，及时隐退。陆绩说："谓阳气退，阴气将害，随时遁避，其义大矣哉。"宋衷说："太公遁殷，四皓遁秦之时也。"

《象》曰：天下有山，遁。君子以远小人，不恶而严。

【白话】《象传》说：遁卦的上卦为乾为天，下卦为艮为山，为天下有山之象。山高则天退，但天始终高踞在山之上，这是一种贤者隐遁的象征，所以卦名为"遁"。君子当效法这种精神，同小人保持一定的距离；虽然不露憎恶之情，却要以威严不可侵犯的态度划清彼此的界限。

【讲解】崔憬说："天喻君子，山比小人，小人浸害，若山之侵天，君子遁避，若天之远山。故言天下有山遁也。"不恶而严，是疏远小人的态度与方法。不恶，是说君子虽然憎恶小人，但不做得过分，不使憎恶之情流露于外。因为做得过分，就会对自己不利。当然，也要以礼自守，使小人不敢轻慢。虞翻说："君子谓乾，乾为远，小人谓阴，坤为恶，为小人。故以远小人，不恶而严。"

初六　遁尾①厉。勿用有攸往。

【白话】初六，错过时机，隐遁在后，必有凶险。在这种情况下，不宜贸然有所行动。

【注释】①尾：落后的意思。

《象》曰：遁尾之厉，不往何灾也。

【白话】《象传》说：隐遁在后而有凶险，但只要等候时机，不轻举妄动，怎么会有灾祸呢？

【讲解】初六处遁卦的最下方，迟疑地落在最后，错过了隐退的最佳时机，此时就更不宜轻举妄动了。孔颖达说："'遁尾厉'者，为遁之尾，最在后遁者也。小人长于内，应出于外以避之，而艮在卦内，是遁之最后，故曰'遁尾厉'也。危厉既至，则当危行言逊，勿用更有所往。"说明当退隐之时，不可迟疑而错过时机；但如果真的不幸错过时机，则不宜妄动。

六二 执之①。用黄牛之革②。莫之胜说③。

【白话】六二，用黄牛的皮革捆绑起来，谁也无法挣脱。

【注释】①执：捆缚。 ②革：即皮。 ③莫之胜说：无法挣脱。胜，胜任，有能力。说，通"脱"。

《象》曰：执用黄牛，固志也。

【白话】《象传》说："用黄牛的皮革捆绑起来"，说明意志要十分坚定，决不动摇。

【讲解】这一爻，强调坚定中正的意志，应当像用黄牛皮革捆绑一样牢固，不可动摇。六二阴爻阴位得正，在下卦中位，又与九五阴阳相应，即象征中正自守，意志坚定。侯果说："六二离爻，离为黄牛，体艮履正，上应贵主，志在辅时，不随物遁，独守中直，坚如革束，执此之志，莫之胜说，殷之父师，当此爻矣。"朱熹说："中顺自守，人莫能解，必遁之志也。占者固守，亦当如是。"

九三 系遁①。有疾厉。畜臣妾吉。

【白话】九三，因受牵累而难以隐遁，就像疾病缠身那样危险。在这种情况下，畜养臣仆婢妾，可获吉祥。

【注释】①系：维系、牵制。

《象》曰：系遁之厉，有疾惫也。畜臣妾吉，不可大事也。

【白话】《象传》说：因受牵累而难以隐遁的危险，就像疾病缠身那样使人疲惫不堪。"畜养仆人和侍妾可获吉祥"，是说在这样的情况下，不可以做大事，只能畜养仆妾，扶持自我。

【讲解】这一爻说明应当审时度势，断然隐遁，不可受牵累。九三阳爻阳位，虽刚强得正，但被下方的两个阴爻拖累，没有能够坚决隐遁，从而埋下隐患。程颐说："阳志说阴，三与二切比，系乎二者也。遁贵速而远，有所系累，则安能速且远也。害于遁矣。故为有疾也。遁而不速，是以危也。"

九四 好遁①。君子吉。小人否。

【白话】九四，应当隐遁之时，能够摆脱所好，断然遁去，君子可以因此而获得吉祥；小人则做不到这一点，不会吉祥。

【注释】①好遁：是指当隐遁时，能退避所好，断然遁去。

《象》曰：君子好遁，小人否也。

【白话】《象传》说：君子能够做到该退就退，而小人就做不到这一点。

【讲解】这一爻，说明不可贪恋权禄，应当断然退避。九四阳爻，为上卦乾的一爻，性格刚健，所以能在应当隐遁时，摆脱所好，断然隐去。侯果说："不处其位，而遁于外，好遁者也。然有应在初，情味能弃，君子刚断，故能舍之，小人系恋，必不能矣。故君子吉，小人凶矣。"朱震说："好者，情之所好也。君子刚决，以义断之，舍所好而去，故吉。否者，不能然也，此爻与初六相应，处阴而有所系，故陈小人之戒，以左君子之决。"

九五 嘉遁。贞吉。

【白话】九五，在最恰当的时机隐遁，并坚守正道，必获吉祥。

【注释】①嘉遁：指在恰当的时机隐遁。嘉，美好，恰当。

《象》曰：嘉遁贞吉，以正志也。

【白话】《象传》说："在最恰当的时机隐遁，并坚守正道，必获吉祥"，是因为能端正自己的志向。

【讲解】九五阳刚中正，更远离内卦的阴卦，虽然与六二相应，但六正也柔顺中正，不会成为累赘。所以能够在得正居中这种最恰当的时候从容隐遁，称作"嘉遁"。不过，九五与"上"位相比，仍然不能完全摆脱世俗，因而必须端正志向，坚持纯正，才会吉祥。侯果说："时否德刚，虽遁中正，嘉遁者也，故曰'贞吉'。遁而得正，则群小应命。"

上九 肥遁。无不利。

【白话】上九，远走高飞，彻底隐遁，无所不利。

【注释】①肥：通"蜚"，即飞。喻指隐退高远。

《象》曰：肥遁无不利，无所疑也。

【白话】《象传》说："远走高飞，彻底隐遁而无所不利"，是因为退隐果决，心中没有任何疑虑。

【注释】①疑：疑惑，疑虑。

【讲解】肥遁，为隐遁的终极，是一种彻底的远遁。上九处于一个超然世外的地位，又刚健，下面没有相应的拖累，因而无牵无挂，从容自如地遁去，没有任何的不利与疑虑。侯果释此说："最处外极，无应于内，心无疑恋，超世高举，果行育德，安行无闷，遁之肥也。故曰肥遁无不利，则颍滨巢许，当此爻矣。"王弼说："最处外极，无应于内，超然绝去，心无疑顾，忧患不能累，矰缴不能及，是以'肥遁无不利'。"

大壮卦第三十四

（乾下震上） ䷡ 大壮① 利贞。

【白话】大壮卦，有利于坚守正道。

【注释】①大壮：卦名。大者盛壮的意思。

【讲解】大壮，是大者之壮，表示事物的强盛状态。大壮卦也是消息卦之一，代表二月，此时阳气渐升、阴气渐降。《易经》以阳为大，以阴为小，本卦阳爻超过半数，阳刚势力非常强盛，所以叫"大壮"。强盛之时，不怕不能有所作为，只怕行为不端，强盛就变成了横暴，所以君子要坚守正道，方为有利。程颐说："遁者，阴长而阳遁也。大壮，阳之壮盛也。衰则必盛，消息相须，故既遁则必壮。""大壮之道，利于贞正也。大壮而不得其正，强猛之为耳，非君子之道壮盛也。"

《彖》曰：大壮，大者①壮也。刚以动②，故壮。大壮利贞，大者正也。正大而天地之情可见矣。

【白话】《彖传》说：大壮，是阳大而盛壮的意思。刚健而好动，所以盛壮。"大壮卦有利于坚守正道"，是说盛壮者必须刚直守正。人能刚正而盛壮，就可以明了知晓天地间的一切情状了。

【注释】①大者：刚大者，此处指阳刚。 ②刚以动：内卦乾为刚健，外卦震为动，刚健而动。

【讲解】这段彖辞用"正大"诠释"大壮利贞"，认为只"大"不"正"并非真正的大壮，只有"大"而且"正"才能认识天地万物之情。告诫人们要有广阔的胸怀与正直的品德。

《象》曰：雷在天上，大壮。君子以非礼弗履①。

【白话】《象传》说：大壮卦的上卦为震为雷，下卦为乾为天，有雷在天上之象。震雷响彻天上，象征声势壮大，所以卦名为"大壮"。君子有鉴于此，应当严正律己，不合礼仪的事一概不做。

【注释】①弗履：不做。

【讲解】君子的强盛，不仅在于胜过他人，还在于严于律己、坚守正道，所以不合礼仪的事坚决不做。《论语·颜渊》有云："克己复礼为仁。"又进一步阐释："非礼勿视，非礼勿听，非礼勿言，非礼勿动。"可作为这段象辞的注解。

初九　壮于趾①。征②凶有孚③。

【白话】初九，只是脚趾强壮，行动必有凶险。

【注释】①趾：脚趾。　②征：行、往的意思。　③孚：信、必的意思。

《象》曰：壮于趾，其孚穷也。

【白话】《象传》说："只是脚趾强壮"，在这种情况下，必然穷困，无路可走。

【讲解】脚趾是人体最下方的部分，用来走动向前，所以脚趾强壮，象征急于向前。但即便如此，脚趾还不足以带动全身向前，在这种力量不足的情况下，前进必有凶险。而且，初九虽然阳爻阳位得正，但与九四阳阳不能相应，失去上方的支援，从而陷入穷途末路。王弼说："其下者，在下而壮，故曰'壮于趾'也。居下而用刚壮，以斯而进，穷凶可必也。故曰'征凶有孚'。"

九二　贞吉。

【白话】九二，坚守正道，可获吉祥。

《象》曰：九二贞吉，以中也。

【白话】《象传》说：九二爻坚守正道而获得吉祥，是因为其居处中位，能持守中庸之道的缘故。

【讲解】九二爻居于内卦的中位，虽以阳处阴而不得位，却有中庸的德性，不过分壮盛，所以有"贞吉"之象。这一爻，说明在强盛之时，也当持守中庸之道，有所节制。王弼说："居得中位，以阳居阴，履谦不亢，是以'贞吉'。"这里所说的"履谦不亢"，就是一种中庸的态度。

九三　小人用壮。君子用罔。贞厉。羝羊触藩。羸其角。

【白话】九三，小人恃强而欺凌他人，君子不会这样做。因为这样做，结果必有凶险。就像强壮的大羊去抵触篱笆，结果把角卡在篱笆中而难以摆脱。

【注释】①罔：无。一解作网。　②羝：壮羊。　③羸：束缚，缠绕。

《象》曰：小人用壮，君子罔也。

【白话】《象传》说：小人恃强而欺凌他人，君子是不会这样做的

【讲解】刘牧说："罔，不也。君子尚德而不用壮，若固其壮，则危矣。"这一爻说明小人强盛而用以逞强，必会使自己陷入困境。而真正的君子，是壮大而不用。

九四　贞吉。悔亡。藩决不羸。壮于大舆之輹。

【白话】九四，坚守正道，必获吉祥，也不会有悔恨之事。犹如篱笆已经崩决，羊角从中解脱出来；又像大车的轴辐一般强壮。

【注释】①决：缺口。　②輹：即辐。车辐大而且壮，有利于行。

《象》曰：藩决不羸，尚往也。

【白话】《象传》说："篱笆已经崩决，羊角从中解脱出来"，表明应当行动起来，继续进取。

【注释】①尚往：尚可前往。

【讲解】九四爻已经超过这一卦的一半，连续四个阳爻重叠，象征非常壮大。虽然九四阳爻居阴位不正，但也正因为如此，才不过分刚强，不会有触藩而羸其角的困境。只要坚持纯正，仍然吉祥，不会有悔恨之事。在这种情形下，自然可以继续向前进。

六五　丧羊于易。无悔。

【白话】六五，在田边丢了羊，但没有悔恨。

【注释】①易：即场，田畔之地。

《象》曰：丧羊于易，位不当也。

【白话】《象传》说："在田边丢了羊"，是因为所处的地位不当。

【讲解】六五阴柔而处中位，柔弱中庸，已丧失了壮大性格；又因以阴爻居阳位，地位不当，所以用羊在田畔失落来比喻。不过，这毕竟是意料不到的无妄之灾，所以是没有悔恨的。

关于本卦中当位与不当位的问题，项安世总结说："有以事理得中为正者，有以阴阳当位为正者。刚以柔济之，柔以刚济之，使不失其正，此事理之正也。以刚处刚，以柔处柔，各当其位，此爻位之正也。大壮之时义，其所谓'利贞'者，利守事理之正，不以爻位言也。是故九二、九四、六五，三爻不当位而皆利。初九、九三、上六，三爻当位而皆不利。又于九二、九四爻辞明言'贞吉'，于初九、九三爻辞明言'征凶贞厉'。圣人犹恐其未明也。又以小象释之，于九二则曰'九二贞吉，以中也'，明正吉以中而不以位也。于六五则曰'位不当也'，亦明无悔在中不在位也。《易》之时义屡迁如此。"

上六　羝羊触藩。不能退。不能遂。无攸利。艰则吉。

【白话】上六，强壮的大羊抵触篱笆而被挂住了角，既不能后退，又不能前进，没有什么好处。只有在艰难中奋斗，才会获得吉祥。

【注释】①遂：达到前进的目的。

《象》曰：不能退。不能遂，不详也。艰则吉，咎不长也。

【白话】《象传》说："既不能后退，又不能前进"，是因为行事考虑不周详所造成的。"在艰难中奋斗才会获得吉祥"，说明灾咎不会长久。

【注释】①详：周详。

【讲解】上六已是大壮卦的终极，强盛至极，对事情的考虑不周全，盲目妄进，就有公羊抵触藩而受困之象。而且上六为阴爻，力量柔弱，难以摆脱困境。所幸上六失去强盛，反而得回柔弱的本性，因而能够顺其性与命运对抗，在艰难中等待时机，结果还是会吉祥。

晋卦第三十五

（坤下离上）　䷢　晋　康侯②用锡③马蕃庶④。昼日三接。

【白话】晋卦，安邦定国的公侯，受到天子的赏识，不但赏赐了许多好马，还在一天之内多次接见他。

【注释】①晋：卦名。有进的意思。有日出地上，前进而光明的象征。 ②康侯：安定国家的公侯。 ③锡：通"赐"，赏赐。 ④蕃庶：众多，繁多。

【讲解】晋卦阐释的是进取与晋升的道理。程颐说："物无壮而终止之理，既盛壮则必进。晋所以继大壮也。为卦离在坤上，明出地上也。日出于地，升而益明，故为晋。晋，进而光明盛大之意也，凡物渐盛为进。故《象》云：'晋，进也。'卦有有德者，有无德者，随其宜也。乾、坤之外，云'元亨'者，固有也；云'利贞'者，所不足而可以有功也。有不同者，革、渐是也，随卦可见。晋之盛而无德者，无用有也。晋之明盛，故更不言亨，顺乎大明，无用戒正也。"

晋卦由离、坤二卦组成，上卦离为日、为附丽，下卦坤为地、为柔顺，是上升的太阳普照大地，万物柔顺依附的形象。以人事来说，象征诸侯恭顺地依附天子。因此卦辞中所描述的，是有功的诸侯前进到天子面前接受褒奖的形象。意思是说，能安定国家的人，就能被赏识，得以晋升，飞黄腾达。

《彖》曰：晋，进也。明出地上①。顺而丽乎大明②，柔进而上行③，是以康侯用锡马蕃庶，昼日三接也。

【白话】《象传》说：晋，就是进的意思。犹如光明的太阳升起在大地上。大地处下，万物依附着太阳，柔和以上进，犹如臣子的事业蒸蒸日上，因而卦辞中说"安邦定国的公侯，受到天子的赏识，不但赏赐了许多好马，还在一天之内多次接见他"。

【注释】①明出地上：明指离，离为日，故明；地指坤，坤为地。 ②顺而丽乎大明：上卦离是附丽、依附，下卦坤是柔顺，象征万物柔顺地依附伟大的太阳。 ③柔进而上行：指六五以柔居尊位。

【讲解】吴慎说："晋、咸《象传》，文意正同。卦象数句，在卦名之下、卦辞之上，是既用以释卦名，而即以释卦辞，故用'是以'二字接下。"《周易折中》案："离之德，为丽为明，是'明'与'丽'皆离也。'顺而丽乎大明'，盖以顺德为本，而为大明所附丽，则'明'者离，而'丽'者亦离矣。"

《象》曰：明出地上，晋。君子以自昭①明德。

【白话】《象传》说：离卦上卦为离为日，下卦为坤为地，有太阳从地面上升起之象，象征着前进和昌盛，犹如太阳上升以普照万物。君子当效法这一精神，昭显自身光明的德行。

【注释】①昭：显明的意思。

【讲解】郑玄说："地虽生万物，日出于上，其功乃著。故君子法之，而以明自照其德。"

初六　晋如。摧如。贞吉。罔孚。裕无咎。

【白话】初六，开始前进，却遭到阻碍和挫折，但只要坚守正道，可获吉祥。虽然还没有能取信于人，但只要心胸宽广以自处，就不会有灾咎。

【注释】①摧：摧毁、失败。此处有折退之意。　②罔：无。　③孚：信。　④裕：宽宏、宽容。

《象》曰：晋如摧如，独行正也。裕无咎，未受命也。

【白话】《象传》说："前进遭到阻碍和挫折"，在这样的情况下，要遵循自己的原则行事，并坚守正道。"只要心胸宽广以自处，就不会有灾咎"，这是因为尚未接受君命。

【讲解】初六爻处于前进和晋升的开始阶段，由于是阴爻，又在最下位，又得不到上方九四的相应和支援，前进中难免会有挫折。不过，只要坚守正道，仍是吉祥的；即使暂时还没有树立起威信，也不要急于求成，只要心怀坦荡地做自己的事，就不会有灾咎。王安石说："初六以柔进，君子也。度礼义以进退者也。常人不见孚，则或急于进，以求有为，或急于退，则怼上之不知。孔子曰：'我待价者也。'此罔孚而裕于进也。孟子久于齐，此罔孚而裕于退也。"

六二　晋如。愁如。贞吉。受兹介福。于其王母。

【白话】六二，前进中感到忧愁，但如果能坚守正道，可获吉祥。还能得到极大的福分，这都是从祖母那里获得的。

【注释】①受兹介福：受到如此大的福分。兹，此。介，大。　②王母：指祖母。

《象》曰：受兹介福，以中正也。

【白话】《象传》说："得到极大的福分"，是因为能持守中正之道。

【注释】①中正：六二以柔居阴位，又位于内卦之中，故称"中正"。

【讲解】六二阴爻处阴位，又在下卦中位，中而且正。但在升进过程中，由于与六五不能相应，缺乏上方援引，仍会遇到困难，以致忧愁思虑。不过，只要坚守中正之道，仍然吉祥。还可以由祖母即六五那里得到极大的福分。

liù sān　　zhòng yǔn① huǐ wáng
六三　众允　悔亡。

【白话】六三，（前进中）得到众人的信赖认可，不会产生悔恨。

【注释】①允：信。

xiàng　yuē　zhòng yǔn zhī　zhì shàng xíng yě
《象》曰：众允之，志上行也。

【白话】《象传》说："（前进中）得到众人的信赖认可"，是由于自己和众人的志向都是向上升进。

【讲解】六三阴爻阳位不正，又不在中位，但由于下方的两个阴爻志同道合，都有要上升的志向，得到众人的信赖与支持，当然不会有悔恨。程颐说："以六居三，不得中正，宜有悔咎，而三在顺体之上，顺之极者也。三阴皆顺上者也。是三之顺上，与众同志，众所允从，其悔所以亡也。"

jiǔ sì　　jìn rú shí shǔ①　zhēn lì
九四　晋如鼫鼠。贞厉。

【白话】九四，前进时胆小如鼠，即使能够严守自己的本分，也免不了凶险。

【注释】①鼫鼠：就是硕鼠，大老鼠。

xiàng　yuē　shí shǔ zhēn lì　wèi bù dāng① yě
《象》曰：鼫鼠贞厉，位不当也。

【白话】《象传》说："前进时胆小如鼠，即使能够严守自己的本分，也免不了灾祸"，是因为处在不正当的地位。

【注释】①位不当：指九四为阳爻而居阴位。

【讲解】九四阳爻居阴位，不中不正，象征一个野鼠般贪婪的人，晋升到高位，即或行为正当，前途也有危险。朱熹说："不中不正，以窃高位，贪而畏人，盖危道也。故为鼫鼠之象。占者如是，虽正亦危也。"《周易折中》案："此卦以象辞观之，则九四以一阳而近君，康侯之位也。参之爻义，反不然者，盖卦义所主在柔，则刚正与时义相反。当晋时，居高位，而失静正之道，乖退让之节，贪而畏人，则非鼫鼠而何？'贞厉'者，戒其以持禄保位为常，而不知进退之义也。"

六五　悔亡。失得勿恤①。往吉无不利。

【白话】六五，没有悔恨，也不患得患失。只要勇往直前，就会获得吉祥，无所不利。

【注释】①恤：忧虑。

《象》曰：失得勿恤，往有庆也。

【白话】《象传》说："不患得患失"，是说只要勇往直前，一定会有喜庆之事。

【讲解】六五阴爻居阳位，虽地位不当，但六五是上卦离即光明的主爻，下卦坤是顺，象征以光明磊落的态度高居君位，下属又柔顺服从，因而不会有悔恨。既然如此，就不必再患得患失了。朱熹说："以阴居阳，宜有悔矣。以大明在上，而下皆顺从，故占者得之，则其悔亡。又一切去其计功谋利之心，则'往吉'而'无不利'也，然亦必有其德，乃应其占耳。"

上九　晋其角。维用伐邑①。厉吉无咎。贞吝。

【白话】上九，前进到了极点，就像到达兽角尖一样，再也无可前进、无所可容。只能出兵讨伐那些不服从的城邑，可以转危为吉，没有灾咎。然而，这虽是正当的行为，也不免羞辱。

【注释】①邑：领地内的村镇。

《象》曰：维用伐邑，道未光也。

【白话】《象传》说："只能出兵讨伐那些不服从的城邑"，是因为其道未能发扬光大的缘故。

【讲解】上九处于晋升的极点，又是刚强的阳爻，再往上升，就如钻牛角尖一样，没有回旋的余地。但上九阳刚，因而仍有力量讨伐那些不服从的城邑，行为正当，也可免灾。然而，有叛乱，就意味着自己治理不善，也说明尽善之道没有能够发扬光大，这对当政者来说无疑是一种耻辱。《周易折中》案："'晋其角'者，是知进而不知退者也。知进而不知退者，危道也。然亦有危道使然，而进退甚难者，惟内治其私，反身无过。如居家则戒子弟、戢僮仆，居官则杜交私，严假托。皆伐邑之谓也。如此则虽危而吉无咎矣。若以进为常，纵未至于危也。宁无愧于心乎？"

明夷卦第三十六

（离下坤上） ䷣ 明夷① 利艰贞。

【白话】明夷卦，有利于在艰难中坚守正道。

【注释】①明夷：卦名。夷，同痍，有创伤的意思。

【讲解】明夷，即光明受到损害。本卦和晋卦一样，也是由坤、离二卦组成，只不过与晋卦相反，是上卦为坤为地，下卦为离为明，所以成了"明入地中"之象。明入地中，象征邪恶当道，光明遭创伤之时，因而卦名为"明夷"。《序卦传》说："晋而不已，必有所伤，故受之以明夷。"程颐说："夫进之不已，必有所伤，理自然也。明夷所以次晋。为卦坤上离下，明入地中也。反晋成明夷，故义与晋正相反。晋者，明盛之卦，明君在上，群贤并进之时也。明夷，昏暗之卦，暗君在上，明者见伤之时也。日入于地中，明伤而昏暗也。故为明夷。"

这一卦的主爻六五虽然在上卦的中位，但阴爻柔弱，又被上下的阴爻所包围，象征贤者以明德被创伤，处境非常艰难。惟有在艰难中坚守正道，才会有利。

《彖》曰：明入地中，明夷。内文明①而外柔顺②，以蒙大难，文王以之③。利艰贞，晦④其明也。内难而能正其志，箕子以之⑤。

【白话】《彖传》说：光明隐没在大地之中，如光明受创伤，所以叫明夷。内怀文明之德，外用柔顺之道，就可以承受大难，周文王就是这样安全脱险的。所谓"有利于在艰难中坚守正道"，是说当危难之际，应隐藏自身的明德，蒙难于内，而能守着正大的志向，就像殷代贤臣箕子所做的那样。

【注释】①内文明：指内卦为离为明。 ②外柔顺：指外卦为坤为柔顺。 ③文王以之：指周文王被纣王囚禁在羑里时，由于能"内文明而外柔顺"，从而安全脱险。 ④晦：幽暗。这里指隐藏光明。 ⑤箕子以之：箕子为纣王的叔叔，见纣王残暴无道，于是晦藏其光明的德性，装疯避祸，持守着正道。

《象》曰：明入地中，明夷。君子以莅众①，用晦而明。

【白话】《象传》说：明夷卦的上卦为坤为地，下卦为离为火为明，有明入地下之象。光明隐没入地下，象征着光明受到创伤，所以卦名为"明夷"。君子有鉴于此，当莅临政事、治理大众时，隐藏自己的明德和智慧，以平易的态度接近，仿佛不知不闻，内心却明察一切，从而使天下光明大治。

【注释】①莅：亲临。

【讲解】《老子》中说："其政察察，其民缺缺。"可作为这段象辞的注解。

初九　明夷于飞。垂其翼。君子于行。三日不食。有攸往。主人有言①。

【白话】初九，光明受到损害，就像受伤的鸟在飞行中低垂着翅膀一样。在这样的情况下，君子离开出走，三天没有吃东西。就是有投靠的地方，也会受到主人无礼的责难。

【注释】①主人有言：主人有责难的话语。

《象》曰：君子于行，义不食也。

【白话】《象传》说：君子离开出走，三天不食，是因君子坚持道义和原则，不接受他人之食。

【讲解】荀爽说："火性炎上，离为飞鸟，故曰于飞。为坤所抑，故曰垂其翼。阳为君子，三者阳德成也。日以喻君，不食者，不得食君禄也。阳未居五，阴暗在上，初有明德，耻食其禄。故曰君子于行，三日不食也。"

也有人认为，这是指伯夷不吃周朝的谷粮。君子坚持自己的理想，不能被社会接纳。即便出任官吏，也会受到君主的非难。为了坚持道义，惟有不接受君主的俸禄。这一爻，说明在光明受到遮蔽的黑暗时期，贤能的君子惟有退避韬光养晦以自保。

六二　明夷。夷于左股。用拯①马壮吉。

【白话】六二，光明受到损害，如同伤了左边大腿，如果用强壮的骏马拯救，可获吉祥。

【注释】①拯：挽救，拯救。

《象》曰：六二之吉，顺以则①也。

【白话】《象传》说：六二爻可获吉祥，是因为德性柔顺而能遵循法则。

【注释】①顺以则：六二阴爻居阴位，居中得正，象征柔顺而能遵循中正的原则。

【讲解】光明受到损害，六二比初九所受的伤害更重。初九还可以飞，六二已经行动困难了。不过，迅速挽救，仍然会吉祥。朱熹说："伤而未切，救之速则免矣。故其象占如此。"王宗传说："六二文明之主也。以六居二，柔顺之至。文王以之。"有论者认为，这是指周文王拯救殷纣王的遗民。

九三　明夷于南狩①。得其大首。不可疾贞。

【白话】九三，光明受到损害之时，到南郊狩猎，必能捕获大头的猛兽。当受挫之时，凡事不可操之过急，应当坚守正道，持之以恒。

【注释】①狩：猎。

《象》曰：南狩之志，乃得大也。

【白话】《象传》说：到南方狩猎的目的，就是为了要有很大的收获。

【讲解】古代认为南上北下，南方是光明的方位。因而，往南进取，必有大得。这就是本爻辞中"南狩，得其大首"的由来。胡炳文说："二之救难，可速也。三之除，不可速也。故有'不可疾贞'之戒。"这一爻说明光明虽然受到损伤，但想要恢复也不能操之过急。有论者认为，这是指周文王被暴君纣王囚禁在羑里，隐忍得以脱险，终于发动革命。

六四　入于左腹①。获明夷之心。于出门庭。

【白话】六四，进入左边的腹部，就能够获知光明受创的内情。于是坚定地跨出门庭，离开这里。

【注释】①入于左腹：这里比喻进入到黑暗之地。

《象》曰：入于左腹，获心意也。

【白话】《象传》说："进入左边的腹部"，因此能够获知对方将要伤害明德的心意，从而及时避祸。

【讲解】南怀瑾先生认为，右尊左卑，"入于左腹"就是说要进入卑鄙的心腹之中，才能获知伤害光明的暴徒的心意。这样接近暴君，不会有危险，留在家中，反而招祸，所以要入虎穴，到朝廷中去避祸，有"大隐于市"的意思。

从卦象来说，六四以阴爻居阴位，是为得位，又上比六五，所以说"获心意"，是获知君上损害光明的心意。有论者认为，这一爻是指纣王的兄长微子察觉到纣王的残暴用心，知道其心意不可挽回，于是离开宫廷，而到周国避难以保存商汤的裔胄。胡炳文说："初、二、三，在暗外。至四则将入暗中。然比之六五，则四尚浅也。犹可得意于远去。'获明夷之心'者，微子之自靖。'于出门庭'者，微子之行遁也。"

六五　箕子之明夷。利贞。

【白话】六五，如果像箕子那样晦藏明德而不外露，装疯以自保，则有利于坚守正道。

《象》曰：箕子之贞，明不可息也。

【白话】《象传》说：箕子坚守正道，说明光明是不会熄灭的。

【讲解】《史记·宋世家》中记载，纣王暴虐，箕子劝谏不听，有人劝告他逃亡。箕子说："为人臣下，劝谏不听就离去，岂不是暴露君王的罪行，自己讨好于人民，我不忍这样做。"于是，就披头散发，假装疯狂以避祸，爻辞所说"箕子之明夷"，也就是伤害自己的明德以守正的意思。朱熹说："居至暗之地，近至暗之君，而能正其志，箕子之象也。贞之至也。'利贞'，以戒占者。"

上六　不明晦。初登于天。后入于地。

【白话】上六，没有光明，反而会变黑暗。犹如太阳刚开始时升起在天空，而后来却堕入地下。

《象》曰：初登于天，照四国①也。后入于地，失则也。

【白话】《象传》说："太阳刚开始时升起在天空"，是指其光明普照四方各国；"后来却堕入地下"，是因为违背了正义的原则，最终堕入黑暗。

【注释】①四国：四方各国，指势力范围的整体。

【讲解】苏轼说："六爻皆晦也，而所以晦者不同。自五以下，明而晦者也。若上六，不明而晦者也。故曰'不明晦'。"胡炳文说："下三爻以'明夷'为句首，四、五'明夷'之辞在句中，上六不曰明夷，而曰不明晦。盖惟上六不明而晦，所以五爻之明，皆为其所夷。"

这一爻，强调行事违背正义原则，必然遭到失败。有论者认为这是指纣王暴虐，惊动四方，而后灭亡，犹如太阳登天，一开始普照四方，最后却堕入黑暗。

家人卦第三十七

（离下巽上） ䷤ 家人① 利女贞。

【白话】家人卦，有利于女人持守正道。

【注释】①家人：卦名。即一家之人。孔颖达说："明家内之道，正一家之人，故谓之家人。"

【讲解】家人，即居于同一家的人。家人卦阐明治家的道理，以及与家人相处之道。家道正，国家社会也一定可以安定，这就这一卦的意义所在。程颐说："家人者，家内之道。父子之亲，夫妇之义，尊卑长幼之序，正伦理，笃恩义，家人之道也。卦外巽内离，为风自火出。火炽则风生，风生自火，自内而出也。自内而出，由家而及于外之象。二与五，正男女之位于内外，为家人之道。明于内而巽于外，处家之道也。夫人有诸身者则能施于家，行于家者，则能施于国，至于天下治。治天下之道，盖治家之道也，推而行之于外耳。故取自内而出之象，为家人之义也。"

这一卦由巽、离二卦组成，离火明于内，巽风齐于外，中爻为水火既济，象征家庭的内部和融；又外卦的九五爻，与内卦的六二爻都得正。象征男人主外，女人主内，各守正道，所以，命名为"家人"。家人卦的卦辞，特别强调了妇女在家庭中的重要性。只有妇女持家守正，才会有一家的安定。

《彖》曰：家人，女正位乎内①，男正位乎外②。男女正，天地之大义也。家人有严君焉，父母之谓也。父父子子，兄兄弟弟，夫夫妇妇，而家道正。正家而天下定矣。

【白话】《彖传》说：一家之人，女人的正位在于主持家内事务，男人的正位在于主持家外事务。男女各守正位，是天地间的大道。一家人中有严君，这就是父母。父亲、儿子、兄长、弟弟、丈夫、妻子，各守其正位，各尽其本分，则家道就端正了。家道端正，则天下也就安定了。

【注释】①女正位乎内：指六二阴爻居于内卦的中位。 ②男正位乎外：指九五阳爻居于外卦的中位。

【讲解】王肃说："凡男女所以能各得其正者，由家人有严君也。家人有严君，故父子夫妇各得其正。家家咸正，而天下之治大定矣。"

儒家以孝悌一切道德的根本，认为家庭的伦理规范，可延伸到国家、天下，成为政治规范。所以家正，则天下正。在《论语·为政》中，有人问孔子："你什么不从事政治呢？"孔子回答说："《尚书》上说，'孝就是孝敬父母，友爱兄弟。'把这孝悌的道理施于政事，也就是从事政治，又要怎样才能算是为政呢？"这段对话，可作为家人卦《象传》的一个注解。

《象》曰：风自火出，家人。君子以言有物①，而行有恒。

【白话】《象传》说：家人卦的外卦为巽为风，内卦为离为火，有风从火出之象。风从火出，说明外部的风来自于本身内部的火，犹如家庭的影响和作用都产生于内部，所以卦名为"家人"。君子应当领会其中的精神，言语要有具体实在的内容，行为应贯彻一定的原则，有始有终。

【注释】①物：物为实，因而有不虚空的意思。

初九　闲①有②家。悔亡。

【白话】初九，持家应防患于未然，就不会有悔恨的事发生。

【注释】①闲：本义为栏栅，这里引伸为预防、防止。　②有：助词，闲有家，即闲其家之意。

《象》曰：闲有家，志未变也。

【白话】《象传》说："持家应防患于未然"，是说在家人正固的心志还没有改变之前，就要预告有所防范。

【讲解】初九以阳爻居阳位，在家人之初，它有以正道防闲其家的象征。王弼说："凡教在初，而法在始。家渎而后严之，志变而后治之，则悔矣。处家人之初，为家人之始，故必'闲有家'，然后'悔亡'也。"这一爻说明家道初成之时，应对家人的行为有所规范，如此便不会有悔恨的后果。

六二　无攸遂。在中馈①。贞吉。

【白话】六二，在外没有事情可以完成，惟有在家中料理好饮食起居，这合乎正道，可获吉祥。

【注释】①馈：饷，即将所做的饮食给人吃。

《象》曰：六二之吉，顺以巽也。

【白话】《象传》说：六二爻的吉祥，在于其具有柔顺而谦逊的德性。

【讲解】六二爻阴爻阴位，过于柔顺，并不能主动完成任何事情。不过，其位得正，又在内卦的中位，柔顺中正，象征着家中妇人应有的德性。不出门做事，而在家中料理好一家人的饮食起居，这就是象辞说的"正位乎内"，结果是吉祥的。朱熹说："六二柔顺中正，女之正位乎内者也。故其象占如此。"程颐说："六二以阴柔之才而居柔，不能治于家者也。故'无攸遂'。无所为而可也。夫以英雄之才，尚有溺情爱而不能自守者，况柔弱之人，其能胜妻子之情乎？如二之才，若为妇人之道则其正也。柔顺中正，妇人之道也。故'在中馈'，则得其正而吉也。妇人居中而主馈者也。故云'中馈'。"

九三　家人嗃嗃①。悔厉。吉。妇子嘻嘻②。终吝。

【白话】九三，治家严厉，虽然会有后悔和危厉之事，但最终可获吉祥。治家过于松散，妇人和孩子随意嬉闹，嘻嘻哈哈，最终会有困苦。

【注释】①嗃嗃：严厉的样子。　②嘻嘻：嘻笑之声。

《象》曰：家人嗃嗃，未失也。妇子嘻嘻，失家节也。

【白话】《象传》说：治家严厉，最终可获吉祥，因为这样做没有违背正道。妇人和孩子随意嬉闹，嘻嘻哈哈，最终会有困苦，因为这失去了持家的法度。

【讲解】九三在内卦最上位，象征一家之主；又以阳爻居阳位，有刚强之风，故治家严厉。治家严厉，难免会有后悔的事发生，但行为合乎正道，所以是吉祥的。相反，如果治家不严，失去了持家的法度，妻子儿女整天嘻嘻哈哈，就会使家境变得艰难。王弼说："以阳居阳，刚严者也，处下体之极，为一家之长，行与其漫也宁过乎恭，家与其渎也宁过乎严，是以家虽嗃嗃悔厉，犹得吉也。妇子嘻嘻，失家节也。"

六四　富①家大吉。

【白话】六四，使家里富裕起来，可获大吉。

【注释】①富：增加财富。

《象》曰：富家大吉，顺在位①也。

【白话】《象传》说:"使家里富裕起来,可获大吉",是因为能顺从本分,处于适当之位。

【注释】①顺在位:指六四以阴爻居于柔顺的阴位,所以位正。

【讲解】朱熹说:"阳主义,阴主利。以阴生阴,而在上位,能富其家者也。"六四阴爻阴位得正,又是外卦巽谦逊顺从的开始,能守正道,又能谦逊,顺从本分理家,当然会使家庭富足,所以大吉。

九五 王假①有②家。勿恤③吉。

【白话】九五,君王来到家中,不用忧愁,可获吉祥。

【注释】①假:通"格",到。《礼记·祭统》中有"王假有庙"。 ②有:于。 ③恤:忧。

《象》曰:王假有家,交相爱①也。

【白话】《象传》说:"君王来到家中",是说君王使天下人相亲相爱。

【注释】①交相爱:彼此亲爱。

【讲解】九五阳爻刚健、中正,又处在至尊的"五"位,象征君王。九五与内卦柔顺中正的六二相应,象征君王来到六二的女家,相亲相爱,无忧无虑,结果吉祥。程颐说:"九五男而在外,刚而处阳,居尊而中正,又其应顺正于内,治家之至正至善者也。"

上九 有孚威如①。终吉。

【白话】上九,治家既讲诚信又有威严,最终可获吉祥。

【注释】①威如:威严的样子。

《象》曰:威如之吉,反身①之谓也。

【白话】《象传》说:治家有威信而获吉祥,是说要经常反省自身,严于律己。

【注释】①反身:反省己身。

【讲解】上九阳爻处家人卦最上位,象征一家的家长。治家不可缺少诚信,家长以诚信治家,必然能感化家人向善;治家还需要威严,因为如果过分亲近随和,以致缺乏威严,就不能使家人尊敬服从。治家的基本原则,就在于诚信与威严。程颐说:"上卦之终,家道之成也,故极言治家之本。治家之道,非至诚不能也。故必中有孚信,则能常久，而众人自化。为善不由至诚，已且不能常守也，况欲使人乎？故治家以有孚为本。治家者，在妻孥情爱之间，慈过则无严，恩胜则掩义。故家之患，常在礼法不足而渎慢生也。长失尊严，少忘恭顺，而家不乱者，未之有也。故必有威严则能终吉。保家之终，在'有孚''威如'二者而已。故于卦终言之。"

睽卦第三十八

（兑下离上） ䷥ 睽① 小事吉。

【白话】睽卦，做小事可获吉祥。

【注释】①睽：卦名。有睽违、违背、乖异、分离之义。

【讲解】睽卦阐释事物的差异性和同一性，讲的全是如何化睽为合，在异中求同，告诫人们要懂得合必有离、离必有合，同中有异、异中有同的道理，有效运用离合异同的必然法则，才能因应变化，有所作为。这一卦中的六爻，即象征事物都处在离异状态，又都能走在一块。

这一卦由离、兑二卦组成，上卦离为中女、媳妇，下卦兑为少女、女儿。媳妇与女儿均各为其夫家着想，她们的思想和行为往往不能协调，甚至相违背。中互为水火既济，象征应在互利的情况下协调，取得合作的喜悦，这就是"同中取异，异中求同"的道理所在。

郑玄曰："睽，乖也。火欲上，泽欲下，犹人同居，而异志也，故谓睽。二五相应，君阴臣阳，君而应臣，故小事吉。"程颐说："睽，《序卦》：'家道穷必乖，故受以睽。睽者，乖也。'家道穷则睽乖离散，理必然也。故家人之后，受之以睽也。为卦上离下兑。离火炎上，兑泽润下，二体相违，睽之义也。又中、少二女，虽同居而所归各异。是其志不同行也，亦为睽义。"

《彖》曰：睽，火动而上①，泽动而下②。二女同居③，其志不同行。说而丽乎明④，柔进而上行，得中而应乎刚⑤，是以小事吉。天地睽而其事同也，男女睽而其志通也，万物睽而其事类也。睽之时用大矣哉！

【白话】《彖传》说：睽卦，火焰燃烧而向上，泽水流动而润下。犹如二女同住在一起，心志不同而行为各异。如果能以喜悦之情追随附和光明，以柔顺之性前进向上，恰如其分地顺应阳刚者，做小事就可以获得吉祥的结果。天地睽违，天阳地阴，天高地卑，但化育生成万物的事功却是相同的；男女睽违，男刚女柔，但彼此的意志可以沟通；万物睽异，形态各不相同，但生生不息的生长过程是相类似的。睽卦的时用意义是很大的啊！

【注释】①火动而上：指上卦为离为火。 ②泽动而下：指下卦为兑为泽。 ③二女同居：指离为中女，兑为少女。 ④说而丽乎明：兑为悦，离为丽为明。 ⑤得中而应乎刚：指六五柔居尊位得中，下应九二。

xiàng yuē shàng huǒ xià zé kuí jūn zǐ yǐ tóng ér yì
《象》曰：上火下泽，睽。君子以同而异。

【白话】《象传》说：睽卦的上卦为离为火，下卦为兑为泽水，火炎于上而水浸于下，象征对立，因而卦名为"睽"。君子当领会其中精神，行事合而不同，求同存异。

【讲解】荀爽说："大归虽同，小事当异。百家殊职，四民异业。文武并用，威德相反。共归于治，故曰君子以同而异也。"

chū jiǔ huǐ wáng sàng mǎ① wù zhú zì fù jiàn è rén wú jiù
初九 悔亡。丧马 勿逐自复。见恶人。无咎。

【白话】初九，没有悔恨的事，跑失的马不必去追寻，马自己会回来。虽然见到恶人，也不会有灾咎。

【注释】①丧马：马跑走了。

xiàng yuē jiàn è rén yǐ bì① jiù yě
《象》曰：见恶人，以辟 咎也。

【白话】《象辞》说："见到恶人"，与之适度交往，可以避免灾咎。

【注释】①辟：即避。

【讲解】初九与九四同为阳爻，九四不正位，不能相应，从而背离。在这种情况下，初九应该"守静"，即不必委屈自己而迁就象征恶人的九四，而是等待九四改正即可，犹如跑掉的马不必去找，让它自己回来。而且，即便是恶人，也应以宽容的态度对待，不以隔阂为念，适当与之交往，这样才可能化睽为合，避免灾咎。郑汝谐对此解释得很明白："居睽之初，在卦之下，必安静以俟之，宽裕以容之，睽斯合矣。'丧马勿逐'，久则自复，安静以俟之也。睽而无应，无非戾于己者，拒绝之则愈戾，故宽裕以容之也。合睽之道，莫善于斯。"

jiǔ èr yù zhǔ① yú xiàng wú jiù
九二 遇主 于巷。无咎。

【白话】九二，在街巷中遇见主人，不会有灾咎。

【注释】①主：主人，指六五爻。

《象》曰：遇主于巷，未失道也。

【白话】《象传》说："在街巷中遇见主人"，并没有违背正道。

【讲解】九二与六五阴阳正应，本应宾主相会，但处睽违的环境中，难以相见。于是到处寻找，终于在街巷中相遇。宾主相见，本应在大堂之上，如今却在小巷中遇见，虽不合常规，却也没有违背正道，所以不会有灾咎。《周易折中》案："春秋之法，备礼则曰会，礼不备则曰遇。《睽》卦皆言遇，'小事吉'之意也。又礼：君臣宾主相见，皆由庭以升堂，巷者近宫垣之小迳。故古人谓循墙而走，则谦卑之义也。谦逊谨密，巽以入之，亦'小事吉'之意也。"

六三 见舆曳①。其牛掣③。其人天④且劓⑤。无初有终。

【白话】六三，见到大车的后边被拖住，前面驾车的牛受到牵制，处境困难，犹如一个人被刺面割鼻。虽然开始极为困难，但最终会有好的结果。

【注释】①舆：车。②曳：引，拖曳。③掣：牵制。④天：黥额。⑤劓：割鼻。

《象》曰：见舆曳，位不当也。无初有终，遇刚也。

【白话】《象传》说："见到大车的后边被拖住"，是因为所处的地位不恰当。"开始极为困难，但最终会有好的结果"，是说最终能和阳刚者。

【讲解】睽卦的爻辞，都是先和乖离，最后仍是合同，本爻也是如此。六三与上九相应，前往上九处相会，却因以阴爻处阳位不正，受到前后牵制，后方被九二拖住大车，前方九四又挡着牛，这样的处境，犹如一个人被黥额割鼻，身受重创。不过，困难终于得以消除，开始虽然不利，最终仍会有好的结果，终于见到了上九。

九四 睽孤。遇元夫①。交孚。厉无咎。

【白话】九四，身处乖离的环境，孤立无援之际，遇到一位大人，彼此诚信相交，虽有危险，但最终不会有灾咎。

【注释】①元夫：大人，指有地位的人。

《象》曰：交孚无咎，志行也。

【白话】《象传》说："彼此诚信相交，不会有灾咎"，因为他们在交往中都实现了自己的志愿。

【注释】①交孚：以诚信相交。

【讲解】九四当与初九相应，但因九四不在正位，而二者都是阳爻，不能应援；九四前后又被阴爻包围，以致孤立。不过，初九刚毅，只要相互信任，就能够彼此帮助，避免灾咎。孔颖达说："元夫，谓初九也。处于卦始，故云元。"王申子认为："四居近臣之位，独立无与，幸有初九同德君子，与之相遇，四能交之以诚，则睽不孤矣。然当睽之时，必危厉以处之，乃得无咎。"

六五 悔亡。厥宗噬肤。往何咎。

【白话】六五，没有悔恨的事。要遇见同宗之人，就像咬食柔软的肉那样容易。这样的话，前往能有什么灾咎呢？

【注释】①厥：其。 ②宗：宗族。 ③肤：柔软而容易咬食的肉。

《象》曰：厥宗噬肤，往有庆也。

【白话】《象传》说："就像咬食柔软的肉那样容易"，说明前往必有喜庆之事。

【讲解】六五以阴爻居阳位，柔弱而不正，却身处至尊的"五"位，本当有悔吝之事。不过，六五处在上卦的中位，与九二阴阳相应，可以得到应援，也就不会有悔恨的事发生了。其宗族，即指应援的九二。九二面前的阻碍六三阴柔不正，因而九二能很轻易地将其排除，就像咬柔软的肉一样，从而与六五会合。有了强援，前进必得喜庆。

上九 睽孤。见豕负涂。载鬼一车。先张之弧。后说之弧。匪寇婚媾。往遇雨则吉。

【白话】上九，身处乖离的环境，孤立无援之际，远远地似乎见到一头满身污泥的猪和一辆装满了恶鬼的车，于是张弓欲射，后来又放了下来。原来仔细一看，发现遇到的并不是盗寇，而是前来求婚的队伍。往前走遇到雨，可获吉祥。

【注释】①豕负涂：满身泥的猪。豕，猪。负，背。涂，泥涂。 ②弧：弓。 ③说：通"脱"。

《象》曰：遇雨之吉，群疑亡也。

【白话】《象传》说：遇到雨而吉祥，是因为种种疑虑都打消了。

【注释】①群：众多。

【讲解】上九与六三相应，但六三在前来会合的路上，前后都有刚爻牵制，就像陷在泥淖中的猪，满身污泥。而上九为睽卦的极点，处在极端乖离的环境中，难免疑神疑鬼，见到艰难行进中的六三，以为是一车鬼怪，张弓要射。幸好冷静下来，看清真相，澄清了误会，就像遇到雨冲刷掉泥污，种种疑虑得以消除。这一爻，说明要打破乖离的状态，异中求同，必须消除猜疑，坦诚相见。

蹇卦第三十九

（艮下坎上） 蹇①　利西南。不利东北。利见大人。贞吉。

【白话】蹇卦，有利于往西南方，不利于往东北方。有利于见大人。坚守正道，必获吉祥。

【注释】①蹇：卦名。原义是跛，引伸为艰险、险难的意思。

【讲解】蹇卦由坎、艮二卦组成，坎为险在上，艮为止在下，受险止而不进，有蹇难之象，所以命名为"蹇"。这一卦主要阐释如何面对困境的原则。屯卦讲困难，要求见险能动；蹇卦则相反，要求见险能止，止而求进。辞卦认为，进退要合乎时宜，要有"大人"的帮助，还要坚守正道，方能突破困难和逆境。卦中六爻，分别呈现了对付困境的不同情况。

按《说卦传》解释，坤卦在西南，艮卦在东北。南怀瑾先生认为，《易经》中的象征，并不固定，凡是一阳二阴的卦形，都是由坤卦演变而来。所以，蹇卦的上卦坎，也可以看作坤，指西南。"坤"又是地，容易行走，所以说"利西南"。下卦艮，在方位上代表东北。艮为山，前进有险，又走山路，等于逼自己走绝境，所以说"不利东北"。

《彖》曰：蹇，难也。险在前也。见险而能止，知矣哉！蹇利西南，往得中也。不利东北，其道穷也。利见大人，往有功也。当位贞吉，以正邦也。蹇之时用大矣哉！

【白话】《象传》说：蹇，是困难、艰难的意思，意味着艰险在前。见到艰险而能停止不前，这是非常明智的呀！蹇卦"有利于往西南方"，是因为前往能得中位而居。"不利于往东北方"，是因为这会陷入穷途末路。有利于见伟大的人物，是因为前往必可获得成功。"地位正当，坚守正道，可获吉祥"，是因为这样可以治理、树正邦国。由此可见，蹇卦的时用意义是多么伟大啊！

《象》曰：山上有水，蹇。君子以反身修德。

【白话】《象传》说：蹇卦上卦为坎为水，下卦为艮为山，为山上有水之象。山高难越，水深难涉，象征艰难险阻、行动困难，因而卦名为"蹇"。君子有鉴于此，应该反省自身，修养自己的德行。

【注释】①反身：反省自身。

初六　往蹇来誉。

【白话】初六，前往行事会遇上困难，返回来将获得称誉。

【注释】①往：前进。　②来：退，回来停留在原处。

《象》曰：往蹇来誉，宜待也。

【白话】《象传》说："前往行事会遇上困难，返回来将获得称誉"，说明应该安心等待时机，不可妄动。

【注释】①待：指等待时机。

【讲解】初六阴爻阳位，柔弱不正，又无法与上卦的六四相应，勉强前进，必将陷入上卦坎的危险中。因而，前往会遇上困难。惟有了解当前的形势，返回来停留原处，以等待时机，才会得到荣誉。朱熹说："往遇险，来得誉。"王弼说："处难之始，居止之初，独见前识，睹险而止，以待其时，故往则遇险，来则得誉。"这一爻，说明不可轻率冒险。

六二　王臣蹇蹇。匪躬之故。

【白话】六二，君王的臣子奔走在危难之中。他这样做，并不是为了他自己。

【注释】①匪躬：并非自身的缘故。匪，非。躬，指自身、自己。

《象》曰：王臣蹇蹇，终无尤①也。

【白话】《象传》说："君王的臣子奔走在危难之中"，最终是不会有怨尤的。

【注释】①尤：怨尤。

【讲解】程颐说："二以中正之德居艮体，止于中正者也。与五相应，是中正之人，为中正之君所信任，故谓之王臣。"六二以阴爻处阴位，得正得中，又与上卦处尊位的刚健的九五相应，应当可以顺利向前。然而，上卦艮为险，九五正陷在险的中央。作为臣子的六二，只有奋不顾身，前往济难。这样不论结局如何，最后都不会有怨尤。后世以"匪躬"来形容忠臣报国，就是出自这一爻。

九三　往蹇来反①。

【白话】九三，前往行事遇上困难，最好还是返回原地。

【注释】①反：返回。

《象》曰：往蹇来反，内①喜之②也。

【白话】《象传》说："前往行事遇上困难，最好还是返回原地"，是因为内心希望能如此。

【注释】①内：内部，指内卦中的初六、六二两阴爻。　②之：指回到原地。

【讲解】九三在内卦的最上方，也是内卦唯一的阳爻，是其他两个阴爻的主导和依靠。不过，九三与外卦的上六相应，一心想要升进。可是，九三处外卦坎险之下，形势艰险，困难重重，只好返回内卦。这么做，不但使内卦的两个阴爻喜悦，而且本身也安泰。吴慎说："九三刚正，为艮之主，所谓见险而能止者，故来而能反止于其所。"

六四　往蹇来连①。

【白话】六四，前往行事遇上困难，应该返回联合其他力量，以解困局。

【注释】①连：联合。这里指六四联合九三。朱熹说："连于九三，合力以济。"

《象》曰：往蹇来连，当位实也。

【白话】《象传》说："前往行事遇上困难，应该返回联合其他力量"，是因为其所处的位置决定了他应该这样去做。

【讲解】六四爻已经处于上卦坎的险境中，面前困难重重。不过，六四毕竟阴爻阴位得正，怀有救世救人的理想，即象辞所说的"当位实也"。其近邻九三也阳爻阳位得正，志同道合。因此，既然前行有困难，不如反过来与阳刚的九三联合，以图解危济难。

荀爽则认为，六四的"来连"，是指连九五，而非九三，他说："蹇难之世，不安其所，故曰'往蹇'也，来还承五，则与至尊相连，故曰'来连'也。"《周易折中》案："荀氏以'来连'为承五，极为得之。《易》例：凡六四承九五，无不著其美于爻象者，况蹇有'利见大人'之文乎？若三则于五无承应之义，而为内卦之主，固不当与四并论也。"以上看法，可备参考。

九五　大蹇朋来。

【白话】九五，行事极为艰难，但有朋友前来援助。

《象》曰：大蹇朋来，以中节①也。

【白话】《象传》说："行事极为艰难，但有朋友前来援助"，是因为他能够坚守正道，行为合乎中正的原则。

【注释】①中节：指符合中正的原则。

【讲解】九五象征君主，身处上卦坎险的中央，形势极为艰难。不过，九五刚健中正，颇得人心，在困境中，必定会得到众人的支援。本卦初六、九三、六四三爻待机而动，六二不计自身得失前进，就是"朋来"的具体表现。朱熹说："'大蹇'者，非常之蹇也。九五居尊，而有刚健中正之德，必有朋来而助之者。占者有是德，则有是助矣。"

上六　往蹇来硕①。吉。利见大人。

【白话】上六，前往行事遇上困难，返回来则大有收获，是吉祥的。有利于见到大人物。

【注释】①硕：大。

《象》曰：往蹇来硕，志在内①也。利见大人，以从贵也。

【白话】《象传》说："前往行事遇上困难，返回来则大有收获"，是因为其心志在内的缘故。"利于见到大人"，是说要依附跟从尊贵的大人物，以共挽时艰。

【注释】①志在内：志向在于向内依附于贵人。

【讲解】上六已经达到蹇艰的终极，前方无路可走。要打破艰难的局势，惟有回头向内，依附于刚健中正的贵人九五，共挽时艰，才会有丰硕的成就，得到吉祥的结果。

卷 六

解卦第四十

（坎下震上） ䷧ 解 利西南。无所往。其来复吉。有攸往。夙吉。

【白话】解卦，有利于往西南方行事。如果无须继续前往，返回原地，可得吉祥。如要有所行动，则应及早前往，才能获得吉祥。

【注释】①解：卦名。即解除蹇难。《序卦》云："物不可以终难，故受之以解。"②夙：早的意思。

【讲解】解卦，象征危难的舒解、困境的解除和解脱。从卦辞来看，舒解危难的原则有二：一是宜静不宜动，不要无事求功，妨害休养生息，这就是"无所往，其来复吉"；二是宜速不宜迟，要及早排解难题，以免积重难返，这就是"夙吉"。卦中六爻，呈现的就是及时处理内部问题的具体情况。

这一卦由坎、震二卦组成，内卦坎是险，外卦震是动，行动而脱出艰险之外，为困难解除之象，所以命名为"解"。程颐说："解者，散也。所以次蹇也。为卦震上坎下。震动也。坎，险也。动于险外，出乎险也。故为患难解散之象。又震为雷，坎为雨，雷雨之作，盖阴阳交感，和畅而缓散，故为解。解者，天下患难解散之时也。"

从变卦来看，升卦的"三"与"四"交换，就成为解卦。升卦的上卦坤，方位在西南，九三升入西南的坤，成为困难解除的解卦，所以说"利西南"。又因为西南的坤是地，德性柔和宁静，象征当艰难解除之后，就应当休养生息，才有利。所以不宜再有任何行动，应当回到原来的地方休息，才会吉祥。

《彖》曰：解，险以动。动而免乎险，解。解利西南，往得众也。其来复吉，乃得中也。有攸往夙吉，往有功也。

$$\underset{\text{tiān dì xiè ér}}{\text{天地解而}}\underset{\text{léi yǔ zuò}④}{\text{雷雨作}}，\underset{\text{léi yǔ zuò ér bǎi guǒ cǎo mù jiē jiǎ chè}⑤}{\text{雷雨作而百果草木皆甲坼}}。\underset{\text{xiè zhī shí dà yǐ zāi}}{\text{解之时大矣哉！}}$$

【白话】《象传》说：解，就是在险境中能积极行动。积极行动，方能脱出险境，免于危险，所以卦名为"解"。解卦有利于前往西南方，是因为如果前往，可得众人相助。所谓"返回原地，可得吉祥"，是因为能得中道而渐渐获吉。"如要有所行动，则应及早前往，才能获得吉祥"，是说前往方能建功立业。这就像天地一旦交融和解，就会有雷雨兴作；春雷震荡，甘霖润泽，则百果草木破土萌发，从而展露出勃勃生机。由此看来，解卦的时用意义真是太伟大了！

【注释】①险以动：是指解卦下卦为坎为险，上卦为震为动，故动而能免乎险。②得众：指西南为坤，坤为众。 ③得中：指九二居处内卦的中位。 ④雷雨作：指解卦下卦坎为水，上卦震为雷。 ⑤甲坼：种子裂壳而生出嫩芽。

$$\underset{\text{xiàng yuē}}{《象》曰：}\underset{\text{léi yǔ zuò}}{\text{雷雨作}}，\underset{\text{xiè}}{\text{解}}。\underset{\text{jūn zǐ yǐ shè}①}{\text{君子以赦}}\underset{\text{guò yòu}②}{\text{过宥}}\underset{\text{zuì}}{\text{罪}}。$$

【白话】《象传》说：解卦的上卦为震为雷，下卦为坎为水，有雷雨交作之象。春天雷雨交作，则万物脱壳而滋生，草木复苏，象征舒解，因此卦名为"解"。君子当效法其中的精神，赦免那些有过失的人，宽恕那些犯了罪的人。

【注释】①赦：免除。 ②宥：宽恕。

$$\underset{\text{chū liù}}{\text{初六}}\quad\underset{\text{wú jiù}}{\text{无咎}}。$$

【白话】初六，没有灾咎。

$$\underset{\text{xiàng yuē}}{《象》曰：}\underset{\text{gāng róu zhī jì}①}{\text{刚柔之际}}，\underset{\text{yì}②}{\text{义}}\underset{\text{wú jiù yě}}{\text{无咎也}}。$$

【白话】《象传》说：处在刚柔相济之时，理应没有灾咎。

【注释】①刚柔之际：是说初六之柔，应于九四之刚，刚柔相济为用。 ②义：此处当"宜"解。

【讲解】初六居解卦之初，在万物舒解之时，其性柔顺，又在不起眼的最下方，且与上卦的九四阴阳相应，所以不会有灾咎。本卦爻辞极其简单，只有"无咎"二字，其中原因，依胡炳文的说法是："恒九二'悔亡'、大壮九二'贞吉'、解初六'无咎'，三爻之占只二字，其言甚简，象在爻中，不复言也。"《周易折中》案："象'利西南'者，处后也。初应刚承刚而处其后，得卦义矣。义明，故辞寡。"

$$\underset{\text{jiǔ èr}}{\text{九二}}\quad\underset{\text{tián}①}{\text{田}}\underset{\text{huò sān hú}}{\text{获三狐}}。\underset{\text{dé huáng shǐ}②}{\text{得黄矢}}。\underset{\text{zhēn jí}}{\text{贞吉}}。$$

【白话】九二，打猎时捕获三只狐狸，又得到了黄色箭矢。坚守正道，可获吉祥。

【注释】①田：田猎，打猎。　②黄矢：黄色的箭矢。矢，箭。箭为直，黄为中色，黄矢即比喻中而直之道。

《象》曰：九二贞吉，得中道也。

【白话】《象传》说：九二爻辞说"贞吉"，是因为能行中正之道。

【讲解】朱熹说："此爻取象之意未详。或曰：卦凡四阴，余六五君位，余三阴，即'三狐'之象也。大抵此爻为卜田之吉占。亦为去邪媚而得中直之象。能守其正，'则无不吉矣。'"

在世人心目中，狐是一种迷惑人的邪媚的动物，象征小人。这一爻有四个阴爻，除了六五处尊位外，其余的三个阴爻就象征着三只狐。九二要与君王六五相应，就必须先赶走迷惑君王的小人，因而有猎获三只狐之事。九二能成功地驱逐小人，在于其处内卦中位，只要坚守中庸、正直之道，就能使正义伸张，因而吉祥。"得黄矢"的比喻，就是在强调要坚持中庸、正直的原则。

六三　负且乘①。致寇至②。贞吝。

【白话】六三，背负重物，又乘坐在大车上，结果招来了强盗。即便守正道，还是会有困厄。

【注释】①负且乘：背负东西而坐在车上。　②致：招致。

《象》曰：负且乘，亦可丑也。自我致戎①，又谁咎②也？

【白话】《象传》说："背负重物，又乘坐在大车上"，这样的行为算是可耻的。自作自受，招来了盗寇而被抢掠，又能怪谁呢？

【注释】①戎：戎敌，指盗寇。　②咎：归咎于，抱怨。

【讲解】六三是阴爻，却在下卦的最高位，象征小人处在一个极高的地位。而且，六三阴爻居阳位，是不正。由于德行与地位不相称，必然会招来想夺取这一地位的人。就是坚守正道，也难脱困厄。胡瑗说："六三以不正之质，居至贵之地，是小人在君子之位也。故致寇盗之至，为害于己而夺取之。然而小人得在高位者，盖在上之人，慢其名器，不辨贤否而与之，以至为众人所夺，而致寇戎之害也。"

九四　解而拇①。朋至斯孚。

【白话】九四，摆脱小人的纠缠，犹如解开被束缚的脚拇趾，就会获得朋友的信任而前来相助。

【注释】①拇：脚大指叫拇。

$$《象》曰：解而拇，未当位也。$$

【白话】《象辞》说："摆脱小人的纠缠，犹如解开被束缚的脚拇趾"，是因为其所处地位不当。

【讲解】王弼说："四失位不正，而比于三，故三得附之为其拇也。三为之拇，则失初之应，故解其拇，然后朋至斯孚而信矣。"何楷说："解，去小人之卦也。卦惟二、四两阳爻，皆任解之责者。而，汝也。拇，足大指也。九四居近君之位，苟昵近比之小人而不解，则君子之朋虽至，彼必肆其离间之术矣。"

九四与初六相应，但二者所处都不是正位，是不正而应。不过，九四阳爻，象征君子；初六阴爻，象征小人。九四只有毅然摆脱初六，才会获得朋友的信任和支持。又初六处最下方，因而有"解而拇"的象征。

$$六五　君子维①有解。吉。有孚②于小人。$$

【白话】六五，君子只有解脱困境，方可获得吉祥。这应当以小人是否已经退却来验证。

【注释】①维：惟、思的意思。　②孚：验证。

$$《象》曰：君子有解，小人退也。$$

【白话】《象传》说：君子解脱困境，小人自然会畏惧而退却。

【讲解】朱熹说："卦凡四阴，而六五当君位，与三阴同类者，必解而去之则吉也。孚，验也。君子有解，以小人之退为验也。"六五虽为阴爻，但处君位，是君子。君子解脱困境，小人必然畏惧而退，结果才会吉祥。所以，君子是否已经解脱困境，应当以小人是否已经退去来验证。这就是君子道长而小人道消之理。

$$上六　公用射隼①于高墉②之上。获之无不利。$$

【白话】上六，王公射杀高踞城墙之上的老鹰，一箭射中而获之，没有什么不利的。

【注释】①隼：鹰。　②墉：城墙。

$$《象》曰：公用射隼，以解悖①也。$$

【白话】《象传》说："王公射杀老鹰"，表明解除了因叛乱而造成的危难。

【注释】①悖：悖逆。

【讲解】郑汝谐说："所谓公者，非上六也。言公于此爻当用射隼之道也。隼，指上之阴而言也。墉，指上之位而言也。"爻辞中的"公"即上六。上六处在最高位，故以"高墉"为象征。"隼"是恶鸟，象征小人，指六三。这一爻，是解卦的终结的一爻，一切困厄都得以舒解。六三与上六不相应，却仍贪恋高位，飞上高墙之上，意图叛乱，所以上六将其射落，不会有不利。

损卦第四十一

（兑下艮上） ䷨ 损① 有孚，元吉。无咎，可贞。利有攸往。曷之用②，二簋③可用享④。

【白话】损卦，心怀诚信，方得大吉，没有灾咎，且可以持守正道，有利于前往行事。在减损之时，用什么来享祀神灵呢？只需两簋食物就可以了。

【注释】①损：卦名。减损的意思。 ②曷之用：何以用之。曷，即何。 ③簋：古代盛食物用的器具。圆口，有两个耳子。 ④享：祭祀天地鬼神，使之来食。

【讲解】损，即减损。损卦由艮、兑二卦组成，上卦为兑为泽，下卦为艮为山，泽深山高，损其深，以增其高，这就是损卦的象征。本卦阐释在遭遇损失时，该如何自处的原则。程颐说："为卦艮上兑下。山体高，泽体深，下深则上益高，为损下益上之义。又泽在山下，其气上通，润及草木百物，是损下而益上也。又下为兑说，三爻皆上应，是说以奉上，亦损下益上之义。又下兑之成兑，由六三之变也；上艮之成艮，自上九之变也。三本刚而成柔，上本柔而成刚，亦损下益上之义。损上而益于下则为益，取下而益于上则为损。在人上者，施其泽以及下则益也，取其下以自厚则损也。"

这一卦来自泰卦，即泰卦的下卦减少一个阳爻，上卦增加一个阳爻，就成为损卦。这就是损下益上，即下层百姓的利益减损，上层君主的利益增加，但变化的重点在于减损，所以卦名为"损"。这种损下益上的减损，必须取之于民，用之于民，才能得到人民的信任而被接受，才是有利的。这就是卦辞说的"有孚，元吉，无咎"。心怀虔诚，即便在有所减损时，只以粗淡的食物祭祀，也能得到神灵的接受，说的就是"有孚，元吉"的道理。

《象》曰：损，损下益上，其道上行。损而有孚，元吉。

无咎，可贞。利用攸往，曷之用，二簋可用享。二簋应有时，损刚益柔有时。损益盈虚，与时偕行。

【白话】《象传》说：减卦，减损下方而增益上方，其运行的法则是自下而上的。虽减损于下，却心怀诚信，可得大吉，且没有灾咎，可以坚守正道，有利于前往行事。减损之时，何以享祀神灵？只需两簋食物就可以了。不过，用两簋食物享祀神灵，应该合乎时宜，讲究时机；减损刚强者而增益柔弱者，也要依时机而进行。无论是减损还是增益，盈满还是亏虚，都应当与时俱行，因时制宜。

【讲解】李鼎祚说："坤之上六，下处乾三，乾之九三，上升坤六，损下益上者也。阳德上行，故曰'其道上行'矣。"

《象》曰：山下有泽，损。君子以惩① 忿窒② 欲。

【白话】《象传》说：损卦的上卦为艮为山，下卦为兑为泽，为山下有泽之象。减损泽中之土，以增益山，因而山愈高而泽愈低，象征着减损，所以卦名为"损"。君子应当效法其中精神，以惩戒自己的忿怒，窒塞自己的欲望，自损不善而增益德行。

【注释】①惩：惩戒。 ②窒：窒塞。

【讲解】虞翻认为："君子泰乾，阳刚武为忿，坤阴吝啬为欲，损乾之初，成兑说，故惩忿，初上据坤，艮为止故窒欲也。"

初九 已① 事遄② 往，无咎。酌损之。

【白话】初九，祭祀大事，必须迅速前往进行，才不会有灾咎。祭品过于丰盛，需要酌量减损。

【注释】①已：祀。祭祀。 ②遄：速。

《象》曰：已事遄往，尚① 合志也。

【白话】《象传》说："祭祀大事，必须迅速前往进行"，因为这应合了上级的心志。

【注释】①尚：同"上"。

【讲解】虞翻曰："祀坤为事，谓二也。遄，速。酌，取也。三失正，初利，二速往，合志于五，得正无咎，酌损之象，曰上合志也。祀旧作已也。终成既济，谓二上合志于五也。"这是本爻的象学说明。

214

九二 利贞。征凶。弗损。益之。

【白话】九二，有利于坚守正道，但前行会有凶险。有时用不着自我减损，反而可以增益对方。

【注释】①征：行。　②弗：不。

《象》曰：九二利贞，中以为志也。

【白话】《象传》说：九二爻有利于坚守正道，是因为以奉行中庸之道作为自己的志向。

【讲解】九二以阳刚居损之时，处下卦之中，所以有利于坚守正道。不过，九二处在不高不下的适中位置上，本身地位又不很稳固，不宜轻举妄动。只有持守中庸之道，既不偏激也不过于保守，以此作为始终不变的志向，才能够使他人受益。朱熹说："九二刚中，志在自守，不敢妄进，故占者'利贞'，而征则凶也'弗损益之'，言不变其所守，乃所以益上也。"

六三　三人行。则损一人。一人行。则得其友。

【白话】六三，三个人一同前行，就会有一个人因意见不合而离开。但如果是一个人独自前行，反而会得到朋友。

《象》曰：一人行，三则疑也。

【白话】《象传》说：一个人独自前行，必可交到朋友；如果是三人同行，则容易各持己见，相互猜疑。

【注释】①疑：猜疑。

【讲解】朱熹说："下卦本乾，而损上爻以益坤，三人行而损一人也。一阳上而一阴下，一人行而得其友也。两相与则专，三则杂而乱。卦有此象，戒占者当致一也。"损卦是由泰卦转变而来，在变的过程中，乾的三个阳爻损失了一个，这就是三人行而减损一人之象。

天下万物，都是由一阴一阳结合而成立，因而，一人单独前行，必定会遇到情投意合的朋友；三人一起前行，就会互相猜疑，其中的一人就会因另外找到同伴而离去。这说明了减损的一个原则，就是要损有余、益不足，三人就要减损一人，一人就得增益一人。

六四　损其疾。使遄。有喜。无咎。

【白话】六四，减轻疾病，使之尽快痊愈，才会有喜庆之事，没有任何灾咎。

【注释】①损其疾：减轻疾病痛苦。　②遄：速。

《象》曰：损其疾，亦可喜也。

【白话】《象传》说："减轻疾病"，也是可喜的事呀。

【讲解】六四与初九阴阳正应，初九刚毅，六四阴柔。过于阴柔，则如同患病。因此，初九损己益人，以己之阳刚减损六四的阴柔。而且，就像治病一样，应当尽快进行，才会有可喜的结果。杨万里说："六四以柔居柔，得初九之阳以为应，损其疾者也。初言'遄往'，四言'使遄'。盖初之遄，实四有以使之也。"

六五　或益之十朋之龟①。弗克违，元吉。

【白话】六五，有人以价值十朋的大宝龟相赠，他没有办法拒绝，这是大吉的。

【注释】①十朋之龟：古时龟甲可作钱币使用，也有作为卜卦用的。十朋之龟就是价值昂贵的巨龟。朋，为古代货币单位，双贝为一朋。

《象》曰：六五元吉，自上祐也。

【白话】《象传》说：六五爻可获得大吉，这是上天保佑的结果。

【注释】①祐：保佑，护佑。

【讲解】六五阴爻中虚，象征柔顺虚心，而且位于这一卦的君位，正当损下益上的时刻。天下对这样的君主，大多数的人，会减损自己，使君主增益，甚至送上价值昂贵的大龟。这说明柔顺中正又谦虚的人，自然会得到上苍的护佑和大多数人的支持，所以大吉。杨时说："柔得尊位，虚己而下人，则'谦受益'。时乃天道。天且不违，况于人乎？况于鬼神乎？宜其益之者至矣。"

上九　弗损。益之。无咎。贞吉。利有攸行。得臣无家①。

【白话】上九，不用减损反而可以使其增益，不会有什么灾咎，守着正道即可获吉祥。有利于前往行事，并且得到公而忘私的臣子。

【注释】①无家：指公而忘私。

《象》曰：弗损，益之，大得志也。

【白话】《象传》说："不用减损反而可以使其增益"，其志向将会得到极大的实现。

【讲解】上九是损卦的极点，处于损极而益的时刻。上九刚爻在最上位，本身是阳爻，象征充实，并不需要使下面受损。反过来还以自己的盈余，使下面的人受益。这样做，自然可使天下的人臣服，一心为国而忘私。上下一心，就可以大展抱负了。

益卦第四十二

（震下巽上） ䷩ 益 利有攸往。利涉大川。

【白话】益卦，有利于前往行事，且有利于涉越大河巨流。

【注释】①益：卦名，增益、增加的意思。

【讲解】损上以益下，就是益。《序卦》曰："损而不已，必益。"所以益卦继损卦之后。程颐说："盛衰损益为循环。损极必益，理之自然，益所以继损也。为卦巽上震下。雷风二物，相益者也。风烈则雷迅，雷激则风怒，两相助益，所以为益。此以象言也。"《周易折中》案："彖辞与《损》同，亦不专主损己惠下为义。盖益以兴利，故利以图大事而济大难。天下事有动而后获益者，不可坐以需时也。"

益卦与损卦相通互补。损卦着重讲损上益上，益卦则相反，讲的是损上益下、损己利人。这一卦由否卦变来，是将否卦的上卦减少一个阳爻，下卦增多一个阳爻而成。上损下益，象征上层阶级减损利益，使人民增益。

"利有攸往，利涉大川"，也就是利于前行和涉险犯难。益卦的六二爻与九五爻，都中正而且相应，加以下卦震是动，所以前进有利。又，上卦巽是风、木，下卦震是动，被风吹动的木，象征船，因而有"利涉大川"之象，暗示可以涉险犯难。

《彖》曰：益，损上益下，民说无疆。自上下下，其道大光。利有攸往，中正有庆。利涉大川，木道乃行。益动而巽，日进无疆。天施地生，其益无方。凡益之道，与时偕行。

【白话】益卦，减损上方而增益下方，人民有无限的喜悦。恩泽由上而下普惠众生，其道义与德行必因此而大发光辉。所谓"有利于前往行事"，是因为持守中庸、正直之道，前往则必有喜庆之事。"有利于涉越大河巨流"，是说借助于舟楫便利，前进的道路将会畅通顺利。增益而动，且能逊顺，必能日日进益，以至于无穷。天普施恩泽，地滋生万物，天地增益没有固定的方法。凡是增益之道，都应当与时俱行，因时制宜。

【注释】①说：通"悦"。 ②中正有庆：指六二爻与九五爻都中正。 ③木道乃行：指巽为木为风，震为动。木制的船在水上被风吹而动。 ④益动而巽：震为动，与巽合成益卦，故称益动而巽。

【讲解】虞翻说："四之初，坤为无疆，震为喜笑，以贵下贱。大得民，故说无疆矣。乾为大明，以乾照坤，故其道大光。或以上之三，离为大光矣。三动成涣，涣舟楫象，巽木得水，故木道乃行矣。震三动为离，离为日，巽为进，坤为疆，日与巽俱进，故日进无疆也。乾下之坤，震为出生，万物出震，故天施地生；阳在坤初，故无方；日进无疆，故其益无方也。上来益三，四时象正，艮为时，震为行；与损同义，故与时皆行也。"也就是说，益上之三，则三至五互体离。六三变阳则二至上互体涣，上巽为木，下坎为水，坎为月为冬，离为日为夏，震为春，所以说"与时偕行"。

《象》曰：风雷，益。君子以见善则迁①，有过则改。

【白话】《象传》说：益卦的上卦为巽为风，下卦为震为雷，有风与雷相互助长、相互增益之象，所以卦名为"益"。君子当效法其中的精神，见到善的行为就迁从，有了过错就马上改正，以增益自己的德行。

【注释】①迁：改变。

初九　利用为大作①。元吉。无咎。

【白话】初九，有利于大干一番事业，可获大吉，没有灾咎。

【注释】①大作：大事。

《象》曰：元吉，无咎，下不厚事①也。

【白话】《象传》说："可获大吉，没有灾咎"，是因为居下位者本不能胜任大事。要干大事，必为"元吉，无咎"的善事。

【注释】①厚事：大事。

【讲解】初九在最下位，本来不能干大事。但现在正当上损下益的时刻，由于在上者的施予，初九得以增益，就会回报。初九刚毅，其才足以益物，再加上有象征大臣的六四援应，可以担当大事。不过，必须以"元吉"为前提条件，即大事必须绝对是善事，才不会有灾咎。朱熹说："初虽居下，然当益下之时，受上之益者也。不可徒然无所报效，故'利用为大作'，必'元吉'，然后得'无咎'。……在至下而当大任，小善不足以称也。故必'元吉'，然后得'无咎'。"

六二　或益之十朋之龟。弗克违。永贞吉。王用享于帝吉。

【白话】六二，有人进献价值昂贵的大龟，不能推辞。永远坚守正道，就会吉祥。君王在增益之时，用丰盛的祭品祭祀天神，将获得吉祥。

《象》曰：或益之，自外来也。

【白话】《象传》说："有人进献价值昂贵的大龟"，表明所受之益并不是自己主动争取的，而是由外而来的。

【讲解】六二居中得正，有光明正大的德性，容易得到众人的助益，甚至有人进献昂贵的大龟。即便如此，六二阴柔，必须坚守正道才能获得吉祥。又，否卦的外卦，减少一个阳爻，使内卦增多一个阳爻，成为益卦。所以说增益是由外而来的。

六三 益之用凶事①。无咎。有孚中行。告公用圭②。

【白话】六三，将得到的好处用以解除危难和灾祸，就不会有灾咎。要心怀诚信，奉行中庸之道，进见王公应该手持玉圭以表示虔诚守信。

【注释】①凶事：战争、灾荒之类的事情。 ②圭：桓圭。以玉制成，方正有棱角，祭祀或朝见上级持之，以表诚信。

《象》曰：益用凶事，固有之也。

【白话】《象传》说：将得到的好处用以解除危难和灾祸，这是理应当然的。

【讲解】六三在下卦的最上位，与上卦邻接；下卦震是动，所以当有凶险之事时，六三主动前往，向六四请求援助。对君子来说，乞求别人，是可耻的行为；但当发生凶险事故时，则是例外。不过，其行为必须符合中庸之道，还应向象征王公的六四表明自己的诚信，即"告公用圭"。

六四 中行。告公从。利用为依迁国①。

【白话】六四，奉行宽和仁厚的中庸之道，求告于王公，得到其认可和听从。此时有利于借重王公，以决定迁徙国都一类的大事。

【注释】①迁国：迁移国都。

《象》曰：告公从，以益志也。

219

【白话】《象传》说："求告于王公，得到其认可和听从"，是指以增益天下的心志求告王公，使之听从。

【讲解】崔憬解释本爻说："益其勤王之志也，居益之时，履当其位，与五近比，而四上公得藩屏之寄，为依从之国，若周平王之东迁，晋郑是从也。五为天子，益其忠志，以勒之，故言中行告公从，利用为依迁国矣。"

九五 有孚惠心①。勿问元吉。有孚惠我德。

【白话】九五，满怀诚信，惠泽于心，不用占卜问卦就知道是大吉大利的。正因如此，他人也会以诚信之心，感戴自己的恩德。

【注释】①惠心：施予恩惠的心。

《象》曰：有孚惠心，勿问之矣。惠我德，大得志也。

【白话】《象传》说："满怀诚信，惠泽于心"，这样做当然用不着占问吉凶，就可知必然吉祥；他人会感戴自己的恩德，这样自己就可以大展抱负了。

【讲解】惠是仁的五大组成部分之一。《论语·阳货》："子张问仁于孔子。孔子曰：'能行五者于天下，为仁矣。'请问之。曰：'恭、宽、信、敏、惠。恭则不侮，宽则得众，信则人任焉，敏则有功，惠则足以使人。'"

九五在中央君位，阳爻阳位，因而刚毅中正，下卦又有同样中正的六二相应，所以有力量也有诚意对人民布施恩惠。用不着问卜，就知道这是大吉大利的。这样，人民必然也以诚意回报，帮助自己实现志愿。崔憬说："居中履尊，当位有应，而损上之时，自一以损己为念，虽有孚于国，惠心及下，终不言，以彰己功，故曰'有孚惠心'。'勿问'，问犹言也，如是则获元吉，且为下所信而怀己德，故曰'有孚惠我德'。君虽不言人惠其德，则我大得志也。"

上九 莫益之。或击之。立心勿恒①。凶。

【白话】上九，没有人来助益他，却有人来攻击他。如果意志不坚定，不能持之以恒，必然会有凶险。

【注释】①立心勿恒：指心意动摇不定。

《象》曰：莫益之，偏辞①也。或击之，自外来也。

【白话】《象传》说："没有人来助益他"，这只是自己的片面之辞；"有人来攻击他"，表明这是外来之患。

【注释】①偏辞：片面的说辞。

【讲解】上九阳刚，已经到达益卦的极点，乃至贪得无厌，过分要求他人。这样不仅难遂心愿，还会遭到攻击。而且，只看重利益，意志因而摇摆不定，结果当然凶险。这一爻说明在上位者如果失去原有的益民之心，转趋私欲利己，一定会招来憎恶和背弃。

夬卦第四十三

（乾下兑上） 夬① 扬于王庭。孚号有厉。告自邑。不利即戎，利有攸往。

【白话】夬卦，在朝廷之上公开宣扬小人的罪过，诚心实意地大声疾呼赶走小人，提醒人们有危厉存在。同时告诫国人，不利于以兵戎相见，而应前往妥善处置，方为有利。

【注释】①夬：卦名，决的意思。

【讲解】夬，即决，决定。情势发展到了某个关键阶段，就是必须有所决定的时候。夬卦有五个阳爻，一个阴爻，是强大的阳将阴切断的形象，所以称作夬卦。郑玄说："夬，决也，阳气浸长。至于五，五尊位也，而阴先之，是犹圣人积德说天下，以渐消去小人。至于受命为天子，故谓之决。扬，越也。五互体乾，乾为君，又居尊位，王庭之象也。阴爻越其上，小人乘君子，罪恶上闻于圣人之朝，故曰'夬，扬于王庭'也。"

这一卦，阳爻由下至上推进到九五之位，阴爻则退到上六之位，象征刚健的众君子势力强盛，仅有少数的小人，到了该驱除小人的时候。于是，在朝廷之上宣扬他们的罪过，大声疾呼赶走他们。不过，不到必要的时候，决不动用强硬手段，一切行动都要合乎自然，方为有利，这就是卦辞中所说的"不利即戎"。

夬卦也是消息卦之一，代表三月。

《彖》曰：夬，决也。刚决柔也。健而说，决而和。扬于王庭，柔乘五刚②也。孚号有厉，其危乃光③也。告自邑不利即戎，所尚乃穷也。利有攸往，刚长乃终④也。

【白话】夬，是决去、果决的意思，也就是阳刚决去阴柔。这种行为，应当刚健而喜悦，果决而平和。"在朝廷之上公开宣扬小人的罪过"，是因为少数小人要凌驾众君子之上;"诚心实意地大声疾呼赶走小人,提醒人们有危厉存在",是说危险已经很大了;"不利于以兵戎相见",是告诫人们如果崇尚武力,只会使局面陷入困穷;"有利于前往妥善处置",是因为不管阴柔小人如何得势,但邪不压正,最后必定会以阳刚君子的胜利而告终。

【注释】①健而说:健指乾,乾为刚健;说指兑,兑为悦。说,通"悦"。 ②柔乘五刚:指卦中一阴爻位于五阳爻之上。 ③光:大的意思。 ④刚长乃终:指夬卦五阳一阴,阴为小人之象,五阳终能决去一阴,而成乾刚。

《象》曰:泽上于天,夬。君子以施禄及下,居德则忌。

【白话】《象传》说:夬卦的上卦为兑为泽,下卦为乾为天,为泽水在天上之象。泽水在天上,象征河水远远高出地面,必然造成河堤溃决,所以卦名为"决"。大河溃决于上,必然注溉于下。君子当领会其中精神,将恩泽施予在下的民众;如果居积德惠而不施,就会遭到人们的忌恨。

【讲解】陆绩说:"水气上天,决降成雨,故曰决。"这是对"泽上于天"的另一种解释。

初九 壮于前趾。往不胜①为咎。

【白话】初九,前面的脚趾粗壮,便贸然前往,不但不能完成驱除小人的使命,还会遇到灾咎。

【注释】①胜:胜任。

《象》曰:不胜而往,咎也。

【白话】《象传》说:不能胜任而贸然前往,因而会有灾咎。

【讲解】初九以阳刚居阳位,又处本卦最下方,因而有"壮于前趾"的象征。虽仅壮于前趾,力量远远不足,却血气方刚,不自量力,贸然前往欲驱除小人,结果不能胜任使命,徒然招致灾咎。

九二 惕号。莫①夜有戎,勿恤②。

【白话】九二,时时警惕,在有敌情时发出呼号,即便晚上有敌人来犯,也不必担心。

【注释】①莫:即晚上。"莫"为"暮"的本字。 ②恤:忧患。

《象》曰：有戎勿恤，得中道①也。

【白话】《象传》说："有敌人来犯，也不必担心"，是因为能信守中正之道。

【注释】①中道：中正之道。指九二爻居于下卦的中位。

【讲解】张载说："警惧申号，能孚号而有厉也。以必胜之刚，决至危之柔，能自危虑，虽有戎何恤！能得中道，故刚而不暴。"这一爻，说明决断小人，应提高警惕，防范反击。相比初九，九二刚爻柔位，有刚柔并济的德性，不会冲动冒进。九二又在内卦的中央，能把握中庸的道理。因此，能够时刻忧惧警惕，呼叫提醒防范敌人的袭击。

九三　壮于頄①，有凶。君子夬夬。独行遇雨。若濡②有愠③。无咎。

【白话】九三，颧骨高突，怒形于色，处境会有凶险。君子毅然决然地前往，独行遇上了大雨，如身上被淋湿了，虽有怒气，却不会有任何灾祸。

【注释】①頄：颧骨。②濡：濡湿，沾湿。③愠：怒。

《象》曰：君子夬夬，终无咎也。

【白话】《象传》说："君子毅然决然地前往"，终究不会有灾咎。

【讲解】九三为阳爻，又处在一连三个阳爻的上方，刚强过度，因而刚壮见于表情，招来小人的憎恨和反击，处境凶险。不过，九三到底行事果断，虽然会遇到一点麻烦，如同独行遇雨被淋湿一样怒气冲冲，最终还是可以免于灾咎。陆希声说："当君子之世而应小人，故外有沾污之累，内有愠恨之心，然后获无咎者，志有存焉。"这一爻旨在说明君子与小人周旋，不宜表现出明显的敌意，应隐忍不动声色，暗中进行。

九四　臀无肤①。其行次且②。牵羊③悔亡。闻言不信。

【白话】九四，臀部受了伤，走路趔趄，徘徊不前。如果像牵羊一样行走，就不会有悔恨的事发生。无奈听了这话的人并不相信。

【注释】①臀无肤：臀部的皮肤剥落，即臀部受了伤。②次且：即趑趄，徘徊不能前进的意思。③牵羊：指九四连下之三阳。

《象》曰：其行次且，位不当也。闻言不信，聪不明也。

【白话】《象传》说:"走路跟跄,徘徊不前",是因为所处的地位不当;"无奈听了这话的人并不相信",在于不够聪明,不能明察。

【讲解】九四以阳爻居阴位,又不在中,地位不当,因而刚决不足。想要停止前进,则底下有三个阳爻并进,势必不得安;想要前进,又由于居柔而刚健不足,强进不得。这样犹豫不决,徘徊不前,就像臀部受了伤、走路跟跄一样。最适宜的做法,是像牵羊那样,让羊自由地走,不必在前拖拉,羊才会前进。所以,跟随其他阳爻前进,就不会发生悔恨的事。无奈,九四不能明察,听不进这些话。

九五 苋陆夬夬。中行无咎。

【白话】九五,就像铲除苋陆草一样,毅然决然地作出决断,只要奉行中庸之道,就不会有灾咎。

【注释】①苋陆:一种柔脆多汁不容易干的草。

《象》曰:中行无咎,中未光也。

【白话】《象传》说:"只要奉行中庸之道,就不会有灾咎",是说以力量将小人驱除,虽未违背中庸之道,但中庸之道也未能发扬光大。

【讲解】九五以阳刚居尊位,有决除苋陆,决而又决的象征。又不失中庸之道,不会冲动偏激,所以不会有灾难。当然,驱除小人,最理想的手段,是以感化的方式,使其改过迁善。以力量将其决断,虽然没有违背中庸的原则,但毕竟没有将中庸之道光大。

上六 无号。终有凶。

【白话】上六,大声号叫也没有用,最终必然有凶险。

《象》曰:无号之凶,终不可长也。

【白话】《象传》说:"大声号叫也没有用,最终必然有凶险",表明小人凌驾于众君子之上,终究不会长久。

【讲解】上六作为阴柔小人而凌驾于阳刚君子之上,成为众矢之的。就算大声号叫求援,也不会有人理会。说明其倒行逆施的状况不会持续很长时间,最终难以逃脱被制裁的命运。

姤卦第四十四

（巽下乾上）☰ 姤 女壮。勿用取女。

【白话】姤卦，女子过分强壮，不宜娶来作妻子。

【注释】①姤：卦名。相遇的意思。 ②取：即娶的意思。

【讲解】姤，与"逅"同音同义，即邂逅、意外相遇的意思。区别在于逅是在道路上相遇，姤则是男女相遇。姤卦讲的就是阴与阳相遇的道理。孔颖达说："姤，遇也。此卦一柔而遇五刚。故名为姤。施之于人，则是一女而遇五男，为壮至甚。故戒之曰：此女壮甚，勿用取此女也。"

这一卦由乾、巽二卦组成，从卦形来说，是一阴而遇五阳，一柔而遇五刚；以人事而言，则有一女而遇五男之象，所以名为姤。一个女人周旋在五个男人中间，必然不守贞节，而且身体健壮，这种女人不可以娶来做妻子。所以卦辞说"勿用取女"。

姤卦也是消息卦之一，代表五月。

《彖》曰：姤，遇也。柔遇刚也。勿用取女，不可与长也。天地相遇，品物咸章也。刚遇中正，天下大行也。姤之时义大矣哉！

【白话】《彖传》说：姤，相遇的意思，就是阴柔与阳刚相遇。"不宜娶来作妻子"，是因为女子过于健壮，且女德不贞，不可与她长久生活在一起。天与地相遇，使得万物都得以彰明，欣欣向荣。阳刚而适遇中正之位，其志向必可大行于天下。姤卦的时用意义真是太伟大了！

【注释】①品物咸章：万物都得以显明。品，众。章，显、明的意思。 ②刚遇中正：指本卦九五阳刚而处中正之位。

【讲解】所谓"天地相遇，品物咸章"，据荀爽解释说："乾成于巽，而舍于离；坤出于离，与乾相遇，南方夏位，万物章明也。"也就是说，姤卦上乾下巽，乾为四月之卦，姤为五月之卦，离为南方之卦，夏日万物皆相见之时。《说卦传》云："帝出乎震，齐乎巽，相见乎离，致役乎坤，悦言乎兑，战乎乾。"皆就卦位而言。

《周易折中》案："必如天地之相遇，而后品物咸章也；必如此卦以群刚遇中正之君，然后天下大行也。苟天地之相遇，而有阴邪干于其间；君臣之相遇，而有宵类介乎其侧，则在天地为伏阴，在国家为隐慝，而有女壮之象矣。"

《象》曰：天下有风，姤。后①以施命诰四方。

【白话】《象传》说：姤卦的上卦为乾为天，下卦为巽为风，为天下有风之。风行天下，可以遇触万物，象征相遇，因而卦名为"姤"。君王当效法其中精神，颁布政令，通告四方。

【注释】①后：后王，即继位的天子。

初六 系于金柅①。贞吉。有攸往。见凶。羸②豕孚蹢躅③。

【白话】初六，系上坚固结实的金属车闸，这样坚守正道，可获吉祥。如果允许小人有所进往，则会有凶险。要当心小人仍像一头瘦弱的猪在不断打转徘徊，寻找机会。

【注释】①柅：车轮的刹车之物。 ②羸：瘦弱。 ③蹢躅：即踯躅，徘徊不前。

《象》曰：系于金柅，柔道牵①也。

【白话】《象传》说："系上坚固结实的金属车闸"，是因为要将阴柔的小人牵制住。

【注释】①牵：牵连，牵制。

【讲解】初六是在纯阳下面开始发生的阴，象征尚未得势的阴柔小人。由于力量尚小，所以用瘦弱的猪来比喻。牵制住初六，小人的势力就无法形成。所以，要像用金属制成坚固的刹车一般，将小人制止。如果姑息，容许小人前进，君子就会受到小人的侵害，发生凶险。然而，小人不会善罢甘休，仍不断在徘徊，以寻找机会乘隙前进，君子不可不严密戒备。

《周易折中》案："一阴穷于上，众以为无凶矣，而曰'终有凶'，防其后之辞也。一阴伏于下，众未觉其凶矣，而曰'见凶'，察于先之辞也。阴阳消息，循环无端。能察于先，即所以防其后；能防其后，即所以察于先也。"

九二 包①有鱼。无咎。不利宾。

【白话】九二，厨房里有鱼，不会有灾咎。但不利于用来款待宾客。

【注释】①包：即庖，指厨房。

《象》曰：包有鱼，义①不及宾也。

【白话】《象传》说："厨房里有鱼"，但按理不应用它来款待宾客。

【注释】①义：道理。

【讲解】本爻中，"鱼"指初六；"宾"指其他的阳爻。鱼是水中的生物，属于阴性。所以即便厨房有鱼，也不宜用来待客，以防止小人的祸害扩散。否则，宾客与小人接触，就难免被勾引，坠入圈套了。

$$\text{jiǔ sān} \quad \text{tún}① \quad \text{wú fū} \quad \text{qí xíng cì jū}② \quad \text{lì} \quad \text{wú dà jiù}$$
九三　臀无肤。其行次且。厉。无大咎。

【白话】九三，臀部受了伤，行走困难，会有危险，但没有大的灾咎。

【注释】①臀：臀部。　②次且：即趑趄，行动困难。

$$\text{xiàng yuē} \quad \text{qí xíng cì jū} \quad \text{xíng wèi qiān}① \text{yě}$$
《象》曰：其行次且，行未牵也。

【白话】《象传》说："行走困难"，表明尽管艰难，却并未完全受到牵制，还可以继续前进。

【注释】①牵：牵制。

【讲解】九三阳爻居阳位，刚强过头，急于同初六相遇。但中间有九二相隔，初六已经与九二相遇；向上寻求，则上九同为阳爻，无法相应。所以，九三进退两难，趑趄不前，犹如臀部受了伤，如果蛮干的话还有危险。不过，虽然不能与阴柔相遇，却也不会受到小人的牵制，所以说"无大咎"。

$$\text{jiǔ sì} \quad \text{bāo wú yú} \quad \text{qǐ xiōng}$$
九四　包无鱼。起凶。

【白话】九四，厨房里的鱼丢了，会发生凶险。

$$\text{xiàng yuē} \quad \text{wú yú zhī xiōng} \quad \text{yuǎn mín yě}$$
《象》曰：无鱼之凶，远民也。

【白话】《象传》说：厨房里的鱼丢了而引起凶险，是因为君王远离了民众，失了民心。

【讲解】初六是阴，以鱼比喻。九四在柔遇刚，阴遇阳的时候，本与初六相应，但初六与九二比邻，已遇九二了，所以有"包无鱼"的象征。如果蛮干，与九二力争，就会有凶险。以人事来说，初六为阴柔小人，在此指下层的民众。九四居上卦，中间有九二、九三相隔离，因而远离了初六，即有"远民"之象。远离了民众，就如同厨房里丢了鱼，失去了民心，当然会有凶险。崔憬说："虽与初应，而失其位，二有其鱼，而宾不及，若起于竞涉远行难，终不遂心。故曰无鱼之凶，远民也。"

227

九五　以杞包瓜。含章。有陨自天。

【白话】九五，怀着美善的德行，犹如用杞柳叶包着瓜，不用主动寻求，机遇自然会自天而降。

【注释】①杞：杞柳，生长于河畔，性质柔软，可编制器物。　②含章：含藏美善；将文采隐含于内。　③陨：有降落之意。

《象》曰：九五含章，中正也。有陨自天，志不舍命也。

【白话】《象传》说：九五"怀着美善的德行"，表明其能够坚守中正之道。"机遇会自天而降"，在于其心志并未有违天命，因而能有好的遇合。

【注释】①中正：指九五阳爻居阳位，又处上卦的中位。　②命：天命。

【讲解】九五当姤遇之时，无应于下，但阳刚得正，又居外卦之中，合于中道之美，所以有用杞包着可食的瓜的象征，意思就是说含藏其美善，不表现于外。由于其心志与天命相合，因此相遇的情形也是最完美的，用不着上下奔忙，就能与上天恩赐的福佑相遇。这一爻，充分说明只要不违天命，就能有好的遇合。

上九　姤其角。吝。无咎。

【白话】上九，处在上方的极点，处境艰难，却不会有灾咎。

【注释】①角：比喻上位。虞翻说："乾为首，位在首上，故称角。"

《象》曰：姤其角，上穷吝也。

【白话】《象传》说："处在上方的极点"，地位过高，不会有志同道合的伙伴与之相遇，因而处境困穷不通。

【讲解】角是动物最上方的部位，而且刚硬。上九所处的地位，就象动物的角。以阳极居高而求遇合，犹如曲高和寡，非常艰难。不过，遇不上志同道合的伙伴，却也没有被小人纠缠的顾虑，所以不会有灾咎。

萃卦第四十五

（坤下兑上）　䷬　萃。亨。王假有庙。利见大人。

享，利贞。用大牲吉。利有攸往。

【白话】萃卦，亨通顺利。君王到宗庙祭祀，祈求祖先神灵护佑。有利于见到大才大德之人，亨通畅达，且有利于坚守正道。用牛羊等大的祭品献祭，可获吉祥，有利于前往行事。

【注释】①萃：卦名，聚合、相聚的意思。　②假：至的意思，格的意思。　③大牲：大的祭品、牺牲，指牛、羊、猪这一类大的动物。牲，牺牲，祭品。

【讲解】萃，原义是丛生的草，有聚集、聚合的意思。萃卦由坤、兑二卦组成，下卦为坤为顺，上卦为兑为悦，顺从且和悦，于是聚合；又由于坤为地、兑为泽，兑泽润地，万物繁盛而萃聚，因而卦名为"萃"。另外，这一卦的九五爻刚毅中正，相应的六二爻柔顺中正，以中正相应，相得益彰，也有聚合的意义。郑玄则说："萃，聚也。坤为顺，兑为说，臣上以顺道承事其君，说德居上，待之，上下相应，有事而和通，故曰'萃，亨'也。"

《周易折中》案："以《彖传》观之，'利见大人亨利贞'为一事无疑。'王假有庙'者，神人之聚也。'利见大人'者，上下之聚也。'用大牲吉'，广言群祀。由'假庙'而推之，皆所以聚于神也。'利有攸往'，广言所行。由'见大人'而推之，皆所以聚于人也。"

《彖》曰：萃，聚也。顺以说，刚中而应，故聚也。王假有庙，致孝享也。利见大人亨，聚以正也。用大牲吉。利有攸往，顺天命也。观其所聚，而天地万物之情可见矣。

【白话】《彖传》说：萃，是聚合的意思。顺从而和悦，在上者刚健中正，应和下情，所以能够聚合。"君王到宗庙祭祀"，是为了向祖先致以孝意，享祀其神灵。"有利于见到大才大德之人，亨通畅达"，是说应以正当而聚。"用牛羊等大的祭品献祭，可获吉祥，有利于前往行事"，是因为这样做顺应了天命。观察天地间万物聚集的现象，就可以了解其中的情状了。

【注释】①顺以说：内卦坤为顺，外卦兑为悦。说，通"悦"。　②刚中而应：九五阳爻居于外卦的中位，而与六二相应。

《象》曰：泽上于地，萃。君子以除戎器，戒不虞。

【白话】《象传》说：萃卦下卦为坤为地，上卦为兑为泽，有泽上于地之象。水在地上汇流成泽，象征聚合，因而卦名为"萃"。但水聚集过多，就会发生意外的灾祸。

君子有鉴于此，应当经常修治兵器，以防不测。

【注释】①除戎器：即修治兵器。 ②虞：测，度。

【讲解】虞翻说："君子谓五。除，修。戎，兵也。《诗》曰：修尔车马。弓矢、戎兵，阳在三四为修，坤为器，三四之正，离为戎兵，甲胄飞矢。坎为弓弧，巽为绳，艮为石。谓敕甲胄，锻厉矛矢，故除戎器也。坎为寇，坤为乱，故戒不虞也。"

初六 有孚不终。乃乱乃萃。若号，一握为笑。勿恤。往无咎。

【白话】初六，有诚信而不能始终如一，各种乱子就会丛生。如果呼号求援，必能聚集而握手言欢，转忧为笑，不再有忧虑。前往行事，也不会有灾咎。

【注释】①若号：马王堆帛书《周易》为"若其号"。"其"指九四爻。

《象》曰：乃乱乃萃，其志乱也。

【白话】《象传》说："各种乱子就会丛生"，是因其心志迷乱的缘故。

【讲解】初六阴爻居下，为聚合的对象。初六本与九四阴阳相应，所以初六要向前去找九四，与之聚合。但中间却有六二、六三两个阴爻阻挡，形成障碍，因而初六即便有诚意，也难有结果。不过，如果初九不被二阴迷乱心志，呼号求援，九四听到后前来应援，两人便可以握手言欢，转忧为笑。所以，不必担忧，果敢地前进，不会有灾咎。

六二 引吉，无咎。孚乃利用禴。

【白话】六二，通过牵引而实现聚合，没有任何灾咎。只要诚心实意，即便是微薄的祭祀也能获得吉祥。

【注释】①引：牵引。 ②禴：简单微薄的祭祀。殷代的春祭，周代的夏祭，都称作"禴"。

《象》曰：引吉，无咎，中未变也。

【白话】《象传》说："通过牵引而实现聚合，没有任何灾咎"，这是因为持守中正之道不变的缘故。

【注释】①中未变：指六二阴爻与九五阳爻上下正应，而所居的中位并没有任何改变。

【讲解】朱熹说："二虽阴柔而得中正，故虽戒而微辞。凡爻之辞关得失二端者，为法为戒，亦各随其才而设也。'引吉无咎'，'引'者，相牵也。人之交，相求则合，相待则离。二与五为正应，当萃者也。而相远，又在群阴之间，必相牵引，则得其萃矣。五居尊位，有中正之德，二亦以中正之道，往与之萃，乃君臣和合也。其所共致，岂可量也。是以'吉'而'无咎'也。"

六二与九五阴阳正应，理所当然要聚合。但二者距离远，六二又陷在二个阴爻的包围中，必须有九五的牵引，才能相聚，才可得吉祥且没有灾咎。而且，六二阴爻阴位，在下卦中位，柔顺、虚心、中正；相应的九五，又是阳爻阳位，在上卦中间的君位，刚健、中正、诚实。只要持守中正之道不变，就可通过牵引而实现聚会。这就好比祭祀神灵，只要诚心诚意，祭祀虽然简单，神灵也会降福。这一爻说明心存诚信，不变贞正之志，定可达成目标。

六三 萃如嗟如①。无攸利。往无咎。小吝。

【白话】六三，聚合在一起，不停地叹息，干什么都不顺利。前往行事不会有灾咎，但会有一点小小的遗憾。

【注释】①萃如：相聚的样子。 ②嗟如：叹息的样子。

《象》曰：往无咎，上巽①也。

【白话】《象传》说："前往行事不会有灾咎"，这是因为居上位者能够谦逊接纳的缘故。

【注释】①巽：谦逊的意思。

【讲解】六三以阴爻居于阳位上，不中不正，与上方的上六又不能阴阳相应，于是转而想与近邻聚合。但九四与初六、九五与六二均阴阳相应，无人与六三聚会，六三只能无奈地叹息。惟一的出路是向上与上六聚合。上六为阴爻，又处上卦兑的最上方，兑为悦，因而上六有谦逊柔顺的性格，当会接受容纳，所以前往不会有灾咎。不过，上六与六三都属于阴，没有阴阳相济，所以并不是圆满的结合，多少会有一点遗憾。俞琰说："萃之时'利见大人'，三与五非应非比，而不得其萃，未免有嗟叹之声，则'无攸利'矣。既曰'无攸利'，又曰'往无咎'。三与四比，则其往也舍四可乎？三之从四，四亦巽而受之，故无咎。第无正应而近比于四，所聚非正，有此小疵耳。"

九四 大吉。无咎。

【白话】九四，只有大吉大利，才不会有灾咎。

《象》曰：大吉，无咎，位不当①也。

【白话】《象传》说："只有大吉大利，才不会有灾咎"，这是因为所处的地位不适当，随时有可能受到伤害，只有在大吉大利的时候才可以避免灾咎。

【注释】①位不当：指九四以阳爻居于阴位。

【讲解】九四阳爻居阴位，虽不当位，但与君位的九五接近，因而可与刚健中正、强而有力的九五相聚，无往不利；还可获得以下众爻的支持。不过，只有在结果大吉的情况下，才会没有灾咎。因为地位不当，动机不正，倘若结果不是大吉，仍然会有灾咎。项安世说："无尊位而得众心，故必大吉而后可以无咎。如益之初九，在下位而任厚事，亦必元吉而后可以无咎也。"

九五 萃有位①。无咎匪孚。元永贞。悔亡。

【白话】九五，聚合之时，居于正当的尊贵之位，虽然没有灾咎，却也没有取得人们的信服。只要长久地固守正道，就不会有什么悔恨。

【注释】①有位：指九五以阳居于中正之位，是得位的人。

《象》曰：萃有位，志未光也。

【白话】《象传》说："聚合之时，居于正当的尊贵之位"，是说君子的心志没有发扬光大，因而还不能取信于人。

【讲解】朱熹说："九五刚阳中正，当萃之时而居尊，固'无咎'矣。若有未信，则亦修其'元永贞'之德而'悔亡'矣。戒占者当如是也。"

九正刚毅中正，处于君位，以德使天下聚集在他的统治之下，当然不会有灾咎。但如果天下仍然不能信任，说明自己的心志还没有发扬光大。此时就要以至善的作为、永久坚贞的德性来感化众人，必然可使后悔消除于未然。

上六 赍咨①涕洟②。无咎。

【白话】上六，唉声叹气且流泪哭泣，但不会有灾咎。

【注释】①赍咨：嗟叹的样子。 ②涕洟：流泪的样子。

《象》曰：赍咨涕洟，未安上也。

【白话】《象传》说："唉声叹气且流泪哭泣"，是说还不能安处高位。

【讲解】上六处于这一卦的极点，为聚合的终结。上六柔弱，又不能安处高位，想要与人聚合，也没有人追随，因而悲伤，叹息涕泣。这一爻，强调在不被众人接受时，应当自我反省，不可怨天尤人。

升卦第四十六

（巽下坤上） ䷭ 升① 元亨。用见大人。勿恤②。南征吉。

【白话】升卦，大为亨通。宜于见到大才大德之人，用不着担忧。往南出行，可获吉祥。

【注释】①升：卦名。有上升的意思。 ②恤：忧虑。

【讲解】升即昇，上升的意思。升卦主要阐释升进的原则。这一卦由坤、巽二卦组成，巽为木，坤为地，木生地中，长而益高，这是升的象征。所以卦名为"升"。程颐说："升者，进而上也。升进则有亨义，而以卦才之善，故'元亨'也。用此道以见大人，不假忧恤，前进则吉也。南征，前进也。"

解卦的六三上升，与九四交换，就成为升卦。上升本身就有通达的含意，加以下卦巽与上卦坤都是顺，因而，在上升的过程中自然顺利畅达。而且，九二刚爻在下卦居中，与六五阴阳正应，也是非常亨通的形象。九二具有阳刚、中庸的德性，所以非常适合见到大人，得其援助，不必担忧。南方是人自然面对的方位，也相当于上方，会见伟大的人物，就要往上方前进，所以说，往南方走吉祥。

《彖》曰：柔以时升。巽而顺①，刚中而应②，是以大亨。用见大人，勿恤，有庆也。南征吉，志行也。

【白话】《象传》说：以柔顺之德，能适时稳步高升。德性谦逊而和顺，又阳刚居中，有应于上，所以十分亨通。"宜于见到大才大德之人，用不着担忧"，是因为得到大人的照应，必有喜庆临门。"往南出行，可获吉祥"，是因为前途光明，升进的志向可以实现。

【注释】①巽而顺：指下卦为巽，上卦为坤，坤为顺。 ②刚中而应：指九二上升应六五，二爻都是刚爻，且分处上下卦中位。

【讲解】荀爽从象学的角度解释说："二以刚居中，而来应五，故能大亨，上居尊位也。大人，天子。谓升居五，见为大人，群阴有主，无所复忧，而有庆也。"也就是说，九二之阳当升居五，居尊位，六五之阴当降居二，得正位。如是则无忧而有庆也。

《象》曰：地中生木，升。君子以顺德，积小以高大。

【白话】《象传》说：升卦的上卦为坤为地，下卦为巽为木，有地中生木之象。树木从地里生出，时刻都在成长，由矮小到高大，象征上升，所以卦名为"升"。君子应效法其中精神，顺应升进的规律，修养自己的德行；由小处着手，慢慢累积成高大。

【注释】①顺：顺应，顺从。

初六　允升，大吉。

【白话】初六，宜于上升，大吉大利。

【注释】①允：得当，相称，公平。

《象》曰：允升，大吉，上合志也。

【白话】《象传》说："宜于上升，大吉大利"，是因为与上位者的志向相符合。

【讲解】初六阴爻柔顺，处在最下位，犹如幼苗生于地下。初六德性柔顺，力量不足以上升，不过与上面的两个阳爻志同道合，就能跟随其上升，正如幼苗成长及时得到阳光雨露一样，大吉大利。何楷曰："初六巽主居下，犹木之根也，而得地气以滋之，其升也允矣。所以为升者，巽也；所以为巽者，初也。大吉孰如之。"

九二　孚乃利用禴。无咎。

【白话】九二，内心虔诚恭敬，即使微薄的祭祀也能求得神灵的护佑，不会有灾咎。

【注释】①禴：薄祭。

《象》曰：九二之孚，有喜也。

【白话】《象传》说：九二爻内心虔诚恭敬，必定会有喜庆。

【讲解】九二以阳爻处下卦中位，与上卦柔中的六五相应。六五阴爻处君位，德性柔和，其提携援引，有利于九二上升。不过，九二以阳刚处阴位，地位不当，所以须心怀诚信，才会有升进的喜庆。这就好比内心虔诚恭敬，即使微薄的祭祀也能求得神灵的护佑，自然不会有灾咎。

九三　升虚邑①。

【白话】九三，上升到空虚的城邑。

【注释】①虚邑：空城。

《象》曰：升虚邑，无所疑①也。

【白话】《象传》说："上升到空虚的城邑"，这是因为没有任何疑虑，上升十分顺利。

【注释】①疑：疑虑。

【讲解】荀爽说："坤称邑也，五虚无君，利二上居之，故曰'升虚邑'，无所疑也。"这是本爻的象学说明。九三居升之时，面临坤卦。从卦形来说，上卦坤全部是阴爻，所以有空虚之象，以空虚无人的城邑比拟。九三阳刚，上升的愿望强烈，前方又是无人的空城，所以没有任何疑虑，可以放心大胆地前进。《周易折中》案："诸爻皆有吉利之占，三独无之。则'升虚邑'者，但言其勇于进而无所疑畏耳。方升之时，故无凶咎之辞。"

六四　王用亨①于岐山②。吉，无咎。

【白话】六四，君王到岐山享祀神灵，可获吉祥，没有灾咎。

【注释】①亨：通"享"，祭祀。　②岐山：地名，周朝的发源地，在今陕西。

《象》曰：王用亨于岐山，顺事①也。

【白话】《象传》说："君王到岐山享祀神灵"，是顺事于上天。

【注释】①顺事：柔顺事上。

【讲解】六四阴爻处阴位得正，其性柔顺，又近于六五之君，可以顺利地升进，就像君王祭祀于岐山，只要诚心实意顺事于上，就会吉祥而没有任何灾咎。这一爻，强调升进的途径必须光明正当。《周易折中》案："卦义柔以时升。六四，初交上体，又位在巽、坤之间，有'南征'之象。迫近尊位，有'见大人'之义。是爻之合于卦义者也。在己者，用之以见大人则吉；为大人者，用之以享神明则宜。……不曰'西山'而曰'岐山'，避象辞'南征'之文。先儒或言岐山在周西南。"

六五　贞吉，升阶①。

【白话】六五，坚守正道，可获吉祥，如登台阶般稳步上升。

【注释】①阶：台阶。

《象》曰：贞吉，升阶，大得志也。

【白话】《象传》说："坚守正道，可获吉祥"，表明上升的心志大大地实现了。

【讲解】六五阴爻，居于阳刚的尊位，本来并不适当，但与下方的九二相应，得到刚毅有力的人辅助，就能登上君位。不过六五柔弱，必须坚守正道，才会吉祥；还应像登上台阶那样循序渐进、稳步上升，不可冒进。李元量说："'贞吉升阶'，升而有序，故以阶言之。谓宾主以揖逊而升者也。"熊良辅说："以顺而升，如历阶然。"

上六 冥升①。利于不息②之贞。

【白话】上六，在昏昧的状态下依然上升。永不停息地坚守正道，才会有利。

【注释】①冥升：昏昧于升。 ②息：止。

《象》曰：冥升在上，消不富①也。

【白话】《象传》说：在昏昧的状态下依然上升，到了极点，反而开始消退，再也没有后继的力量。

【注释】①不富：不复增益。

【讲解】朱熹说："昏冥于升极，上而不知已，唯有消亡，岂复有加益也。'不富'，无复增益也。升既极，则有退而无进也。"就是说，上卦坤有昏昧之性。上六阴爻，柔弱无力，虽已经头昏目眩，仍一味盲目上升，以致消耗过度，再也没有后继的力量。所以，必须不停地坚持正道，才会有利。这一爻，就是在告诫升进必须有节制，否则无以为继。

困卦第四十七

（坎下兑上） 困①，亨。贞，大人吉。无咎。有言不信。

【白话】困卦，求得出困之道，则能亨通。坚守正道，大德大才之人方可获得吉祥，没有灾咎。但当困顿之时，说话却无人相信。

【注释】①困：卦名。穷困、困顿的意思。

【讲解】困，即穷困、困顿，是一种进退不得的时刻。这一卦由兑、坎二卦组成，坎水居于兑泽之下，有受困之象。又下卦坎阴多阳少，是阳卦；上卦兑阳多阴少，是阴卦，象征阳被阴掩蔽。此外，九二的阳爻，被初六、六三的阴爻掩蔽，九三、九四的阳爻，也被上六的阴爻掩蔽；象征君子被小人穷困。郑玄说："坎为月，互体离，离为日，兑为暗昧，日所入也。今上掩日月之明，犹君子处乱代，为小人所不容，故谓之困也。"因而，命名为"困"。

从卦象来看，下卦坎为险，上卦兑为悦，是在穷困之中仍然乐观和悦的形象，这样的人必然能坚守自己的原则，贯彻自己的理想，所以通达。大才大德之人就是这样坚守正道，从而吉祥无灾咎。不过，处困顿之时，受小人的掩蔽和逸害，君子所说的话不会有人相信，此时当隐忍，以诚实与坚毅的行动争取别人的认可，才能脱离困境。

《彖》曰：困，刚掩也。险以说①，困而不失其所亨，其惟君子乎？贞大人吉，以刚中也。有言不信，尚口②乃穷也。

【白话】《彖传》说：困，就是阳刚被阴柔掩蔽。处于危险之中，仍然和悦乐观；虽受困穷，却仍不放弃争取亨通的信心，恐怕只有君子才能做到这一点吧？所谓"坚守正道，大才大德之人可获吉祥"，是因为他有刚毅中正的德性。"说话却无人相信"，是因为身处困境，多言无益，反而更加穷困。

【注释】①险以说：即下卦坎为险，上卦兑为悦。 ②尚口：崇尚口说之辞。

【讲解】荀爽说："二五为阴所掩也。此本否卦，阳降为险阴升为说也。……阴从二升上六成兑，为有言，失中为不信，动而乘阳，故曰'尚口乃穷也'。"南怀瑾按：困卦上六、六三皆阴，而掩盖九五、九二之阳，故曰"刚掩也"。否卦上九与六二易位则成困，上九降二成坎险，六二升上为兑悦。上六乘九五之阳，居兑口之上，故曰"尚口乃穷也"。

《象》曰：泽无水，困。君子以致命①遂志。

【白话】《象传》说：困卦的上卦为兑为泽，下卦为坎为水。水本在泽上，现反处其下，是泽中无水之象，象征困顿。君子有鉴于此，当不惜牺牲生命，以实现自己的志向。

【注释】①致命：舍弃生命。

【讲解】《论语·子张》中说："士见危致命。"可作为这段象辞的注解。

初六 臀困于株木①。入于幽谷。三岁不觌②。

【白话】初六，坐在树桩上，臀部不舒服，坐不安稳。退隐到幽深的山谷之中，三年不与外人相见。

【注释】①株木：树的根部。　②觌：见的意思。

《象》曰：入于幽谷，幽不明也。

【白话】《象传》说："退隐到幽深的山谷之中"，是由于自己不明智，以致陷入黑暗的困境中。

【讲解】初六阴柔，处在困卦的最底层，就像陷入深谷之中，只有黑暗，不见光明。臀部是身体的最下方，所以，用坐在树桩上，臀部不舒服，坐不安稳来比喻。这样的境遇，正是由于初六昏庸不明智而造成的。《周易折中》案："《诗》云：'出于幽谷，迁于乔木。'初不能自迁于乔木，而惟坐困株木之下，则有愈入于幽谷而已。阴柔处困之最下，故其象如此。在人则卑暗穷陋，而不能自拔者。言'臀'者，况其坐而不迁也。"

九二　困于酒食。朱绂方来。利用享祀。征凶无咎。

【白话】九二，为丰盛过度的酒食享受所困扰。富贵就要来临，应当用丰盛的酒食祭祀神灵。出征虽有凶险，但没有灾咎。

【注释】①朱绂：红色的官服。此处借指高官厚禄。

《象》曰：困于酒食，中有庆也。

【白话】《象传》说："为丰盛过度的酒食享受所困扰"，但持守中庸之道，就会有喜庆之事到来。

【讲解】朱熹说："'困于酒食'，厌饫苦恼之意。'酒食'人之所欲，然醉饱过宜，则是反为所困矣。'朱绂方来'，上应之也。九二有刚中之德，以处困时，虽无凶害，而反困于得其所欲之多，故其象如此，而其占利以享祀。若征行则非其时，故'凶'，而于义为'无咎'也。"这一爻，说明过度丰富也会造成困扰。九二阳刚处中，但位不正，难免会有困顿之事。但不是被匮乏所困，而是被过度的丰盛困扰。过度丰盛的酒菜，只适合用于祭祀，平时享用，过于招摇，就会凶险。应当谨守本分，才会没有灾难。

六三　困于石。据于蒺藜。入于其宫。不见其妻。凶。

【白话】六三，困在石堆之中，靠在有刺的蒺藜之上；回到家中，又不见了妻子，会有凶险。

【注释】①据：依靠。　②蒺藜：一种有刺的植物。

《象》曰：据于蒺藜，乘刚①也。入于其宫，不见其妻，不祥也。

【白话】《象传》说："靠在有刺的蒺藜之上"，是说阴柔凌驾于阳刚之上，犹如站在刺人的蒺藜上面，难以安稳。"回到家中，又不见了妻子"，这是不祥之兆。

【注释】①乘刚：指阴爻居于阳爻之上。

【讲解】六三阴柔，不中不正，难安于位，想前进但有坚石般的九四阻挡，想后退又碰上刺蒺藜般的九二，难以安稳。不得已，转回家去，又看不到妻子。"妻"指应当相应的上六，但六三与上六都是阴爻，同性相斥。终于找不到安身的场所，所以凶险。

程颐说："六三以阴柔不中正之质，处险极而用刚，居阳用刚也。不善处困之甚者也。'石'，坚重难胜之物。'蒺藜'，刺不可据之物。三以刚险而上进，则二阳在上，力不能胜，坚不可犯，益自困耳，'困于石'也。以不善之德，居九二刚中之上，其不安犹藉刺，'据于蒺藜'也。进退既皆益困，欲安其所，益不能矣。'宫'，其居所安也。'妻'，所安之主也。知进退之不可，而欲安其居，则失其所安矣。进退与处皆不可，唯死而已，其凶可知。"

九四　来徐徐①。困于金车②。吝。有终。

【白话】九四，缓缓来迟，是因为路上受困于一辆金属马车。会遇到一些麻烦，但最终会有好的结局

【注释】①徐徐：慢行的样子。　②金车：铜制的车子。

《象》曰：来徐徐，志在下也。虽不当位①，有与②也。

【白话】《象传》说："缓缓来迟"，是说其志在于援下以脱困；虽然所处地位不正当，但找到志同道合的同伴，会有好的结果。

【注释】①不当位：指九四阳爻处阴位。　②有与：指有应与，即九四应初六。

【讲解】朱熹说："初六，九四之正应。九四处位不当，不能济物，而初六方困于下，又为九二所隔，故其象如此。然邪不胜正，故其占虽为可吝，而必有终也。"

九四与初六相应，初六困于幽谷中，九四前往援助，但由于地位不正，中间又有九二的金属车马妨碍，以致救援行动迟缓，不得不徐徐进行。过程虽有一些麻烦，但

最后仍然能够排除九二的阻碍，达到目的。

九五　劓⓵刖⓶。困于赤绂⓷。乃徐有说⓸。利用祭祀。

【白话】九五，遭受割鼻刖脚的刑罚，受困于权贵的迫害，但可慢慢脱离困境。应当虔诚地祭祀神灵，以求护佑。

【注释】①劓：割鼻之刑。　②刖：断足之刑。　③赤绂：此处指朝廷权贵。④说：通"脱"，摆脱。

《象》曰：劓刖，志未得也。乃徐有说，以中直也。利用祭祀，受福也。

【白话】《象传》说："遭受割鼻刖脚的刑罚"，是因为志向还未得到施展；"慢慢脱离困境"，是因为中正而刚直；"虔诚地祭祀神灵"，是为了求得福祥。

【讲解】九五阳爻，被上六与六三两个阴柔小人上下围困，就像受了劓刖之刑。但九五秉性中正而刚直，反而更加惕励奋发，再加上心怀虔诚，终会慢慢脱离困境。《周易折中》案："九五不取君象，但取位高而益困者耳。其象与九二同。但二则'朱绂方将来'，五则高位而已'困于赤绂'矣。'乃徐有说'者，五兑体，故能从容以处之而有余裕也。'利用祭祀'之义，亦与二同。"

上六　困于葛藟⓵。于臲卼⓶。曰动悔有悔⓷。征吉。

【白话】上六，困在缠绕的葛藤中，身处动摇不安的险处，虽有人说轻举妄动会悔上加悔，但向前行进还是会获得吉祥。

【注释】①葛藟：攀附缠绕的蔓生植物。　②臲卼：动摇不安的样子。　③动悔有悔：如有行动，会悔而又悔。

《象》曰：困于葛藟，未当也。动悔有悔，吉行也。

【白话】《象传》说："困在缠绕的葛藤中"，是因为所处的地位不适当。"虽有人说轻举妄动会悔上加悔"，但果敢行动仍可获得吉祥。

【讲解】上六处于困顿的极点，就象被葛蔓缠绕，无法挣脱，陷入动摇不安的险地。这时，尽管采取行动有可能悔上加悔，但果决前进仍然吉祥。因为已经在困卦的最上位，再向前进，就可以走出困境了。

卷 七

井卦第四十八

（巽下坎上） ䷯ 井 改邑不改井。无丧无得。往来井井。汔至亦未繘井。羸其瓶。凶。

【白话】井卦，城邑会发生改变和迁徙，而井却不会变动。井水既没有增加，也没有减少。人们来来往往到井边打水。汲水的瓦瓶快到水面时，吊绳却挂在井中出不来，结果不小心使瓦瓶翻覆破裂，这是凶险的兆头。

【注释】①井：卦名。指水井。 ②汔：几乎，接近。 ③繘：绳。汲水用的吊绳。 ④羸：破败的意思。 ⑤瓶：汲水的器具。

【讲解】井卦以井取象，强调君子修德养民，就像井水的养物无穷。郑玄说："坎，水也；巽，木；桔杆也。互体离兑，离外坚中虚，瓶也。兑为时泽，泉口也。言桔杆引瓶下入泉口，汲水而出，井之象也。井以汲入水无空竭，犹人君以政养天下，惠泽无穷也。"

这一卦由坎、巽二卦组成，上坎为水，下巽为入，中互离为外坚中虚的汲水器具。有水桶进入水中，将水汲取上来之象，因此以"井"命名。卦辞的"不改井"、"无丧无得"，是介绍井与井水的稳定和丰富等特点，比喻君子养民，当常行不渝。又以"羸其瓶"的现象，告诫君子养民贵在坚持和谨慎小心，保证好事能善始善终，不致功败垂成。

《彖》曰：巽乎水而上水，井。井养而不穷也。改邑不改井，乃以刚中也。汔至亦未繘井，未有功也。羸其瓶，是以凶也。

【白话】《象传》说：入于水中，而提水于上，这就是井卦的象征。井水养人，汲之不尽。"城邑会发生改变和迁徙，而井却不会变动"，是因为阳刚居中的缘故。"汲水的瓦瓶快到水面时，吊绳却挂在井中出不来"，是说还没有成功地打上水来。"不小心使瓦瓶翻覆破裂"，所以有功败垂成的凶险。

【注释】①巽：入。

【讲解】荀爽说："巽乎水，谓阴下为巽也，而上水，谓阳上为坎水也。木入水出，井之象也。刚得中，故为改邑。柔不得中，故为不改井也。阴来居初，有实为无丧，失中为无得也。此本泰卦，阳往居五，得坎为井，阴来在下，亦为井，故曰往来井井也。汔至者，阴来居初，下至汔竟也。繘者所以出水，通井道也；今乃在初，未得应五，故未繘也；繘者绠汲之具也。井谓二，瓶谓初，初欲应五，今为二所拘赢，故凶也。"南怀瑾先生按：泰卦初九升五，六五降初，即成井卦，巽下坎上。巽为木而在下，以木刚皆得中，繘者绳也，为提木筒汲水之器。

《象》曰：木上有水，井。君子以劳民劝相。

【白话】《象传》说：井卦的上卦为坎为水，下卦为巽为木，为木上有水之象。即树木由根部汲取水分，水分沿着树身向上运行，直达树冠，犹如井水源源不断地被汲引到地面，因而卦名为"井"。井水无穷无尽地养育着人们。君子应当效法这种精神，鼓励其人民勤劳工作，劝导人们相互济助。

【讲解】程颐说："木承水而上之，乃器汲水而出井之象，君子观井之象，法井之德，以劳徕其民，而劝勉以相助之道也。劳徕其民，法井之用也。劝民使相助，法井之施也。"

初六　井泥不食。旧井无禽。

【白话】初六，井底淤泥聚积，井水浑浊不能饮用。老井干涸而无水可汲，连鸟雀都不来光顾。

《象》曰：井泥不食，下也。旧井无禽，时舍①也。

【白话】《象传》说："井底淤泥聚积，井水浑浊不能饮用"，是因为井底处下，水中泥沙都淤积在这里；"老井干涸而无水可汲，连鸟雀都不来光顾"，是说老井已经过时，被时代所抛弃。

【注释】①舍：舍弃。

【讲解】初六是阴爻，在最下位，所以相当于井底。井中只有泥沙，没有水，当然不能供给饮水，就禽鸟也不会来此栖息。这一爻，说明不合时宜的人，将被时代所淘汰。

九二　井谷①射鲋②。瓮③敝④漏。

【白话】九二，井底出水的凹穴成了捉鱼的地方，这样的井犹如破损漏水的瓮，不能再用。

【注释】①谷：井底出水的穴窍。　②鲋：小鱼。　③瓮：装水的器具，如瓶之状。　④敝：坏，破损。

《象》曰：井谷射鲋，无与①也。

【白话】《象传》说："井底出水的凹穴成了捉鱼的地方"，是因为上面没有接应，难以把水引到地面上去供人饮用。

【注释】①与：应援。

【讲解】九二刚毅中庸，象征有才德的贤人，可是与上卦的九五不相应，不能得到援引而上升，犹如水井的作用得不到发挥，又像漏水的破瓦瓮失去了效用，只好退而求其次，出水的凹穴成了供人捉小鱼之处。《周易折中》案："井谷者，井中出水之穴窍也。井能出水，则非泥井也。而其功反足以射鲋者，上无汲引之人，如瓶瓮之敝漏然，则不能自济于人用也决矣。在卦则以井喻政，以汲之者喻行政之人；在爻则下体以井喻材德之士，汲之者喻进用之君；上体以井喻德位之君，汲之者喻被泽之众。三义相因，而取喻不同。"

九三　井渫①不食。为我心恻②。可用汲。王明。并受其福。

【白话】九三，井水淘干净了，却无人饮用，为此我感到心忧。井水既然已经洁净，则大家可以赶快汲来尽情享用。正如君王贤明，提拔贤能之人，天下必可同受其福。

【注释】①渫：将井中的泥沙淘出，使井水清洁。　②恻：悲伤。

《象》曰：井渫不食，行恻也。求王明，受福也。

【白话】《象传》说："井水淘干净了，却无人饮用"，连行人都为之心忧；惟求君王贤明，使天下同受其福泽。

【讲解】干宝认为："此托殷之公侯，时有贤者，独守成汤之法度，而不见任，谓微、箕之伦也，故曰'井渫不食，为我心恻'。恻，伤悼也。"此处的"微"指微子，"箕"指箕子。

本爻从井水说到人事。九三爻阳刚得正，又在下卦的最上位，不是井底的泥沙，已是清澈的水，但无人饮用，未免可惜。犹如有贤士在野，却没人能用他。惟有盼望圣明的君主出现，思贤若渴，像汲水一样选拔吸收重用人才，就能给国家带来吉祥，君臣万民都可以享受到由此带来的恩惠。

$$\text{liù sì} \quad \text{jǐng zhòu①} \quad \text{wú jiù}$$
六四　井甃。无咎。

【白话】六四，用砖石垒砌加固井壁，就不会有灾咎。
【注释】①甃：修砌井的内壁。子夏云："甃亦治也。"

$$\text{xiàng yuē} \quad \text{jǐng zhòu} \quad \text{wú jiù} \quad \text{xiū jǐng yě}$$
《象》曰：井甃，无咎，修井也。

【白话】《象传》说："用砖石垒砌加固井壁，就不会有灾咎"，是因为在修治水井，使井更好用，自然没有灾咎。

【讲解】六四爻处井卦的居中部位，相当于井壁的关键部位，但六四柔弱无力，应当及时修治以使其坚固，才能免除灾咎。以此象征贤者应进修充实，以等待时机。丘富国说："三在内卦，渫井内以致其洁；四在外卦，甃井外以御其污。盖不渫则污者不洁，不甃则洁者易污。"

$$\text{jiǔ wǔ} \quad \text{jǐng liè①} \quad \text{hán quán② shí}$$
九五　井冽，寒泉食。

【白话】九五，井水清澈甘洁，如寒泉一样凉爽，可供天下人饮用。
【注释】①冽：味道甘洁。　②寒泉：指清凉的泉水。

$$\text{xiàng yuē} \quad \text{hán quán zhī shí} \quad \text{zhōng zhèng① yě}$$
《象》曰：寒泉之食，中正也。

【白话】《象传》说："如寒泉一样凉爽，可供天下人饮用"，是因为能居中持正，施惠于众。
【注释】①中正：指九五以阳爻居于上卦的中位。
【讲解】九五爻阳刚中正，又处在至尊的地位，象征行为不偏不倚，内心纯正无私。因而能够集中体现水井滋润万物，造福大众的美德。程颐说："五以阳刚中正居尊位，其才其德，尽善尽美。"

上六　井收　勿幕。有孚元吉。

【白话】上六，汲取井水之后，不要盖上井口。心怀诚信，必得大吉。

【注释】①收：汲取。　②幕：盖的意思。

《象》曰：元吉在上，大成也。

【白话】《象传》说：上六必得大吉，是因为井水养人之功已经告成。

【讲解】上六是井卦的最上位，象征由井中将水汲到地面上来，井的功能至此完全发挥。在这以后并不把井口盖严，是为了给人们不断提供饮水的方便，功德无量，必然大吉大利。以此象征人在最高位时，就应当始终诚心诚意地为民众服务，这才是最大的善行。

革卦第四十九

（离下兑上）䷰ 革　巳日 乃孚。元亨。利贞。悔亡。

【白话】革卦，等待时日，要让百姓信服之后才能进行变革。如此前途必然大为亨通，利于贞正之道，一切悔恨之事必将消失。

【注释】①革：卦名。改革。　②巳日：即"俟日"，等待时日。巳，借为"俟"。

【讲解】革，原义为兽类皮革，有改革、变革的意思。郑玄说："革，改也，水火相息，而更用事，犹王者受命改正朔，易服色，故谓之革也。"革卦集中讲了改革、变革的过程，指出变革能否成功，关键在于能否把握时机，取得人民拥护。这一卦由兑、离二卦组成，上卦兑为毁折，下卦离中虚，为心之象，即革在心上。如果只是表面上的改变，只会招来混乱。改革必须从内心做起，当时机成熟的时候，要唤起民众除旧布新的意识和改革的决心，如此改革方能亨通顺利。又离为明，兑为悦，象征明智使人悦服，所以必能"元亨，利贞，悔亡"。

《象》曰：革，水火相息。二女同居，其志不相得，曰革。巳日乃孚，革而信之。文明以说，大亨以正。革而当，其悔乃亡。天地革而四时成。汤武革命，顺乎天而应乎人。革之时大矣哉！

【白话】革卦，水与火相息相克。犹如两个女子同住在一起，心志各异，必起冲突，终将生变，这就叫作"革"。"等待时日，要让百姓信服"，是说变革的时机成熟，方能得到百姓的信任。以文明美德实行变革，使人心悦诚服；以中正之道实行变革，必然大为亨通；以稳当的方式变革，才能消除一切悔恨之事。天地变革，导致四季形成；汤武变革，亡桀灭纣，既顺乎天道又应乎民心。革卦的时用意义真是太伟大了！

【注释】①水火相息：即水火相克。革卦上卦兑为泽为水，下卦离为火，故有此说。息，同"熄"，熄灭。　②二女同居：兑为少女，离为中女，故称二女同居。③文明以说：离为文明，兑为悦，故称文明以悦。说，同"悦"。

【讲解】《周易折中》案："'文明以说'，'大亨以正'，两'以'字，上句重在'文明'。盖至明则事理周尽，故以此而顺人心，有所更改，则无不宜也。下句重在'正'。盖其大亨也，以正行之，则无不顺也。凡《象传》用'以'字者，文体正倒皆可互用。如'顺以动'，及'动而以顺行'。其义一也。"

《象》曰：泽中有火，革。君子以治历①明时②。

【白话】《象传》说：革卦的上卦为兑为泽，下卦为离为火，为泽中有火之象。水可使火熄灭，火也能让水蒸发，水火相克，从而产生变革，所以卦名为"革"。君子当领会其中精神，修订历法，明辨天时的变换。

【注释】①治历：修订历法。　②明时：明辨天时的变化。

【讲解】在古代，颁布历法为帝王的重要责任，改朝换代，往往重新颁布历法，因而革命也称作改换正朔。

初九　巩①用黄牛之革。

【白话】初九，用黄牛的皮革牢牢地捆绑住。

【注释】①巩：固。有以皮革捆扎之意。

《象》曰：巩用黄牛，不可以有为也。

【白话】《象传》说："用黄牛的皮革牢牢地捆绑住"，表明此时变革难行，不宜有所作为。

【讲解】初九在卦的最下位，处变革之初始，此时地位卑微，与上方的九四不能相应，力量微弱，因而不可能有所作为。所以用"巩用黄牛"之象，来告诫不可轻举妄动，须待时机成熟方可变革。干宝说："巩，固也；离为牝牛，离爻本坤，黄牛之象也。在革之初而无应，据未可以动，故曰'巩用黄牛之革'。比喻文王虽有圣德，天下归周，三分有二，而服事殷，其义也。"按：坤为黄，为牛，离自坤来，故称黄牛。

六二　巳日乃革之。征吉无咎。

【白话】六二，等待时日，要让百姓信服之后才进行变革。如此一来，前进必获吉祥，不会有灾咎。

《象》曰：巳日革之，行有嘉①也。

【白话】《象传》说："等待时日，要让百姓信服之后才进行变革"，是说时机成熟，行动必有好的效果。

【注释】①嘉：美好。

【讲解】六二柔顺中正，是下方象征光明的离卦主爻，具备文明的德性，成为变革的主体。又与上方处于尊位的九五阴阳正应，各种条件具备，可以发动改革。但变革必须时机成熟，特别要得到百姓的拥护，才能发动变革。

九三　征凶贞厉。革言三就①。有孚。

【白话】九三，急切前往会有凶险，而守正不变，又有危厉之事。只有在变革之际，再三研讨，才能取得民众的信任。

【注释】①革言三就：变革必须慎重，须再三研讨之后，才能行动。

《象》曰：革言三就，又何之矣①。

【白话】《象传》说："变革必须经过再三研讨"，又何必急着行动呢！

【注释】①又何之矣：即"又有何往"。

【讲解】九三刚爻刚位，过于刚强，又离开中位，到达下卦的最上位，因而变革的愿望急切。这时贸然前进，就算行动正当，也有危险。只有经过再三详细审议，意见一致时，再采取行动，这样才能得到群众的信赖．获得成功。本爻说明变革虽势在必行，但不可操之过急，当慎而又慎，才会成功。

九四　悔亡。有孚。改命①吉。

【白话】九四，没有悔恨的事发生。得到民众信服，变革天命，必获吉祥。

【注释】①改命：改天命，指改朝换代。

《象》曰：改命之吉，信志①也。

【白话】《象传》说：变革天命而获吉祥，说明民众心悦诚服，可大展变革之志。

【注释】①信志：有大展鸿图的意思。信，通"伸"字。

【讲解】九四虽然阳爻居阴位不正，但这时变革已经大有进展，上卦的水与下卦的火，由势均力敌走向逆转的边缘，正当天命转变的时刻。而且，九四阳爻阴位，秉性刚柔兼备，既不畏怯，也不冒进，所以不会有悔恨的事发生。加上得到民众的支持，成功改换天命指日可待。

九五 大人虎变①。未占有孚。

【白话】九五，伟大的人物像老虎变化斑纹一般进行变革，不必占卜，就知道民众会对他信服。

【注释】①虎变：如虎变换斑纹。老虎的斑纹到了秋天会变得光泽鲜明。这里指日新其德，文采可观。

《象》曰：大人虎变，其文①炳②也。

【白话】《象传》说："伟大的人物像老虎变化斑纹一般进行变革"，表明其德行昭彰，光彩焕发，就像虎纹一样。

【注释】①文：即纹，斑纹。 ②炳：光明。

【讲解】郑汝谐说："革之道久而后信，五与上，其革之成乎。五，阳刚中正，居尊而说体，尽革之美，是以未占而有孚也。其文晓然，见于天下，道德之威，望而可信，若卜筮，罔不是孚。虎变之谓也。"

九五阳刚中正而处君位，相当于伟大的人物，这里也用百兽之王来比拟。变革并非修补装饰，而是要彻底使其面目一新，就像老虎的斑纹，到了秋天，变得光泽鲜明。这一爻就是在说明变革必须彻底的道理。

上六 君子豹变①。小人革面。征凶。居贞吉。

【白话】上六，君子像豹子变换斑纹那样进行变革，小人就会弃恶从善，改变往日面貌。前进行事，必有凶险。居处贞正之道，可获吉祥。

【注释】①豹变：如豹子变换斑纹。豹子的斑纹地随着季节变换，变得鲜艳光彩。君子比大人低一级，豹也比虎的光采次一等。

《象》曰：君子豹变，其文蔚①也。小人革面，顺以从君也。

【白话】《象传》说："君子像豹子变换斑纹那样进行变革"，是说其美德如豹纹般光彩夺目。"小人改变往日面貌"，表明小人甘心顺从君王。

【注释】①蔚：同"郁"。繁盛但不显明，比"炳"也稍差。

【讲解】上六处于革卦的终点，此时变革已经完成。君子需要致力于新的建设，而小人也应洗心革面，善良温顺地追随，才能享受变革的成果。此外，当变革完成之后，不可再采取积极行动，应当与民休息，使其适应新的生活，不可再有积极行动。

龚焕总结说："初言'巩用黄牛'，未可有革者也。二言'巳日乃革'，不可遽革者也。三言'革言三就'，谨审以为革者也。皆革道之未成也。四言'有孚改命'，则事革矣。五言'大人虎变'，则为圣人之神化矣。上言'君子豹变，小人革面'，则天下为之丕变，而革道大成矣。"

鼎卦第五十

（巽下离上） 鼎① 元吉。亨。

【白话】鼎卦，十分吉祥，亨通。

【注释】①鼎：卦名。是煮食物的器具。

【讲解】鼎卦由巽、离二卦组成，下卦为巽，巽为入、为木；上卦为离，离为火。巽木入离火，而致烹饪之功，这是以鼎煮食之象。又本卦最下方的阴爻相当于鼎之足，二三四阳爻为鼎腹，六五阴爻为鼎之耳，上阳为铉，这是鼎的形象，因而卦名为"鼎"。郑玄说："鼎，象也。卦有水火之用，互体乾兑，乾为金，兑为泽，泽钟金而含水，爨以木火，鼎烹熟物之象，鼎烹熟以养人，犹圣君兴仁义之道，以教天下也，故谓之鼎矣。"

从变卦来看，巽卦的六四爻与九五爻交换，即为鼎卦。阴爻上升到"五"位，与下卦的九二相应，成为良好的卦形，象征贤士会被君王赏识，实现愿望，所以吉祥亨通。

在古代，鼎不仅是煮食物的器具，也是象征君王权威和中央政权的宝物，所谓"问鼎中原"、"一言九鼎"，讲的就是这个意思。改朝换代后，新登位的君王首先做的就是铸鼎，颁订法律，以象征新时代的开始。所以，朝代改变被称作鼎革。这一卦，就是以烹器鼎为依据，以重器鼎为归宿，强调君子应进德修业，自新新人。卦中六爻，各取鼎的一个部位为比喻来阐明这个道理。

《彖》曰：鼎，象也。以木巽火，亨饪也。圣人亨以享上帝，而大亨以养圣贤。巽而耳目聪明，柔进而上行，得中而应乎刚，是以元亨。

【白话】《象传》说：鼎卦，取象于烹饪的鼎。将木柴投入火中，用以烹饪食物。圣人烹饪食物祭祀天帝，又大规模烹饪以供养圣人、贤才。贤才顺服辅佐，可使圣人耳聪目明，政事通达，庶民和悦。贤才事业上进，得处中位而应于阳刚，圣贤相济，是以十分亨通。

【注释】①以木巽火：指鼎卦下卦巽为木为入，离为火。 ②柔进而上行：指六四柔爻升到"五"位。 ③得中而应乎刚：指六五柔爻居外卦中位，与阳刚的九二爻相应。

《象》曰：木上有火，鼎。君子以正位凝命。

【白话】《象传》说：鼎卦上卦为离为火，下卦为巽为木，为木上有火之象。木柴燃烧，鼎器烹食，象征鼎新，所以卦名为"鼎"。君子当效法其中精神，像稳重端庄的鼎那样，端正自己的位置，并坚守安邦定国的使命。

【注释】①凝命：严守使命，指巩固政权。凝，有聚、成的意思。

【讲解】虞翻曰："君子谓三也，鼎五爻失正，独三得位，故以正位。凝，成也；体姤，谓阴始凝初，巽为命，故君子以正位凝命也。"

初六 鼎颠趾。利出否。得妾以其子。无咎。

【白话】初六，鼎足颠倒翻转，却有利于倾出食物残渣，犹如娶妾可以生子一样，不会有灾咎。

【注释】①趾：足。 ②否：有恶、失的意思，这里引伸为坏弃之物，即食物残渣。

《象》曰：鼎颠趾，未悖也。利出否，以从贵也。

【白话】《象传》说："鼎足颠倒翻转"，其实并没有违背常理；"有利于倾出食物残渣"，这样正顺合主人的心意。

【注释】①悖：逆，违背。

【讲解】初六处在鼎卦的最下位，相当于鼎足。鼎足翻倒，本来不是什么好现象，但初六是卦的开始，鼎还没有开始煮食物，鼎中还有残留的渣滓污物。鼎足颠翻，正好将它们倒出，反而有利。犹如讨妾本来不是好事，但如果妾生了儿子，有了后嗣，又另当别论，因为这正符合主人的心意。这一爻，说明供养贤才就是为了用他们来除旧布新。

九二 鼎有实。我仇有疾①。不我能即②。吉。

【白话】九二，鼎中盛满食物，正如我有才干，仇人虽心存嫉恨，却不能奈何我，因而可获吉祥。

【注释】①疾：嫉恨。　②即：靠近。

《象》曰：鼎有实，慎所之也。我仇有疾，终无尤①也。

【白话】《象传》说："鼎中盛满食物"，仍须谨慎行事，才能顺利亨通；"仇人虽心存嫉恨，却不能奈何我"，因此最终不会有怨尤。

【注释】①尤：怨尤。

【讲解】九二以阳刚居内卦之中，是鼎中装满食物的象征。胡炳文说："鼎诸爻与井相似。井以阳刚为泉，鼎以阳刚为实。井二无应，故其功终不上行。鼎二有应，而能以刚中自守，故吉。"

九三 鼎耳革。其行塞。雉膏①不食。方雨亏悔。终吉。

【白话】九三，鼎耳脱落，无法移动鼎，鼎中肥美的野鸡肉烧焦吃不成了。此时正好下起了雨，火被淋灭，悔恨消减，所以最终是吉祥的。

【注释】①雉膏：肥美的野鸡肉。

《象》曰：鼎耳革，失其义①也。

【白话】《象传》说："鼎耳脱落"，鼎无法移动，也就失去了鼎的功用。

【注释】①义：宜。功用、作用的意思。

【讲解】九三相当于鼎的腹部，阳爻充实，如同鼎中装满食物。但刚爻刚位，又离开中位，过于刚强，与相当于鼎耳的六五并不相应，就像鼎失去了耳。鼎没有耳，拿起来不方便，所以行动阻塞，象征人才没有出路。吃不到野鸡肉，象征得不到君王的爵禄。不过，九三得正，只要坚守正道，仍会得到君王赏识，有施展抱负的一天。九三与六五阴阳相和成为雨，可将火浇灭，因而悔恨消减，最后仍然吉祥。

胡炳文说："井鼎九三，皆居下而未为时用。井三如清洁之泉而不见食，鼎三如鼎中有雉膏而不得以为人食。然君子能为可食，不能使人必食。鼎耳，三与五不相遇。如六五鼎耳方变革而不可举移，故其行不通。然五文明之主，三上承文明之腴，以刚正自守。五终当求之，方且如阴阳和而为雨，始虽有不遇之悔，终当有相遇之吉。井三所谓'王明并受其福'者，亦犹是也。"

　　　　jiǔ sì　　dǐng zhé zú　　fù gōng sù ①　　qí xíng wò ②　　xiōng
　　　　九四　鼎折足。覆公悚　。其形渥　。凶。

【白话】九四，鼎足折断，倒翻了王公的美食，身上还湿了一片，必有凶险。

【注释】①悚：美食。　②渥：湿淋淋的意思。

　　　　xiàng　yuē　fù gōng sù　　xìn① rú hé yě
　　　　《象》曰：覆公悚，信　如何也？

【白话】《象传》说："倒翻了王公的美食"，哪里还值得信任呢？

【注释】①信：信任。

【讲解】九四与初六相应，并将重要任务交给初六。但初六以阴爻处最下位，力量柔弱，成事不足，败事有余。犹如鼎足折断，打翻了王公的美食，还弄得全身湿淋淋的，这样的人是不值得信任的，因为他的才能并不足以胜任工作。这一爻，说明应知人善用，小人不可以担当重任。朱熹说："九四居上，任重者也，而下应初六之阴，不胜其任矣。故其象如此，而其占凶也。"

　　　　liù wǔ　　dǐng huáng ěr ①　　jīn xuàn②　　lì zhēn
　　　　六五　鼎黄耳　。金铉　。利贞。

【白话】六五，鼎配上黄色的鼎耳和铜做的鼎环，有利于坚守正道。

【注释】①耳：指鼎耳。　②铉：鼎耳上的吊环。

　　　　xiàng　yuē　dǐng huáng ěr　　zhōng yǐ wéi shí yě
　　　　《象》曰：鼎黄耳，中以为实也。

【白话】《象传》说："鼎配上黄色的鼎耳"，是说鼎中有美味的食物。

【讲解】黄为尊贵的中色。六五以柔爻居于外卦之中，因而有黄色的鼎耳，加上铜制的鼎环，是贵重的象征。在这样有利的条件下，只要坚守正道，当然有利。干宝说：

"凡举鼎者铉也，尚三公者玉也，金喻可贵中之美也，故曰'金铉'。铉鼎得其物，施令得其道，故曰'利贞'也。"

shàng jiǔ　dǐng yù xuàn　dà jí　wú bù lì
上九　鼎玉铉。大吉。无不利。

【白话】上九，鼎配上玉制的鼎环，十分吉祥，没有不利的。

xiàng　yuē　yù xuàn zài shàng　gāng róu jié① yě
《象》曰：玉铉在上，刚柔节也。

【白话】《象传》说：玉制的鼎环高处上方，表明刚柔相济，十分协调。

【注释】①节：调节。

【讲解】上九在鼎卦的最上方，相当于鼎耳的环。上九以阳爻居阴位，刚柔相济，就像坚硬又温暖的玉，刚毅而又不失温情，当然大吉，无往不利。干宝说："玉又贵于金者，凡烹饪之事，自镬升于鼎，载于俎，自俎入于口，馨香上达，动而弥贵，故鼎之义，上爻愈吉也。鼎主烹饪，不失其和，金玉铉之不失其所，公卿仁贤，天王圣明之象也，君臣相临，刚柔得节，故曰'吉无不利'也。"

震卦第五十一

zhèn xià zhèn shàng　　zhèn①　hēng　zhèn lái xì xì②　xiào yán yǎ yǎ③
（震下震上）䷲　震　亨。震来虩虩。笑言哑哑。
zhèn jīng bǎi lǐ　bù sàng bǐ④ chàng⑤
震惊百里。不丧匕鬯。

【白话】震卦，可致亨通。惊雷震动，令人恐惧，而君子却能谈笑自若。雷声震惊有百里之遥，主祭的人却很镇定，连酒匙中的酒都不曾洒出一滴来。

【注释】①震：卦名。震动的意思。　②虩：其本意为壁虎，引申为恐惧。　③哑哑：笑声。　④匕：匙，勺子。　⑤鬯：黍米酒，浸泡郁金草，祭祀时洒在地上，以香气请神降临。

【讲解】震卦是八个纯卦之一，由八卦中的震卦重叠而成。震是震动的意思。震卦的卦形，是一阳生于二阴的下面，震而动出，为雷的象征；又有纯阴的母亲的坤卦，与纯刚的父亲的乾卦，首次交媾得子的形象，因而震又为长子。郑玄说："震为雷，雷，动物之气也。雷之发声，犹人君出政教，以动中国之人也，故谓之震。人君有善声教，则嘉会之礼通矣。雷发声，闻于百里，古者诸侯之象也。诸侯出教令，能警戒其国内，则守其宗庙社稷，为之祭主，不忘匕与鬯也。人君于祭之礼，匕牲体荐鬯而已，

253

其餘不親也。升牢于俎，君匕之，臣載之，鬯，秬酒芬芳条鬯，因名焉。"

惊雷震动百里，但虔诚祭祀的人，手中的酒匙，却没有掉落，以比喻平时戒慎恐惧，当突然遭受震惊时，不会惊慌失措，而能从容镇定。震卦象征担任祭祀的长子，所以用"匕鬯"比喻。

李镜池说："卦辞概括地描写了人们对打雷的三种反应：一种是听到雷声就害怕得在哆嗦；一种是言笑自若，满不在乎；还有一种是听到震惊百里的大响雷，还很镇静，手里拿着酒勺子，却没有洒出一点酒来。"

《彖》曰：震，亨。震来虩虩，恐致福也。笑言哑哑，后有则①也。震惊百里，惊远而惧迩②也。出可以守宗庙社稷，以为祭主③也。

【白话】《彖传》说：震卦，能致亨通畅达。"惊雷震动，令人恐惧"，却能因恐惧而谨慎从事，因而得福。"君子谈笑自若"，是因为戒惧谨慎于先，而后就有了法则可循。"雷声震惊有百里之遥"，是说远处受到震惊，而近处为之忧惧，处处戒惕。在雷声中仍能镇定自若的长子可以出而保守宗庙社稷，主持祭祀之礼了。

【注释】①则：法则。 ②迩：近的意思。 ③祭主：主持祭祀的人。

【讲解】虞翻从卦象解释彖辞说："惧变承五应初，故恐致福也。则，法也，坎为则也。远谓四，近谓初，震为百，谓四出惊远，应惧近也。五出之正，震为守，艮为宗庙社稷，长子主祭器，故以为祭主也。"

《象》曰：洊①雷，震。君子以恐惧修省。

【白话】《象传》说：震卦的卦象是震下震上，有雷相重叠之象。雷声轰鸣，惊天动地，象征震动，所以卦名为"震"。君子有鉴于此，应当戒惧谨慎地进德修业、反省自身。

【注释】①洊：有再、重之意。

【讲解】虞翻曰："君子谓临二，二出之坤，四体以修身，坤为身，二之四，以阳照坤，故以恐惧修省。老子曰：修之身，德乃真。"

初九 震来虩虩，后笑言哑哑。吉。

【白话】初九，惊雷震动，令人恐惧，而后又谈笑自若，可获吉祥。

《象》曰：震来虩虩，恐致福也。笑言哑哑，后有则也。

【白话】《象传》说："惊雷震动，令人恐惧"，却能因恐惧而谨慎从事，因而得福。"而后又谈笑自若"，是因为戒惧谨慎于先，而后就有了法则可循。

【讲解】初九是下卦的主爻，也是震卦的开始，相当于震惊来临，吸取经验教训，能够戒慎恐惧，使以后得福，所以吉祥。胡炳文说："初九在内卦之内，震之主也。故辞与卦辞同。盖震之用在下，而重震之初，又最下者，所以为震之主也。"一说，"震来"是指周文王被囚禁在羑里；"笑言"是指以后周代建国。

六二 震来厉。亿丧贝①。跻②于九陵③。勿逐。七日得。

【白话】六二，惊雷震动，十分危险，害怕得丢失了很多钱。应当攀到高高的山上去躲避，不必去寻找它，七天后自然会失而复得。

【注释】①亿丧贝：丢失了很多的货币。亿，有多的意思。贝，贝币。 ②跻：登上。 ③九陵：九重的山陵，指很高的山。

《象》曰：震来厉，乘刚①也。

【白话】《象传》说："惊雷震动，十分危险"，是因为阴柔居于阳刚之上的缘故。

【注释】①乘刚：指六二位于初九之上。

【讲解】初九是震惊的主体，而六二阴柔却正处在初九阳刚的上方，可以说处境最险。以至于当震动来临时，惊恐失措，丧失了大量的钱财。不过，六二柔爻柔位，又处中位，有柔顺中正的德性，因而不必去追寻，丢失的钱财在短短的七天里就会失而复得。这一爻，说明在震惊中坚持中正的原则，就能迅速恢复常态。杨启新说："'丧'，自丧之也。'跻于九陵'，飘然远举之意。人之所以常蹈祸者，利耳。远利而自处于高，岂惟无厉，所丧者可以不久而获矣。"

六三 震苏苏①。震行无眚②。

【白话】六三，雷声震动，恐惧不安。在震惧中小心行事，不会有灾异。

【注释】①苏苏：恐惧不安的样子。 ②眚：病，过失。

《象》曰：震苏苏，位不当①也。

【白话】《象传》说："雷声震动，恐惧不安"，是因为所处的地位不正当。

【注释】①位不当：指六三阴爻居阳位，不中不正。

【讲解】六三以阴爻居阳位，并处在内卦的极点，外卦未治之际，所以有"震苏苏"之象。但如果因恐惧而能改过迁善，仍然不会有灾异。赵光大说："当震时而惧益甚，精神焕散，故为'震苏苏'之象。然天下不患有忧惧之时，而患无修省之功，若能因此惧心而行，则持身无妄动，应事有成规，又何眚之有？"

$$\text{jiǔ sì }\quad \text{zhèn suì}① \text{ ní}$$
九四　震遂　泥。

【白话】九四，被雷声惊吓，坠入泥沼之中。

【注释】①遂：坠，止。

$$\text{xiàng}\quad \text{yuē}\quad \text{zhèn suì ní}\quad \text{wèi guāng yě}$$
《象》曰：震遂泥，未光也。

【白话】《象传》说："被雷声惊吓，坠入泥沼之中"，是因为君子之志未能发扬光大。

【讲解】九四阳爻居阴位，不中且不正，所以心志不能发扬光大。且在外卦之初始，有动而受阻的象征。上下又被两个阴爻挟持，因而力量衰弱，不够强大，就像被雷震惊坠落在泥淖中，动弹不得。《周易折中》案："卦爻'震'字，虽以人心为主，然震之本象则雷也。凡雷乘阳气而动，然所乘之气不同。故邵子曰：'水雷玄，火雷赫，土雷连，石雷霹。'盖雷声有动而不能发达者，陷于阴气也。此爻阳动于四阴之中，故有'震遂泥'之象。在人则志气未能自遂，乃困心衡虑之时也。"

$$\text{liù wǔ}\quad \text{zhèn wǎng lái lì}\quad \text{yì}①\quad \text{wú sàng yǒu shì}$$
六五　震往来厉。亿　无丧有事。

【白话】六五，雷声震动，往来反复，十分危险。只要小心行事，就不会有重大损失，但仍会有事发生。

【注释】①亿：大。

$$\text{xiàng}\quad \text{yuē}\quad \text{zhèn wǎng lái lì}\quad \text{wēi xíng yě}\quad \text{qí shì zài zhōng}\quad \text{dà wú sàng yě}$$
《象》曰：震往来厉，危行也。其事在中，大无丧也。

【白话】《象传》说："雷声震动，往来反复，十分危险"，所以应当戒惧而谨慎行动。处事奉行中道，就不会有重大损失。

【讲解】六五阴爻居阳位不正，因而会有危险。不过，六五在上卦得中，虽然遭遇重大事故，但只要坚持中庸之道，就不会有大的损失。这一爻说明当危机发生时，应坚持中庸原则，可使损害减少到最低程度。

上六 震索索①。视矍矍②。征凶。震不于其躬。于其邻。无咎。婚媾③有言。

【白话】上六，雷声震动，心神不安，慌慌张张地四处张望，出行做事会有凶险。雷声不在自己身边震响，而在邻居身边震响，所以自己没有灾咎。只不过在谈及婚姻之事时，会有闲言闲语。

【注释】①索索：心神不宁的样子。　②矍矍：慌张地张望。　③婚媾：婚姻之事。

《象》曰：震索索，中未得也。虽凶无咎，畏邻戒也。

【白话】《象传》说："雷声震动，心神不安"，是因为内心慌乱的缘故。虽然凶险却没有灾患，是因为见到邻人的危险而能及时戒备，防患于未然。

【讲解】上六柔爻而不处中位，又在震惊的极点，以致有"震索索，视矍矍"之象。在这种状态下，任何行动必然危险。不过，用邻居的遭遇来提醒自己，知道戒慎恐惧，就能够避免。然而，上六在最上位，身为领袖，邻居遭受灾难，而自己却得以避祸，难免会听到闲言闲语了。

艮卦第五十二

（艮下艮上）䷳ 艮①其背。不获其身。行其庭。不见其人。无咎。

【白话】艮卦，让背部静止下来，身体也就随之不动。走在庭院里，不曾感觉到有人存在，如此则不会有灾咎。

【注释】①艮：卦名。止的意思。

【讲解】艮卦为纯卦，上下皆艮。一阳止于二阴之上，阳自下升，极上而止，这是艮的象征。艮又为山。郑玄说："艮为山，山立峙，各于其所，无相顺之时，犹君在上，臣在下，恩敬不相与通，故谓之艮也。"这是对卦名由来的一种解释。

这一卦，集中阐述了有关自我约束、适可而止的道理。卦辞一开始就提出了"艮其背"的命题。背部是人身稳定站立的所在，所有的动作以此为依据，所以背为一身之主。而且，背部也是身体最不容易动的部位。背部静止时，即使是身体想动，也不容易使它牵动，由此象征内心宁静、思想无歪念，不被外间的欲念所动，不受外界的刺激，凡事冷静处理，能够适可而止，当然不会有灾咎。

《彖》曰：艮，止也。时止则止，时行则行。动静不失其时，其道光明。艮其止，止其所也。上下敌应①，不相与也。是以不获其身，行其庭不见其人，无咎也。

【白话】《彖传》说：艮，是止的意思。应当停止的时候就停止，应当行动的时候就行动，动静行止不失时机，能够把握这一原则，前景必然光明。艮卦所说的止，是说停止要适得其所，上下之间互不相应，不相交往，所以说身体随之不动，走在庭院里，不曾感觉到有人存在，如此则不会有灾咎。

【注释】①上下敌应：指艮卦从初至上，初与四，二与五，三与上，六爻两两相对，阳对阳，阴对阴，没有互相应与援助。

【讲解】《大学》中说："止于至善。"孔子说："于止知其止所。"也就是君止于仁，臣止于敬，子止于孝，父止于慈，人与人之间止于信。这可以与本段彖辞相互参证。

《象》曰：兼山①，艮。君子以思不出其位。

【白话】《象传》说：艮的卦象是艮下艮上，艮为山，所以是两山重叠之象。两山重叠，阻遏前进，象征停止，所以卦名为"艮"。君子当领会其精神，思想应切合身份地位，当止则止，不可超出本分之外。

【注释】①兼山：指艮卦上下卦都是山。兼，并的意思。

【讲解】虞翻说："君子谓三也，三，君子位，震为出，坎为隐伏、为思，故以思不出其位。"

初六　艮其趾。无咎。利永贞。

【白话】初六，让脚趾停止下来，这样就不会有灾咎。有利于永久坚守正道。

《象》曰：艮其趾，未失正①也。

【白话】《象传》说："让脚趾停止下来"，不要妄动，因而没有违背正道。

【注释】①未失正：初六以阴居阳失位，但因初六为阴而能止，未失止之正理。

【讲解】初六处在艮卦的最下边，相当于人体下面的脚趾，象征停止的开始阶段。人在行动的时候，脚趾最先动，所以，使脚趾停止，行动就在没有开始之前停止，不会失当，没有灾咎。胡炳文说："事当止者，当于其始而止之，乃可无咎。止于始，犹惧不能止于终，而况不能止于始者乎？初六阴柔，惧其始之不能终也。故戒以'利永贞'，欲常久而贞固也。"

六二　艮其腓①。不拯其随。其心不快。

【白话】小腿肚停止不动，不能纠正应该服从的对象，不得不勉强跟随，心里闷闷不乐。

【注释】①腓：小腿肚。

《象》曰：不拯其随，未退听①也。

【白话】《象传》说："不能纠正应该服从的对象，不得不勉强跟随"，是因为对方没有退一步来听从自己的忠告。

【注释】①听：听从。

【讲解】六二在下卦中位，相当于腿肚。下卦的主爻是九三，相当于腰。行动由腰部主动，腿跟随腰行动。六二柔顺中正，懂得适可而止的道理，而九三则刚交刚位，过于刚强偏激。六二要纠正九三的错误，却阴柔而力量不足，九三又不肯退而听从，六二只好勉强追随，以致闷闷不乐。

九三　艮其限①。列其夤②。厉熏心③。

【白话】九三，让腰部停止不动，却把胁部的肌肉扯裂开了，十分危险，心里像被火烧一样痛苦不安。

【注释】①限：界限，人体上下的界限，在腰部。　②夤：胁部的肌肉。　③熏心：心中像火烧一样。

《象》曰：艮其限，危熏心也。

【白话】《象传》说："让腰部停止不动"，说明十分危险，心如焚烧而痛苦。

【讲解】九三正当上下卦的界限，相当于腰，刚交刚位，又不在中位，因而过分刚强偏激。于是横暴地停止行动，由于方法不当，使得连着腰部的胁间肌肉裂开，象征自我抑止不当，将导致上下叛离、左右决裂，落得个众叛亲离的结局，自然十分危险。

259

六四　艮其身。无咎。

【白话】六四，让上身停止不动，就不会有灾咎。

《象》曰：艮其身，止诸①躬②也。

【白话】《象传》说："让上身停止不动"，就是自我抑止，不妄动。

【注释】①诸：之于。　②躬：自身。

【讲解】六四相当于腰以上的身体部分。六四以阴居阴，得阴阳之正位，因而是停止在应当停止的场所，象征心静身安、行止以时，能够自我控制，而不妄动，所以没有灾咎。《周易折中》案："此爻亦居心上，则亦背之象矣。不言'艮其背'者，'艮其背'为卦义，非中正之德，不足以当之，四虽直其位而德非中，故但言'艮其身'而已。盖'艮其背'则'不获其身'矣。'不获其身'者，忘也。若'艮其身'，则能止而未能忘也。然止者忘之路，故其占亦曰'无咎'。"

六五　艮其辅。言有序。悔亡。

【白话】六五，闭口不随便乱说，说的话有条理，就不会有悔恨。

【注释】①辅：为唇齿相辅的辅，亦即颚。这里指嘴巴。

《象》曰：艮其辅，以中正也。

【白话】《象传》说："闭口不随便乱说"，是因为要谨守中正之道。

【讲解】六五在卦的上方，相当于人的嘴，是说话的器官。六五以阴爻居阳位不正，本当有悔；但得中处尊位，因而能够自我约束，说话中肯而条理分明，自然不会有悔恨之事。这一爻，强调言语要谨慎，懂得适可而止。

上九　敦①艮。吉。

【白话】上九，能够以敦厚的态度加以约束与抑止，可获吉祥。

【注释】①敦：厚。

《象》曰：敦艮之"吉"，以厚终①也。

【白话】《象传》说：以敦厚的态度加以约束与抑止，所获得的吉祥，说明能将敦厚的德行保持至终。

【注释】①以厚终：以敦厚而终结。

【讲解】上九处在艮卦的最上方，代表止的终结，更加要谨慎敦厚。朱熹说："人之止难于久终，故节或移于晚，守或失于终，事或废于久，人之所同患也。上九能敦厚于终，止道之至善，所以'吉'也。"这一爻，说明应止于至善，最后的坚持最重要。胡炳文以卦象释本爻说："'敦临'，'敦复'，皆取坤土象。艮山乃坤土而隆其上者也，其厚也弥固，故其象为'敦'，其占曰'吉'。艮之在上体者凡八，而皆吉。"

渐卦第五十三

（艮下巽上） ䷴ 渐　女归吉。利贞。

【白话】渐卦，女子出嫁，一切依礼节循序渐进，可获吉祥，有利于守正道。

【注释】①渐：卦名。有渐进的意思。　②女归：女子出嫁。

【讲解】渐卦阐述的是渐进的道理。这一卦由艮、巽二卦组成，下卦艮为止，上卦巽为顺，柔顺地停停进进，有渐进的意义。卦辞以女子出嫁为喻，强调必须循序渐进，婚姻才会幸福。即当女子出嫁时，必须经过纳采、问名、纳吉、纳征、请期、亲迎等六个规定程序，当然也是一个渐进的过程。胡瑗说："天下万事，莫不有渐，然于女子，尤须有渐。何则？女子处于闺门之内，必须男子之家，问名、纳采、请期以至于亲迎，其礼毕备，然后乃成其礼，而正夫妇之道。君子之人，处穷贱不可以干时邀君，急于求进。处于下位者，不可谄谀佞媚，以希高位，皆由渐而致之，乃获其吉也。"

《彖》曰：渐之进也，女归吉也。进得位，往有功也。进以正，可以正邦也。其位，刚得中也。止而巽，动不穷也。

【白话】《彖传》说：渐渐地前进，犹如女子出嫁，依礼节循序进行，就会得到吉祥。循序渐进，能够得到尊贵的地位，前往行事就会成功。渐进而持守正道，就可以治国安邦。处于尊位而阳刚中正，静止和顺而谦逊忍让，如此渐进，就不会困穷了。

【注释】①得位：指卦中二、三、四、五爻都是阳爻居阳位、阴爻居阴位。　②以正：遵循正道。　③正邦：治理好国家。

【讲解】由卦变来看，渐卦是由涣卦或旅卦变化而来。即，涣卦的九二与六三交换，或旅卦的九四与六五交换，都成为渐卦，而且都是不正的刚爻，升进一位，成为得正，这就是象辞中说的"进得位"。

《象》曰：山上有木，渐。君子以居①贤德善俗。

【白话】《象传》说：渐卦上卦为巽为木，下卦为艮为山，为山上有木之象。木在山上，以渐而高，因而卦名为"渐"。君子当效法其中的精神，蓄积贤德，改善风俗。

【注释】①居：蓄积的意思。

【讲解】程颐说："君子观渐之象以居贤善之德，化美于风俗，人之进于贤德，必有其渐，习而后能安，非可陵节而遽至也。在己且然，教化之于人，不以渐，其能入乎？移风移俗，非一朝一夕所能成，故善俗必以渐也。"

初六　鸿①渐于干②。小子③厉有言④。无咎。

【白话】初六，鸿雁逐渐降落栖息于水边，踌躇不安。年幼无知的小孩子是有危险的，受到叱责，但坚持循序渐进，就不会有灾咎。

【注释】①鸿：大雁。　②干：水边，岸。　③小子：小孩子，年轻人。　④言：怨言。

《象》曰：小子之厉，义无咎也。

【白话】《象传》说："年幼无知的小孩子有危险"，但按理来说，不应有灾咎。

【讲解】初六为渐进的初始，是进而未得其位的阶段，仍然逡巡不前，犹如鸿雁渐息于江边。初六地位低下，资历尚浅，象征小孩子。初六应当与六四相应，但二者都是阴爻，相互排斥，而且六四阴柔，既没有力量应援初六，又嫌初六跟随不上，所以对初六叱责。不过，初六的行为还是合乎渐进之道的，所以于理而言不会有灾咎。

六二　鸿渐于磐①。饮食衎衎②。吉。

【白话】六二，鸿雁逐渐飞落到磐石上栖息，快乐地饮食，可获吉祥。

【注释】①磐：大石。　②衎衎：快乐、喜悦的样子。

《象》曰：饮食衎衎，不素饱①也。

【白话】《象传》说："快乐地饮食"，是说自寻饮食，其得其乐，而非尸位素餐，不劳而获。

【注释】①素饱：即素餐，不劳而食的意思。

【讲解】朱熹说："磐，大石也。渐远于水，进于干而益安矣。衎衎，和乐意。六二柔顺中正，进以其渐，而上有九五之应，故其象如此，而占则吉也。"

六二已渐进到坚固的磐石上，是落脚安稳的场所。六二与上方的君王九五得中正应，可以说地位坚如磐石。六爻之中，"二"是臣位，"五"是君位，九五赐给俸禄，使六二快乐饮食。但六二具备中正的德性，能够成为君王的得力助手，并不是尸位素餐。由于地位稳当，所以吉祥。

九三 鸿渐于陆①。夫征不复。妇孕不育。凶。利御寇。

【白话】九三，鸿雁逐渐飞落到岸边高地上，犹如丈夫远征而不复还，妻子怀孕却不能生育，这当然是凶险的事。但却有利于抵御外寇。

【注释】①陆：陆地，指岸边较远的高处。

《象》曰：夫征不复，离群丑①也。妇孕不育，失其道也。利用御寇，顺相保也。

【白话】《象传》说："丈夫远征而不复还"，是因为脱离了同群伙伴的缘故。"妻子怀孕却不能生育"，是因为违背了夫妻的正道。"有利于抵御外寇"，是因为上下团结和顺，以相自保。

【注释】①丑：同类。

【讲解】九三已经渐进到下卦的最上方，以鸿雁逐渐飞落岸边高地为象征。九三与上九同是阳爻而不相应，只好与情意不合的六四勉强结合。九三孤阳奋进，一去不回；而作为妻子的六四有孕而难以生育，所以凶险。不过九三刚爻刚位，极为坚强，因而，防御外敌有利。

《周易折中》案："此卦以女归为义则必阴阳相应，乃与义合。故初之厉者无应也，二之安者有应也，三亦无应。而位愈高，则不止于厉而已。上九在卦外，不与三应，如'夫征而不复'，不顾其家也；三刚质失柔道，如妇有产孕而不能养育，不恤其子也。以士君子之进言之，上不下交，而下又失顺勤之道，于义则凶矣。上下不交，必有逸邪间于其间，所谓寇也。惟能谨慎自守使寇无所乘，则可以救其过刚之失而利。"

六四 鸿渐于木。或得其桷①。无咎。

【白话】六四，鸿雁逐渐飞落到树上，或许能找到宽平而横的树枝来栖息，这样就不会有灾咎。

【注释】①桷：房屋的椽木。这里指桷形的树枝。

《象》曰：或得其桷，顺以巽也。

【白话】《象传》说："或许能找到宽平而横的树枝来栖息"，说明柔顺而谦和，便能找到安身之所。

【讲解】六四更进一步，犹如鸿雁落到树上。但六四飞得比九三还高，是以柔乘刚，因而处于不安定的状态，需要找到适合的树枝立足。不过，六四阴爻柔顺，又是上卦巽即顺的一部分，因而能柔顺服从下方的九三，从而得到强有力的支持，不会有灾咎。胡炳文说："巽为木，而处艮山之上，鸿渐于此则愈高矣。鸿之掌不能握木，木虽高，非鸿所安也，然阴居阴得正，如于木之中得平柯而处之，则亦安矣，故无咎。"

九五　鸿渐于陵①。妇三岁不孕。终莫之胜。吉。

【白话】九五，鸿雁逐渐飞落到到山岗上，犹如妇人三年没有怀孕。但终未被困难压倒，可获吉祥。

【注释】①陵：高岗，丘陵。

《象》曰：终莫之胜吉，得所愿也。

【白话】《象传》说："终未被困难压倒，可获吉祥"，是说终于实现了心愿。

【讲解】九五为君位，相当于高陵，这一爻以鸿雁渐进到山岗上为象征。九五与六二阴阳正应，关系很好，但中间隔着九三、六四，以致无法相聚，三年都不能生育。要冲破阻隔，有一个渐进的过程。不过，九五与六二毕竟是正当的配偶，最终还是得以聚首，达成心愿，因而吉祥。

上九　鸿渐于陆①。其羽可用为仪②。吉。

【白话】上九，鸿雁渐飞到云端之上，其漂亮的羽毛可用作装饰，可获吉祥。

【注释】①陆：云路，指云端。　②仪：装饰。

《象》曰：其羽可用为仪吉，不可乱也。

【白话】《象传》说："其漂亮的羽毛可用作装饰，可获吉祥"，说明其高洁的心志不可相乱。

【讲解】上九在这一卦的最上位，象征鸿雁在天空飞向远方，其掉落的羽毛，可以用作典礼中的装饰。犹如超脱于世俗之外的贤人隐士，其高洁的志向足以成为世人的仪表，所以吉祥。孔颖达说："上九与三，皆处卦上，故并称'陆'。上九最居上极，是进处高洁，故曰'鸿渐于陆'也。'其羽可用为仪吉'者，居无位之地，是不累于位者也。处高而能不以位自累，则其羽可用为物之仪表，可贵可法也。"

归妹卦第五十四

（兑下震上） 归妹① 征凶。无攸利。

【白话】归妹，外出行事会有凶险，没有什么好处。

【注释】①归妹：卦名。指年轻女子出嫁。

【讲解】归妹卦由兑、震二卦组成，下卦兑是少女，相当于妹，上卦震是长男。少女与长男结合，所以称作"归妹"，亦即嫁妹。卦辞中说"征凶"，是因为少女应当与少男结婚，与长男不相配。而且，下卦兑是悦，上卦震是动，是少女主动而趋前交欢，与夫唱妇随的原则违背。此外，兑的主爻六三与震的主爻九四，其位都不正，所以外出行事凶险，没有任何好处。

《彖》曰：归妹，天地之大义也。天地不交，而万物不兴。归妹，人之终始也。说以动①，所归妹也。征凶，位不当②也。无攸利，柔乘刚③也。

【白话】《彖传》说：归妹，是天经地义的事情。天地阴阳如果不交合，万物就不会繁衍生息，兴旺发达。归妹，是与人的生存发展相始终的。男女两情相悦而相互结合，因而就有归妹之事。"外出行事会有凶险"，是因为所处的地位不正当。"没有什么好处"，是因为阴柔反而居于阳刚之上，以致刚柔不济，阴阳失调。

【注释】①说以动：指下卦兑为悦，上卦震为动。说，通"悦"。 ②位不当：指九二以阳爻居阴位，而六五却以阴爻居阳位。 ③柔乘刚：指卦中六三柔爻居九二刚爻之上，六五柔爻居九四刚爻之上。有妇压制夫的象征，所以称不当。

【讲解】吴慎说："卦以少女从长男，则非其配偶。'说以动'，则恣情纵欲。中爻不正，则阴爻皆失其常。三、五柔乘刚则不顺，宜其凶也。然四者又以'说以动'为重。"《周易折中》案："中四爻皆失正位者，除未济外，惟睽、解及此卦。而家人、睽、渐、归妹，皆言男女之道者也。家人以得位而正，故睽以失位而乖，渐以得位而吉，故归妹以失位而凶也。他卦有柔乘刚而义与归妹不同者，义与卦变。"

《象》曰：泽上有雷，归妹。君子以永终知敝①。

【白话】《象传》说：归妹卦的上卦为震为雷，下卦为兑为泽，为泽上有雷之象。雷响于水泽之上，水随雷声震动，象征少女顺从男子，因而卦名为"归妹"。君子当效法其中的精神，像对待婚嫁之事那样，保持有始有终的态度，并知道弊端之危害，从长计议。

【注释】①敝：或作"弊"，有坏、衰败的意思。

【讲解】程颐释这段象辞说："女归则有生息，故有永终之义。又夫妇之道，当常永有终，必知其有敝坏之理而戒慎之。敝坏，谓离隙。归妹说以动者也。异乎恒之巽而动，渐之止而巽也。少女之说，情之感动，动则失正，非夫妇正而可常之道，久必敝坏，知其必敝，则当思永其终也。天下之反目者，皆不能永终者也。不独夫妇之道，天下之事，莫不有终有敝，莫不有可继可久之道，观归妹则当思永终之戒也。"

初九 归妹以娣①。跛能履。征吉。

【白话】初九，少女出嫁时妹妹作陪嫁，虽然是偏房，但如同跛子也能走路一样，前行也可获得吉祥。

【注释】①娣：姊妹同嫁一夫，其中的妹妹称作娣，亦即妾。

《象》曰：归妹以娣，以恒①也。跛能履吉，相承②也。

【白话】《象传》说："少女出嫁时妹妹作陪嫁"，这是符合常规的事情；"如同跛子也能走路一样，前行也可获得吉祥"，是说娣虽为偏房，但能承事正室，辅佐其处理好家务。

【注释】①恒：常。 ②相承：指能承助正室。

【讲解】初九处本卦最下方，地位低，与上卦的九四又无法相应，因而不是正室，而以娣为象征。娣为偏房，名分不当，但初九为阳爻，有阳刚的德性，能坚守纯正，并辅佐正室照顾好家庭，如同一个跛子也能走路那样，依然可获得吉祥。

九二 眇能视。利幽人①之贞。

【白话】九二，瞎了一只眼，也能看见东西，有利于幽居之人坚守正道。

【注释】①幽人：幽居之人，指能守其幽静贞正的贤女子。

266

《象》曰：利幽人之贞，未变常也。

【白话】《象传》说"有利于幽居之人坚守正道"，是因为没有改变恒常的贞节操守。

【讲解】九二阳刚得中，象征一个具有贞正、中庸德性的贤女子。九二与上卦的六五阴阳相应，但六五为阴柔小人，阴爻阳位不正。九二遇人不淑，但仍坚守纯正，洁身自爱，就象瞎了眼，却仍能够看一样，仍然是有利的。郭雍说："九二刚中，贤女也。守其幽独之操，不夺其志。故曰'利幽人之贞'。"

六三　归妹以须①。反归以娣。

【白话】六三，嫁不出去，一直在等待。不过，要是返归家中，以妾的身份出嫁，就能嫁出去。

【注释】①须：等待。

《象》曰：归妹以须，未当也。

【白话】《象传》说："嫁不出去，一直在等待"，是因为地位和德行不正当的缘故。

【讲解】六三以阴爻居阳位，不中不正，又缺乏坚正的操守，上无所应，象征一个轻浮女子，一直在等待出嫁，但无人来娶。只好退而求次，以妾的身份出嫁，则是可以的。朱震说："六三居不当位，德不正也，柔而上刚，行不顾也。为说之主，以说而归，动非礼也，上无应，无受之者也，如是而贱矣，故曰'未当也'。'未当'，故无取之者，'反归以娣'也。"

九四　归妹愆期①。迟归有时②。

【白话】九四，少女错过出嫁的时机，只好延迟婚期，等待适当的时机。

【注释】①愆期：指延误日期。愆：超过。　②有时：等待适当的时机。

《象》曰：愆期之志，有待而行也。

【白话】《象传》说：错过出嫁的时机，是为了等待佳偶而出嫁。

【注释】①有待：有所等待。

【讲解】九四在下卦没有相应，以致找不到配偶，误了婚期。但九四阳刚，坚守贞正，不肯轻易许嫁，要等待好的时机，遇佳偶而嫁。胡瑗说："以刚阳之质，居阴柔之

267

卷七·归妹卦第五十四

位，不为躁进，故待其礼之全备，俟其年之长大，然后归于君子。斯得其时也。"

六五 帝乙归妹。其君①之袂②。不如其娣③之袂良。月几望④。吉。

【白话】六五，帝乙嫁女儿，正室的服饰反不如陪嫁妹妹的服饰华丽。婚期选在月近于十五日时，可获吉祥。

【注释】①帝乙：商朝国君之名，是纣王的父亲。 ②其君：指正室，君夫人。 ③袂：衣袖，指衣饰。 ④月几望：快到月中之时。望，月圆之时，指农历每月的十五日。

《象》曰：帝乙归妹，不如其娣之袂良也。其位在中①，以贵行②也。

【白话】《象传》说："帝乙嫁女儿，正室的服饰反不如陪嫁妹妹的服饰华丽"，说明正室有中正的德性和高贵的身分，所以没必要打扮得很华丽。

【注释】①其位在中：指六五居上卦之中位。 ②贵行："五"位为尊，故名。

【讲解】六五阴爻在"五"的君位，相当于天子的女儿。六五阴爻柔顺，又具备中庸的德性，身分高贵，所以衣着没有刻意装饰的必要。表明位尊守中，以高贵之身行谦卑之道。程颐说："以'帝乙归妹'之道言，'其袂不如其娣之袂良'，尚礼而不尚饰也。五以柔中在尊高之位，以尊贵而行中道也。柔顺降屈，尚礼而不尚饰，乃中道也。"

上六 女承筐①无实。士刲②羊无血。无攸利。

【白话】上六，婚礼上，女子的提篮里空空的没有任何东西，男子以刀宰羊，却不见羊出血，诸事不利。

【注释】①筐：指新娘的提篮，装有各种干果，当作拜见公婆的礼物。 ②刲：割杀。为婚礼的仪式之一，割羊用作合卺时饮交杯酒的菜肴。

《象》曰：上六无实，承虚筐也。

【白话】《象传》说：上六阴爻空虚无实，好像手提空空的篮子。

【讲解】上六已经到达归妹卦的极点，又不能与下卦同为阴爻的六三相应，象征难得佳偶。虽勉强结婚，由于上六阴柔，没有坚贞的德性，婚姻会归于失败。因而在婚礼上，"女承筐无实，士刲羊无血"，不祥的兆头显现出来，一切都不顺利。

丰卦第五十五

（离下震上） ䷶ 丰 亨。王假之。勿忧。宜日中。

【白话】丰卦，丰盛之时，自然亨通。君王一统天下，使天下达到丰盛，就不必忧虑了。应该如日在中天一般，普照天下，使万物受其惠。

【注释】①丰：卦名。有丰盛、盛大之意。　②假：至。

【讲解】丰是丰盛、盛大的意思。郑玄说："丰，充满之意。"这一卦以离、震二卦组成，下卦离为明，上卦震为动，光明而且活跃，是盛大的象征；又震为雷，离为火为电，雷电交作，有盛大之势，因而卦名为"丰"。

盛大，本身就亨通，王者当天下最丰盛的时期，拥有巨大的财富，无数的人民，大可不必忧虑。应当像日正当中，普照大地，使人民普遍分享丰盛的成果。然而，日正中天之后，斜日随之来临，因而这一卦的亨通中也隐伏着危机。

丰卦没有描述丰满盛大的状态，而是阐释盛衰无常的道理，着眼于如何达到和保持丰盛，其核心思想就是"明以动"，就是以贤明来指导行动，这就是实现和保持丰满盛大的关键。其贤明，要像日正中天，光芒四射，明照毫末，这就是卦辞说的"宜日中"。

《彖》曰：丰大也。明以动，故丰。王假之，尚大也。勿忧宜日中，宜照天下也。日中则昃①，月盈则食②。天地盈虚，与时消息③。而况于人乎？况于鬼神乎？

【白话】《彖传》说：丰，就是盛大的意思。光明正大地行动，因而能获得丰盛的成果。"君王使天下达到丰盛"，说明君王崇尚盛大丰满，希望百姓富足、天下太平。"不必忧虑，应该如日在中天一般"，是说应该普照天下，使生民皆受其惠。然而，日正当中之后，就会有偏斜之时；月圆盈满之后，必将亏蚀。天地的盈满与亏虚，都随着时间消长，又何况是人呢？何况鬼神呢？

【注释】①昃：指太阳西斜。　②食：亏缺。　③消息：消长。

【讲解】程颐说："既言丰盛之至，复言其难常以为诫也。日中盛极，则当昃昳。月既盈满，则有亏缺。天地之盈虚，尚与时消息，况人与鬼神乎！'盈虚'，谓盛衰。'消息'，谓进退。天地之运，亦随时进退也。'鬼神'，谓造化之迹。于万物盛衰可见其消息也。于丰盛之时而为此诫，欲其守中不至过盛。处丰之道，岂易也哉？"可与这段象辞相参证。

《象》曰：雷电皆至，丰。君子以折狱①致刑。

【白话】《象传》说：丰卦的上卦为震为雷，下卦为离为火为电，因而有雷电同时来临之象。雷电交加，气势盛大，所以卦名为"丰"。君子当效法其中精神，像闪电般明察判案，像雷霆般实施刑罚。

【注释】①折狱：判决讼狱。

【讲解】荀爽说："丰者阴据不正，夺阳之位，而行以丰，故折狱致刑，以讨除之也。"按：六五不正，居于尊位。

初九　遇其配主①。虽旬②无咎。往有尚③。

【白话】初九，在路上遇见相配的主人，虽然相处了十天，却没有发生灾咎。前往行事，会受到重视。

【注释】①配主：相配的主人，这里指九四。　②旬：十日为旬。　③尚：崇尚，重视。

《象》曰：虽旬无咎，过旬灾也。

【白话】《象传》说："虽然相处了十天，却没有发生灾咎"，但是过了十天，就可能会有灾咎。

【讲解】古时以十干记日，由甲到癸，十天满一旬，又重新由甲计起，所以用"旬"比喻满，超过一旬又转为亏。初九主动地寻找，遇到相配的主人，也就是上卦的九四。这样的积极前往，得到了九四的重视，彼此平安相处了十天。但十天一过，就有满而亏的忧虑，可能发生灾咎。这说明既要积极追求盛大，也应注意适度，不可以过分。张载说："凡言往者，皆进而之上也。初进而上则遇阳而有尚。二既以阴居阴而又所应亦阴，故往无所发，愈增疑疾，能不和于累，信然接物乃吉。"

六二　丰其蔀①。日中见斗②。往得疑疾。有孚发若。吉。

【白话】六二，大片的云遮蔽了光明，在中午的时候却看到了北斗星，前往行事会被猜疑。不过，如果能心怀诚信地启发对方，可获吉祥。

【注释】①蔀：遮蔽。虞翻说："日蔽云中称蔀。"　②斗：北斗星。

《象》曰：有孚发若，信以发志也。

270

【白话】《象传》说："能心怀诚信地启发对方",是因为诚信之心能够启发其心志。

【讲解】六二为下卦离的主爻,离为明,因而六二相当于日正当中之时。但与六二对应的六五,却是以阴爻处阳刚的君位,如同太阳被云层遮蔽,时值正午,却黑暗得仿佛能看到北斗星。追随这样的君王,难免被猜疑。但六二居中,能以诚意来启发感动对方,所以结果仍然是吉祥的。

九三 丰其沛①。日中见沫②;折其右肱③,无咎。

【白话】九三,厚厚的云层遮掩了太阳,在中午的时候却看见了小星星,犹如右臂被折断,难有作为,还好没有什么灾咎。

【注释】①沛:通"旆"。原义是幔幕,这里有遮蔽的意思。虞翻说:"日在云下称沛。" ②沫:昏暗的小星星。 ③肱:指臂。

《象》曰:丰其沛,不可大事也。折其右肱,终不可用也。

【白话】《象传》说:"厚厚的云层遮掩了太阳",说明此时不可成就大事;"右臂被折断",说明终究不堪任用。

【讲解】九三是下卦离的最后一爻,代表正午已过,日头西斜的时候。同样是太阳被云层所蔽,而九三要比六二之时更黑暗,仿佛能看到小星星。当此黑暗之时,犹如臂被折断,难有作为,大事难成。不过,九三阳爻阳位刚正,虽不堪任用,但也不会有灾咎。

九四 丰其蔀。日中见斗。遇其夷主①。吉。

【白话】九四,大片的云遮蔽了光明,在中午的时候却看到了北斗星。但如果遇到志同道合的伙伴,还是可获吉祥的。

【注释】①夷主:相类者,指初九。初九与九四有相等的阳刚德性,地位也对应。夷,平等。

《象》曰:丰其蔀,位不当也。日中见斗,幽不明也。遇其夷主,吉行也。

【白话】《象传》说:"大片的云遮蔽了光明",是因为其所处的地位不当;"在中午的时候却看到了北斗星",说明由于蒙蔽而幽暗不明;"遇到志同道合的伙伴",说明行动还是会获得吉祥的。

【讲解】九四处在大臣的位子，辅佐其上的君王六五。但六五阴柔不正，是昏暗的君王，致使九四处在幽暗不明的环境中，就像正午之时太阳被掩蔽，黑暗得仿佛可看到北斗星。不过，如果往下方与同样刚正的初九交往，同心同德，一起行动，就会吉祥。

六五 来章①。有庆誉，吉。

【白话】六五，有美德的贤能之士前来辅佐，会有喜庆和美誉，可获吉祥。

【注释】①章：文采，美丽的花纹。在此当美德讲。

《象》曰：六五之吉，有庆也。

【白话】《象传》说：六五获得吉祥，是因为会有喜庆之事。

【讲解】胡炳文说："三爻称日中，皆有所蔽，六五不称日中，盖宜日中无蔽也。"六五阴爻而处君位，象征昏暗的君王，本身难有作为，但却有九二这一有美德的贤士前来辅助，仍可得到吉祥。这一爻，就是说明追求盛大，必须用贤。

上六 丰其屋。蔀其家。窥①其户。阒②其无人。三岁不觌③。凶。

【白话】上六，房屋高大，把家完全遮蔽，从门缝向里面窥视，寂静无人。已经三年不见人了，定有凶险。

【注释】①窥：窥视。 ②阒：安静，寂静。 ③觌：见。

《象》曰：丰其屋，天际翔也。窥其户，阒其无人，自藏也。

【白话】《象传》说："房屋高大"，是说得意非凡，好似在天际翱翔；"从门缝向里面窥视，寂静无人"，因为自己隐藏起来不见人。

【讲解】上六阴柔，下卦的光明又不能到达，以致黑暗，就像长时间闭藏在黑暗的大房子里，由门缝窥视，看不到人影。像这样完全孤立，当然凶险。"丰其屋"，象征小人得志，就象飞翔在天空般得意，以致日益昏庸。这一爻，告诫不可因盛大而迷失，以致完全被闭塞。

卷 八

旅卦第五十六
lǚ guà dì wǔ shí liù

（艮下离上） ䷷ 旅① 小亨。旅贞吉。
gèn xià lí shàng　　　　　lǚ　xiǎohēng　lǚ zhēn jí

【白话】旅卦，是小有亨通的。旅行在外，宜守正道，可获吉祥。

【注释】①旅：卦名。羁旅的意思。

【讲解】旅，就是是羁旅，在外旅行。这一卦由艮、离二卦组成，下卦艮为山，上卦离为火，山上烧火，火势不断地往外蔓延，就像旅行的人在外急着赶路。又，本卦山内而火外，山止而不动，如旅馆；火动而不止，如行人。所以，卦名为"旅"。

旅，是一种经常变换场所的不安定的行动。在古代，逃难、经商、周游列国等等，都是"旅"的行为。动机多半是在国内失业、犯罪逃亡，或者不得意，因而不会大有亨通。古人安于故土，所谓"父母在，不远游"，把长期离家看成是万难的事。旅卦正是针对这种"难"的情绪，讲述了在漂泊中寻求安居的原则。卦辞表明，出门在外，当以柔顺持中为本，只要坚守此正道，就可获得吉祥。

朱熹说："旅，羁旅也。山止于下，火炎于上，为去其所止而不处之象，故为旅。以六五得中于外，而顺乎上下之二阳，艮止而离丽于明，故其占可以小亨，而能守其旅之正则吉。"这是以卦象来释旅卦的卦辞。

《彖》曰：旅，小亨。柔得中乎外①而顺乎刚②，止而丽乎明③，是以小亨旅贞吉也。旅之时义大矣哉！
tuàn yuē lǚ xiǎohēng róu dé zhōng hū wài ér shùn hū gāng zhǐ ér lì hū míng shì yǐ xiǎohēng lǚ zhēn jí yě lǚ zhī shí yì dà yǐ zāi

【白话】《象传》说：旅，小有亨通。柔顺者得中于外，而能顺从刚强者，静止而又能依附于光明，因而"小有亨通，在外旅行，持守正道，可获吉祥"。旅卦的时用意义真是太伟大了！

【注释】①柔得中乎外：指六五阴爻在外卦居中位。 ②顺乎刚：指六五承顺于上

③止而丽乎明：指本卦内卦艮为止，外卦离为明、为附丽。

【讲解】程颐说："天下之事，当随时各适其宜。而旅为难处，故称其时义之大。"《周易折中》案："处旅之道，审几度势，贵于明也。待人接物，亦贵于'明'也。然明不可以独用，故必以止静为本而'明''丽'焉。与晋、睽之主于'顺''说'者同。"

《象》曰：山上有火，旅。君子以明慎用刑，而不留狱①。

【白话】《象传》说：旅卦的上卦为离为火，下卦为艮为山，为山上有火之象。山火蔓延，移动燃烧，象征行旅之人匆匆赶路，因而卦名为"旅"。君子当效法其中精神，像火在高处明照万物一样，明智地慎用刑罚，而不滞留狱案。

【注释】①留狱：将犯人扣留并关于狱中。

【讲解】程颐释本段象辞说："火之在高，明无不照，君子观明照之象，则'以明慎用刑'。明不可恃，故戒于慎，明而止，亦慎象。观火行不处之象，则'不留狱'，狱者不得已而设，民有罪而入，岂可留滞淹久也。"

初六　旅琐琐①。斯其所取灾②。

【白话】初六，旅行之始，对细小琐碎的事斤斤计较，这样必然会招来灾祸。

【注释】①琐琐：是琐碎小器，斤斤计较。　②取灾：得祸。

《象》曰：旅琐琐，志穷①灾也。

【白话】《象传》说："旅行之始，对细小琐碎的事斤斤计较"，说明这是由于心志穷迫所招致的灾祸。

【注释】①志穷：心志狭隘、志气穷短。

【讲解】初六以阴爻居阳位，又处在最下位，是一个小气、猥琐的小人形象。旅途中，人穷志短，爱和人斤斤计较，这就很容易招来灾祸。陆绩曰："艮为小石，故曰'旅琐琐'也。履非其正，应离之始。离为火，艮为山，以应火灾，焚自取也，故曰'斯其所取灾'。"这是以象立说的。

六二　旅即次①。怀其资②。得童仆贞③。

【白话】六二，旅客投宿于旅舍，携带钱财，还得到忠贞的童仆照顾。

【注释】①即：就，往。　②次：旅舍。　③得童仆贞：得到忠贞的童仆。

《象》曰：得童仆贞，终无尤①也。

【白话】《象传》说："得到忠贞的童仆照顾"，最终不会有怨尤。

【注释】①终无尤：六二居中得正，所以终无过失。

【讲解】六二以阴爻处阴位，又处内卦之中，可谓得中得正，以此处旅，就有"怀其资，得童仆贞"的有利条件，当然不会有怨尤。《九家易》释本爻说："以阴就二，即就其舍，故旅即次。承阳有实，故怀其资。初者卑贱，二得履之，故得童仆贞。处和得位，故正居。是故曰'得童仆贞'矣。"朱熹说："即次则安，怀资则裕，得其童仆之贞信，则无欺而有赖。旅之最吉者也。二有柔顺中正之德，故其象占如此。"

九三 旅焚其次。丧其童仆。贞厉。

【白话】九三，旅途中旅舍失火，又丢失了童仆，即或坚守正道，也很危险。

《象》曰：旅焚其次，亦以伤矣。以旅与下①，其义丧也。

【白话】《象传》说："旅途中旅舍失火"，也够悲伤的了；在旅途中，粗暴地对待下人，童仆舍其而去也是合乎情理的。

【注释】①与：相处。 ②下：下人，指童仆。

【讲解】九三以阳刚居阳刚之位，处内卦艮阳之极，性格过于刚直，在对待下人的态度上粗暴刚硬，因而遭遇不幸。这一爻，强调了在羁旅中保持柔顺中和的重要性。程颐指出："处旅之道，以柔顺谦下为先。三刚而不中，又居下体之上，与艮之上，有自高之象。在旅而过刚自高，致困灾之道也。自高则不顺于上，故上不与而焚其次，失所安也。上离为焚象，过刚则暴下，故下离而'丧其童仆'之贞信，谓失其心也。如此则危厉之道也。"

九四 旅于处。得其资斧①。我心不快。

【白话】九四，身处他乡暂为栖身，虽然得到钱财，但我心中并不快乐。

【注释】①资斧：本义为利斧，这里指资财。

《象》曰：旅于处，未得位也。得其资斧，心未快也。

【白话】《象传》说："身处他乡暂为栖身"，是因为没有得到正当的地位；"虽然得到钱财"，但由于客居他乡，因而心中并不快乐。

【注释】①未得位：指九四以阳爻居阴位。

【讲解】九四以阳刚居阴位，不得其正，也不处中位，所以有"旅于处"的状况。虽然有了钱，也难以释怀。这一爻，说明在旅途中虽极力求得安定，但不坚守正道，即便求得安定也不会快乐。

$$\text{liù wǔ} \quad \text{shè zhì} \quad \text{yī shǐ wáng}① \quad \text{zhōng yǐ yù mìng}②$$
六五　射雉。一矢亡。终以誉命。

【白话】六五，射山鸡，丢失了一枝箭。但最终会获得荣誉和福禄。

【注释】①亡：丢失。　②命：福禄。

$$\text{xiàng yuē} \quad \text{zhōng yǐ yù mìng} \quad \text{shàng dǎi}① \text{ yě}$$
《象》曰：终以誉命，上逮也。

【白话】《象传》说："最终会获得荣誉和爵命"，说明这是由上位者所施及的。

【注释】①逮：及。

【讲解】程颐释本爻说："六五有文明柔顺之德，处得中道而上下与之，处旅之至善者也。人之处旅，能合文明之道，可谓善矣。羁旅之人，动而或失，则困辱随之。动而无失，然后为善。"六五爻以阴柔处尊位，柔顺中庸，在射山鸡时，最初虽然不顺利，丢失一枝箭，但最后仍然得到荣誉与福禄。

$$\text{shàng jiǔ} \quad \text{niǎo fén} \quad \text{qí cháo} \quad \text{lǚ rén xiān xiào hòu háo táo} \quad \text{sàng niú yú yì} \quad \text{xiōng}$$
上九　鸟焚其巢。旅人先笑后号咷。丧牛于易。凶。

【白话】上九，鸟被烧掉了鸟巢，无家可归。行旅之人先是面带笑容，后来却号啕痛哭，自己的牛也在郊外丢失了，这是凶险的。

$$\text{xiàng yuē} \quad \text{yǐ lǚ zài shàng} \quad \text{qí yì fén yě} \quad \text{sàng niú yú yì} \quad \text{zhōng mò zhī wén yě}$$
《象》曰：以旅在上，其义焚也。丧牛于易，终莫之闻也。

【白话】《象传》说：身为羁旅之人，却身居高位，孤傲不群，这样势必会有焚巢之祸；"在郊外丢失了牛"，却始终没有人问起这件事。

【讲解】上九以阳刚处阴位，处旅卦的极点，过于高傲刚猛，所以有"鸟焚其巢"、无家可归的象征。开始时也许还得意洋洋，最后定会号啕大哭。牛是柔顺的动物，在郊外丢失了牛，就意味着丧失了柔顺的德性，因而是凶险的。这一爻，进一步强调柔顺中和在旅途中的重要性。范仲淹说："内止而不动于心，外明而弗迷其往。以斯适旅，故得小亨而贞吉。夫旅人之志，卑而自辱，高则见疾，能执其中，可谓智矣。故初'琐琐'，卑以自辱者也。三'焚次'而上'焚巢'，高而见疾者也。二'怀资'而五'誉命'，柔而不失其中者也。"

巽卦第五十七

（巽下巽上） ☴ 巽 小亨。利有攸往。利见大人。

【白话】巽卦，是小有亨通的。有利于前往行事，有利于见到大才大德之人。

【注释】①巽：卦名。有入、逊顺的意思。

【讲解】巽的本来含义是进入、深入。深入事物之中，首先得顺事物之理，因此巽又生出顺从、谦逊、退让的含义。顺从他人，就容易被接纳，进入他人的心中。巽又象征风，因为风是无孔不入的。朱熹说："巽，入也。一阴伏于二阳之下，其性能巽以入也。其象为风，亦取入义。阴为主，故其占为小亨，以阴从阳，故又利有所往。然必知所从，乃得其正，故又曰'利见大人'也。"

巽卦是阴卦，以一个阴爻为主爻，因而阴柔，不会大亨，只能小有亨通。这一卦是一阴爻顺从二阳爻，即初六阴爻在最下位，其上又有二阳在上，阴顺从阳，是自然的道理，所以前进有利。但顺从也必须选择对象，不可以盲从。因而，要顺从大才大德的人物才有利，这就是卦辞说的"利见大人"。

《彖》曰：重巽以申命①。刚巽乎中正②而志行。柔皆顺乎刚③，是以小亨，利有攸往，利见大人。

【白话】《彖传》说：上下都是巽，就是上下顺从，犹如反复申饬命令，使之得以贯彻。阳刚者以中正之道使阴柔者顺从，从而志向和抱负得以实现。阴柔者又都能顺从于阳刚者，所以说"小有亨通，有利于前往行事，有利于见到大才大德之人"。

【注释】①申命：反复命令。 ②刚巽乎中正：指九五刚爻在上卦得中，位又正，刚毅而且顺从中正的原则。 ③柔皆顺乎刚：指巽卦的柔爻初六、六四都伏在刚爻的下方。

【讲解】《周易折中》案："卦义是阴在内而阳入之，非阳在外而阴入之也。阴在内而阳入之者，将以制之也。制之者将以齐之也。刚以中正之德为巽，则能入而制之矣。至于柔皆顺刚，则岂有不受其制，而至于不齐者乎？"

《象》曰：随风，巽。君子以申命行事①。

【白话】《象传》说：巽卦的卦象是巽下巽上，有前风离去而后风随之而来之象，象征顺从，所以卦名为"巽"。风行而物无不顺，君子当效法这一精神，反复申饬政令，使之贯彻于人民的行为中。

【注释】①申命行事：申复其命令，履行其事。

【讲解】程颐说："两风相重，随风也。'随'，相继之义，君子观重巽相继以顺之象，而以申命令，行政事。随与重，上下皆顺也。上顺下而出之，下顺上而从之，上下皆顺，重巽之义也。命令政事，顺理则合民心，而民顺从矣。"

初六 进退。利武人之贞。

【白话】初六，进退不决，优柔寡断，有利于如武人般坚决果断，坚守正道。

《象》曰：进退，志疑也。利武人之贞，志治也。

【白话】《象传》说："进退不决，优柔寡断"，说明心志疑惑不定。"有利于如武人般坚决果断，坚守正道"，是因为武人的意志果断。

【注释】①志疑：拿不定主意。 ②治：安定、不乱。

【讲解】胡瑗说："初六以阴柔之质，复在一卦之下，是以有进退之疑。利在武人之正，勇于行事，然后可获吉也。"就是说，初六为下卦巽的主爻。巽为谦逊，加上初六阴柔，处在最下方，因此有过度谦卑的现象，以至于缺乏信心，进进退退，优柔寡断。应当有武人般的坚决果断，才会有利。这一爻，就是在说明不能过分谦逊，避免行事优柔寡断。

九二 巽在床下。用史巫。纷若吉。无咎。

【白话】九二，过度逊顺，犹如卑伏于神案之下，周围有很多史巫虔诚地祭神，可获得吉祥，不会有什么灾咎。

【注释】①史：古代职掌占卜的官。 ②巫：古代降神祈福除灾的巫师。 ③纷若：众多。

《象》曰：纷若之吉，得中也。

【白话】《象传》说：以众多的诚意事神而获吉祥，是因为能够居中守正的缘故。

【注释】①得中：指九二爻居于内卦中位。

【讲解】九二以阳爻处阴位不正，又处谦逊的巽卦，因而过分自卑，以至跪伏在神案之下。但由于九二在内卦得中，如果能像占卜巫祝那样，以诚意敬神，仍然吉祥。

$$\text{jiǔ sān} \quad \text{pín}① \text{ xùn}② \quad \text{lìn}$$
九三　频巽。吝。

【白话】九三，愁眉苦脸，很不情愿地顺从于人，反而会有祸患。

【注释】①频：忧愁不乐的样子。　②巽：顺从。

$$\text{xiàng yuē　pín xùn zhī lìn　zhì qióng yě}$$
《象》曰：频巽之吝，志穷也。

【白话】《象辞》说："愁眉苦脸，很不情愿地顺从于人，反而会有祸患"，是因为意志穷尽的缘故。

【讲解】九三刚爻刚位，又处内卦之极，过于刚强。虽处巽卦之中，不得不勉强顺从于人，但其谦逊并非发自内心，因而总是一付愁眉苦脸的样子，终究会露出马脚，招来祸患。这一爻，就是强调谦逊要发自内心，不可表里不一。

$$\text{liù sì　huǐ wáng　tián}①\text{ huò sān pǐn}②$$
六四　悔亡。田　获三品　。

【白话】六四，没有悔恨的事，田猎时捕获了三种猎物。

【注释】①田：田猎。　②三品：三种。

$$\text{xiàng yuē　tián huò sān pǐn　yǒu gōng yě}$$
《象》曰：田获三品，有功也。

【白话】《象传》说："田猎时捕获了三种猎物"，是说往而有功，有所建树。

【讲解】六四以阴爻处阴位而得正，又在上卦的最下位，态度中正谦卑，所以不会有后悔的事。而且，六四上承君主九五，所以必可建功立业，犹如田猎时大有收获。也就是说，谦逊事上，必有所获。

《周易折中》案："以卦义论，则初与四皆伏阴也，阳所入而制之者也。有以制之，则柔顺乎刚，而在内者无阴慝矣。以爻义论，则初与四能顺乎刚，是皆有行事之责者。盖质虽柔而能以刚克，则所谓柔而立者也。初居重巽之下，犹有进退之疑，至四则居高当位，上承九五，视初又不同矣。故在初利武人之贞，四则载缵武功，而田害悉去。解'获三狐'，此'获三品'，所获者多，不止于狐也。"

$$\text{jiǔ wǔ　zhēn jí　huǐ wáng　wú bù lì　wú chū yǒu zhōng　xiān gēng sān rì}①\text{ hòu}$$
$$\text{gēng sān rì}②\text{ jí}$$
九五　贞吉。悔亡。无不利。无初有终。先庚三日　。后庚三日　。吉。

【白话】九五，坚守中道，可获吉祥，不会有悔恨的事，没有不利的事情。开始时虽不顺利，最终却有好的结果。比如申命行事，可以在庚日的前三天发布政令，在庚日后三天施行这些命令，才能使之深入人心，从而得到贯彻，由此可得吉祥。

【注释】①先庚三日：依十天干甲、乙、丙、丁、戊、己、庚、辛、壬、癸的顺序，即指丁日、戊日、己日。　②后庚三日：指辛日、壬日、癸日。

《象》曰：九五之吉，位正中①也。

【白话】《象传》说：九五爻可得吉祥，是因为其位正而居中，能持中正之道。

【注释】①位正中：指九五爻以阳居中而得正。

【讲解】九五在外卦得中得正，由于中正，会吉祥，不会有悔恨的事，也没有不利。"庚"与"更"更同音，有变更的含意。古时以十干记日，庚日的前三日，是丁日，丁有叮咛的意思；庚日的后三日是癸，与揆通用，是衡量的意思。也就是说，在事物变更之前，必须叮咛群众知道；事物变更之后，应衡量得失。这样慎重处置，就会吉祥。

程颐说："五居尊位，为巽之主，命令之所出也。处得中正，尽巽之善，然巽者柔顺之道，所利在贞，非五之不足，在巽当戒也。既'贞'则'吉'而'悔亡'，无所不利。'贞'，正中也。处巽出令，皆以中正为吉。柔巽而不贞则有悔，安能无所不利也？命令之出，有所变更也。'无初'，始未善也。'有终'，更之始善也。若己善，则何用命也？何用更也？'先庚三日，后庚三日，吉'，出命更改之道，当如是也。'甲'者，事之端也。'庚'者，变更之始也。十干戊己为中，过中则变，故谓之庚。事之改更，当'原始要终'，如'先甲''后甲'之义。如是则'吉'也。解在蛊卦。"

上九　巽在床下。丧其资斧。贞凶。

【白话】上九，逊顺到了极点，以至钻到床下，连钱财都丢失了，即或正当，结果也会凶险。

《象》曰：巽在床下，上穷也。丧其资斧，正乎凶也。

【白话】《象传》说："逊顺到了极点，以至钻到床下"，说明已经处于穷途末路；"连钱财都丢失了"，是因为正处在凶险之地。

【讲解】上九以阳处阴位，在这一卦的最上位，是逊顺到极点了，情势穷尽，所以有"巽在床下"的象征。逊顺至极，必受人欺，因而丧失钱财。这一爻，说明谦逊应当恰如其分，不可过度。

兑卦第五十八

（兑下兑上） ䷹ 兑①。亨。利贞。

【白话】兑卦，亨通顺利。有利于坚守正道。

【注释】①兑：卦名。喜悦的意思。

【讲解】兑是"说"的本字，是说话，或笑的模样；因而，这一卦有言语与喜悦的含意。兑卦的形象，是一阴爻前进到二阳爻的上方，象征喜悦表露于外，因而卦名为"兑"。程颐说："'兑'，说也，'说'，致亨之道也。能说于物，物莫不说而与之，足以致亨。然为说之道，利于贞正，非道求说则为邪谄而有悔咎，故戒'利贞'也。"也就是说，说好听的话，可以令人喜悦，但过度好听的话，就会变成巧言令色。所以，君子的行为举止必须出自内心的信实，坚守贞正之道，方为有利。

由兑卦的卦形看，内外卦都是刚爻得中，柔爻在外，是中庸、外柔内刚的形象，当然使人喜悦，可以亨通。然而，不分是非，一味地使人喜悦，就容易陷入谄媚的邪道，所以应该动机纯正，固守正道，使人喜悦，才会有利。

《彖》曰：兑，说①也。刚中而柔外②，说以利贞，是以顺乎天而应乎人。说以先民，民忘其劳。说以犯难，民忘其死。说之大，民劝矣哉！

【白话】《彖传》说：兑，是喜悦的意思。阳刚居中而柔顺于外，喜悦而又利于坚守正道，所以能顺应天道而应合于人心。君王如能先使人民衷心和悦，人民就会忘掉所有的劳苦。如能用喜悦战胜险难，人民就会忘掉死亡的危险。喜悦的作用太大了，它能使民众自我勉励啊！

【注释】①说：通"悦"，喜悦。 ②刚中而柔外：指九二、九五两刚爻分别居于下卦和上卦的中位，六三、上六两柔爻则分别位于下卦和上卦的最上方。

【讲解】兑卦《彖传》以训诂的方法解释卦名，用卦体、卦变解释卦辞。吕祖谦说："当适意时而悦，与处安平时而说，皆未足为难。惟当劳苦患难而说，始见真说。圣人以此先之，故能使之任劳苦而不辞，赴患难而不畏也。"

《象》曰：丽①泽，兑。君子以朋友讲习。

281

【白话】《象传》说：兑卦的卦象是兑下兑上，为两泽彼此依附之象。泽水互渗互益，彼此受益，彼此喜悦，因而卦名为"兑"。君子应当效法这一精神，与朋友一起讲论义理，研习学业。

【注释】①丽：附丽、附着。

【讲解】兑卦有口舌的形象，两个口舌相对，所以说讲习。程颐说："'丽泽'，二泽相附丽也。两泽相丽，交相浸润，互有滋益之象，故君子观其象，而'以朋友讲习'。'朋友讲习'，互相益也。先儒谓天下之可说，莫若朋友讲习。'朋友讲习'，固可说之大者，然当明相益之象。"

初九　和兑。吉。

【白话】初九，能以和悦的态度待人，可获吉祥。

【注释】①和兑：平和喜悦。兑，通"悦"。

《象》曰：和兑之吉，行未疑也。

【白话】《象传》说：和悦待人而获吉祥，是因为行为正当，不会被人怀疑。

【讲解】初九阳刚居下，说明其和气并非奉承谄媚，也不是出于私心，而是以正大光明的态度来让人喜悦。这样的态度和行为，不会受人猜疑，他人也乐于与之交往，因而是吉祥的。赵玉泉说："阳刚则无邪媚之嫌，居下则无上求之念，无应又无私系之累，其说也不谄不渎，中节而无乖戾，和兑之象。如是则说得其正矣。"

九二　孚兑。吉。悔亡。

【白话】九二，心怀诚信，和悦待人，可获吉祥，不会有悔恨。

【注释】①孚兑：以诚信为喜悦。

《象》曰：孚兑之吉，信志也。

【白话】《象传》说：心怀诚信、和悦待人而得吉祥，是说其心志诚信、笃实。

【注释】①信志：九二阳刚居中，诚实出于刚，故有诚信之志。

【讲解】九二刚爻得中，心中志在诚信。尽管以阳爻居阴位不正，但由于由于志在诚信，就不会有悔恨的事发生，可获吉祥。这一爻，就是说明应以诚信与人和悦。龚焕说："九二阳刚得中，当说之时，以孚信为说者也。己以孚信为说，人不得妄说之，所以吉也。"

六三　来兑。凶。

【白话】六三，采取不正当的手段来取悦于人，会有凶险。

【注释】①来兑：指以不正当的手段来谋求喜悦。来，前来谋求。

《象》曰：来兑之凶，位不当也。

【白话】《象传》说：以不正当的手段取悦于人，会有凶险，是因为其所处的地位不正当。

【注释】①位不当：指六三以阴爻居阳位。

【讲解】朱熹说："阴柔不中正，为兑之主，上无所应，而反来就二阳以求说，凶之道也。"就是说，六三是内卦的主爻，秉性阴柔，不中不正，在外卦又无相应，所以只好向下讨好初九、九二。由于以不正当的手段使人喜悦，所以凶险。

九四　商兑未宁。介疾有喜。

【白话】九四，商讨如何取悦于人，却没有结果。身患的小病却治愈了，这是喜事。

【注释】①未宁：未定，没有结果。宁，定。　②介疾：小病。介，纤介。

《象》曰：九四之喜，有庆也。

【白话】《象传》说：九四的喜事，是说有喜庆的事降临。

【讲解】九四居外卦之初，接近下方的阴爻六三，二者阴阳相悦。但六三不中不正，而九四刚居柔位，对喜悦能保持一定的警惕，于是与人商讨，但没有结果，无所适从。不过，九四毕竟刚毅，所以能摆脱六三的媚惑，断然去恶，而与刚正的九五相亲悦，这自然是一件值得喜庆之事。

九五　孚于剥。有厉。

【白话】九五，诚心相信小人的巧言令色，必有危险。

【注释】①剥：指上六。上六为阴，为小人，阴能剥阳，所以为剥。

《象》曰：孚于剥，位正当也。

【白话】《象传》说："诚心相信小人的巧言令色"，是因为其所处的地位是正当的。

【注释】①位正当：指九五正当君位。

【讲解】九五身处君位，很容易被取悦他的小人包围，加上九正阳刚中正，过分自信，诚心相信巧言令色的小人却不知其害，因而必有危险。《周易折中》案："《易》中凡言'厉'者，皆兼内外而言。盖事可危而吾危之也。履五爻及此爻，皆以刚中正居尊位，而有厉辞。夫子又皆以位正当释之，是其危也。以刚中正故能危也。履卦有危惧之义，而九五居尊，所谓履帝位而不疚者，故能因'夬履'而常危。兑有说义，九五居尊，又比上六，故亦因'孚于剥'而心有危也。此'有厉'与夬（当作履）'有厉'正同。皆以九五比近上六。所谓'其危乃光'者也。"

上六　引兑。

【白话】上六，引导他人一同欢悦。

【注释】①引：开弓。此外指引导。

《象》曰：上六引兑，未光也。

【白话】《象传》说：上六爻所说的"引导他人一同欢悦"，不是光明正大的行为。

【注释】①未光：上六阴柔居上，又乘刚，所以其行为并不光明正大。

【讲解】上六柔弱而居上位，是兑卦的极点。上六想要引导九五阳刚一同欢悦，这种取悦于人的手段，未必光明正大。《周易折中》案："三与上，皆以阴柔为说主。'来兑'者，物感我而来。《孟子》所谓'蔽于物'。《乐记》所谓'感于物而动'者也。'引兑'者，物引我而去，《孟子》所谓'物交物则引之而已矣'。《乐记》所谓'物至而人化物'者也。始于来，终于引。此人心动乎欲之浅深也。"

涣卦第五十九

（坎下巽上）䷺ 涣，亨。王假有庙。利涉大川。利贞。

【白话】涣卦，是亨通顺利的。君王到宗庙祭祀，祈求神灵护佑。有利于涉越大河巨流，有利于坚守正道。

【注释】①涣：卦名。有离散、散漫的意思。　②假：至。

【讲解】涣，指离散、散漫。这一卦由坎、巽二卦组成，下卦坎为水，上卦巽为风，风吹水上，形成水波离散的现象，所以称作涣卦，象征喜悦使烦恼涣散。本卦的九二刚爻得中，六三与六四两个阴爻同心同德，可得亨通。又上卦巽为木，下卦坎为水，木舟在水上行，也象征有利于渡河。

本卦由天地否卦变来，否卦的九四阳爻下降，而六二阴爻上升，停在巽的正位，依附在中正的君王九五之下，原本郁闷的心情得以舒缓，紧绷的神经松弛下来。久而久之，就会沉溺于安逸的生活而懈怠涣散下来。这时，君王就应以至诚之心祭祀神灵，感化人民，使涣散的人心日趋集中，使离散的局面改观。从而像涉越大河巨流般，有利于冒险犯难。

《彖》曰：涣亨，刚来而不穷①，柔得位乎外而上同②。王假有庙，王乃在中。利涉大川，乘木③有功也。

【白话】《彖传》说：涣卦，是亨通顺利的，阳刚者前来居于中位，顺通而不穷困。阴柔者得正位于外，与君上同心同德。"君王到宗庙祭祀，祈求神灵护佑"，是说贤明的君王能够聚合涣散的人心，而自己则处正居中。"有利于涉越大河巨流"，是说乘着木舟，齐心协力，涉险也能成功。

【注释】①刚来而不穷：指九二居位下卦的中位，与上下二阴相通，所以不会困窘。 ②柔得位乎外而上同：指六四在外卦阴爻居阴位，又顺承于上位的九五，与九五心志相同。 ③乘木：即乘船。卦中巽为木为舟，坎为水，是乘船的形象。

【讲解】林希元说："'柔得位乎外而上同'，是六四之柔，得位乎外卦，而上同九五。四、五同德，斯足以济涣矣，故'亨'。"《周易折中》案："'刚来而不穷'者，固其本也。'柔得位乎外而上同'者，致其用也。固本则保聚有其基，致用则联属有其具。"

《象》曰：风行水上，涣。先王以享于帝立庙。

【白话】《象传》说：涣卦上卦为巽为风，下卦为坎为水，有风行水上之象。风吹水面，使水波离散，有离散、涣散的意思，因而卦名为"涣"。君子当效法其中精神，享祀天帝，建立宗庙，以聚合涣散的民心。

【讲解】程颐说："'风行水上'，有涣散之象。先王观是象，救天下之涣散，至于享帝立庙也。收合人心，无如宗庙，祭祀之报，出于其心，故享帝立庙，人心之所归也。系人心合离散之道，无大于此。"

初六　用拯 马壮吉。

【白话】初六，天下涣散之始，如遇洪水，如用强壮的马来救助，可获吉祥。

【注释】①拯：拯救。

《象》曰：初六之吉，顺①也。

【白话】《象传》说：初六的吉祥，是由于能顺承于阳刚。

【注释】①顺：指初六为阴为柔顺，能上承阳刚的九二。

【讲解】胡炳文说："五爻皆言涣，初独不言者，救之尚早，可不至于涣也。"初六相当于天下涣散的开始，形势还不严重。初六阴爻柔弱，力量不足以救难，如果能借助强有力的外援，也就是阳刚的九二，就可拯救，获得吉祥。

九二　涣奔其机①。悔亡。

【白话】九二，涣散的局面已经形成，犹如洪水袭来，冲垮台阶。但性命无虞，没有悔恨。

【注释】①涣奔其机：指洪水冲垮了台阶。奔，冲毁。机，这里指台阶。

《象》曰：涣奔其机，得愿①也。

【白话】《象传》说："涣散的局面已经形成，犹如洪水袭来，冲垮台阶"，然而没有危及性命，没有悔恨，可以说得其所愿。

【注释】①愿：指九二长治久安的愿望。

【讲解】九二阳爻阴位不正，相当于涣散的局面已经形成，犹如洪水已经冲到屋前的台阶。但九二阳爻处中，尚能安定局面，无性命之忧，所以无悔。郭雍说："九二之刚，自外来而得中，得去危就安之义，故有奔其机之象。惟得中就安，故《彖传》所以言不穷也。"

六三　涣其躬①。无悔。

【白话】六三，朝政涣散，有如洪水已经冲到自身。如能去除私心，以身作则，就不会有悔恨。

【注释】①躬：自身。这里指有利己之心。

《象》曰：涣其躬，志在外也。

【白话】《象传》说："朝政涣散，有如洪水已经冲到自身"，是说君子的心志应当在外。

【讲解】六三阴柔，不中不正，有自私自利的性格，自己也心思涣散，以"涣其躬"为象征。不过由于处于刚位，因而能以刚正之德克制私心，挽救涣散，能够虑及他人，即"志在外"，因而无悔。《周易折中》案："《易》中六三应上九，少有吉义。惟当涣时，则有应于上者，忘身徇上之象也。蹇之二曰'王臣蹇蹇匪躬之故'，亦以当蹇难之时，而与五相应，此爻之义同之。"

六四　涣其群①。元吉。涣有丘②。匪③夷④所思。

【白话】六四，朝政涣散之时，灭私为公，犹如洪水冲散了小人的党群，因而有大的吉祥。同时，又能使涣散的人们聚合如山丘，这不是平常人所能想得到的。

【注释】①群：众，这里指朋党、党群。　②丘：小山。　③匪：通"非"。　④夷：常，平常人。

《象》曰：涣其群，元吉，光大也。

【白话】《象传》说："朝政涣散之时，灭私为公，犹如洪水冲散了小人的党群，有大的吉祥"，因为这样的行为是光明正大的。

【讲解】六四阴爻阴位得正，上方与九五的君王接近，相当于担当拯救涣散的重任的人。六四在下卦无应，象征没有私党，因而能在朝政涣散之时，将自私的党群解散，消除派系，促成大团结，使得民众再次聚合，有如山丘，这是平常人难以想象的壮举。

《周易折中》案："孔安国《书序》云：'丘，聚也'。则'丘'字即训聚。'涣有丘，匪夷所思'，语气盖云：常人徒知散之为散，不知散之为聚也。散中有聚，岂常人思虑之所及乎？世有合群党以为自固之术者，然徒以私相结，以势相附耳。非真聚也。及其散也，相背相倾，乃甚于不聚者矣。惟无私者，公道足以服人。惟无邪者，正理可以动众。此所谓散中之聚，人臣体国者之所当知也。"

九五　涣汗①其大号。涣。王居②无咎。

【白话】九五，天下涣散，有如洪水浩大，人们号叫奔走。洪水淹及王宫，但不会有灾咎。

【注释】①涣汗：指大汗淋漓，这里指洪水浩大。　②王居：君王居住的地方。

《象》曰：王居无咎，正位也。

【白话】《象传》说："洪水淹及王宫，但不会有灾咎"，是因为君王居于中正之位，行事端正。

【讲解】九五阳刚中正，在君位，是圣明的君王。当天下涣散的时刻，能够及时清除王宫里的小人，革除王宫的弊端，有如大水冲刷王宫的污垢，拯救涣散的局面，这样做当然不会有灾咎。

上九　涣其血。去逖　出。无咎。

【白话】上九，天下涣散达到极点，只能远远避开，有如远离洪水之灾，才不会有灾咎。

【注释】①血：伤害。此处指灾害。　②逖：远的意思。

《象》曰：涣其血，远害也。

【白话】《象传》说："天下涣散达到极点"，是说要远离灾害的场所。

【讲解】上六已是涣散的极点，但距离下卦坎险最远，不会受到涣散的灾害。所以，远离可能受伤的场所，就不会有灾难。《周易折中》案："萃以聚为义，故至卦终而犹'赍咨涕洟'以求萃者，天命之正，人心之安也。涣以离为义，故至卦终而遂远害离去以避咎者，亦乐天之智，安土之仁也。古之君子不洁身以乱伦，亦不濡首以蹈祸。各惟其时而已矣。"

节卦第六十

（兑下坎上）䷻ 节　亨。苦节　不可贞。

【白话】节卦，节制可致亨通。但过度节制而自吃苦头，则不可为正道。

【注释】①节：卦名。节制、节约的意思。　②苦节：节制过度，以致吃苦。

【讲解】节的本义是竹节。竹节一段段分开，有止的意思，由此衍生出的节制、节俭、节操等词，都有止的含意。这一卦，下卦兑是泽，上卦坎是水，水流入泽中，过度就会溢出，应加以节制，所以卦名为"节"。

节卦的主旨就是节制。有节奏,能限制,这是事物发展的普遍规律。顺应这种规律,人们自觉地以各种法律和制度调整自己的行为,社会才能顺利发展。节制是美德,因而亨通。但过分的节制,也就是"苦节",就会使自己吃苦,效果只会适得其反。所以,节制应顺乎自然,不可过分。孔颖达说:"节者,制度之名,节止之义。制事有节,其道乃亨。故曰'节亨'。节须得中。为节过苦,伤于刻薄,物所不堪,不可复正。故曰'苦节不可贞'也。"

《彖》曰:节亨,刚柔分而刚得中①。苦节不可贞,其道穷也。说以行险②,当位以节,中正以通。天地节而四时成。节以制度③,不伤财,不害民。

【白话】《彖传》说:节制可致亨通,是因刚阳与阴柔有所区分而阳刚居中。过度节制不可为正道,是因为节制如不能持正适中,就会导致困穷。心情愉悦而勇于行险,身当尊位而行节制之道;处中守正,便能诸事亨通。天地有一定的节制,四季才能整然有序,循环不已。君子当效法天地,以制度来节制人们的行为,这样才不会浪费钱财,也不会妨害民众。

【注释】①刚柔分而刚得中:指坎刚在上而兑柔在下,而刚爻九五、九二皆得中。②说以行险:指下卦兑为悦,上卦坎为险。说,通"悦"。 ③制度:指法令礼俗。

【讲解】节卦《彖传》用卦体、卦理、卦德、卦变解释卦辞,提出了君王节制天下的原则是"不伤财,不害民"。《周易折中》案:"'说以行险',先儒说义未明。盖节有阻塞难行之象,所谓险也。而其所以亨者,一则以其有安适之善,而无物迫之苦,所谓说也。当位以位言,中正以德言。当位则有节天下之权,中正则能通天下之志。此三句,当依孔氏为总申彖辞之义,说则不苦,而通则不穷矣。盖上文既以全卦之善言之,此又专主'九五'及卦德以申之,正与渐卦同例。"

《象》曰:泽上有水,节。君子以制数度①,议德行。

【白话】《象传》说:泽卦上卦为坎为水,下卦为兑为泽,为泽上有水之象。泽中水满,当筑堤节制,因而卦名为"节"。君子当效法其中精神,制定典章和礼仪法度,论定德行的准则,以节制人们的行为。

【注释】①数度:多少与长短,指器用的数目量度。

【讲解】这段象辞告诫在位的君子们当设立制度,节制人的无穷欲望,戒除奢侈浪费，以免滋生弊端。

初九　不出户庭。无咎。

【白话】初九，不走出庭院，就不会有灾咎。

【注释】①户庭：是房屋的门外围绕房屋的庭院，亦即内院。

《象》曰：不出户庭，知通塞也。

【白话】《象传》说："不走出庭院"，是因为知道时世的通达和否塞。

【注释】①通塞：指时世的通达和否塞。

【讲解】初九阳刚得正，有出人头地的愿望和能力，但头脑清醒，知道时世正当否塞之时，道路不通，因而能自我节制，不走出内院。行事如此谨慎，当然不会有灾咎。

九二　不出门庭。凶。

【白话】九二，不跨出门庭，会有凶险。

【注释】①门庭：大门内的庭院，亦即外院，比户庭更接近外面。

《象》曰：不出门庭凶，失时极也。

【白话】《象传》说："不跨出门庭，会有凶险"，是因为当行不行，丧失了良机。

【讲解】九二阳刚得中，已经可以外出。然而由于阳爻居阴位，行为不当，以致节制过度，当有为时而不为，所以有"不出门庭"之象。坐失良机，当然就会有凶险。

六三　不节若。则嗟若。无咎。

【白话】六三，虽不能节制，但日后知道嗟叹后悔，不会有灾咎。

【注释】①嗟：叹息。

《象》曰：不节之嗟，又谁咎也？

【白话】《象传》说：因不能节制而嗟叹后悔，这是咎由自取，又能责怪谁呢？

【讲解】朱熹说："阴柔而不中正，以当节时，非能节者。故其象占如此。"六三不中不正，又下乘二阳，以致骄奢而不能节制，造成嗟叹后悔的结果，完全是自取其咎。

六四　安节。亨。

【白话】六四，能心安理得地实行节制之道，因而亨通顺利。

【注释】①安节：心甘情愿、心安理得的节制。

《象》曰：安节之亨，承上道①也。

【白话】《象传》说："能心安理得地实行节制之道，因而亨通顺利"，是因为能承顺上位者而奉守节制之道。

【注释】①承上道：承顺上位而不失其道。

【讲解】朱熹说："柔顺得正，上承九五，自然有节者也。故其象占如此。"六四柔爻，上承象征君王的九五，又得阴阳之正位，所以能心甘情愿地奉行节制之道，自然可得亨通。

九五 甘节①。吉。往有尚②。

【白话】九五，能适度节制而以此为乐，可获吉祥。前往行事会得到人们的嘉许。

【注释】①甘节：甘美愉悦的节制。与"苦节"相对。 ②尚：褒奖，嘉许。

《象》曰：甘节之吉，居位中①也。

【白话】《象传》说："能适度节制而以此为乐，可获吉祥"，这是由于居位中正的缘故。

【注释】①居位中：指九五爻居正位而得中。

【讲解】九五阳刚中正，在君位，代表君王。君王制订典章和礼仪法度以节制天下，更以中正的德行，以身作则，倡导于先，愉快地节制自己的欲望，从而使他人在被节制时，也能愉快地接受，这样就可以有所作为，得到世人嘉许。

上六 苦节。贞凶。悔亡。

【白话】上六，节制过分，让自己吃苦头，长此以往，必有凶险。应知悔改，才不会有凶险。

《象》曰：苦节，贞凶，其道穷也。

【白话】《象传》说："节制过分，让自己吃苦头，长此以往，必有凶险"，说明过分节制在道理上是行不通的。

【讲解】上六是节卦的极点，象征极端的节制。极端节制，就是过分节制，违背了节制应该顺其自然、守中适当的原则，让自己过分痛苦，这在道理上就行不通，只会造成反效果。这里的"贞凶"是说坚持下去，就有凶险；"悔亡"则是说应知悔改，凶险才会消失。

陆振奇说："观下卦'通塞'二字，上卦'甘苦'二字，可以知节道矣。通处味甘，塞处味苦。塞极必溃，故三受焉。甘失反苦，故上受焉。"《周易折中》案："下卦为泽为止，故初、二皆曰'不出'。三则泽之止而溢也。上卦为水为流，故四曰'安'而五曰'甘'，上则水之流而竭也。通塞甘苦，皆从泽水取义。陆氏之说得之矣。"以上是以卦象来释本爻之义。

中孚卦第六十一

（兑下巽上） 中孚 豚鱼① 吉。利涉大川。利贞。

【白话】中孚卦，心怀诚信，即便用小猪和鱼来祭祀神灵，也可获吉祥。有利于涉越大河巨流，有利于坚守正道。

【注释】①中孚：卦名。孚，是信的意思。中孚即心中诚信。 ②豚鱼：古时平民祭祀时常用的祭品。豚，指小猪。

【讲解】孚，本义为孵。孵卵不能延误日期，因而有信的含义。中孚，就是心中诚信。这一卦由兑、巽二卦组成，上下各有两个阳爻，中间两个阴爻，是中心空虚的形象，即虚心，心中诚信，所以称作中孚卦。又，上下的中爻，亦即"二"与"五"，都是阳爻；阳爻充实，中心充实，也是中孚的象征。

这一卦的卦形，外实内空，有船的形象。而且上卦巽为木，下卦兑为泽，木在泽上，也象征船行水上，所以"利涉大川"，比喻心中诚信，就可以冒险犯难。不过，必须以坚守正道为先决条件。

中孚卦的主旨是强调诚与信的重要。诚，指真实不虚，与伪相对；信，指信念坚定，与疑相对。所谓"人无信不立"，诚与信，是立身处世的根本，是孔子认定的道德修养的最高境界。本卦赞美了诚信的社会功效。卦辞一开始便指出，身分低的平民，虽然简单地用豚与鱼作祭品，但心中诚信，仍然会被神嘉纳赐福，所以吉祥。

《彖》曰：中孚，柔在内而刚得中①，说而巽②孚，乃化邦也。豚鱼吉，信及豚鱼也。利涉大川，乘木舟虚③也。中孚以利贞，乃应乎天也。

【白话】《象传》说：中孚，柔顺于内，而阳刚居于中位，下者欣悦而上者和顺，从而以诚信教化万邦。"即便用小猪和鱼来祭祀神灵，也可获吉祥"，是说小猪和鱼虽微薄，但其中包含有诚信，因此也能获得吉利。"有利于涉越大河巨流"，是说凭着诚信去涉险渡难，就像乘木船渡河那样畅行无阻。心中诚信有利于坚守正道，是因为顺应了上天的刚正之道。

【注释】①柔在内而刚得中：指中孚卦的六三、六四为柔爻在卦之内，九二、九五两刚爻分居内、外卦的中位。 ②说而巽：指下卦为兑为悦，上卦为巽为顺。说，通"悦"。巽，巽顺。 ③乘木舟虚：巽为木，坎为水，而中孚的卦象外实内虚如舟，因而有乘舟渡川之象。

【讲解】中孚《象传》用卦体、卦德解释卦名，用卦象解释卦辞，强调坚守正道而行，这是顺应上天的德行，一定可以受到上天的嘉纳，享受久远之福。

《象》曰：泽上有风，中孚。君子以议狱缓死。

【白话】《象传》说：中孚卦的上卦为巽为风，下卦为兑为泽，为泽上有风之象。泽面过风，水虚心承受，任何地方都可到达，象征心中诚信，遍及一切，因而卦名为"中孚"。君子当效法其中精神，怀诚信之心，慎重议定审断狱讼，宽缓死刑。

【注释】①议狱：指断案。

【讲解】本卦的下卦兑是说，所以说议狱；上卦巽为风，风缓和；下卦兑为泽，与恩泽相通，所以说缓死。

初九　虞吉。有他不燕。

【白话】初九，安守诚信，可获吉祥。如果另有所图，就会得不到安宁。

【注释】①虞：安。 ②燕：通"宴"，安定的意思。

《象》曰：初九虞吉，志未变也。

【白话】《象传》说：初九安守诚信而得吉祥，是因为其诚信之志尚未改变。

【讲解】荀爽说："虞，安也。初应于四，宜自安虞，无意于四，则吉，故曰'虞吉'也。四者承五，有它意于四，则不安，故曰'有它不燕'也。初位潜，未得变位，而应四也。"这是本爻设辞的根据。

九二　鸣鹤在阴①。其子和之。我有好爵②。吾与尔③靡④之。

【白话】九二，鹤在树阴下鸣叫，小鹤也应声而和。我有美酒一杯，愿与你共饮。

【注释】①阴：借为"荫"，树阴。　②爵：酒杯，借指酒。　③尔：你。　④靡：共。

《象》曰：其子和之，中心愿①也。

【白话】《象传》说："小鹤也应声而和"，因为这是发自内心的意愿。

【注释】①中心愿：发自内心的真诚愿望。

【讲解】九二与九五分别在内外卦得中，阳刚充实，象征心中诚信，虽然远离，但仍能相互呼应，爻辞中以"鸣鹤在阴，其子和之"来比拟。由于九二的位置低，所以说"阴"。"好爵"指九二在下卦得中。自己愿意与对方共享美酒，也比喻彼此的诚意能够沟通。这一爻，说明诚信必须能够沟通，引起共鸣，才能发挥作用。

六三　得敌①。或鼓或罢。或泣或歌。

【白话】六三，面对强敌，时而鸣鼓进攻，时而又止步不前，时而悲伤而泣，时而又欢乐高歌。

【注释】①得敌：即得对敌。敌，指六四。

《象》曰：或鼓或罢，位不当①也。

【白话】《象传》说："时而鸣鼓进攻，时而又止步不前"，如此不知所措，是因为其所处的地位不当。

【注释】①位不当：指六三以阴爻居阳位。

【讲解】六三处阳位，有前进的意愿，但前面有六四阻挡，成为必须面对的敌人。从实力来看，六三以阴居阳位，地位不当，而六四则阴爻阴位得正。所以，六三并没有战胜的把握，于是"或鼓或罢，或泣或歌"，完全不知所措。刘牧说："人惟信不足，故言行之间，变动不常如此。"这一爻，就是说明诚信必须坚定信念，不可变动不常。

六四　月几望①。马匹②亡。无咎。

【白话】六四，在月亮将圆而未盈之时，走失了马匹，但不会有什么灾咎。

【注释】①望：这里指满月。　②匹：配，指六四应初九，故称匹配。

《象》曰：马匹亡，绝类①上也。

【白话】《象传》说："走失了马匹"，是因为诚信专一，断绝与同类之间的交往，而专心事奉君主。

【注释】①绝类：断绝与同类的关系。

【讲解】六四得阴阳之正位，又接近九五之尊，象征地位最高的大臣，以几乎月满来比喻。"月几望"，也是比喻六四虚心，有诚信的美德。六四本与初九阴阳相应，就像一对马；然而，诚信专一的六四为了专心事上，就与同类的初九绝交，犹如一对马失去了匹配。但六四这样做，是在断绝无能的伙伴，追随伟大的人物，因此是不会有灾咎的。

九五 有孚挛如①。无咎。

【白话】九五，以诚信的德行感通天下，牵系天下人心，这是不会有灾咎的。

【注释】①挛如：互相牵系的样子。

《象》曰：有孚挛如，位正当①也。

【白话】《象传》说："以诚信的德行感通天下，牵系天下人心"，是因为其处于中正得当的位置。

【注释】①位正当：指九五阳爻居阳位，又处上卦中位。

【讲解】九五以阳刚居阳位，又居尊位，得中且正，又居尊位，因而具有心中诚信的"中孚"之德。以此德行来教化天下，可使天下人信服，并以诚信之心相和，同心同德，自然不会有灾咎。程颐说："五居君位，人君之道，当以至诚感通天下，使天下之心信之，固结如拘挛然，则为'无咎'也。人君之孚，不能使天下固结如是，则亿兆之心，安能保其不离乎？"说明诚信是为人君者重要的德行。

上九 翰音①登于天。贞凶。

【白话】上九，鸡鸣之声上达于天，虽守正道，却有凶险。

【注释】①翰音：指鸡鸣声。翰，羽毛，鸡鸣则振拍其羽，故鸡鸣叫"翰音"。

《象》曰：翰音登于天，何可长也？

【白话】《象传》说："鸡鸣之声上达于天"，又怎么可能保持长久呢？

【讲解】鸡每天早晨按时啼叫，从不误时，所以用来比喻信。鸡的鸣声，可以高达天上，但鸡却仍在地上，比喻名实不符，居非其位而声过其实。上九以阳居阴位，位既不当，又处在这一"信"卦的极点，自信过度，所以有"翰音登于天"之象。虽然这是守信之正道，也难免会有凶险。程颐说："守孚至于穷极而不知变，岂可长久也？固守而不通，如是则凶也。"

小过卦第六十二

（艮下震上）䷽ 小过① 亨。利贞。可小事。不可大事。

飞鸟遗之音。不宜上宜下。大吉。

【白话】小过卦，亨通顺利，且有利于坚守正道。可以做小事，却不能成就大事。犹如飞鸟经过后，只留下微弱的鸣叫声，不会发生作用；又像鸟飞，不宜向上强飞，而应该向下栖息。如此可大获吉祥。

【注释】①小过：卦名。是小有所过之意。

【讲解】过，有超越、过失的意思；小过，就是小有所过。本卦由震、艮二卦组成，上震下艮。卦中有四个阴爻，两个阳爻，阴过强而阳过弱；阳大阴小，所以叫"小过"。

小过卦的含义，就是指小事可以超过，但超过的程度不宜过多。人们办事，在某些时候，的确需要过正以矫枉，过中以求中。小过卦的卦辞则显示，小过是有条件的，一是宜下不宜上，要求顺应人情事理，不可自以为是；二是宜小不宜大，只适用于日常生活，不能用于国家大事。

从卦形来说，这一卦阴爻过度，本身有亨通的含意，前提是必须坚守正道。全卦有鸟的形象：中间的两个阳爻，是鸟身；上下的阴爻，是翅膀，与鸟飞的形象相似。鸟飞过，只留下微弱的叫声，不会发生作用；鸟不宜往上飞，要往下飞，才能找到栖息的地方。也就是说，在小有过度的时刻，不可以好高骛远，应当务实，才会大吉大利。

《彖》曰：小过，小者过而亨也。过以利贞，与时行也。柔得中①，是以小事吉也。刚失位而不中②，是以不可大事也。有飞鸟之象焉，飞鸟遗之音，不宜上宜下，大吉，上逆而下顺③也。

【白话】《象传》说：小过，是说在做小的事情时有所过分，可致亨通。但有所过分，必先利于坚守正道，行动要因应适当的时机。阴柔居于中位，因而做小事可得吉祥。阳刚失去正位而又不能持守中道，所以不能成就大事。这一卦，又有飞鸟的形象。"飞鸟经过只留下微弱的鸣声，不起什么作用；鸟飞不宜向上强飞，而应该向下栖息，如此可大获吉祥"，是说涉足天下大事，就会背逆天道；安分守己，埋头去干一些寻常小事，则会平安顺达。

【注释】①柔得中：指六五、六二两个柔爻分别居于上下卦的中位。 ②刚失位而不中：指阳爻九三、九四不中不正。 ③上逆而下顺：指上卦震为动，动乎过而不知止，违背事理，所以为逆；下卦艮为止，是超过而知止，符合事理，所以为顺。

【讲解】本卦柔爻得中，象征才力不济的人虽能持中守正，但也只能办成小事。刚爻失位不中，则象征才力强的人没有得到适当的位置，又不能坚守正道，所以也办不了大事。《周易折中》案："任大事贵刚，取其强毅，可以遗大投艰也。处小事贵柔，取其畏慎，为能矜细勤小也。二者皆因乎时。得中者，适乎时之谓也。此卦柔得中，刚失位而不中，则有行小事适时，而行大事则非其时之象。"

《象》曰：山上有雷，小过。君子以行过乎恭，丧过乎哀，用过乎俭。

【白话】《象传》说：小过卦的上卦为震为雷，下卦为艮为山，为山上有雷之象。山上有雷，雷声超过了平地雷鸣，是小有过度的象征，因而卦名为"小过"。君子当效法其中精神，使行止略过于恭敬，遇丧事时略过于哀痛，日常用度略过于节俭。

【讲解】行止略过于恭敬，足以警戒骄傲；遇丧事时略过于哀痛，足以警戒人心的轻浮浇薄；日常用度略过于节俭，足可戒除奢侈之风。所以，稍有过分的作风，其意在于教化世人，矫正时代风尚。

初六 飞鸟以凶。

【白话】初六，飞鸟强行高飞，会有凶险。

《象》曰：飞鸟以凶，不可如何①也。

【白话】《象传》说:"飞鸟强行高飞,会有凶险",这是咎由自由,谁也无可奈何。

【注释】①不可如何:无可奈何,谁也不能解救。

【讲解】飞鸟在这里比拟初六。初六属下卦艮,艮为止,初六本应栖息于下,但其不知收敛,一心想高飞,违背了"宜下不宜上"的原则,这当然会有凶险,不可救药。《周易折中》案:"小过之鸟,宜下不宜上。初居下应吉而反凶者何也?盖屋之中栋,惟一而已,四之象独当之。鸟之翼则有两,初与上之象皆当之也。初于时则未过,于位则处下,如鸟之正当栖宿者,乃不能自禁而飞,其凶也,岂非自取乎?"

$$\text{liù èr} \quad \text{guò qí zǔ} ① \quad \text{yù qí bǐ} ② \quad \text{bù jí qí jūn} \quad \text{yù qí chén} \quad \text{wú jiù}$$
六二　过其祖　。遇其妣　。不及其君,遇其臣。无咎。

【白话】六二,进见长辈,错过了祖父,却遇上了祖母;没有赶上国君,却遇着了大臣。没有什么灾咎。

【注释】①祖:祖父,指九四阳爻。　②妣:祖母,指六五阴爻。

$$\text{xiàng yuē} \quad \text{bù jí qí jūn} \quad \text{chén bù kě guò yě}$$
《象》曰:不及其君,臣不可过也。

【白话】《象传》说:没有赶上国君,但也不可错过大臣。

【讲解】"二"与"五"相应,六二顺利升进,但应当相应的"五"位,却不是阳爻,而是阴爻。以人事来比拟,就如同错过了祖父,遇到祖母;不能到达君王面前,而遇到了臣。然而,虽然没有遇到所期望的应援,但仍然可以得到协助,所以无咎。

$$\text{jiǔ sān} \quad \text{fú guò fáng zhī} \quad \text{cóng}① \text{ huò qiāng}② \text{ zhī} \quad \text{xiōng}$$
九三　弗过防之。从　或戕　之。凶。

【白话】九三,即使还没有发生过分的事,也要加以防备。如果听任放纵,或许就会受害,故有凶险。

【注释】①从:通"纵",放纵。　②戕:杀害。

$$\text{xiàng yuē} \quad \text{cóng huò qiāng zhī} \quad \text{xiōng rú hé yě}$$
《象》曰:从或戕之,凶如何也?

【白话】《象辞》说:"听任放纵,或许就会受害",说明凶险是难以想象的。

【讲解】九三处阴阳之正位,在下卦的最上方,是下卦惟一的阳爻。九三之下有两个阴爻,代表阴柔小人,都有超过九三而升进的愿望。所以,九三须在阴柔小人没有做出过分的事之前,备加防范。如果放纵,就有可能被杀害,所以形势是十分凶险的。程颐说:"阴过之时,必害于阳,小人道盛,必害君子,当过为之防,防之不至,则为其所戕矣,故曰'凶如何也',言其甚也。"

九四　无咎。弗过遇之。往厉必戒。勿用永贞。

【白话】九四，没有过错，不过分逞强，却会遇到阴柔的小人。但如前往行事，必有危险，所以必须小心戒备。不要固守所谓的正位，应懂得变通。

【注释】①戒：戒备。

《象》曰：弗过遇之，位不当也。往厉必戒，终不可长也。

【白话】《象传》说："不过分逞强，却会遇到阴柔的小人"，是因为其所处的地位不正当；"前往行事，必有危险，所以必须小心戒备"，是因为这样下去必有灾咎，不能长久。

【注释】①位不当：指九四以阳爻居阴位。

【讲解】九四刚爻处柔位，刚柔并济，不会逞强，所以说"无咎"。九四与象征阴柔小人的初六相应，不能不相遇。当此之时，九四不应固执自己的正义，应当因应状况，知道变通，与初六和平相处。如果欲积极有为，扼阻小人，就有可能祸及自身，所以不可不戒备。

六五　密云不雨。自我西郊。公弋取彼在穴。

【白话】六五，乌云密布，自西郊而来，却没有下雨。这时君王射中了藏在穴中的鸟。

【注释】①弋：带绳子的箭，射出后可以拉回。

《象》曰：密云不雨，已上也。

【白话】《象传》说："乌云密布，却没有下雨"，是因为阴气已在阳气之上，阴阳不合，所以不能化雨。

【讲解】云属于阴，西是阴的方位，六五阴爻阴位，因而用"密云"、"西郊"比喻。六五虽处君位，但阴爻柔弱，无力成就大的事业，所以说"密云不雨"。"已上也"，指的就是六五阴爻已经在阳爻之上。本来阳降阴升，合则成雨，而如今阴已在上，云再密也不会下雨。当此之时，君王射中了藏在穴中的鸟，是象征六五将与之相应的六二召来辅佐自己。不过，两个阴爻在一起，也不足以成就大事。

上六　弗遇过之。飞鸟离① 之。凶。是谓灾眚。

【白话】上六，不加以制止，反而使之犯下过失，犹如飞鸟投入罗网之中，当然凶险，这就是灾祸。

【注释】①离：通"罗"，捕鸟的网。

《象》曰：弗遇过之，已亢也。

【白话】《象传》说："不加以制止，反而使之犯下过失"，是指其过分已达到极点，如果再有过失，必招灾祸。

【讲解】上六是阴柔的小人，处在这一卦的极点，意味着过分也达到了极点。如不加制止，再有过失，必招来灾祸。就像鸟儿飞升过度，终于触及罗网。这一卦的"初"、"上"二爻相当于鸟的翼，所以是用飞鸟比喻。这一爻，告诫极端过分，必然招致灾祸。

既济卦第六十三

（离下坎上）　䷾　既济① 亨小。利贞。初吉。终乱。

【白话】既济卦，小事可以亨通，坚守正道是有利的。一开始是吉祥的，但最后陷入混乱。

【注释】①既济：卦名。已经完成、已经成功的意思。既，已经。济，本义为渡水，又引申为成就、成功。

【讲解】既济，用已经渡过江河，来比喻一切都已成功。郑玄说："既，已也，尽也。济，渡也。"这一卦由离、坎二卦组成，水火相交，各得其用；卦中的六爻，各得其阴阳之正位，而且彼此正应，象征事物处于稳定圆满的状态，所以卦名为"既济"。

不过，阴阳错综复杂，才能有变化而生生不息。这一卦阴阳各正其位，则失之于过度的僵化，缺乏活力和应变能力，所以不可能再有大的作为，只有小事可以亨通。只有坚守正道，继续奋发进取，才会有利。

既济卦告诉我们这样一个道理：安定里面往往酝酿着动荡；吉祥背后往往会有凶险；宇宙间一切美满的状态之中，往往隐藏着危机。由这一卦，就可以看出《易经》意义的深长。

《彖》曰：既济亨，小者亨也。利贞，刚柔正而位当也。初吉，柔得中①也。终止则乱，其道穷也。

【白话】《彖传》说：既济卦，亨通，是说事既已完成，小事可以亨通，不可能再有大的作为。"坚守正道有利"，是因为卦中的阳刚与阴柔都各得其正，各居正位。"一开始是吉祥的"，是因为阴柔者也处正居中。最终停止不前，必将导致混乱，是因为事功既成，物极必反，将由于保守和懈怠而趋向困穷。

【注释】①柔得中：指六二柔爻居于内卦中位。

【讲解】侯果说："刚得正，柔得中，故'初吉'也。正有终极，济有息止，止则穷乱，故曰'终止则乱，其道穷也'。"

《象》曰：水在火上，既济。君子以思患而豫①防之。

【白话】《象传》说：既济卦的上卦为坎为水，下卦为离为火，有水在火上之象。比喻用火煮食物，食物已熟，象征事情已经成功，因而卦名为"既济"。君子当领会其中精神，在事情完成之后，要考虑到将来可能出现的祸患，并采取措施，加以防范。

【注释】①豫：即预防的预。

【讲解】荀爽说："六爻既正，必当复乱，故君子象之，思患而预防之，治不忘乱也。"

初九 曳①其轮。濡②其尾③。无咎。

【白话】初九，小心地驾驭马车，拖着轮子前进，如同动物过河时，尾巴沾湿了，却没有任何灾咎。

【注释】①曳：拖。 ②濡：沾湿，浸湿。 ③尾：此处指动物的尾巴。

《象》曰：曳其轮，义无咎也。

【白话】《象传》说："小心地驾驭马车，拖着轮子前进"，按理来说是不应有灾咎的。

【讲解】拖着车轮，车就不会任意前进，可以控制，从而缓缓渡河，这是说明应该小心谨慎。"济"有渡河的意思，这一爻也就从这一含义发挥。动物渡河时，翘起尾巴，也会打湿，所以必须当心。初九爻为本卦的初始，相当于渡河之初。此时就应该慎重考虑，瞻前顾后，才能无咎。

301

宋衷说："离者两阳一阴，阴方阳圆，舆轮之象也。其一在坎中，以火入水，必败，故曰'曳其轮'也。初在后称尾，尾濡，曳咎也。得正有应，于义可以危而无咎矣。"这是以卦象来解释本爻。

liù èr　　fù sàng qí fú①　　wù zhú　　qī rì dé
六二　妇丧其茀　。勿逐。七日得。

【白话】六二，妇人丢失了首饰，不用去寻找，七天后就能失而复得。

【注释】①茀：古代妇女的首饰。

xiàng yuē　qī rì dé　　yǐ zhōng dào yě
《象》曰：七日得，以中道也。

【白话】《象传》说：首饰七天后就能失而复得，这是因为能持守中正之道的缘故。

【讲解】六二以柔爻居阴位，其位得正，又处下卦离的中位，因而柔顺而守中正之道。而且，六二与上卦的君王九五阴阳正应，应当有机会进升，但暂时没有被其发现，而处于怀才不遇的状态，犹如妇人丢失了首饰。不过，不必刻意去寻求，时机终会到来。这一爻，说明有才德的君子虽一时怀才不遇，但只要坚守中道，必有出头之日。

jiǔ sān　gāo zōng①　fá guǐ fāng②　sān nián kè zhī　xiǎo rén wù yòng
九三　高宗　伐鬼方　。三年克之。小人勿用。

【白话】九三，殷高宗武丁出兵征伐鬼方国，经过三年的苦战才获得胜利，此时不可重用小人。

【注释】①高宗：指殷商的帝王武丁。　②鬼方：殷代西北边疆的民族。

xiàng yuē　sān nián kè zhī　bèi① yě
《象》曰：三年克之，惫 也。

【白话】《象传》说："经过三年的苦战才获得胜利"，是说已经到了疲惫不堪的地步。

【注释】①惫：疲惫。

【讲解】九三刚爻居刚位，极为刚强，所以用高宗比喻。这一爻说明经过艰苦奋斗，事情已经成功，人也疲惫不堪，此时需要有秩序的整顿，与民休息，以保成果。因而不能让小人取得权势，否则会导致混乱。龚焕说："三言'克鬼方'，则事已济矣。三年，言其济之难。'小人勿用'，欲保其济也。"

liù sì　　xū① yǒu yī rú②　zhōng rì jiè
六四　繻 有衣袽 。终日戒。

【白话】六四，虽已功成名就，仍穿着破旧的棉衣，整天警惕戒备。

【注释】①繻：御寒的绵衣。 ②袽：破了的繻。

《象》曰：终日戒，有所疑也。

【白话】《象传》说："整天警惕戒备"，是因为心中有所疑虑和恐惧。

【讲解】六四柔爻居阴位，又处《系辞传》所说的"多惧"之位，因而能考虑周详、戒慎恐惧，以防患于未然。即便在事情成功之时，也不得意忘形，而是穿着破旧的衣服，终日小心戒备。

九五 东邻杀牛，不如西邻之禴祭①。实受其福。

【白话】九五，东邻杀牛举行盛大奢侈的祭典，还不如西邻举行简单朴素的祭祀，更能实在地蒙受神灵的福佑。

【注释】①禴祭：夏天的祭祀。夏季五谷还没有丰收，因而祭祀简单。

《象》曰：东邻杀牛，不如西邻之时也。实受其福，吉大来也。

【白话】《象传》说：东邻杀牛举行盛大奢侈的祭典，却不如西邻的祭祀更合于天时。西邻能实在地蒙受神灵的福佑，说明吉祥和福分将大大来临。

【讲解】古代以东为阳，以西为阴，因此"东邻"是指阳爻九五，"西邻"是指与九五相应的阴爻六二。九五处于既济的君位，天下太平，一片盛世景象，但同时潜藏着没落的危机，不如刚出头的六二更有奋进的活力。所以用东邻厚祭而反不如西邻薄祭更能实受福佑来比拟。这一爻，强调功成名就之后，应继续奋发努力，吉祥才能大来。姚舜牧说："人君当既济时，享治平之盛骄奢易萌，而诚敬必不足。故圣人借两邻以为训。若曰'东邻杀牛'何其盛也，'西邻禴祭'何其薄也。然神无常享，享于克诚。彼杀牛者，反不如西邻禴祭者之实受其福。信乎享神者在诚不在物，保治者以实不以文。此盖教之以祈天保命之道。"

上六 濡其首。厉。

【白话】上六，渡水过河时弄湿了头，十分危险。

《象》曰：濡其首，厉，何可久也？

【白话】《象传》说:"渡水过河时弄湿了头,十分危险",是说事功告成而不知谨慎戒惧,怎么能够长久呢?

【讲解】上六处于既济卦的最上方,相当于头部。上卦坎为水,于是有水浸湿头部之象。上六以阴居上,处坎之极,冒险渡河而浸湿头,当然十分危险,也不可能长久。胡瑗说:"物盛则衰,治极必乱,理之常也。上六处既济之终,其道穷极,至于衰乱,如涉险而濡溺其首,是危厉之极也。皆由治不思乱,安不虑危,以至穷极而反于未济也。"

未济卦第六十四

(坎下离上) 未济① 亨。小狐汔济② 几③ 濡④ 其尾。无攸利。

【白话】未济卦,可致亨通顺利。小狐狸快要渡过了河,却弄湿了尾巴,则没有什么吉利的。

【注释】①未济:卦名。事未完成的意思。 ②汔:几乎。 ③济:济渡,渡过。 ④濡:沾湿。

【讲解】未济,以河还没有完全渡过,比喻事情尚未成功或完成的状态。这一卦紧接在既济卦之后,表明一切事物不可能永远圆满或就此终止,而是始终处在变化之中,所以完成也是另一未完成的开始。《易经》六十四卦尽管到此结束,但宇宙万事万物,依然在无尽无穷中变化演进。吴慎指出:"《易》之为义,不易也,交易也,变易也。乾、坤之纯,不易者也。既济、未济,交易、变易者也。以是始终,《易》之大义。"

这一卦也由坎、离二卦组成,是离火在上,坎水在下,水火不相交,就是未完成的现象;且卦中阴阳各爻的位置都不正,也意味着未完成,因而卦名为"未济"。不过,各爻都刚柔相应,加上六五柔爻居上卦中位,有柔中之德,所以依然充满希望。事未完成,也意味着变化正在酝酿中,将来有完成的希望,因而可致亨通顺利。

不过,在成功与未成功的边缘,往往危机四伏,不可掉以轻心。卦辞以小狐渡河沾湿尾巴为喻说明了这一点。

《象》曰:未济,亨,柔得中① 也。小狐汔济,未出中② 也。濡其尾,无攸利,不续终也。虽不当位③ ,刚柔应④ 也。

【白话】《象传》说：未济，可致亨通顺利，是因柔顺者居于中位，能行中庸之道。"小狐狸快要渡过了河"，表明还处在水中，还没有过河。"弄湿了尾巴，没有什么吉利的"，是说不能继续渡河，以贯彻始终。虽然没有处正位，但刚柔相应互济，所以能致亨通。

【注释】①柔得中：指六五柔爻居外卦的中位。 ②未出中：指九二在下卦坎的正中，坎为水、为险，所以有尚未从险中脱离之象。 ③不当位：指卦中全部六爻位置都不正。 ④刚柔应：指卦中各爻都阴阳相应。

【讲解】以上是以爻位来解释卦辞。郭鹏海说："既济之吉，以'柔得中'，未济之亨，亦以'柔得中'，则敬慎胜也。既济之乱，以'终止'；未济之'无攸利'，以'不续终'，则克终难也。既济之贞，以'刚柔正'；未济之可济，以'刚柔应'，则交济之功也。既曰'柔得中'，而又有'不续终'之戒，可见济事无可轻忽之时。既曰'不当位'，又着'刚柔之应'，可见得人无不可济之事。"

《象》曰：火在水上，未济。君子以慎辨物居方①。

【白话】《象传》说：未济卦的上卦为离为火，下卦为坎为水，有火在水上之象。火向上燃烧，水向下流，水火不相交，象征着事情未完成，因而卦名为"未济"。君子当领会其中精神，慎重地辨别事物的本质，使之依其本质，各得其所。

【注释】①辨物居方：辨别事物的本质，使之各得其所。孔颖达疏："辨别众物，各居其方，使皆得安其所。"

【讲解】侯果释这段象辞说："火性炎上，水性润下，虽复同体，功不相成，所以未济也。故君子慎辨物，宜居之以道，令其功用相得，则物咸济矣。"

初六　濡其尾①。吝。

【白话】初六，小狐狸渡河时浸湿了尾巴，会有困厄。

《象》曰：濡其尾，亦不知极①也。

【白话】《象传》说："小狐狸渡河时浸湿了尾巴"，是因为不知自己能力的极限，不自量力。

【注释】①极：极限。

【讲解】初六处未济卦的最下方，阴爻居阳位不正，柔弱无力，却不知自量而勉强渡河，结果有"濡其尾"的困厄。这一爻，说明在未济之时，更应当量力而行，不可行动过当。张振渊说:"卦辞所谓'小狐',正指此爻。新进喜事,急于求济,而反不能济,可吝孰甚焉。"

九二 曳其轮。贞吉。

【白话】九二,拖着车轮渡河,坚守正道可以得获吉祥。

【注释】①曳:拖曳。

《象》曰:九二贞吉,中以行正也。

【白话】《象传》说:九二爻所谓"坚守正道,可获吉祥",是说能够得中,并行正道,结果必然吉祥。

【讲解】九二以阳居阴,本来不正,但居下卦之中位,即得中。得中即能行正,所以说"中以行正"。九二得中,又处柔位,因此有恭顺、中庸的德性,能够自我克制,在过河时拖住车子后轮,以避免冒险涉渡,如此坚守正道,当然吉祥。这一爻,说明未济之时应自我节制。

《周易折中》案:"既济之时,初、二两爻,犹未敢轻济,况未济乎?故此爻'曳轮'之戒,与既济同,而差一位者,时不同也。观此初、二两爻,'濡其尾'则吝,而'曳其轮'则吉,可知既济之初,所谓'濡其尾'者,非自止不进之谓也。"

六三 未济。征凶。利涉大川。

【白话】六三,还未成功渡过河,前行会有凶险。但有利于涉越大河巨流。

【注释】①征:行。

《象》曰:未济,征凶,位不当也。

【白话】《象传》说:"还未成功渡过河,前行会有凶险",是因为此时所处的位置不当。

【讲解】六三处在下卦坎险的上方,即将脱离危险而渡过河去。不过六三不中不正,其性柔弱,又当未济之时,所以前行会有凶险。然而,如果在经过充分的准备之后,断然冒险犯难,反而可能找到出路,这也就是爻辞说的"利涉大川"。

九四 贞吉。悔亡。震用伐鬼方。三年有赏于大国。

【白话】九四,坚守正道可获吉祥,不会有悔恨。出兵讨伐鬼方,经过三年才取得胜利，受到大国的赏赐。

【注释】①震：动。 ②鬼方：殷代西北边疆的民族。

《象》曰：贞吉悔亡，志行也。

【白话】《象传》说："坚守正道可获吉祥，不会有悔恨"，是因为其志向得到了实现。

【讲解】九四阳爻居阴位不正，只有坚守正道，才不会有悔恨的事发生。然而，九四本身不正，要坚守正道，必须将阳刚的本质发挥，长期坚持努力才行。就像讨伐异民族，经过三年艰苦作战才获成功，得到国家的褒扬。《周易折中》案："三、四非君位，而以高宗之事言者。盖《易》中有论时者，则不论其位。如泰之论平陂之运，而利于艰贞；革之论变革之道，而宜于改命。皆以上下卦之交时义论之也。"

六五　贞吉。无悔。君子之光。有孚①吉。

【白话】六五，坚守正道可获吉祥，不会有悔恨。君子德行光辉，在于诚实守信，由此可获吉祥。

【注释】①孚：诚信。

《象》曰：君子之光，其晖①吉也。

【白话】《象传》说："君子德行光辉"，说明其德行光彩焕发，可致吉祥。

【注释】①晖：同"辉"，光辉、光彩。

【讲解】六五柔爻处尊位，虽不正，但中心空虚，是有诚信之象。六五又与下卦阳刚得中的九二相应，相当于得到有力的助手。由于作为正当，所以吉祥，不会有悔恨。而且，上卦离为明，六五处在明的中央，德性光辉，代表以诚信为本的贤明君王。这一爻，说明在事情即将成功的关键时刻，应该具有诚实守信、光明正大的美德，才能获得成功。

上九　有孚于饮酒。无咎。濡其首。有孚失是。

【白话】上九，满怀信心饮酒，不会有灾咎。饮酒而不知节制，沉湎酒中，醉得被酒弄湿了头，虽说有信心，但也违背了正道。

《象》曰：饮酒濡首，亦不知节①也。

【白话】《象传》说：饮酒而醉得被酒弄湿了头，这是放纵自己不知节制的结果。

【注释】①节：节制。

【讲解】上九阳爻，又处上卦离的最上方，离为明，因而上九有贤明刚毅的德行。同时，上九居未济之终，未济到了极点，就意味着既济的到来。于是，上九满怀信心，饮酒自乐，所以无咎。可是，如果失去节制，饮酒过度，头都被酒打湿，纵然信心十足，也不是正当的行为。这一爻，告诫人们在事情尚未完全成功之时，千万不可懈怠而沉溺于安逸，应继续奋发进取，直至成功。

卷 九

系辞上传 (xì cí shàng zhuàn)

　　《系辞传》为《易传》之一种。相传为孔子所作，或认为是孔子与弟子讨论六十四卦及卦爻辞的纪录，类似于《论语》。其总论《易经》大义，以阴阳观念阐述了《易经》的性质、起源和筮法原理，是一部具备了完整思想体系的著作。《朱子语类》："熟读六十四卦，则觉得《系辞》之语甚为精密，是《易》之括例。"通行本《系辞传》，分为上下两部分，共二十四章。

　　天尊地卑①，乾坤定矣。卑高以陈，贵贱位矣②。动静有常，刚柔断矣。方以类聚，物以群分，吉凶生矣。在天成象，在地成形，变化见矣。

　　【白话】天在上而尊贵，地在下而卑微；乾为天、为高、为阳，坤为地、为低、为阴，乾为尊而坤为卑的关系也就确定了。天地之间，万事万物都是由卑下到高大，依一定的自然序列相陈；卦中六爻的尊卑贵贱位置，也依序而排定。宇宙运行，运动和静止都有一定的常态。动者刚健，静者柔顺，阳刚阴柔的性质也就判然分明了。天下之人以其道相类而聚合，地上万物以其性相异而群分。在同与异的调和与冲突中，吉凶祸福也就产生了。在天上，有日月星辰、昼夜晨昏、风雨雷电等不同现象；在地上，有山川河岳、草木虫鱼等不同形态。世间万事万物的变化，也就在其中显现出来了。

　　【注释】①天尊地卑：《易经》法象于天地，因而以乾象征天，坤象征地。　②贵贱位矣：《易经》每卦六爻的排列象征人世间的贵贱等级地位。这里有两种说法：其一，以"初"为元士，"二"为大夫，"三"为三公，"四"为诸侯，"五"为天子，"上"为宗庙；其二，以"五"为君位，其余的都为臣位。

　　【讲解】《系辞传》一开始就点明，《易经》的著作是以天地的构造形象为依据。天地创始万物，天地的自然法规，同时也是万物的行为规范。

是故刚柔相摩，八卦相荡。鼓之以雷霆，润之以风雨。日月运行，一寒一暑。乾道成男，坤道成女。乾知大始，坤作成物。

【白话】所以，刚与柔不停地相互交错摩擦；八卦所代表的天、地、风、雨、雷、电、山、泽这八种基本物象，也相与鼓动推荡，从而组合衍生出六十四卦以代表万事万物。于是，以雷霆鼓动催发生机，以风雨滋润万物。日月的交替运行，构成了世间的昼夜，也产生了寒暑季节的循环代易。乾为天为父为阳，成为男性的象征；坤为地为母为阴，成为女性的象征。天地乾坤是创生万物的根源。天道阳刚，乾的作用在于创始万物；地道阴柔，坤的作用在于配合作成万物。

【注释】①刚柔相摩：刚即阳，柔即阴，阴阳二气交错应合，产生万事万物。
②乾知大始，坤作成物：指乾坤对于世间万物的生成起了相互配合的作用。

【讲解】天地及万物的运动变化，用八卦以象之。

乾以易知，坤以简能。易则易知，简则易从。易知则有亲，易从则有功。有亲则可久，有功则可大。可久则贤人之德，可大则贤人之业。易简，而天下之理得矣。天下之理得，而成位乎其中矣。

【白话】乾为天，刚健而昭然运行，以平易来显现其作为；坤为地，浑然化育生成万物，以简易来显示其功能。平易则易于理解明了，简易则易于使人遵从。易于被人理解，才会有人亲近追随；易于使人遵从，行事才会有所成效。有人亲近追随就可以长久，行事有所成效就能发展壮大。能够长久的，是贤能之人的德行；可以发展壮大的，是贤能之人的事业。领悟了乾坤平易和简易的道理，就能明了天下一切事物的道理。明了天下一切事物的道理，就能在天地之间确立人的身分和地位了。

【注释】①亲：亲近，亲附。 ②功：功效，成功。

【讲解】以上第一章，阐述天与地的功能以及人与天地并立的道理，并讲解了"易"字所包含的简易、不易的意义。《周易折中》案："诸儒言易有四义：不易也；交易也；变易也；易简也。故'天尊地卑'一节，言不易者也；'刚柔相摩'二句，言交易者也；'鼓之以雷霆'至'乾作成物'，言变易者也；'乾以易知'以下，言易简者也。《易》道之本原尽乎此，故为《系传》之首章焉。"

圣人①设卦②观象，系辞焉而明吉凶。刚柔相推而生变化。

【白话】圣人观察天地万物的现象，创设了六十四卦，用以比拟物象。并在六十四卦三百八十四爻下系以文辞说明，使人了解吉凶趋势。卦中阴阳刚柔相互推演，产生出卦象的种种变化。

【注释】①圣人：指伏羲、周文王与周公。　②设卦：画出六十四卦。

【讲解】这里讲述了六十四卦的创设过程。

是故吉凶者，失得之象也。悔吝者，忧虞之象也。变化者，进退之象也。刚柔者，昼夜之象也。六爻之动，三极①之道也。

【白话】所以，《易经》卦爻辞中所说的"吉"与"凶"，是成功与失败的象征。"悔"与"吝"，是忧愁与顾虑的象征。"变化"，是前进与后退的象征。"刚"与"柔"，是昼夜交替的象征。六爻的变动移易，显示了天、地、人三极的道理。

【注释】①三极：即天、地、人三才，古人认为这是宇宙万物中三个最高层次的实体。八卦各有三画，由下至上分别为地、人、天。六十四卦各有六画，初与二为地之道，三与四为人之道，五与上为天之道。

【讲解】这一段解释四种象的意义，揭示了卦爻辞与卦爻象的对应关系。

是故君子所居而安者，《易》之序也。所乐而玩①者，爻之辞也。是故君子居则观其象而玩其辞，动则观其变而玩其占，是以自天祐之，吉无不利。

【白话】所以，君子平时居处能心安理得，这是能效法《易经》所体现的消长盈亏的条理次序。君子反复玩味、乐在其中的，是《易经》的卦爻之辞。所以，君子平居之时就观察卦爻之象，揣摩玩味它的文辞；在有所行动时，观察卦爻的变化，玩味吉凶的占断。因而就能得到来自上天的佑助，吉祥而无所不利。

【注释】①玩：玩味，揣摩。

【讲解】这一段说明君子如能观象玩辞，观变玩占，就可明了变化消长之理，自然吉无不利。

以上第二章，论述《易经》卦爻的由来及卦爻辞的意义所在，指出了圣人作《易经》的方法和意图，揭示了辞与象的对应关系，最后提示学习《易经》的方法在于注意每一卦的时代特征，并研究每一卦的意义。

象者，言乎象①者也。爻②者，言乎变者也。吉凶者，言乎其失得也。悔吝者，言乎其小疵也。无咎者，善补过也。

【白话】象辞，也就是卦辞，是解释全卦的道理和整体象征的。爻辞，是分别说明每一爻的变化的。"吉"与"凶"，是说明成败得失的。"悔"与"吝"，是说明其微小的弊病与过失的。"无咎"，说明善于补救过失，得以避免灾咎。

【注释】①言乎象：分析卦象的含义，对卦作总结的说明。 ②爻：指爻辞。

【讲解】这一段说明吉、凶、悔、吝、无咎等概念的含义。

是故列贵贱者存乎位①，齐小大者存乎卦，辨吉凶者存乎辞。忧悔吝者存乎介②，震无咎者存乎悔。是故卦有小大，辞有险易。辞也者，各指其所之。

【白话】所以，六爻的高贵与低贱之分，要依各自所处的位置而定。确定事理大小的依据，存在于卦体之中。吉凶的辨别依据，则存在于爻辞之中。担忧会有悔吝之事，则在善恶义利的微妙处，谨慎分辨。震惧而能无咎，在于能够悔过，并有所补救。所以，卦象的象征意义有大有小，小象征其阴，大象征其阳；爻辞的论断有凶有吉。总之，卦爻之辞都在指示一定的吉凶变化趋势。

【注释】①位：指爻位，即六爻的排列次序。 ②介：纤介之间，或解为耿介。

【讲解】这一段叙述爻位、卦辞的象征意义，并告诫人们要积极理解卦爻辞中吉凶悔吝的含义。

以上第三章，依辞以解象，讨论了吉凶悔吝等断语的基本含义，指出了研读《易经》的具体方法。

《易》与天地准，故能弥纶天地之道。

【白话】《易经》的理论以天地为准则，因而能包容涵盖天地间的一切道理。

【注释】①准：以之为准。　②弥纶：包含、统括。

【讲解】这是第四章的大前提，以下作进一步的说明。

仰以观于天文，俯以察于地理，是故知幽明之故。原始反终，故知死生之说。精气为物，游魂为变，是故知鬼神之情状。

【白话】仰则观察天上日月星辰的运行，俯则观察地上山川河岳的文理，了解其中幽隐无象和彰然有形的种种事理。追原万物的初始，反过来再推究万物的终结，故而可知生与死的规律。精气凝聚而万物成形，精气离散则万物消亡，因而由此可明白鬼神的种种情状。

【注释】①精气：指阴阳二气凝聚而成的气。

【讲解】本段将自然现象与《易经》互证，说明阴阳对立、互变的法则适用于一切事物。

与天地相似，故不违。知周乎万物而道济天下，故不过。旁行而不流，乐天知命，故不忧。安土敦乎仁，故能爱。

【白话】《易经》的义理，与天地之道相似，因而不会违背自然法则。《易经》的智慧遍及万事万物，其道理足以匡济天下，因此不会有任何过分的地方。易理能随机应变，灵活运用，又不违反原则，不流于放纵；顺其自然，乐于接受天道法则，知晓天命所在，所以就不会忧愁。安于所处的环境，敦厚地践行仁道，所以能博爱天下。

【注释】①故不违：指易理不会违背自然规律。

【讲解】乐天知命，表现了《易经》的理性特点。

范围天地之化而不过，曲成万物而不遗，通乎昼夜之道而知，故神无方而易无体。

【白话】《易经》能概括天地化生不已的情况而又恰如其分，微曲助成万物而不会有遗漏，通晓昼夜、阴阳的变化规律而能预知凶吉。所以万物的变化神妙而难以确定，易理的变化也不会拘泥于一定的形式。

【注释】①遗：遗漏。

【讲解】这一段说明易理以阴阳为象，因此具有普遍适应的意义。讲天地之化，实际上是讲阴阳两种属性；讲万物，实际上就是讲阴阳二气本身，这是构成万物的基础。易理能随机应变，可以包含天地间所有的变化。

以上第四章，进一步说明《易经》是天地自然的摹本，其阴阳变化与自然界的变化一致。并特别指出阴阳变化没有固定格式，因而能包容天地间的一切变化。

一阴一阳之谓道①。继之者善也，成之者性也。

【白话】一阴一阳相互对立、相互消长、相生相克，循环不已，这是天地间的根本规律，也就是《易经》所说的道。继承和光大阴阳之道，身体力行，这就是善；运用阴阳之道而成就万事万物，这就是性。

【注释】①道：规律。

【讲解】这一段说明了阴阳在"道"中的不同作用。

仁者见之谓之仁，知者见之谓之知。百姓日用而不知，故君子之道鲜①矣。

【白话】有仁德的人看到阴阳之道，称之为"仁"；聪明有智慧的人看到阴阳之道，称之为"智"。百姓日常遵循和运用阴阳之道而浑然不知，因此君子所说的"道"就很少有人知道了。

【注释】①鲜：很少。

【讲解】这一段说明阴阳的变化极其复杂，而人的见识又往往以偏概全，因此必须仁、智合观，才能把握住"道"的全貌。

显诸仁，藏诸用，鼓万物而不与圣人同忧，盛德大业至矣哉！富有之谓大业，日新之谓盛德。生生①之谓易，成象之谓乾，效法之谓坤，极数②知来之谓占，通变之谓事，阴阳不测之谓神³。

【白话】阴阳之道显现为仁德，隐藏在日用之中而鲜为人知，鼓动化育万物而出于自然，不同于圣人济世救民而有忧思忧虑。天的盛大的德行与伟大的事业，可以说是至善至美了！天拥有万事万物，无比富足，这就叫作伟大的功业；天化育更新万物，一刻也不休止，这就叫作盛德懿行。生生不息，变化无穷无尽，就是"易"；天地造化，成就各种现象的，就是"乾"；效法而行，进一步使其呈现具体形象的，就是"坤"；推演数字，穷尽变化，能够预知未来的，就是"占"；通达变化之道，就是"事"；阴阳变化，玄妙莫测，这就是"神"。

【注释】①生生：生生不息。 ②极数：指在占筮时，完成蓍草的各种运算过程以求出阴阳之数，并将其转化为卦画。 ③神：指变化的偶然性，说明不可预料。

【讲解】这一段说明阴阳之道的功用、作用及转化的道理。

以上第五章，说明一阴一阳的变化法则，就是天道、人道，亦即《易经》的道理。

夫《易》，广矣大矣。以言乎远则不御¹，以言乎近则静而正，以言乎天地之间则备²矣。

【白话】《易经》的道理，真是太广博太伟大了！用以论说远处的事物，则变化万端而遥无止境；用以讨论近处的事物，则平稳冷静而精密正确；用以论述天地万事万物，则无所不包、无所不备。

【注释】①御：止境，指《易经》的适用性。 ②备：完备。

【讲解】这一段说明《易经》道理的适用性很广，可以说无所不包。

夫乾，其静也专，其动也直，是以大生焉。夫坤，其静也翕¹，其动也辟，是以广生焉。

【白话】纯阳刚健的乾，静止时专一而无他，变动时直而不屈，通行无阻，所以伟大的宇宙由此产生。纯阴柔顺的坤，静止时收敛深藏，变动时开辟展布，包容一切，所以广大的万物由此产生。

【注释】①翕：合起来。

【讲解】这里以《易经》中最重要的乾、坤二卦说明《易经》的广大。

广大配天地，变通配四时，阴阳之义配日月，易简之善配至德①。

【白话】易理的广大，可以与无边无际的天地相比；乾坤的变化通达，可以与四季交替的规律相当；阴阳的对立统一，就如同日月运行，永无止息；平易、单纯的完美性，可以与至高至上的德行相称。

【注释】①至德：至高至上的德行。

【讲解】以上第六章，阐释《易经》的广大。首先指出《易经》的内容与天地一样广大，接着分析广大的原因在于乾坤二卦的性质。

子曰：《易》其至矣乎！夫《易》，圣人所以崇①德而广业也。知②崇礼③卑，崇效天，卑法地。天地设位，而易行乎其中矣。成性存存，道义之门。

【白话】孔子说：《易经》的道理，应该是最伟大的了！《易经》，正是圣人用来提高德行，发展扩充事业的。智慧贵在崇高，礼仪贵在谦卑；崇高仿效于天，谦卑取法于地。天地崇卑的地位既定，易理就通行于天地之间了。用《易经》的道理修身养性，以成就仁善的德性，并且不断地持存这种德性，这就是道义所由产生的门户了。

【注释】①崇：提高。 ②知：同"智"，智慧。 ③礼：行为规范。

【讲解】以上第七章，说明《易经》是人类道德的根源，应从道德修养和建立功业两方面学习《易经》。

圣人有以见天下之赜，而拟①诸其形容②，象其物宜，是故谓之象。圣人有以见天下之动，而观其会通，以行其典礼③，系辞④焉以断其吉凶，是故谓之爻。

【白话】圣人看到天下万事万物的纷繁杂乱，因而模拟万事万物的外形，以象征其应有的形象，所以称作"象"。圣人看到天下万物变动不息，于是从中观察其融会变通的道理，以此作为行动的常理，并附加文辞说明，以论断变化的吉凶，所以称作"爻"。

【注释】①拟：模拟、象征。 ②形容：外在的形状和容貌。 ③典礼：常理，常法。 ④辞：指爻辞。

【讲解】此段说明《易经》是天地自然的抽象模拟，其卦爻反映了天下一切的道理，因此须用象来表达思想。

言天下之至赜而不可恶也。言天下之至动而不可乱也。拟之而后言，议之而后动，拟议以成②其变化。

【白话】以"象"描述天下万物的纷纭繁复，显示其中的规律，就不会使人感到厌烦了；以"爻"来说明天下万物最强烈的变动，显示其中的道理，就不再让人感觉混乱了。揣摩物象之后再阐述道理，审议物情之后再有所行动。经过揣摩物象和审议物情，就形成了《易经》变化万方而玄妙无穷的变化哲学。

【注释】①拟：这里指揣摩、研究。　②成：完成，成就。

鸣鹤在阴，其子和之，我有好爵，吾与尔靡之。子曰：君子居其室，出其言善，则千里之外应之，况其近者乎？居其室，出其言不善，则千里之外违之，况其近者乎？言出乎身，加乎民，行发乎近，见乎远。言行，君子之枢机。枢机之发，荣辱之主也。言行，君子之所以动天地也。可不慎乎？

【白话】中孚九二的爻辞说："鹤在树阴下鸣叫，小鹤也应声而和。我有美酒一杯，愿与你共饮。"孔子解释说："君子平居家中，说出了美善的言论，远在千里之外的人也会感动共鸣，何况是近在身边的人呢？君子平居家中，说出了不正当的言论，远在千里之外的人也会违背他，又何况近在身边的人呢？言论是从自己口中发出的，却能影响民众；行为是从近处开始发端的，却能在远处显现出来。对君子而言，言行如同门户开闭的枢纽和击发弩箭的扳机。枢机的发动，主宰着光荣或受辱。言语和行为，是君子感动天地的关键，怎么能不谨慎呢？"

【讲解】这里引中孚卦的九二爻辞阐明"慎言语"的重要性。以下又引六则爻辞，阐发爻辞的微言大义。

同人先号咷①而后笑。子曰：君子之道，或出或处，或默或语。二人同心，其利断金。同心之言，其臭②如兰。

【白话】同人卦九五的爻辞说："与人聚合同处，起先大声痛哭，后来放声大笑。"孔子解释说："君子立身处世，或者出仕以服务天下，或者隐居而独善其身，或保持沉默，或议论弘发，犹如二人的意志完全相同，其力量锋利得足以断金切玉；而心意相同的言论，会像兰花一般，气味芬芳。"

【注释】①号咷：号叫大哭。　②臭：气味。

【讲解】这一段引同人九五爻辞，以释"同心行"之意。

初六，藉用白茅，无咎。子曰：苟错诸地而可矣，藉之用茅，何咎之有？慎之至也。夫茅之为物薄，而用可重也。慎斯术也以往，其无所失矣。

【白话】大过卦初六爻辞说："初六，祭祀时用白色的茅草铺垫在祭品的下面，没有什么灾咎。"孔子解释说："祭品本来如果放在地上就可以了，现在却在下面垫上洁白的茅草，怎么会有灾咎呢？这是恭敬谨慎到了极点啊。茅草本来只是微薄之物，但用以铺垫祭品，其作用就非常重要了。如果能以这种慎重的态度处理事情，就一定不会有什么过失了。"

【注释】①藉：铺垫。　②错：通"措"，放置。

【讲解】这里引大过卦初六爻辞，以释"动举措"之意。

劳谦，君子有终，吉。子曰：劳而不伐，有功而不德，厚之至也。语以其功下人者也。德言盛，礼言恭。谦也者，致恭以存其位者也。

【白话】谦卦九三爻辞说："勤劳辛苦而又谦虚的君子，终究会得到吉祥的结果。"孔子解释说："勤劳而不自我夸耀，有功绩而不自居，这是敦厚到了极点。这是说那种有功劳而能谦居人下的人。德行讲究盛隆，礼节讲究恭敬谦逊。所谓谦虚，就是致力于恭敬以保全地位的处世原则。"

【注释】①厚：敦厚，笃厚。　②以其功下人：指有功劳而甘居人下。　③致：推致。

【讲解】这里引谦卦九三爻辞，以释"守谦退"之意。

亢龙有悔。子曰：贵而无位，高而无民，贤人在下位而无辅，是以动而有悔也。

【白话】乾卦上九爻辞说："龙飞到了高亢的极点，必将有悔恨之事发生。"孔子解释说："身份尊贵，却没有实质根基；地位崇高，而没有得到民众的拥戴；虽有贤能的人，却因地位低下，无法辅佐。因此，在这种状态下，有所行动，必然会招来悔恨的结果。"

【注释】①无民：没有民众的拥戴。

【讲解】这里引乾卦上九爻辞，与乾卦《文言传》的文字有重复，可参见乾卦相关内容。

不出户庭，无咎。子曰：乱之所生也。则言语以为阶，君不密则失臣，臣不密则失身，几事不密则害成，是以君子慎密而不出也。

【白话】节卦初九爻辞说："不走出庭院，就不会有灾咎。"孔子解释说："出言不慎必致乱。动乱的发生，是以言语为阶梯的。君王不慎密，就会失去臣子；臣子不慎密，就会丢掉身家性命；机密的大事不慎密，就会造成祸害。所以君子应言谈慎密，不可随便发言。"

【注释】①阶：指通道。

【讲解】这里引用节卦初九爻辞，以释"保静密"之意。

子曰：作《易》者其知盗乎？《易》曰："负且乘，致寇至。"负也者，小人之事也。乘也者，君子之器也。小人而乘君子之器，盗思夺之矣。上慢下暴，盗思伐之矣。慢藏诲盗，冶容诲淫。《易》曰："负且乘致寇至。"盗之招也。

【白话】孔子说："作《易经》的人，难道了解盗贼的情况吗？解卦的六三爻辞说：'背负重物，又乘坐在大车上，结果招来了强盗。'背负重物，本是身份低贱的人干的事；乘的大车，本是高贵君子用以代步的工具。如今身份低下的人却来乘坐君子之车，强盗自然就想着要抢夺它了。君上傲慢，臣下暴敛，强盗就必然图谋侵犯其国了。不能隐密地收藏财物，就等于教唆盗贼偷盗；女人过于妖艳打扮，就等于引诱人们淫乱放荡。《易经》说：'背负重物，又乘坐在大车上，结果招来了强盗。'说明强盗实际上都是自己招来的呀。"

【注释】①冶容：指女子打扮得很妖媚。

【讲解】这里引解卦六三爻辞，以解释"勿贪位"之意。

以上第八章，说明卦与爻的效用。

天一，地二；天三，地四；天五，地六；天七，地八；天九，地十。天数五，地数五。五位相得而各有合①，天数二十有五，地数三十，凡天地之数，五十有五，此所以成变化而行鬼神也。

【白话】天为阳，地为阴。阳数为奇，阴数为偶。因而一、三、五、七、九为阳数，也就是天数；二、四、六、八、十为阴数，也就是地数。代表天的有五个奇数，代表地的有五个偶数。五个天数与五个地数各自搭配而各得其和，五个天数之和为二十五，五个地数之和为三十。天地之数的总和为五十五。以这些数字，象征天地间各种变化，就能如神鬼般推演判断未来了。

【注释】①相得：相互搭配、组合。

【讲解】这一段，说明占筮中所用的数字，是以天地为依据。

大衍①之数五十，其用四十有九。分而为二以象两，挂一以象三。揲②之以四，以象四时，归奇于扐③以象闰。五岁再闰④，故再扐而后挂。

【白话】广泛演绎天地之数以求卦，实际运用的是四十九根蓍草（有一根留着不用，象征太极）。首先，将四十九根蓍草随意分为两组，分放两边，以象征天地两仪。其次，从右边一组中取出一根，夹在左手小指与无名指之间，好像挂着一般，象征天地人三才。再将两边的蓍草都按四根一组数出，象征春夏秋冬四季。最后，将左边剩余的蓍草夹在左手无名指和中指之间，用以象征闰月。农历五年有两次闰月，因此再把右边剩余的蓍草夹在左手中指和食指间，用来象征五年两闰。

【注释】①大衍：指揲蓍生爻成卦。衍，即演。 ②揲：数数。 ③奇：指余下的蓍草。 ④扐：用两根手指夹住。

乾之策二百一十有六①，坤之策百四十有四②，凡三百有六十，当期之日。二篇之策，万有一千五百二十③，当万物之数也。

【白话】占筮时，乾卦反复使用的蓍草是二百一十六根，坤卦是一百四十四根，合计三百六十根，相当于一年的天数。《易经》上下篇共有六十四卦，实际占用的蓍草数为一万一千五百二十，相当于天地间万物的数目。

【注释】①乾之策二百一十有六：乾为阳，阳数九，每次揲四根，则四乘以九为三十六；又因六爻全是阳，故再乘以六，即得二百一十六。策，推算时实际使用的蓍草根数。 ②坤之策百四十有四：坤为阴，阴数六，每次揲四根，则四乘以六为二十四；又因六爻全是阴，故再乘以六，即得一百四十四。 ③万有一千五百二十：《易经》上下篇共有六十四卦，阴爻、阳爻各一百九十二，各乘以三十六与二十四，合计为一万一千五百二十。

是故四营①而成易，十有八变而成卦。八卦而小成②。引而伸之③，触类而长之，天下之能事毕矣。

【白话】经过分二、挂一、揲四、归奇四个推算步骤，就筮得了《易经》卦爻的初形。其中，每三变而成一爻，经过十八次变化，就得到六爻，形成一卦。卦由下方开始，一爻一爻算出，经过九变，得到三画的卦，也就是八卦，这是第一阶段的小成果。将八卦进一步重叠引申，得到六画的六十四卦，以此类推，扩大其象征领域，则天下能够取法的事理，也就尽在其中了。

【注释】①营：经营，指一个推算步骤。四营即分二、挂一、揲四、归奇。 ②小成：指三画卦只能象征事物在孤立状态中的八种现象和性质，无法反映事物在运动变化中的复杂性。 ③引而伸之：指三画卦发展为六画卦。

显道神德行，是故可与酬酢①，可与祐神矣。子曰：知变化之道者，其知神之所为乎？

【白话】《易经》能使天地之道彰显于天下，使德行神妙莫测，因而可以应付世间各种情况，如获神明的佑助。孔子说："了解《易经》的变化道理的人，岂不是连鬼神的作为都能了解了吗！"

【注释】①酬酢：应对

【讲解】以上第九章，说明占筮的方法和步骤，介绍爻、卦形成的过程和原理。

《易》有圣人之道四焉，以言者尚其辞，以动者尚其变，以制器者尚其象，以卜筮者尚其占。

【白话】《易经》包含有圣人之道的四个方面。以《易经》来论事说理的人，崇尚其文辞；用来行动的人，崇尚《易经》的变化；制作器物的人，崇尚《易经》的象征；用以卜筮的人，崇尚《易经》的占断。

【讲解】这一段说明辞、变、象、占为《易经》之备，圣人之所依。崔憬说："圣人德合天地，智周万物，故能用此易道。大略有四：谓尚辞、尚变、尚象、尚占也。"

是以君子将有为也，将有行也，问焉而以言，其受命①也如响②，无有远近幽深，遂知来物。非天下之至精③，其孰能与于此？

【白话】所以，当君子将有所作为、将有所行动的时候，以《易经》来占断卜问，而《易经》则能如响有回音一般，有问必答。无论地处的远近，也无论事理的幽隐艰深，都能预测未来事物的情况。如果不是天下最精深的道理，又怎能如此呢？

【注释】①命：指筮者的问对于蓍、卦就如同命令。　②响：回响，指回答极快。
③至精：极为精深。

参伍①以变，错综其数。通其变，遂成天地之文；极其数，遂定天下之象。非天下之至变，其孰能与于此？

【白话】将天地之数反复推演变化，将数字交错综合。综合融通其中的变化，就可以完成说明天地变化的文辞；推演穷究数字的变化，就可以确定天下万物的不同类型，不同形象。如果不是天下最玄妙神奇的变化，又怎能如此呢？

【注释】①参伍：交相参考。

《易》无思也，无为也。寂然不动，感而遂通天下之故。非天下之至神，其孰能与于此？

【白话】《易经》本身没有思考，也没有作为，寂静而没有行动；但一经感应运用，就能演绎阴阳变幻，贯通天下一切事理。如果不是天下最神奇的道理，又怎能如此呢？

【讲解】虞翻说："至神，谓易隐初入微，知几其神乎！"以上三段，分别说明《易经》至精、至变、至神的特性。

夫《易》，圣人之所以极深而研几①也。唯深也，故能通天下之志。唯几也，故能成天下之务。唯神也，故不疾而速，不行而至。子曰"《易》有圣人之道四焉"，此之谓也。

【白话】《易经》是圣人穷极事理的深奥、研求事机的微妙的一门学问。正由于穷极事理的深奥，所以能贯通天下人的心志。正由于研求事机的微妙，所以能成就天下的事务。正由于易理神妙莫测，所以能似缓而实速，不见其行而自然到达。孔子说"《易经》包含有圣人之道的四个方面"，说的就是这个意思吧。

【注释】①几：微。

【讲解】以上第十章，说明《易经》的四种应用方法：言尚辞、动尚变、制器尚象、卜筮尚占，并指出惟有掌握这四种方法，才能同圣人一样，与至精、至变、至神的《易》合而为一，达到遂知来物、遂成天地之文、遂定天下之象、无思无为、寂然不动、遂通天下之故的境界。

子曰：夫《易》何为①者也？夫《易》开②物成务，冒③天下之道，如斯而已者也。是故圣人以通天下之志，以定天下之业，以断天下之疑。

【白话】孔子说："《易经》是做什么的？《易经》是开启通晓万物之理，成就事业，

卷九·系辞上传

323

包含天下一切道理的书，不过如此而已。所以圣人《易经》来沟通天下人的心志，奠定成就天下的事业，判断解决天下人的疑问。"

【注释】①何为：即"为何"。　②开：开通，了解。　③冒：即覆，有包含其中之意。

【讲解】这一段说明《易经》涵盖了天下一切道理，因而可用以开物成务、通志、定业、断疑等。

是故蓍之德圆而神，卦之德方①以知②，六爻之义易③以贡④。圣人以此洗心退藏于密，吉凶与民同患。神以知来，知以藏往，其孰能与于此哉？古之聪明睿知，神武而不杀⑤者夫。

【白话】所以，蓍草的性质圆通而神妙，卦的性质端方而睿智，六爻的意义是以变易来告知吉凶。圣人以此来洗涤净化其心，退藏于精密的天道中，与百姓共同为吉凶忧患。《易经》的神妙，足以预知未来；《易经》的睿智，足以包藏以往的知识经验，谁能做到这些呢？惟有古代聪明睿智，英明神武而又不嗜杀的人才能如此吧！

【注释】①方：稳定不变，指卦有定形。　②知：通"智"。　③易：变化。　④贡：告诉。　⑤神武而不杀：指《易经》能引导百姓自觉规范行为，不必用刑杀就能实现统治。

是以明于天之道，而察于民之故，是兴神物以前民用。圣人以此斋戒，以神明其德夫。

【白话】所以，明白天的道理，体察百姓的情状，并创造了神奇的占筮之法，让百姓在事前用来预卜凶吉，以趋吉避凶。圣人在占筮时，必定先斋戒，就是为了彰显《易经》神明的功德吧。

是故阖户谓之坤①，辟户谓之乾②，一阖一辟谓之变，往来不穷谓之通。见乃谓之象，形乃谓之器，制而用之谓之法。利用出入，民咸用之谓之神。

【白话】所以，关门叫作"坤"；开门叫作"乾"；一关一开就叫"变"；来来往往变化无穷叫作"通";变通之后,显现于外,就叫作"象";由变化的现象所产生的形体,就叫作"器";制定使用器物的法则,就称作"法";出入使用,而不知其所以然,这就是"神"。

【注释】①阖户谓之坤:关闭门户,幽静阴暗,这就是阴,也就是坤。阖户,指关门。 ②辟户谓之乾:开启门户,大放光明,这就是阳,也就是乾。辟,开启。

【讲解】《易经》以六爻的变易,告知吉凶,当中包含阴、阳、变、通、象、器、法、神八种道理。这一段就是以门户为比喻来诠释这八种道理。

是故易有太极①,是生两仪②,两仪生四象③,四象生八卦。八卦定吉凶,吉凶生大业。

【白话】所以《易经》创始之前有太极,太极一分为二,产生天地,称作"两仪"。由两仪又衍生了四象,由四象又演变成八卦。通过八卦变易就可以断定吉凶,断定了吉凶就可以产生伟大的事业。

【注释】①太极:是天地未生、阴阳未分、一片浑沌的状态。也称太初、太一。②两仪:指天地、阴阳。 ③四象:历来说法不一,一说四象即四时,一说即金、木、水、火,又一说即太阴、少阴、太阳、少阳。

【讲解】这一段可以说是《易经》的宇宙论。

是故法象①莫大乎天地,变通莫大乎四时,县象著明,莫大乎日月。崇高莫大乎富贵,备物致用,立成器以为天下利,莫大乎圣人。探赜②索隐,钩深致远,以定天下之吉凶,成天下之亹亹③者,莫大乎蓍龟④。

【白话】所以可以取法的现象,没有比天地更伟大的了。能够变化而通达的,没有比四季更伟大的了。能够高悬天空,光明照耀天下的,没有比日月更伟大的了。崇高的事业,没有比富贵更伟大的了。能够准备足够的物资为民所用,设置完善的器械以谋求天的下福利,没有比圣人更伟大的了。探讨复杂的物象,索求隐晦的事理,钩取深奥的法则,推致事物的辽远,从而断定天下的吉凶,促成天下人勤勉努力的,没有比蓍占和龟卜更伟大的了。

【注释】①县象:悬挂物象。县,通"悬"。 ②探赜:探求复杂的物象。 ③亹

卷九·系辞上传

325

亹：勤勉奋进。 ④蓍龟：筮用蓍，卜用龟。

【讲解】这一段说明了《易经》探赜索隐、断定吉凶的功用。

是故天生神物①，圣人则之②。天地变化，圣人效之。天垂象，见吉凶，圣人象之。河出图，洛出书，圣人则之。《易》有四象，所以示也。系辞焉，所以告也。定之以吉凶，所以断也。

【白话】所以，天生出神奇的蓍草、龟甲，圣人就用来创建占筮的法则。天地产生了无穷的变化，圣人就效法它而制定历法。上天显示日月星辰、风雨雷电等天象，预兆吉凶，圣人取象用以占断吉凶。古时黄河出现背上有图形的龙马，洛水出现背上有图形的神龟，圣人据此创立八卦、九畴。《易经》中有太阳、太阴、少阳、少阴四象，用来显示事物的性质和吉凶变化的征兆。在卦爻后面附系文辞，以告知未来变化。依据象与文辞来断定吉凶，就是为了裁断疑难。

【注释】①神物：指蓍与龟。 ②则：效法。

【讲解】河图、洛书可谓术数之源，最早见于《尚书》，在《易传》等易学典籍中也多有记述。有关河图、洛书的传说出现在春秋战国时代。相传远古伏羲氏时，有一匹神异的马（龙马）浮出洛阳东北的黄河，它背上有从一到十的数字花纹，象征吉庆，人们把它画下来，这就是"河图"。又相传在大禹治水时，洛水中浮出神龟，背上有从一到九的数字纹，人们将这个神纹叫作"洛书"。

河图由从一到十的十个数字所组成，其绘图概念来自《系辞传》所云"天一，地二，天三，地四，天五，地六，天七，地八，天九，地十"。图中的白圈即奇数为阳，又代表天，称为天数；黑点即偶数为阴，又代表地，称为地数。天数相加之和为二十五，地数相加之和为三十。天地之数相加，共得五十五，这就是"凡天地之数，五十有五"。

洛书是指由四十五个黑白点组成的图式，以白点表示奇数，以黑点表示偶数。如果把这些黑白点转换成数字，实际上就是一至九的九个数字的排列。古人把这个数字图叫九宫图。"九宫者，即二四为肩，六八为足，左三右七，戴九履一，五居中央。"实际上就是一个所谓的"魔方阵"。它以五为中心，其中的数字无论从纵、横、斜任何一个方向相加，总和必定是十五。

相传伏羲取法河图，而作八卦；大禹依据洛书作《尚书·洪范》，制订九畴，亦即治理天下的九类大法。

以上第十一章，说明《易经》的性质、内容和作用，介绍了占筮的原理。

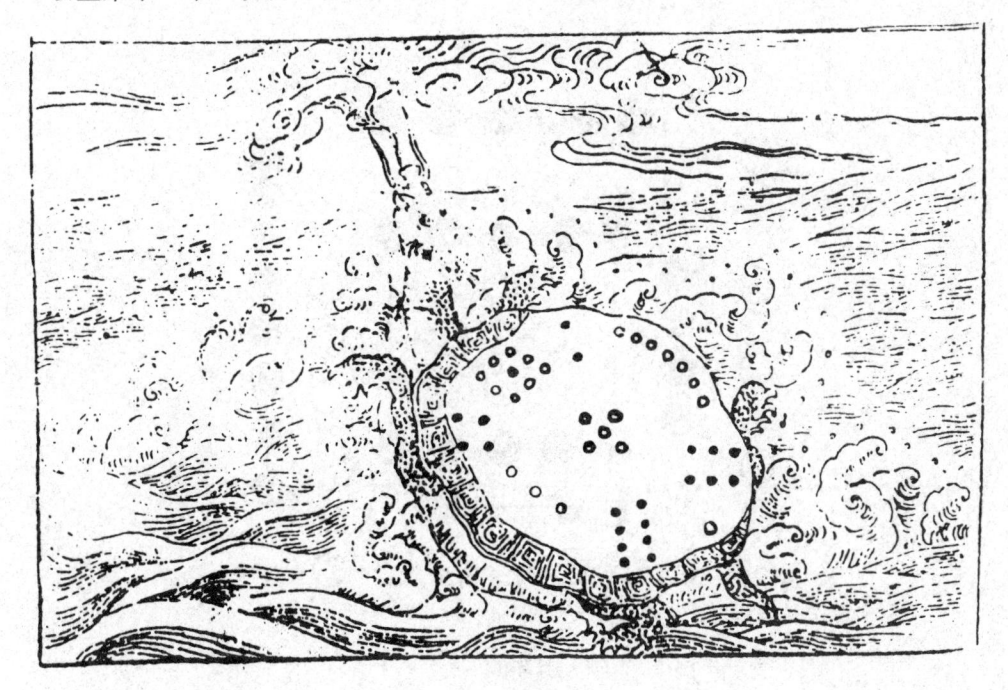

河出图

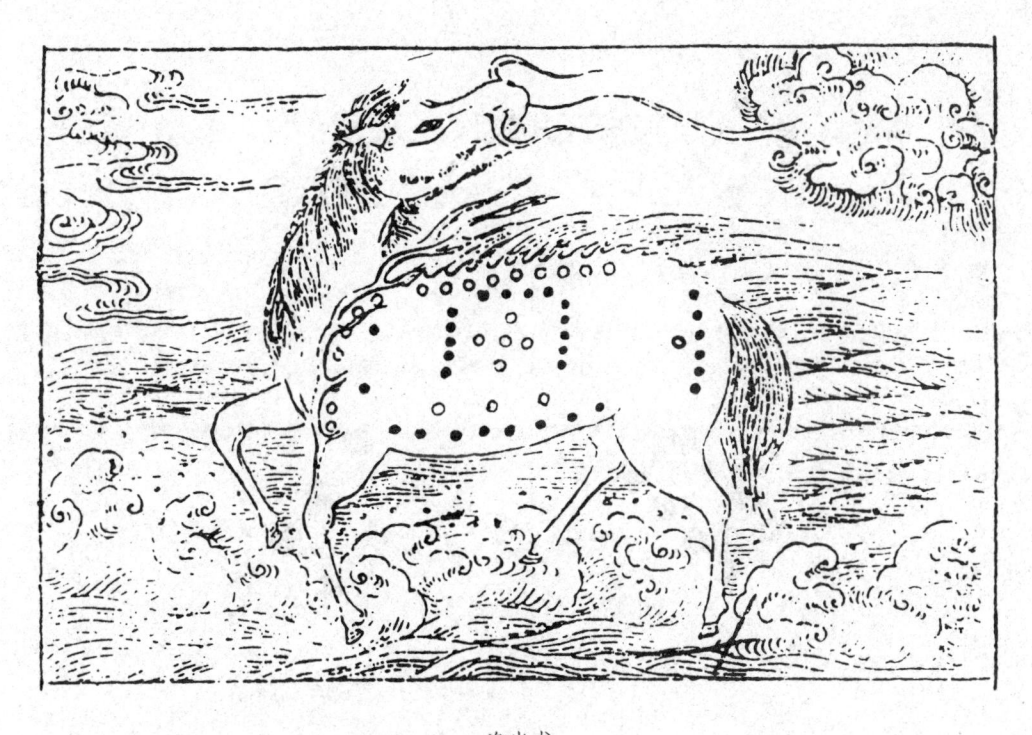

洛出书

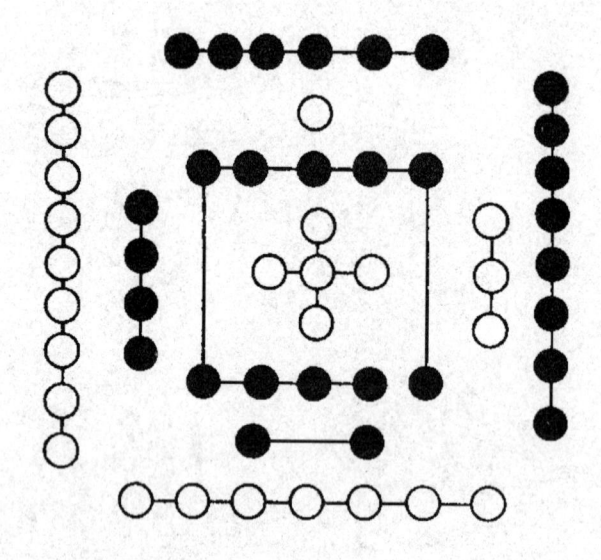

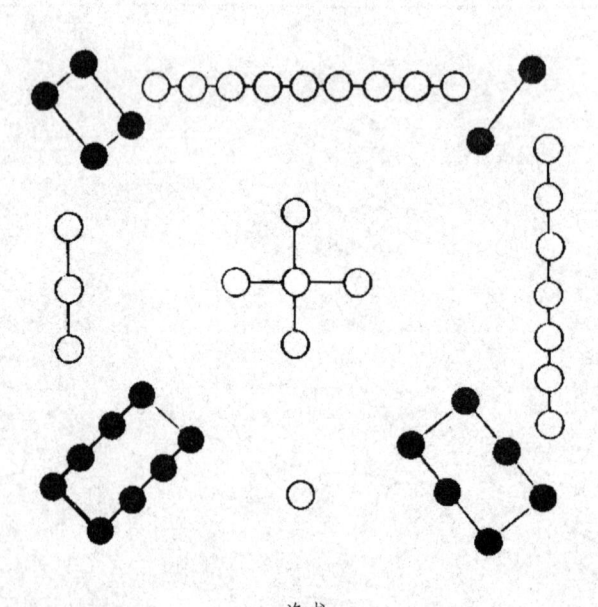

河图

洛书

《易》曰："自天祐之，吉无不利。"子曰：祐者，助也。天之所助者，顺也。人之所助者，信也。履信思乎顺，又以尚贤也。是以"自天祐之，吉无不利"也。

【白话】《易经》大有卦上九爻辞说："得到来自上天的护佑，必然吉祥而无不利。"孔子解释说："祐是佑助、帮助的意思，上天所佑助的，是能顺从天道的人。人们所乐于帮助的，是笃守诚信的人。这样的人能履行诚信，时时想着顺从天道，又能崇尚贤人，所以就能'得到来自上天的护佑，必然吉祥而无不利'。"

【讲解】这一段引用孔子的话来解释大有卦上九的爻辞。

子曰：书不尽言，言不尽意，然则圣人之意其不可见乎？子曰：圣人立象①以尽意，设卦以尽情伪②，系辞焉以尽其言，变而通之以尽利，鼓之舞之以尽神。

【白话】孔子说："文字并不能完全表达人所要说的话，言语也不能完全表达人的思想。那么，圣人的思想难道就不能充分表现出来吗？"孔子又说："圣人创设卦象，用象征的方法来充分表达他的思想；设置六十四卦，充分显示宇宙万物的真情和虚伪；在卦爻下附系文辞，以充分表达所要说的话，进而经过变通，尽力施利于万物；并且以其道理，鼓舞大众，坚定信念，以尽量发挥其神奇的功能。"

【注释】①象：象征物。 ②情伪：指真假、好坏。

【讲解】这一段透过文字、言语固有的局限性，揭示《易经》在充分表达思想方面的功用。

乾坤，其易之缊①邪？乾坤成列，而易立乎其中矣。乾坤毁，则无以见易。易不可见，则乾坤或几乎息矣。

【白话】乾、坤两卦，难道不是《易经》的精蕴所在吗？乾为天在上，坤为地在下，地位成序，则《易经》的道理也随之确立于其中了。如果乾坤不存在了，就无法见到变化不息的易理了。如果易理得不到体现，那么乾阳坤阳的变化运动恐怕就会消失了。

【注释】①缊：精蕴。

【讲解】这一段说明乾坤二卦为《易经》的精髓所在。

是故形而上者谓之道，形而下者谓之器，化①而裁②之谓之变，推而行之谓之通，举而错之天下之民谓之事业。

【白话】所以，超出形体之上的，抽象而无形体的理，就叫作"道"；居于形体之下的具体的物，就叫作"器"。将抽象的道与具体的器，变化裁制以应用，就叫作"变"。进一步地推演，使其实行，发挥作用，称作"通"。将道、器、变、通之理交给天下的百姓使用，这就叫作"事业"。

【注释】①化：按照自然变化的趋势。 ②裁：有意识地进行调控。

【讲解】这一段阐释《易经》中的道、器、变、通、事业等概念。

是故夫象，圣人有以见天下之赜，而拟诸其形容，象其物宜，是故谓之象。圣人有以见天下之动，而观其会通，以行其典礼，系辞焉以断其吉凶，是故谓之爻。极天下之赜者存乎卦，鼓天下之动者存乎辞。化而裁之存乎变；推而行之存乎通；神而明之存乎其人；默而成之，不言而信，存乎德行。

【白话】所以，《易经》中所说的"象"，是圣人看到天下万事万物的纷繁杂乱，因而模拟万事万物的外形，以象征其应有的形象，所以称作"象"。圣人看到天下万物变动不息，于是从中观察其融会变通的道理，以此作为行动的常理，并附加文辞说明，以论断变化的吉凶，所以称作"爻"。穷极天下纷繁杂乱之理的，存在于《易经》的卦形之中；鼓舞天下一切活动的，存在于卦爻辞之中。将其变化而加以裁制，以发挥其功用的，存在于变化之中；顺应变动而应用于实际的，存在于会通之中；明察其中的神秘奥妙，而能发挥得当，就在于其人的运用；默然潜修而成就其事业，不言不语而取信于人，就在于美好的德行之中。

【讲解】以上第十二章，说明《易经》以象征的方法展示文字语言无法完全表达的思想，提出了道、器的哲学范畴；强调《易经》的领会与运用，关键在于人的品格与德行。

系辞下传

八卦成列①,象在其中矣。因而重之②,爻在其中矣。刚柔③相推,变在其中矣。系辞焉而命④之,动在其中矣。

【白话】八卦相对成列,天地间所有的物象都包括在其中了。将八卦两两重叠,成为六十四卦,三百八十四爻也都在其中了。刚爻与阴爻相互推移错综,天地间的一切变化,就包含在其中了。各卦各爻都系以文辞,以预告吉凶,于是天地间的一切活动,以及趋吉避凶的法则也都呈示其中了。

【注释】①八卦成列:指乾与坤相对,震与巽相对,离与坎相对,兑与艮相对,八卦相对成列。 ②因而重之:指将八卦两两相重,成为六画的卦。重,重叠。 ③刚柔:即阴爻和阳爻。 ④命:告,指出。

【讲解】这一段指出了卦图爻画、卦变爻变、卦象爻象、卦辞爻辞的创造方法。

吉凶悔吝者,生乎动者也。刚柔者,立本者也。变通者,趣时①者也。

【白话】吉、凶、悔、吝的结果,是从事物自身的变动中产生的。刚爻与柔爻,是卦和一切事物的根本。阳刚与阴柔的变化会通,则指示顺应形势适时变动。

【注释】①趣时:顺应、适合时宜。趣,同"趋",顺应。

【讲解】在《系辞传》的作者看来,吉凶悔吝的占辞是根据人事的变动创造出来的。

吉凶者,贞①胜者也。天地之道,贞观者也。日月之道,贞明者也。天下之动,贞夫一者也。

【白话】所谓吉凶,说明必须坚守正道,才能立于不败之地。天地的法则,也说明坚守正道才能为人所景仰。日月运行的法则,说明坚守正道才能大放光明,普照万物。天下万物的一切活动,都只有端正专一、坚守正道,才能取得成功。

【注释】①贞:即正。

【讲解】这一段说明吉凶之道、天地之道、日月之道、天下之动,无一不遵循易简原则。

夫乾，确然①示人易矣。夫坤，隤然②示人简矣。爻也者，效此者也。象也者，像此者也。爻象动乎内，吉凶见乎外，功业见乎变，圣人之情见乎辞。

【白话】乾道刚健，向人们昭示的是平易；坤道柔顺，向人们昭示的是简易。爻，就是效法天地平易、简易的道理而制作的；象，就是模仿天地平易、简易的形象而设置的。爻和象在卦的内部变动，吉和凶的征兆在卦外表现；建功立业，体现在吉凶祸福的变化过程中；而圣人的思想情感则体现在卦爻的文辞中。

【注释】①确然：刚健的样子。　②隤然：柔顺的样子。

【讲解】这一段对乾、坤、爻、象作精辟的说明。

天地之大德曰生，圣人之大宝曰位。何以守位曰仁，何以聚人曰财。理财正辞，禁民为非曰义①。

【白话】天地最伟大的德行是化育万物，圣人最宝贵的是崇高的地位。怎样才能保住地位呢？要履行仁道，施行仁政。怎样才能聚合众人呢？要靠财富。治理财务，端正言行，禁止民众胡作非为，这就是道义。

【注释】①义：即道义。

【讲解】这一段主要阐明圣人守位治民的主要重点。生、位、仁、财、义等措施都是易简原则的具体运用。崔憬说："言圣人行《易》之道，当须法天地之大德，宝万乘之大位。谓以道济天下为宝，是其大宝也夫财货人所贪爱，不以义理之，则必有败也。言辞人之枢要，不以义正之，则必有辱也。百姓有非，不以义禁之，则必不改也。此三者皆资于义，以此行之，得其宜也。故知仁义，圣人宝位之所要也。"

以上为第一章，从功能角度说明卦爻吉凶的意义，并论及圣人治国的原则。

古者包牺氏之王①天下也。仰则观象于天，俯则观法于地，观鸟兽之文②与地之宜，近取诸身，远取诸物，于是始作八卦，以通神明之德③，以类④万物之情。

【白话】太古时代，包牺氏治理天下，他向上观察日月星辰等各种天象，向下俯视大地山川河岳的地理法则；观看鸟兽毛羽的花纹，以及适宜于草木金石等的地利；就近取法于人体自身，远则取象于各类物形，从而创设了八卦，用以融会贯通万物神妙而明显的性质，以分类比拟万物的情况。

【注释】①王：称王，治理。 ②文：羽毛的文采。 ③德：性质。 ④类：比类、归类。

【讲解】这一段说明创设八卦的法则、目的及用途。

zuò jié shéng ér wèi wǎng gǔ① yǐ diàn② yǐ yú gài qǔ zhū lí③
作结绳而为网罟，以佃以渔，盖取诸离。

【白话】编绳结网，用以捕兽捕鱼，大概是取法于离卦。

【注释】①罟：捕鱼的网。 ②佃：即田，指田猎，捕捉野兽。 ③取诸离：指离中虚，像孔眼，又离为目，有网罟的象征。

【讲解】这一段，说明人类社会已经从太古时代进步到渔猎社会。探索了渔猎文化产生的原因，即大致取自离卦。

bāo xī shì mò shén nóng shì zuò zhuó① mù wèi sì② róu③ mù wèi lěi④ lěi nòu zhī
包牺氏没，神农氏作，斫木为耜，揉木为耒，耒耨之
lì yǐ jiāo tiān xià gài qǔ zhū yì
利，以教天下，盖取诸益。

【白话】包牺氏死后，神农氏兴起。他砍削木头做成犁头，弯曲树木制成犁柄。运用这种农具，得到除草耕种的便利，并将其教给天下人民。这大概是取法于益卦。

【注释】①斫：砍削。 ②耜：犁头。 ③揉：同"煣"，用火烘木，使直木弯曲。 ④耒：犁柄。

【讲解】这一段说明人类社会已经进步到农业时代，探索了农业文化产生的原因，即大致取自益卦。益卦上巽为木，下震为动，二至四互坤为土，木动于土中，是发明耒耜耕种的现象。而耒耜的发明，是农业文化产生的标志。

rì zhōng wèi shì zhì tiān xià zhī mín jù tiān xià zhī huò jiāo yì ér tuì gè dé qí
日中为市，致天下之民，聚天下之货，交易而退，各得其
suǒ gài qǔ zhū shì kē
所，盖取诸噬嗑。

【白话】规定中午为开市贸易的时间，招来天下的民众，聚集天下的货物，互相交换买卖后归去，各自得到所需的东西，这大概是取法于噬嗑卦。

【讲解】这一段说明人类社会已经有了商业意识，探索了商业文化产生的原因，即

从噬嗑卦受到了启发。噬嗑卦上卦离为太阳，下卦震为动，太阳在头上活动，象征市场。又上下两个阳爻，象征市场两端的关卡；三个阴爻，是参加交易的人民；中间的阳爻，是管理市场的官吏。

神农氏没，黄帝尧舜氏作，通其变使民不倦，神而化之，使民宜之，《易》穷则变，变则通，通则久，是以自天祐之，吉无不利。黄帝尧舜垂衣裳①而天下治，盖取诸乾坤。

【白话】神农氏死后，黄帝、尧、舜相继兴起。他们顺应时代的进步，会通改进前代器用制度，以改善人们的生活，使百姓努力进取而不厌倦。而且改变的方法神妙，在不知不觉和潜移默化中，使百姓得到更多的便利。《易经》的道理是路走到了困境就要学会变化，变化就能通达，通达就能保持长久。因而就能得到来自上天的佑助，吉祥而无所不利。黄帝、尧、舜不必有所作为，就能使天下太平，这大概是取法于乾、坤二卦。

【注释】①垂衣裳：形容悠闲无事的样子。这里用以比喻无为而治。

【讲解】乾坤象征天地，天地无为而无所不为，所以说取法于乾、坤二卦。

刳①木为舟，剡②木为楫，舟楫之利，以济不通，致远以利天下，盖取诸涣。

【白话】将木头挖空制成船，削木制成楫。船与楫的便利，在于渡过难以涉越的江河湖泊，而且可以航行到更远的地方，使天下都得到利益。这大概是取法于涣卦。

【注释】①刳：钻凿。　②剡：削劈。

【讲解】这是水上交通工具的演进和发明。涣卦的上卦巽为木，下卦坎为水，木在水上，象征舟楫的便利。另外，涣有离散之义，使被水分离的人相聚，非乘船不可，也象征舟楫的便利。

服①牛乘马，引重致远，以利天下，盖取诸随。

【白话】驯服了牛，乘坐着马。以牛来拖运重物，乘马以奔驰远地，这样可使天下便利，这大概是取法于随卦。

【注释】①服：驯化，驯服。

【讲解】这一段描述的是陆上交通工具的演进。随卦上卦兑为悦，下卦震为动，

"随"又有随从的含意。因而，象征牛马随着人的意思，悦服地行动。

chóng mén jī tuò① yǐ dài bào kè gài qǔ zhū yù
重门击柝，以待暴客，盖取诸豫。

【白话】设置重重门户，并敲击木梆巡更，以防备盗贼侵入，这大概是取法于豫卦。

【注释】①柝：巡更时敲击的器具。通常是以两木相击。

【讲解】豫卦的五个阴爻，相当于多重的门；中间的一个阳爻，相当于巡夜的人。豫卦又有预防的意思，上卦震为雷，相当于敲击木梆的声音，象征防盗的措施。

duàn mù wéi chǔ① jué dì wéi jiù② jiù chǔ zhī lì wàn mín yǐ jì gài qǔ zhū xiǎo guò
断木为杵，掘地为臼，臼杵之利，万民以济，盖取诸小过。

【白话】砍断木头制成舂米的杵，挖掘地面作为舂米的臼。舂米为食，可使万民受益，这大概是取法于小过卦。

【注释】①杵：舂米的木椎。 ②臼：舂米的容器。

【讲解】这一段形容精米工具的演进。小过卦上下四个阴爻，与臼内部锯齿状的纹路相似；中间的二个阳爻，相当于舂米的杵。又，下卦艮为止，上卦震为动，象征臼不动，杵在动。

xián① mù wéi hú② yǎn mù wéi shǐ hú shǐ zhī lì yǐ wēi tiān xià gài qǔ zhū kuí
弦木为弧，剡木为矢，弧矢之利，以威天下，盖取诸睽。

【白话】弯曲木条，并系上弦制成弓，将木头削成箭。以弓箭这一利器威服天下，这大概是取法于睽卦。

【注释】①弦：弓弦。 ②弧：弓。

【讲解】这一段讲兵器的演进。睽卦上卦离为火，有威吓的感觉；下卦兑为悦，象征在上者以威严使属下悦服。卦名"睽"是违背的意思，也需要威逼。

shàng gǔ xué jū ér yě chù hòu shì shèng rén yì zhī yǐ gōng shì shàng dòng xià yǔ yǐ
上古穴居而野处，后世圣人易之以宫室，上栋下宇，以
dài fēng yǔ gài qǔ zhū dà zhuàng
待风雨，盖取诸大壮。

【白话】上古时代，人们冬天居住在洞穴中，夏天则露宿在野外。后世圣人于是教导人民改变居住方式，建筑上有栋梁、下有檐宇的房屋宫室，以遮避风雨、抵御寒暑，这大概是取法于大壮卦。

【讲解】这一段讲人类居所的演进。大壮卦上卦震为雷，下卦乾为健，天上雷雨交

335

加，则需要有坚固的屋子以避风雨，所以取象于大壮。

古之葬者，厚衣之以薪①，葬之中野，不封②不树，丧期无数，后世圣人易之以棺椁③，盖取诸大过。

【白话】古时的丧葬，只用木柴厚厚地覆盖死者的尸体，埋葬在荒野之中，不建造坟墓，也不植树，非常简单，丧期也没有一定的限制。后世圣人教人们换用棺椁以殡葬，这大概是取法于大过卦。

【注释】①薪：木材。　②封：堆土作坟墓。　③棺椁：古代士人的棺材有两层，内棺而外椁。椁是指外棺。

【讲解】这一段讲了丧葬礼仪的演进。大过卦中间的四个阳爻，相当于坚固的棺椁；外侧的二个阴爻，相当于用土埋葬。

上古结绳而治，后世圣人易之以书契，百官以治，万民以察，盖取诸夬。

【白话】上古时代没有文字，人们结绳以记事。但随着时代的进步，这方法渐渐不适用了。于是后世圣人发明文字，以文书契据来替代，百官用以处理政务，万民也用来作为考察记事的依据，这大概是取法于夬卦。

【讲解】这一段说明文字的演进。夬卦上卦兑为言语，由言语发展到文字；下卦乾为刚健，象征书契必须信守。而且卦名"夬"为决断的意思，卦形是以五个阳爻来决断一个阴爻。

以上为第二章，论述了包牺氏创作八卦的法则和创作八卦的目的、功用，具体说明了卦象与器物的关连性。

是故易者象也。象也者像也。彖者材①也。爻也者，效天下之动者也。是故吉凶生而悔吝著也。

【白话】所以《易经》的内容，主要在于它的象征。所谓象征，就是模拟宇宙间万物的形象。所谓彖辞，就是分析全卦内在含义的文辞。所谓爻，就是效法；卦中六爻的演变，都是效法天下错综复杂的发展动态。因此在卦象上也就产生了吉凶，而悔恨和困吝也由此而显现出来。

【注释】①材：同"裁"，指分析判断一卦的含义。

【讲解】以上第三章，重申《易经》的实质是象征，其内容是象征性的。

阳卦多阴，阴卦多阳。其故何也？阳卦奇，阴卦偶。其德行何也？阳一君而二民，君子之道也。阴二君而一民，小人之道也。

【白话】阳卦中的阴爻多，阴卦中的阳爻多，原因何在呢？这是因为，在任何集团中，无不是由少数支配多数。阳卦是以代表奇数的阳爻为主，除了乾卦为纯阳卦外，震、坎、艮这三卦也是阳卦，均只有一个阳爻，即以这个阳爻为主，所以说，阴爻多于阳爻。阴卦是以代表偶数的阴爻为主，除了坤卦是纯阴卦外，巽、离、兑这三卦也是阴卦，均只有一个阴爻，即以这个阴爻为主，所以说，阳爻多于阴爻。那么，两种卦的本质有何不同呢？如果以阳爻代表君王，阴爻代表臣民，那么，阳卦是一个君王两个臣民，象征一个君王得到众民的拥戴，上下齐心，社会有序，这是君子之道；阴卦是两个君王一个臣民，所谓一国不容二君，因此象征着两个君王在争夺臣民而互相倾轧，而臣民也怀着二心，无法与君上同心同德，如此天下必然大乱，这是小人之道。

【讲解】以上第四章，从卦象上介绍三画卦中阴卦和阳卦的本质特征。

《易》曰："憧憧①往来，朋从尔思。"子曰：天下何思何虑？天下同归而殊涂②，一致而百虑，天下何思何虑？

【白话】《易经》咸卦九四爻辞说："走来走去，心神不定，只有朋友之类的人才会感应和赞同你的想法。"孔子解释说："天下之事，何必要去多加思考和忧虑呢？天下的人，走的路不同，但最后都回到同一个地方；天下人有千百种不同的思虑，最终结果却是一定的。天下之事，又何必要去多加思考和忧虑呢？"

【注释】①憧憧：往来不绝的样子，这里指动摇不定。　②涂：途径，道路。

【讲解】这一段是孔子对咸卦九四爻辞的解释，非常有名。大意是说，人类求生存的目的与法则是不变的，但由于个人的利害不同，以致产生不同的想法与做法。

日往则月来，月往则日来，日月相推而明生焉。寒往则暑来，暑往则寒来，寒暑相推而岁成焉。往者屈①也，来者信也，屈信相感而利生焉。

【白话】"譬如太阳落下则月亮升起，月亮落下则太阳升起，日月往来交替，因而产生了光明。寒去暑来，暑去寒来，寒暑往来交替，四时循环往复，年岁的时序因此就形成了。所谓往，就是屈缩；所谓来，就是伸展。屈缩和伸展交互感应，从而产生了利益。"

【注释】①屈：退缩。　②信：即"伸"的古字，伸张、舒展的意思。

【讲解】天地运行不息，不必思虑，就能感应，使万物普遍受益。

尺蠖之屈，以求信也。龙蛇之蛰，以存身也。精义入神，以致用也。利用安身，以崇德也。

【白话】"尺蠖将身体屈缩，是为了求得下一步的伸展；龙蛇一类动物蛰伏冬眠，是为了保全它们的躯体。精研义理，达到融会贯通而随心所欲的神妙境界，是为了在实际中具体运用；利用知识而安治其身，是为了使道德更加崇高。"

【注释】①尺蠖：一屈一伸而行走的虫。　②蛰：蛰伏冬眠。　③精：专精。

过此以往，未之或知也。穷神知化，德之盛也。

【白话】"当然，如果超出上述易理的范围，就不是我所能了解的了。至于穷究事物的奥秘，了解万物变化的法则，那自然是一种最崇高、最伟大的德行了。"

《易》曰："困于石，据于蒺藜，入于其宫，不见其妻，凶。"子曰：非所困而困焉，名必辱；非所据而据焉，身必危。既辱且危，死期将至，妻其可得见邪？

【白话】困卦六三爻辞说："困在石堆之中，依靠在有刺的蒺藜之上；回到家中，又不见了妻子，会有凶险。"孔子解释说："自己本来不应陷入困境，却为了私欲而受困，必然使名誉蒙受羞辱。轻率地依靠在本来不该依靠的地方，身家性命必然遭遇危险。名辱且身危，已经面临死亡的绝境，又怎么能见得着妻子呢？"

【注释】①蒺藜：草名，茎平卧，有刺。

【讲解】这一段是孔子对困卦六三爻辞的解释，阐释了对安危荣辱的看法。

《易》曰："公用射隼①于高墉②之上，获之，无不利。"子曰：隼者，禽也。弓矢者，器也。射之者，人也。君子藏器于身，待时而动，何不利之有？动而不括③，是以出而有获，语成器而动者也。

【白话】解卦上六爻辞说："王公射杀高踞城墙之上的老鹰，一箭射中而获之，没有什么不利的。"孔子解释说："鹰隼是飞禽，弓箭是打猎的利器，射鹰的是人。君子将利器藏在身上，等待到有利的时机才行动，又怎么会有不利呢？一旦有所行动，就毫不迟疑停滞，出手马上就有收获，说的就是必须具备大的才器，而后方可行动。"

【注释】①隼：鹰。 ②墉：城墙。 ③括：闭结。

【讲解】这一段是孔子对解卦上六爻辞的解释，提出了器与人的关系问题。

子曰：小人不耻不仁，不畏不义，不见利不劝，不威不惩①。小惩而大诫，此小人之福也。《易》曰：屦校灭②趾③无咎，此之谓也。

【白话】孔子说："小人不以不仁为可耻，不以不讲信义为可怕，看不见利益就不会努力进取，不用惩罚加以威吓就不知道戒惧。因小的过失而给以惩罚，就会深自戒惧警惕，不至于酿成大祸，这是小人的福气。《易经》噬嗑卦的初九爻辞说：'脚上戴着木枷，只伤了脚趾头，尚无灾咎。'说的就是这个道理。"

【注释】①惩：惩戒警惕。 ②屦校：刑具戴在脚上。屦，即履。校，刑具，枷。 ③灭：伤害。

【讲解】这一段以孔子的话，描述了小人的道德特征，最后引噬嗑卦初九爻辞来证明其说法。

善不积，不足以成名；恶不积，不足以灭身。小人以小善为无益而弗为也。以小恶为无伤而弗去也。故恶积而不可掩，罪大而不可解。《易》曰：何①校灭耳，凶。

【白话】"不累积善行，就不足以成名；不累积罪恶，就不足以毁灭自身。小人认为小的善行没有什么益处，就不去做；以为小的恶行没有什么危害，就不愿意改过。因此恶行日积月累而无法掩饰，罪过日益增大而无法挽救。所以《易经》噬嗑卦的上九爻辞说：'肩负重枷，磨伤了耳朵，必有凶险。'"

【注释】①何：借为"荷"，担荷，负荷。

【讲解】这一段是孔子对噬嗑卦上九爻辞的阐发，指出小人犯罪的原因在于积恶成罪。

子曰：危者，安其位者也。亡者，保其存者也。乱者，有其治者也。是故君子安而不忘危，存而不忘亡，治而不忘乱。是以身安而国家可保也。《易》曰："其亡① 其亡，系于苞桑②。"

【白话】孔子说："凡是出现危机的，先前都安逸其位；凡是灭亡的，原先都自以为可以永保长存；凡是混乱的，都曾经觉得天下已经大治。所以君子安定而不忘记倾危，生存而不忘灭亡，天下大治而不忘祸乱。能如此居安思危，则自身才能久安，国家才能长存。《易经》否卦的九五爻辞说：要居安思危，常常以'将要灭亡，将要灭亡'这样的警句来提醒自己，才能像系结在根深蒂固的桑树上那样，安然无事。"

【注释】①其亡：将要灭亡。其，将要。 ②苞桑：桑木的根纠结牵缠在一起。苞为桑木的根本。

【讲解】这一段以孔子的话，指出安危、存亡、治乱的辩证关系，告诫人们应当居安思危，并引否卦的九五爻辞以证其说。

子曰：德薄而位尊，知小而谋大，力小而任重，鲜不及矣。《易》曰："鼎折足，覆公𫗧①，其形渥②，凶。"言不胜其任也。

【白话】孔子说："德行浅薄却居位尊贵，智慧低下却筹谋大事，力量弱小却担负重任，这样很少有不招灾引祸的。《易经》鼎卦九四爻辞说：'鼎足折断，倒翻了王公的美食，身上还湿了一片，必有凶险。'说的正是力不胜任所产生的危险。"

【注释】①𫗧：美食。 ②渥：湿淋淋的意思。

【讲解】这一段以孔子的话，指出人的才智当与其地位相称，才不会出问题，并引鼎卦九四爻辞以证其说。

子曰：知几其神乎？君子上交不谄①，下交不渎②，其知几乎？几者，动之微，吉之先见者也。君子见几而作，不俟终日。《易》曰："介于石③，不终日⑤，贞吉。"介如石焉，宁用终日？断可识矣！君子知微知彰，知柔知刚，万夫之望。

【白话】孔子说："能够预知细微的事理，大概算得上神妙了吧？君子对上不献媚讨好，对下不轻辱傲慢，这可以说预知细微的事理了吧？所谓'几'，就是事机的细微变化，能够预先判断吉凶的征兆。君子发现事机的细微变化，就会迅速果断地行动，不会成天犹豫不定。《易经》豫卦的六二爻辞说：'耿介正直的德性坚如磐石，还不到一天的时间，就悟出过分欢娱之患。能坚守正道，必获吉祥。'既然耿介正直的德性坚如磐石，又何须整天犹豫不定呢？立即就能作出明晰的判断！君子知道事理的微妙，也了解事理的彰显；知道处事的态度有柔弱的一面，也有刚强的一面，就会成为众人景仰的人物了。"

【注释】①谄：媚上。②渎：轻慢，不敬。③介：耿介，孤高。④于：通"如"。⑤不终日：不须一天的时间。

【讲解】这一段，孔子指出了君子处世交际的原则，即知几、知微、知彰、知柔、知刚，上交不谄，下交不渎。只有如此，方可成为万人景仰的人物。文中引用豫卦的六二爻辞加以论述。

子曰：颜氏之子，其殆①庶②几乎？有不善，未尝不知；知之，未尝复行也。《易》曰："不远复，无祗③悔，元④吉。"

【白话】孔子说："颜回这个年轻人，他的德行几乎达到完善了吧？他有了过失，从来不会不知道；一旦认识到过失，便立即改正，从此决不再犯。《易经》复卦的初九爻辞说：'行而不远，失去方向，适时复归，这样就没有多大的悔恨，必然大吉大利。'"

【注释】①殆：将。②庶：近。③祗：大。④元：大。

【讲解】这一段，孔子指出颜子有"不贰过"的完美德行，并引复卦初九爻辞加以论述。

天地絪缊①，万物化醇②。男女构精，万物化生。《易》曰："三人行则损一人，一人行则得其友。"言致一也。

【白话】"天地阴阳二气缠绵交感，使万物感应，变化精醇。雌雄男女，阴阳交媾，万物生生不息。《易经》损卦的六三爻辞说：'三个人一同前行，就会有一个人因意见不合而离开。但如果是一个人独自前行，反而会得到朋友。'说的正是彼此一致的道理。"

【注释】①絪缊：这里指阴阳二气彼此融合。絪，麻帛。缊，绵絮。 ②醇：媾合。

【讲解】这一段，孔子指出万物、男女交往的形式虽有不同，而化生的目的是一致的。文中引损卦六三爻辞以证其说。

子曰：君子安其身而后动，易其心而后语，定其交而后求，君子修此三者故全也。危以动，则民不与也。惧以语，则民不应也。无交而求，则民不与也。莫之与，则伤之者至矣。《易》曰："莫益之，或击之，立心勿恒①，凶。"

【白话】孔子说："君子必先安定自身，然后才能有所作为；必先使自己心平气和，然后才能发表言论；必先诚信待人，建立巩固交情，然后才能对人有所要求。君子修成这三种美德，所以待人处世才会完美无缺。在危险中贸然行动，则民众不会拥护追随；以言语恐吓，则民众不会响应；没有建立起交情，取得民众的信任，却向民众提出要求，则不会得到民众的支持。没有民众的响应和支持，伤害他的人就会接踵而至了。所以《易经》益卦上九爻辞上说：'没有人来助益他，却有人来攻击他。如果意志不坚定，不能持之以恒，必然会有凶险。'"

【注释】①立心勿恒：指心意动摇不定。

【讲解】以上第五章，引用了孔子对十一则爻辞的解说。告诫人们如何具体学习、理解、运用卦爻辞，是后世解释卦爻辞的范例和标准。

子曰：乾坤其易之门①邪？乾，阳物也。坤，阴物也。阴阳合德而刚柔有体，以体天地之撰②，以通神明之德。

【白话】孔子说："乾、坤二卦，应该是出入易理的门户吧？乾，代表阳性的事物；坤，代表阴性的事物。阴阳相交，德性相合，由此产生阴柔阳刚、变化交错的形体，以体现天地造化之功，以贯通神妙而光明的德性。"

【注释】①门：门径，关键。荀爽说："阴阳相易，出于乾、坤，故曰'门'。"②撰：作为。这里指天地造化活动。

【讲解】这一段说明卦爻的阴阳可以象征天地万物的阴阳两性。

其称名也。杂而不越，于稽①其类，其衰世之意邪？

【白话】"《易经》中各卦以各种事物为名称，虽然繁杂，却并未超出情理之外。考察《易经》所表述的种种事类，表现的或许是世道衰乱时的情况吧？"

【注释】①稽：考察。

【讲解】一卦有一卦的名称，一爻有一爻的名称，或言物象，或言事变，可说非常复杂，但都包括在"体天地之撰"和"通神明之德"之内，不曾有超越情理之外。

夫《易》，彰往而察来，而微显阐幽。开而当名①辨物，正言断辞②则备矣。

【白话】"《易经》，彰显过往的事迹，以察知未来事态的变化，而显现细微变易的玄机，阐发深奥难知的事理。扩展开来，使每个卦爻有适当的名称，用以明辨天下事物的形态；所说的话，无不正当；所用的判断吉凶的文辞，则完备无缺。"

【注释】①当名：适当的名称。　②断辞：指对吉凶进行判断的文辞。

其称名也小，其取类也大。其旨远，其辞文，其言曲而中，其事肆①而隐。因贰以济民行，以明失得之报。

【白话】"《易经》卦爻辞所指称的事物名称虽然微小，但它所象征的事类却十分广大。其意义非常深远，其文辞又非常典雅，其语言曲折委婉而切中事理，其叙事直截了当，却又蕴含深意。因应吉凶的道理，用来辅助人民的行动，使他们懂得明辨得失报应。"

【注释】①肆：直截了当，放肆而不隐瞒。

【讲解】以上第六章．论述了《易经》中卦象、卦名、卦辞的作用，突出论述了卦辞的编撰原则和卦名的确定原则。并指出六十四卦是以具体事物蕴藏着抽象的道理，文字是表面明白，深层隐奥。

《易》之兴也。其于中古乎？作《易》者，其有忧患乎？

【白话】"《易经》的兴起，大概是在中古时期吧？《易经》的作者，大概是心怀忧患的人吧？"

【讲解】这一段指出《易经》的创作年代和创作目的。传说周文王被囚禁于羑里

343

时，制作卦辞，用意在防止忧患。

是故履，德之基也。谦，德之柄①也。复，德之本也。恒，德之固也。损，德之修也。益，德之裕②也。困，德之辨也。井，德之地也。巽，德之制也。

【白话】所以，履卦教人礼仪，是修养德行的基础；谦卦教人谦逊，是修养德行的把柄；复卦教人复归正道，是修养德行的根本；恒卦教人持之以恒，始终如一，是巩固德行的保证；损卦教人克制欲念，是修养德行的途径；益卦教人向善，使德行日益充裕；困卦教人穷困而志不屈，持守正道，是检验德行的标准；井卦教人施济于人，德泽似井，是储存道德的场所；巽卦教人顺应时势，使德行能够制宜。

【注释】①柄：把柄，指谦逊能进德，而骄傲则会失德。　②裕：宽裕，宽大。

【讲解】这一段讨论九种卦与九种道德属性的对应关系。

履，和而至。谦，尊而光。复，小而辨于物。恒，杂而不厌。损，先难而后易。益，长裕而不设①。困，穷而通。井，居其所而迁。巽，称②而隐。

【白话】履卦行礼，说明要在和谐中达到目的；谦卦，说明谦逊待人，自然受人尊敬，德行光大；复卦，说明对细微的过失也要明辨，行为有偏差要及早归复正道；恒卦，说明持之以恒，才能克服一切，不为环境的繁杂而厌倦；损卦，说明自损私欲、损己利人，开始困难，但到后来就容易了；益卦，说明使德行日益充裕，而不虚伪造作；困卦，说明身处穷迫之境，只有经受住考验，才能取得成功；井卦，说明虽居处在固定处所，却能施惠他人；巽卦，说明处世当把握分寸，因时制宜，埋头做事，隐而不露。

【注释】①设：指虚张声势。　②称：轻重适均。

【讲解】这一段以九卦分析了九种道德属性的内容。

履以和行，谦以制礼，复以自知，恒以一德，损以远害，益以兴利，困以寡①怨，井以辨义，巽以行权②。

【白话】履卦教人和谐行事；谦卦教人以礼节自我克制；复卦教人自觉地回归正道；恒卦教人坚定信念，始终不二；损卦教人克制私心，修德远害；益卦教人损上益下，广兴福利；困卦教人坚持正道，不怨天尤人；井卦教人明辨义理，认清是非；巽卦教人因势利导，便宜行事。

【注释】①寡：少。　②权：顺时制变。

【讲解】这一段，分析九种道德的具体应用。

以上第七章，提出了《易经》的创作时间和创作目的，并举出九卦的卦名，从三个层面上论证了道德修养和易卦的关系，所以被称为易学上的"九卦三陈"。

《易》之为书也，不可远。为道也屡迁，变动不居，周流六虚。上下无常，刚柔相易。不可为典要，唯变所适。

【白话】《易经》这部书包含了人生处世的道理，与日常生活密切相关，不可疏远。《易经》所展现的道理则经常变迁，而不拘泥于一定的形式。卦中六爻变动不停，周流于各个爻位之间，或上或下，没有常规；阳刚与阴柔相互变易。因而，不可固执于常规法则，一切依变化的情况而定。

【注释】①屡：数。　②六虚：指六个爻位。称虚而不称位，是表示位并不固定为阴或阳，而是依实际变化情况而定。　③典要：典常之道。

【讲解】这一段指出《易经》卦爻是变化无常的。

其出入以度，外内使知惧。又明于忧患与故，无有师保，如临父母。

【白话】《易经》启发人们出入进退要有节度，对内对外都要懂得谨慎畏惧，同时又要明白忧患意识与忧患现象产生的原因。这样，虽然没有师长的监督保护，却好像父母仍在眼前关照一样。

初率其辞，而揆其方，既有典常，苟非其人，道不虚行。

【白话】由卦爻辞入手，揣摩其中的义理，进而把握变化的法则，使变化都有一定的规律可循。然而，如果不是修养深厚的人，这些法则是不能凭虚实行的。

【注释】①率：由。　②揆：度。　③方：义理、道。

【讲解】以上第八章，说明学习《易经》的要领。项安世说："此章专论《易》之爻辞。《易》之为书也，不可远，'为道也屡迁'二句，一章大指。自'变动不居'至'惟变所适'，言屡迁也。自'出入以度'至'道不虚行'，言不可远也。惟其屡迁，故虚而无常，不可为典要。惟其不可远，故有度有方，有典有常，而不可虚。方其率之也，则谓之辞；及其行之也，则谓之道。辞之所指，即道之所迁也。人能循其不可远之理，则屡迁之道得矣。"

《易》之为书也。原始要终，以为质也。六爻相杂，唯其时物也。

【白话】《易经》这部书，推究万事万物的初始，归纳万事万物的终结，从而形成完整的形体。卦中六爻刚柔错杂，只不过是某一事物在某一时间的象征而已。

【注释】①原：推究。　②要：总结。　③质：指完整的形体。　④物：事物。

其初难知，其上易知，本末也。初辞拟之，卒成之终。

【白话】每一卦初爻的含义比较难于理解，而上爻的含义则比较容易理解，因为"初"象征事物的根本，而"上"象征事物的终结，所以就有隐晦难知和浅显易懂的区别。初爻的文辞比拟事物产生的开始。到了上爻，事物形象已经完备，而卦意也已形成。

【注释】①初：指初爻。　②上：指上爻。　③卒：指上爻的系辞。

【讲解】这一段指出初爻和上爻的特性与本质。初爻的特性是难知，是本；上爻的特性是易知，是末。为什么说"其初难知，其上易知"呢？因为初爻象征事物开始萌生，卦的形体尚未形成，由下爻而到上爻，经过第二爻、第三爻、第四爻、第五爻到达第六爻，事物的发展全过程完成了，含义自然毕露，也就容易领会了。

若夫杂物撰德，辨是与非，则非其中爻不备。

【白话】至于反映错综复杂的物象，撰述事物阳刚与阴柔的不同德性，分辨是非善恶，离开中间的二、三、四、五爻就不够完备了。

【注释】①撰：述。　②中爻：指各卦的中间四爻。

【讲解】这一段指出中间四爻的重要性。

噫！亦要存亡吉凶，则居可知矣。知者观其彖辞，则思过半矣。

【白话】啊！要从中探究人事的存亡凶吉，那么只须待在家里推演卦爻，观其变化，就可以知道了。智者只要观察每一卦开始的象辞，多半就能了解全卦的内容了。

【注释】①噫：通常作感叹词的"啊"字解。 ②居：平居，在家里。 ③知：通"智"。

二与四，同功而异位，其善不同。二多誉，四多惧，近也。柔之为道，不利远者。其要①无咎，其用柔中也。

【白话】六爻中的二爻和四爻都处阴位，都具有阴柔的性质，功用相同。但它们的位置不同，因此所表达的善恶含义也不同。二爻在下卦中央，远离处于君位的五爻，较少牵制，做事容易见效，所以多赞誉；四爻接近君位，朝夕伴在君侧，动辄得咎，所以多有恐慌畏惧。柔弱的阴爻，比较难于自立，必须接近和依附于阳刚，而不利于疏远。阴柔的要点在于避免灾咎，阴柔的功用在于柔顺与持守中道。

【注释】①要：主旨。

【讲解】这一段指出六爻中的二爻和四爻的特性。

三与五，同功而异位。三多凶，五多功，贵贱之等也。其柔危，其刚胜邪？

【白话】六爻中的三爻和五爻都处阳位，都具有阳刚的性质，功用相同。但它们的位置不同。三爻处在下卦的顶端，象征位极人臣而阳刚过度，所以多有凶险；五爻处于上卦中央的君位，阳刚有力，光明中正，所以多有功绩。这是由于它们所处的地位有贵贱之分。难道阴柔的就一定危险，阳刚的就一定胜任吗？当然不能一概而论，要看各爻的尊卑地位才能确定。

【讲解】这一段指出六爻中的三爻和五爻的特性。

以上第九章，说明研读《易经》的方法。介绍了爻位的性质、功能和意义，重点介绍了中间四个爻位。

《易》之为书也。广大悉备①。有天道焉，有人道焉，有地道焉。兼三才而两之②，故六。六者非它也。三才之道也。

【白话】《易经》这部书，内容广博，无所不备，有天的道理，有人的道理，有地的道理。卦有三画，象征天、地、人三才；三画卦两两相重，组成了六画的卦。六画卦并没有其他的含义，仍然是象征天、地、人三才的道理。

【注释】①悉：完全。 ②兼三才而两之：三才指天、人、地。三画之卦，初爻为地，中爻为人，上爻为天。天有昼夜，地有水陆，人有男女，所以卦爻两两成列，合两个三爻的卦而为一个六爻的卦，兼两爻为一位，即初爻、二爻为地，三爻、四爻为人，五爻、上爻为天。

【讲解】这一段指出卦有六爻的原因，即以六爻象征天、地、人在宇宙中的位置。

道有变动，故曰爻。爻有等①，故曰物②。物相杂，故曰文。文不当③，故吉凶生焉。

【白话】《易经》之道变动不居，而仿效这种变动的在卦中就叫作"爻"。爻有不同的等级类别，以比拟上下、尊卑、贵贱不同的物象，所以称作"物"。物象分阴柔之物与阳刚之物，二者交相错杂，犹如文理，所以称作"文"。文理所构成的形象和所反映的道理，有得当的，也有不得当的，因而产生了吉凶。

【注释】①等：类别。 ②物：物象。 ③当：妥当，得当。主要指阳爻居阳位，阴爻居阴位。

【讲解】以上第十章，说明卦的六位，取法于天、地、人三才；爻的变动，产生了吉凶。

《易》之兴也。其当殷之末世，周之盛德邪？当文王与纣之事邪？是故其辞危。危者使平，易①者使倾②。其道甚大，百物不废③。惧以终始，其要无咎，此之谓《易》之道也。

【白话】《易经》的兴起，大概是在商朝的末年，周文王的德业开始盛隆的时期吧？可能正当周文王与殷纣王之间发生事端的时候吧？所以其文辞中隐含着一种危机意识。常怀戒慎恐惧之心，居安思危，可以化险为夷，转危为安；反之，不知畏惧，对危机掉以轻心，必然会导致倾覆之灾。《易经》的道理是如此广大，万事万物都要遵循而不能背离。时时保持戒惧，始终不懈，主要就是为了求得平安而没有灾咎，这就是《易经》的道理。

【注释】①易：自以为容易而掉以轻心的态度。 ②倾：倾覆。 ③废：背离。

【讲解】以上第十一章，说明《易经》的时代精神与主旨。

夫乾，天下之至健也。德行恒易以知险①。夫坤，天下之至顺也。德行恒简以知阻。

【白话】乾为天，是天下最为刚健的象征，其德行表现为恒久而平易，所以能够知晓天下的凶险。坤为地，是天下最为柔顺的象征，其德行表现为恒久而简易，所以能够明察天下的阻碍。

【注释】①险：凶险，指大难。　②阻：阻碍，指小难。

【讲解】这一段说明天道易中有险，地道简中有阻。

能说①诸心，能研②诸侯③之虑，定天下之吉凶，成天下之亹亹④者。是故变化云为，吉事有祥，象事知器，占事知来。

【白话】《易经》平易、简易的道理，能使人身心和悦，能够精研天地间所有的道理，从而判断推定天下事物的吉凶，成就天下勤勉不息的事业。所以在天地间的运动变化中，吉祥的事情，必有吉祥的征兆。比拟万物之象，就能通晓各种器具的形成；占卜探究往事，就可推测未来发生的事情。

【注释】①说：通"悦"。　②研：精研。　③侯：古通"候"，指向蓍卦求教。④亹亹：勤勉的意思。

【讲解】这一段说明研究《易经》，可知未来的吉凶。

天地设位，圣人成①能。人谋②鬼谋③，百姓与能。

【白话】天在上，地在下，天地间万物都安排有一定的地位，显示了造化的功能。圣人仿效造化的功能，创制了《易经》的蓍卦。但凡做事之前，先与众人谋议，同时又卜筮于鬼神，以谋求吉凶结果。这样，就连普通百姓也能参与天地造化的功能了。

【注释】①成：成就。　②人谋：指与众人商议。　③鬼谋：指以卜筮占问鬼神，求得吉凶结果。

八卦以象告，爻象①以情言。刚柔杂居，而吉凶可见矣。

【白话】八卦用卦象来表现事物的变易，并告知世人；爻辞和象辞则是以情态来表达阴阳变化、事物消长的道理。刚爻、柔爻相互错杂于六位中，吉凶的征兆就从中显现出来了。

【注释】①爻象：指爻辞、象辞。

【讲解】以上二段说明《易经》满足了百姓趋吉避凶的需要。

349

变动以利言,吉凶以情迁。是故爱恶相攻而吉凶生,远近③相取而悔吝生,情伪④相感而利害生。凡《易》之情,近而不相得⑤,则凶。或害之,悔且吝。

【白话】刚柔两爻的变动,要看是否适时顺理,以利害关系来说明;吉凶的变迁,要看爻际关系的具体情况而定。所以在各爻之间爱与恶的相互争斗中,便产生了吉凶;在或远或近的取舍中,便产生了悔恨困吝;以真情相交或虚伪相感之中,便产生了利益与祸害。总之《易经》的情况是,如果有亲近关系的两爻不能配合或协调,就会有凶险,甚至有自外来的伤害,因而难免产生悔恨与遗憾。

【注释】①利:指适时顺理。 ②迁:变迁,迁移。 ③远近:两爻之间没有相应或比邻关系的为远,有则为近。 ④情伪:真情与虚伪。 ⑤不相得:指相近的两爻均为阴爻或均为阳爻。

【讲解】这一段以卦爻关系分析了吉凶、悔吝、利害产生的原因。

将叛者其辞惭,中心疑者其辞枝①,吉人之辞寡,躁人之辞多,诬善之人其辞游②,失其守者其辞屈③。

【白话】将要叛变的人,说话时会有惭愧的神色;心中有疑虑的人,说话杂乱不清,缺乏条理;有修养的人说话少;浮躁的人说话多;诬陷好人的人,说话必闪烁其辞,游移不定;有失操守的人,说话多含混附和。

【注释】①枝:分枝。 ②游:游移不定。 ③屈:不敢坚持自己的意见。

【讲解】这一段说明爻辞的表达随着各爻的情意变化,这与人的言语随情意变化的情形相同。说话不是外在的东西,而是非常内在的东西。说话不只是说话那么简单,说话其实折射了我们内心的状态。你是什么样的人,就说什么样的话;你有什么样的想法,就说什么样的话。这是一定的。"吉人之辞寡",说的就是一个有修养的人,话语并不多,讲话也不快。让人听了以后,会感到愉快,会感到清爽和平静,让人有如沐春风之感,让人感觉到一种从容不迫的优雅,不急于表现的含蓄,不急于评价的稳重。如何说话,当然是一种策略和技巧,但更多的,是一种格调一境界。

以上第十二章,开始说明《易经》能够判断未来的道理;再说明卦爻辞的性质;最后说明由爻辞的表达方式中,可推知内在的深意。

卷 十

说卦传

《说卦传》论说八卦的卦象以及相关的问题，被认为是系统地保存了易象占筮资料的最古老文献。孔颖达说："《说卦》者，陈说八卦之德业、变化及法象所为也。"全文依照朱熹的分法，共有十一章。

昔者圣人之作《易》也。幽赞①于神明而生蓍②。

【白话】从前，圣人创作《易经》，是为了穷究幽晦不明的道理，从而暗中协助神明的造化功能。因而发明了用蓍草占筮的方法。

【注释】①幽赞：暗中协助。 ②蓍：古代的一种灵草。

参天①两地②而倚数③。

【白话】以一、三、五三个奇数代表天，以二、四两个偶数代表地。一、三、五之合为九，所以用九代表阳的数目及符号；二、四之合为六，所以用六代表阴的数目及符号。从而建立起阴阳奇偶数的象征。

【注释】①参天：指天一、天三及天五，相加为九，故阳数用九，天为阳，阳数奇。 ②两地：指地二及地四，相加为六，故阴数用六，地为阴，阴数偶。 ③倚数：指计算结果。参天为九，所以《易经》阳爻都用九；两地为六，所以《易经》阴爻都用六。

观变于阴阳而立卦，发挥于刚柔而生爻，和顺于道德而理于义，穷理尽性以至于命①。

【白话】阴阳之数既然已经确立，又观察天地阴阳的变化，效法设立了卦；并发挥阳刚与阴柔的作用，从而产生了爻。将卦爻中的义理引申到人类社会，便以道德来和顺各种人际关系，以义理来处置各种事务。进而深入研究天下万事万物的根本，以至于通达知晓天命造化。

【注释】①命：指天命，即客观必然性。

【讲解】以上第一章，说明卦、爻的制作原理与目的。主要介绍了蓍、卦、爻的产生次序，为下文分析八卦作了铺垫。

昔者圣人之作《易》也。将以顺性命之理。是以立天之道曰阴与阳，立地之道曰柔与刚，立人之道曰仁与义。兼三才而两之，故《易》六画而成卦。分阴分阳，迭用柔刚，故《易》六位而成章。

【白话】从前圣人创作《易经》，是为了顺应万事万物的本质特性和天地自然的法则。所以将天的法则确定为阴与阳，将地的法则确定为柔与刚，将人的法则确定为仁与义。将两个三画的八卦，重叠成六画的六十四卦。其中六爻都是兼备天地人三才的道理，而两两相合的，所以《易经》以六个爻画而成卦。每卦中的六爻又分为阴位和阳位（初、三、五为阳位，二、四、上为阴位），阴柔阳刚互相重迭，错综运用。因此《易经》每卦六爻，井然有序而成章法。

【讲解】朱熹说："兼三才而两之，总言六画，又细分之，则阴阳之位，间杂而成文章也。"朱震说："易有太极。阴阳者，太虚聚而有气；柔刚者，气聚而有体。仁义根于太虚，见于气体，动于知觉者也。自万物一源观之谓之性，自禀赋观之谓之命，自天地人观之谓之理。三者一也。圣人将以顺性命之理，曰阴阳，曰柔刚，曰仁义，以立天地人之道。盖互见也。易兼三才而两之，六画成卦，则三才合而为一，然道有变动，故分阴分阳，迭用柔刚。"

以上第二章，说明卦象的建立法则，以及将八卦重叠成六十四卦的道理。

天地定位，山泽通气，雷风相薄①，水火不相射，八卦相错。

【白话】乾为天在上，坤为地在下，天地相互对立，有一定的位置。艮为山，兑为泽，山上的水，往下流成为泽；泽中的水，蒸发上升成为云，山泽气息相通。震为雷，巽为风，雷震风动，相互搏击，风雷相互激荡。坎为水，离为火，相互克制又相反相成，彼此不厌恶。八卦就是这样两两相互交错的。

【注释】①薄：侵入。

shǔ wǎng zhě shùn　　zhī lái zhě nì　　shì gù　　yì　　nì shǔ yě
数往者顺，知来者逆，是故《易》逆数也。

【白话】要知晓以往的事理，须顺着推算；要预知未来的趋向，须逆着推算。《易经》的主要功能是逆向推算以预测未来。

【讲解】宋代学者根据这一章，而画出伏羲先天八卦图。其中相对的各卦，阴阳爻恰好相反。邵雍曾经这样说明："乾南坤北，离东坎西．震东北．巽西南．兑东南，艮西北。自震至乾为顺，自巽至坤为逆。"也就是说，由一至四，反时针方向，顺序为乾、兑、离、震四卦；乾象征天，在最上方，亦即南方。由五至八，顺时针方向，顺序为巽、坎、艮、坤四卦，坤象征地，在最下方亦即北方。

先天八卦

以上第三章，说明八卦两两相错的形象，指出《易经》的主要功能是以"逆数"来预知未来。

léi yǐ dòng zhī　　fēng yǐ sàn zhī　　yǔ yǐ rùn zhī　　rì yǐ xuǎn① zhī　　gèn yǐ zhǐ zhī
雷以动之，风以散之。雨以润之，日以烜 之，艮以止之，
duì yǐ yuè② zhī　　qián yǐ jūn zhī　　kūn yǐ cáng zhī
兑以说 之。乾以君之，坤以藏之。

【白话】震为雷，雷是用以鼓动催动万物的；巽为风，风是用以吹散流通万物的；坎为雨，雨是用以滋润万物的；离为日，日是用以照耀万物的；艮为山为止，艮的作用是栖止万物；兑为泽为悦，其作用是和悦万物；乾为天为君，君临万物，主宰万物；坤为地，其作用是包藏容纳万物。

【注释】①烜：照明。　②说：通"悦"，喜悦。

【讲解】以上第四章，再以自然现象的作用，说明八卦的性质和功能。

帝出乎震，齐乎巽，相见乎离，致役乎坤，说言乎兑，战乎乾，劳乎坎，成言乎艮。

【白话】造化自然的元气，使万物出生于震，成长整齐于巽，繁茂纷呈于离，役养于坤，欣悦于兑，争斗于乾，辛劳于坎，完成而复萌于艮。

【注释】①帝：前人释为元气。　②役：帮助。

万物出乎震。震，东方也。齐乎巽。巽，东南也。齐也者，言万物之洁齐也。离也者，明也。万物皆相见，南方之卦也。圣人南面而听天下，向明而治，盖取诸此也。坤也者，地也。万物皆致养焉，故曰致役乎坤。兑，正秋也。万物之所说也。故曰说言乎兑。战乎乾。乾，西北之卦也。言阴阳相薄也。坎者，水也。正北方之卦也。劳卦也。万物之所归也。故曰劳乎坎。艮，东北之卦也。万物之所成终而所成始也。故曰成言乎艮。

【白话】万物出生于震，震卦代表东方。成长整齐于巽，巽卦代表东南方。所谓齐，说的是万物生长整齐划一。离卦象征光明，日正当中，使万物显明都可以看到，它也是代表南方的卦。帝王坐北朝南听取政务，面对光明而治理天下，大概是取法于这一卦吧。坤卦象征大地，万物都依靠大地而获致养育，所以说役养于坤。兑卦代表正秋时节，正是万物因成熟而欣悦之时，所以说欣悦于兑。争斗于乾，乾卦代表西北方，表示阴与阳、黑暗与光明相互搏斗竞争。坎卦象征水，是代表正北方的卦，也是代表劳累的卦，正是万物归息的时候，所以说辛劳于坎。艮是代表东北方的卦，是万物成长终结的地方，也是万物开始的地方，所以说完成而复萌于艮。

【注释】①洁：整齐。　②归：藏，这里指休息。

【讲解】以上第五章，以方位及季节说明八卦的象征。宋代学者依据这一章画出了后天八卦图。

后天八卦

神也者，妙万物而为言者也。动万物者莫疾乎雷，桡万物者莫疾乎风，燥万物者莫熯①乎火，说万物者莫说乎泽，润万物者莫润乎水，终万物始万物者莫盛乎艮。故水火相逮②，雷风不相悖③，山泽通气，然后能变化，既成万物也。

【白话】所谓神明，是指神妙莫测地使万物变化生成。鼓动催发万物，没有比雷更迅烈的；吹拂万物，没有比风更疾速的；使万物干燥，没有比火更炎热的；使万物欣悦，没有比泽更和悦的；滋润万物，没有比水更湿润的；使万物终止而又重新开始，没有比艮更盛大的。所以说水和火相克相生、相反相成，雷和风不相互排斥悖离，山和泽气息相通，然后天地间才能产生变化，从而生成万物。

【注释】①熯：炎热。 ②逮：及，在一处。 ③悖：排斥。

【讲解】以上第六章，说乾坤两卦以下的六卦的作用。

乾，健也。坤，顺也。震，动也。巽，入也。坎，陷也。离，丽也。艮，止也。兑，说也。

【白话】乾为刚健，坤为柔顺，震为活动，巽为无所不入，坎为险陷，离为依附，艮为停止，兑为和悦。

【讲解】以上第七章，说明八卦的卦德。

乾为马，坤为牛，震为龙，巽为鸡，坎为豕①，离为雉，艮为狗，兑为羊。

【白话】乾卦象征健行奋进的马，坤卦象征温和柔顺的牛，震卦象征腾飞的龙，巽卦象征司晨报晓的雄鸡，坎卦象征泥淖中的猪，离卦象征羽毛华丽的山鸡，艮卦象征看家守门、禁止陌生人进入的狗，兑卦象征温顺的羊。

【注释】①豕：猪。

【讲解】以上第八章，介绍八卦所象征的动物，此即《系辞传》所说的"远取诸物"。

乾为首，坤为腹，震为足，巽为股，坎为耳，离为目，艮为手，兑为口。

【白话】乾卦在上，象征人的头部；坤卦包藏容纳万物，象征人的腹部；震卦为动，象征人的脚；巽卦为逊顺，象征人随脚而动的大腿；坎卦为陷，象征人的耳朵；离卦为光明，象征人的眼睛；艮卦为止，象征可使事物停止的手；兑卦为悦，言语使人喜悦，故象征口。

【讲解】以上第九章，说明八卦象征的人体部位，此即《系辞传》所说的"近取诸身"。

乾，天也。故称乎父。坤，地也。故称乎母。震一索而得男，故谓之长男；巽一索而得女，故谓之长女。坎再索而得男，故谓之加中男；离再索而得女，故谓之中女。艮三索而得男，故谓之少男；兑三索而得女，故谓之少女。

【白话】乾卦象征天，所以称作父；坤卦象征地，所以称作母。乾父坤母互相求合而衍生子女。震卦初爻为阳，象征坤母向乾父最初索取阳所生的儿子，所以震卦称作长男；巽卦初爻为阴，象征乾父向坤母最初索取阴所生的女儿，所以巽卦称作长女。坎卦二爻为阳，象征坤母向乾父再次索取阳所生的儿子，所以坎卦称作中男。离卦二爻为阴，象征乾父向坤母再次索取阴所生的女儿，所以离卦称作中女。艮卦三爻为阳，

356

象征坤母向乾父第三次索取阳所生的儿子，所以艮卦称作少男。兑卦三爻为阴，象征乾父向坤母第三次索取阴所生的女儿，所以兑卦称作少女。

【讲解】以上第十章，说明八卦的人伦象征。本质上是以乾坤两卦的阴阳爻交换为依据，解释乾坤和其他六卦的内在联系。

乾为天，为圜，为君，为父，为玉，为金，为寒，为冰①，为大赤，为良马，为老马，为瘠②马，为驳马③，为木果。

【白话】乾卦象征天，象征圆形，象征君王，象征父亲，象征玉石，象征金属，象征寒冷，象征冰块，象征大红色，象征良马，象征老马，象征瘦马，象征杂毛驳马，象征树上的果实。

【注释】①为寒，为冰：指乾卦正当秋末冬初的季节，寒冷结冰。 ②瘠：瘦小。 ③驳马：毛色杂乱斑驳的马。

【讲解】这一段逐一列举乾卦所象征的事物。乾卦纯阳刚健，故为天。天是圆的，故为圜。天生万物，好比君王主宰万民，又如父为家长，故为君、为父。乾刚强坚固，故为金、为玉、为冰。盛阳色极红，故为大赤。乾刚健奋进，故为良马。马健而时变则为老，身变则为瘠，色变则为驳。果实为圆而在树之上，故为木果。

坤为地，为母，为布，为釜，为吝啬，为均，为子母牛，为大舆，为文，为众，为柄①。其于地也。为黑。

【白话】坤卦象征大地，象征母亲，象征布，象征大锅，象征吝啬，象征平均，象征子母牛，象征大车，象征文采，象征民众，象征把柄，象征黑色。

【注释】①柄：用作把握，与大地的顺从品格相通。

【讲解】这一段逐一列举坤卦所象征的事物。孔颖达释云："坤既为地，地受任生育，故'为母也'。'为布'，取其广载也。'为釜'，取其化生成熟也。'为吝啬'，取其生物不转移也。'为均'，地道平均也。'为子母牛'，取其多蕃育而顺之也。'为大舆'，取其载万物也。'为文'，取其万物之色杂也。'为众'，取其载物非一也。'为柄'，取其生物之本也。'为黑'，取其极阴之色也。"

震为雷，为龙，为玄黄，为旉①，为大涂②，为长子，为决躁③，为苍筤竹④，为萑苇。其于马也，为善鸣，为馵⑤足，为作足，为的颡⑥。其于稼也，为反生。其究为健，为蕃鲜。

【白话】震卦象征雷，象征蛟龙，象征苍青色，象征花朵，象征大路，象征长子，象征行动快速，象征翠竹，象征芦苇。对于马而言，象征善于嘶鸣的马、后蹄长白毛的马、脚步快速的马、额头雪白的马。对于庄稼而言，象征向下扎根，再相反地向上萌芽生长的作物。震卦发展到极点，就象征着刚健、繁茂和新鲜。

【注释】①旉：花朵。 ②涂：古"途"字。 ③决躁：指行动迅速。 ④苍筤竹：指青绿色的竹子。 ⑤异：马左后蹄白。 ⑥的颡：额头上长有白毛的马。

【讲解】这一段逐一列举震卦所象征的事物。孔颖达释云："此一节广明震象。'为玄黄'，取其相杂而成苍色也。'为旉'，取其春时气至；草木皆吐，旉布而生也。'为大涂'，取其万物之所生也。'为长子'，震为长子也。'为决躁'，取其刚动也。'为苍筤竹'，竹初生色苍也。'为萑苇'，竹之类也。'其于马也'，为善明，取雷声之远闻也。'为异足'，马后足白为异，取其动而见也。'为作足'，取其动而行健也。'为的颡'，白额为的颡，亦取动而见也。'其于稼也，为反生'，取其始生戴甲而出也。'其究为健'，极于震动则为健也。"

巽为木，为风，为长女，为绳直，为工，为白，为长，为高，为进退，为不果，为臭。其于人也。为寡发，为广颡，为多白眼①。为近利，市三倍。其究为躁卦。

【白话】巽卦象征树木，象征风，象征长女，象征准绳，象征工巧，象征白色，象征长，象征高大，象征进退，象征迟疑，象征气味。对于人而言，巽卦象征头发稀少的人、额头宽阔的人、白眼的人、获利三倍的商人。巽卦发展到极点，就象征急躁好动。

【注释】①多白眼：眼睛里以白色的部分较多。

【讲解】这一段逐一列举巽卦所象征的事物。孔颖达释云："此一节广明巽象。巽为木，木可以曲直，巽顺之谓也。'为绳直'，取其号令齐物也。'为工'，亦取绳直之类。'为白'，取其洁也。'为长'，取其风行之远也。'为高'，取其木生而上也。'为进退'，取其风性前却；'为不果'，亦进退之义也。'为臭'，取其风所发也。'为寡发'，风落树之华叶，则在树者稀疏，如人之少发；'为广颡'，额阔发寡少之义。'为多白眼'，取躁人之眼，其色多白也。'为近利'，取躁人之情，多近于利也。'市三倍'，取其木生蕃盛，于市则三倍之利也。'其究为躁卦'，取其风之势极于躁急也。"

坎为水，为沟渎，为隐伏，为矫揉，为弓轮。其于人也，为加忧，为心病，为耳痛，为血卦，为赤。其于马也，为美脊，为亟心，为下首，为薄蹄，为曳。其于舆也，为多眚，为通，为月，为盗。其于木也，为坚多心。

【白话】坎卦象征水，象征沟渠，象征隐伏，象征变形，象征弯弓，象征车轮。对于人而言，坎卦象征忧虑的人、有心病的人、有耳痛的人。又象征血液，象征红色。对于马而言，坎卦象征脊背好看的马、烦燥的马、垂头丧气的马、蹄薄的马、艰难拖曳前进的马。对于车而言，坎卦象征多险阻的大车。还象征通达，象征月亮，象征盗贼。对于树木而言，象征木心坚硬的树木。

【注释】①矫：指变曲为直。 ②揉：通"揉"，指变直为曲。 ③亟心：指心烦躁不安。

【讲解】这一段逐一列举坎卦所象征的事物。孔颖达释云："此一节广明坎象。'坎为水'，取其北方之行也。'为沟渎'，取其水行无所不通也。'为隐伏'，取其水藏地中也。'为矫揉'，使曲者直为矫，使直者曲为揉，水流曲直，故为'矫揉'也。'为弓轮'，弓者，激矢如水激射也；轮者，运行如水行也。'为加忧'，取其忧险难也。'为心病'，忧险难故心病也。'为耳痛'，坎为劳卦，听劳则耳痛也。'为血卦'，人之有血，犹地有水也。'为赤'，亦取血之色，'其于马也，为美脊'，取其阳在中也。'为亟心'，亟，急也。取其中坚内动也。'为下首'，取其水流向下也。'为薄蹄'，取水流迫地而行也。'为曳'，取水磨地而行也。'其于舆也，为多眚'，取其表里有阴，力弱不能重载也。'为通'，取行有孔穴也。'为月'，月是水之精也。'为盗'，取水行潜窃也。'其于木也，为坚多心'，取刚在内也。"

离为火，为日，为电，为中女，为甲胄，为戈兵。其于人也，为大腹，为干卦，为鳖，为蟹，为蠃，为蚌，为龟。其于木也，为科上槁。

【白话】离卦象征火，象征太阳，象征闪电，象征次女，象征盔甲，象征兵器。对于人而言，象征人的肚子。还象征干燥，象征甲鱼、螃蟹、螺蛳、河蚌、乌龟。对于树木而言，象征顶部枝干枯槁的树木。

【注释】①蠃：通"螺"。②科：借为"棵"，指树干。

【讲解】这一段逐一列举离卦所象征的事物。孔颖达释云："此一节广明离象。'离为火'，取南方之行也。'为日'，日是火精也。'为电'，火之类也。'为中女'，离为中女。'为甲胄'，取其刚在外也。'为戈兵'，取其以刚自捍也。'其于人也，为大腹'，取其怀阴气也。'为干卦'，取其日所烜也。'为鳖，为蟹，为蠃，为蚌，为龟'皆取刚在外也。'其于木也，为科上槁'。科，空也。阴在内为空，木既空中，上必枯槁也。"

艮为山，为径路，为小石，为门阙，为果蓏①，为阍②寺③，为指，为狗，为鼠，为黔喙⑤之属。其于木也。为坚多节。

【白话】艮象征山，象征小路，象征小石头，象征高大的门阙，象征果实，象征守宫门者和宦官，象征手指，象征狗，象征鼠类，象征猛兽。对于树木而言，艮卦象征坚硬而多节的树。

【注释】①门阙：门的两旁所筑的楼台。②蓏：指生长在地上的果实。③阍：守门的人。④寺：后宫的宦官。⑤黔喙：指肉食的猛兽。

【讲解】这一段逐一列举艮卦所象征的事物。孔颖达释云："此一节广明艮象。'艮为山'，取阴在下为止，阳在上为高，故艮象山也。'为径路'，取其山路有涧道也。'为小石'，取其艮为山，又为阳卦之小者也。'为门阙'，取其崇高也。'为果蓏'，木实为果，草实为蓏，取其出于山谷之中也。'为阍寺'，取其禁止入也。'为指'，取其执止物也。'为狗'，'为鼠'，取其皆止人家也。'为黔喙之属'，取其山居之兽也。'其于木也，为坚多节'，取其坚凝故多节也。"

兑为泽，为少女，为巫，为口舌，为毁折，为附决①。其于地也，为刚卤②。为妾，为羊。

【白话】兑卦象征水泽，象征少女，象征女巫，象征口舌，象征毁坏，象征脱落。对于地而言，兑卦象征坚硬的盐碱地。另外，还象征小妾，象征小羊。

【注释】①附决：指附在枝头的果实坠落。②刚卤：指坚硬而含有碱质。

【讲解】这一段逐一列举兑卦所象征的事物。孔颖达释云："此一节广明兑象。'兑为泽'，取其阴卦之小，地类卑也。'为少女'，兑为少女也。'为巫'，取其口舌之官也。'为口舌'，取西方于五事而言也。'为毁折''为附决'，兑西方之卦，取秋物成熟，稿秆之属，则'毁折'也；果蓏之属，则'附决'也。'其于地也。为刚卤'，取水泽所停，刚咸卤也。'为妾'，取少女从姊为娣也。"

以上第十一章，说明八卦象征的各种物象，有利于对卦爻辞的掌握。

序卦传

《序卦传》为《易传》"十翼"之一，是对《易经》六十四卦的推衍关系的总括。它依据卦名的含义，对《易经》六十四卦的排列次序作了理论上的说明；认为六十四卦前后卦次序有着因果发展的逻辑联系，前卦的存在必然会导致后卦的出现。全文分成两段，依次说明上经三十卦和下经三十四卦卦序。

有天地，然后万物生焉。盈天地之间者唯万物，故受之以屯。屯者，盈也。屯者，物之始生也。物生必蒙，故受之以蒙。蒙者，蒙也，物之稚也。物稚不可不养也，故受之以需。需者，饮食之道也。饮食必有讼，故受之以讼。

【白话】乾为天，坤为地。有了天地，然后产生了万物。充盈天地之间的唯有万物，所以乾、坤二卦之后，接着是屯卦。屯，就是盈满的意思，也有万物始生之意。万物始生之时，必然蒙昧无知，所以接着是蒙卦。蒙，就是蒙昧，说明万物仍然幼稚。万物幼稚，就不能不养育，所以接着是需卦。需，讲的是需要饮食的道理。解决饮食的问题，必定有争讼，所以接着是讼卦。

讼必有众起，故受之以师。师者，众也。众必有所比，故受之以比。比者，比也。

【白话】争讼必然会牵动众人，所以接着是师卦。师，是众多、兵众的意思。人数众多，必然相互亲附，所以接着是比卦。比，是亲近、亲附的意思。

比必有所畜，故受之以小畜。物畜然后有礼，故受之以履。履而泰，然后安，故受之以泰。

【白话】相互亲近，彼此合作，必然有所蓄积，所以接着是小畜卦。有了积蓄就需要以礼仪来调节，所以接着是履卦。履即礼的意思，行礼则安泰，所以接着是泰卦。

泰者，通也。物不可以终通，故受之以否。物不可以终否，故受之以同人。与人同者物必归焉，故受之以大有。有大者不可以盈，故受之以谦。有大而能谦必豫，故受之以豫。

【白话】泰，是舒畅通泰的意思。但万物不可能始终通泰，所以接着是否卦。否是衰败、阻塞的意思，但万物不可能始终阻塞不通，所以接着是同人卦。能够与人和睦共处，各方面必然大有收获，所以接着是大有卦。有伟大的事业和成就的人，不可以自满，所以接着是谦卦。有伟大的事业和成就，又能谦逊待人，这样的人必然愉快安乐，所以接着是豫卦。

豫必有随，故受之以随。以喜随人者必有事，故受之以蛊。蛊者，事也。有事而后可大，故受之以临。临者，大也。

【白话】能使人愉快安乐，人们必然都来追随，所以接着是随卦。因喜悦而追随他人，就会沉溺于安乐，必然滋生事端，所以接着是蛊卦。蛊，有整治事务、解决事端的意思。解决事端、有所作为，必然可以创造大业，所以接着是临卦。临，是盛大的意思。

物大然后可观，故受之以观。可观而后有所合，故受之以噬嗑。嗑者，合也。物不可以苟合而已，故受之以贲。贲者，饰也。致饰然后亨则尽矣，故受之以剥。剥者，剥也。

【白话】功业盛大，必然受人景仰，所以接着是观卦。观，是景仰、观摩的意思。受到人们景仰与观摩，从而有所共识与合作，所以接着是噬嗑卦。噬嗑，是契合、合拢的意思。但是万物不可以苟且求合，所以接着是贲卦。贲，是文饰的意思。但过分文饰，就会失真而产生弊端，亨通就到了尽头，所以接着是剥卦。剥，是剥落的意思。

物不可以终尽，剥穷上反下，故受之以复。复则不妄矣，故受之以无妄。有无妄然后可畜，故受之以大畜。

【白话】万物不可以始终剥落，剥落到极点必定回返而生，所以接着是复卦。回复到真实，就不会虚妄，所以接着是无妄卦。有了实在而不虚妄的作为，自然大有所获、大有积蓄，所以接着是大畜卦。

物畜然后可养，故受之以颐。颐者，养也。不养则不可动，故受之以大过。物不可以终过，故受之以坎。坎者，陷也。陷必有所丽，故受之以离。离者，丽也。

【白话】万物畜积以后，就可以养育，所以接着是颐卦。颐，是养的意思。不养育则无作为，可以养育过度，所以接着是大过卦。万物不可以始终过度，所以接着是坎卦。坎，是陷落的意思。陷落险境必然会寻求攀附，所以接着是离卦。离，是附丽、攀附的意思。

有天地，然后有万物。有万物，然后有男女。有男女，然后有夫妇。有夫妇，然后有父子。有父子，然后有君臣。有君臣，然后有上下。有上下，然后礼义有所错。夫妇之道，不可以不久也，故受之以恒。恒者，久也。

【白话】有了天地，然后就有万物的产生。有了万物，才分出雌与雄、男与女。有了男女，然后才有夫妇。有了夫妇，然后才有父子。有了父子，然后社会仿效父子关系，确立了君臣的体制。有了君臣，然后才有上下等级之分。有了上下等级之分，然后才有各种礼仪制度的建立和实施。夫妇的关系，不能不长久保持，所以在咸卦之后，接着是恒卦。恒，是长久的意思。

物不可以久居其所，故受之以遁。遁者，退也。物不可以终遁，故受之以大壮。物不可以终壮，故受之以晋。晋者，进也。进必有所伤，故受之以明夷。夷者，伤也。伤于外者

363

必反其家，故受之以家人。

【白话】万物不可能长久不变，所以接着是遁卦。遁，是退避的意思。万物不可以始终退避，所以接着是大壮卦。但物不可以始终壮大，所以接着是晋卦。晋，是前进的意思。前进到一定程度必然会受到伤害，所以接着是明夷卦。夷，是创伤的意思。在外面受到创伤，必然返回家中寻求慰藉，所以接着是家人卦。

家道穷必乖，故受之以睽。睽者，乖也。乖必有难，故受之以蹇。蹇者，难也。物不可以终难，故受之以解。解者，缓也。

【白话】家道衰落困穷，家人必有乖违之事，所以接着是睽卦。睽，是乖违的意思。乖违必然遇到灾难，所以接着是蹇卦。蹇，是灾难的意思。万物不会始终处于灾难中，所以接着是解卦。解，是解除、缓解的意思。

缓必有所失，故受之以损。损而不已必益，故受之以益。益而不已必决，故受之以夬。夬者，决也。决必有所遇，故受之以姤。姤者，遇也。

【白话】缓解易于松懈，从而招致损失，所以接着是损卦。不停地损失，达到极致，又会转而受益，所以接着是益卦。不停地增益，达到极致，必然有决去的一天，所以接着是夬卦。夬，是决去的意思。决去之后，必然会有所遭遇，所以接着是姤卦。姤，是邂逅、不期而遇的意思。

物相遇而后聚，故受之以萃。萃者，聚也。聚而上者谓之升，故受之以升。升而不已必困，故受之以困。困乎上者必反下，故受之以井。

【白话】万物相遇之后，就会聚合起来，所以接着是萃卦。萃，是聚合、聚集的意思。聚集起来，就会不断上升，所以接着是升卦。上升而不知停止，必然会陷入进退两难的困境,所以接着是困卦。在上面遇到困境,必定会返回下面来,所以接着是井卦。

井道不可不革,故受之以革。

【白话】井的特性是要经常淘治,以革除污垢,所以接着是革卦。

革物者莫若鼎,故受之以鼎。主器者莫若长子,故受之以震。震者,动也。物不可以终动,止之,故受之以艮。艮者,止也。物不可以终止,故受之以渐。渐者,进也。进必有所归,故受之以归妹。得其所归者必大,故受之以丰。丰者,大也。

【白话】变革旧物,没有比化生为熟的鼎更好的,所以接着是鼎卦。鼎是祭器,而主持祭祀,没有比长子更适合的人,所以接着是代表长子的震卦。震,是动的意思。万物不可以始终在动,到一定程度就会停止,所以接着是艮卦。艮,是停止的意思。但万物也不可能始终静止,所以接着是渐卦。渐,是渐进的意思。渐进必然会有归宿,所以接着是归妹卦。得到适合的归宿,必然兴旺丰盛,所以接着是丰卦。丰,是盛大的意思。

穷大者必失其居,故受之以旅。旅而无所容,故受之以巽。巽者,入也。

【白话】盛大到了极点,反而会失去安身之所,只能流落于外,所以接着是旅卦。旅行在外而没有容身的地方,就要设法进入居所,所以接着是巽卦。巽,是进入的意思。

入而后说之,故受之以兑。兑者,说也。说而后散之,故受之以涣。涣者,离也。

【白话】得以进入栖身之所后,自然欣悦,所以接着是兑卦。兑,是喜悦的意思。喜悦之后,又会散去,所以接着是涣卦。涣,是离散的意思。

物不可以终离，故受之以节。节而信之，故受之以中孚。有其信者必行之，故受之以小过。

【白话】万物不可以始终离散，所以接着是节卦。节，就是节制的意思。实行节制必须讲诚信，所以接着是中孚卦。有信用的人才能办事，但难免有些过头，所以接着是小过卦。

有过物者必济，故受之以既济。物不可穷也，故受之以未济。终焉。

【白话】小过，就是小有过失的意思。小有过失而后改正，必能成功，所以接着是既济卦。既济，是事既已成的意思。但万物不可能有穷尽，所以接着是象征事未完成的未济卦。《易经》六十四卦到此就算终结了。

杂卦传

《杂卦传》是将六十四卦中性格相反的综卦（反卦）或性格交错的错卦（旁通卦）两两并列，进行简明扼要的解释。其含意深远，可以说是各卦的精义。由于编排的次序与《序卦传》不同，因而称作"杂卦传"。

乾刚坤柔，比乐师忧。

【白话】乾卦刚健，坤卦柔顺。比卦象征与人亲善，因而和乐；师卦象征兴师动众，因而堪忧。

临观之义，或与或求。

【白话】临卦与观卦的含义，或是给予，或是追求。

屯见而不失其居，蒙杂而著。

【白话】屯卦显现万物生机，虽有艰难，但不失安身之所；蒙卦象征启发童蒙，繁杂而效果显著。

震,起也。艮,止也。损益,盛衰之始也。

【白话】震卦,是震动而奋起的意思。艮卦,是停止的意思。损卦与益卦,是兴盛和衰败彼此转化的开始。

大畜,时也。无妄,灾也。

【白话】大畜卦,表示大量畜积,应把握时机。无妄,提醒会无故遭受灾祸。

萃聚而升不来也。谦轻而豫怠也。

【白话】萃卦是聚合,而升卦是只上升而不返回。谦卦是谦虚谨慎,轻己重人;豫卦是因豫乐而懈怠。

噬嗑,食也。贲,无色也。

【白话】噬嗑卦象征契合、咬合,有食的意思。贲卦象征文饰而有失本色。

兑见而巽伏也。

【白话】兑卦喜悦外现,巽卦随顺隐伏。

随,无故也。蛊,则饬也。

【白话】随卦是抛弃以往成见,随和向善。蛊卦则是整弊治乱。

剥,烂也。复,反也。

【白话】剥卦,是剥落腐烂的意思。复卦则是返归原来的状态。

晋,昼也。明夷,诛也。

【白话】晋卦,日出地上,象征白昼。明夷,日入地下,象征光明被掩盖消灭。

井通而困相遇也。

【白话】井卦表示通顺畅达,而困卦则表示遭遇艰难。

咸，速也。恒，久也。

【白话】咸卦，是迅速的意思，恒卦，是持久的意思。

涣，离也。节，止也。解，缓也。蹇，难也。睽，外也。家人，内也。否泰，反其类也。

【白话】涣卦，是涣散、离散的意思。节卦，是节制而止的意思。解卦，是缓解的意思。蹇卦，是灾难的意思。睽卦，有乖违于外之意。家人卦，有相聚于内之意。否卦阻塞，泰卦通泰，其类相反。

大壮则止，遁则退也。

【白话】大壮卦，表示壮盛应适时而止；遁卦，表示困穷时宜暂时退避。

大有，众也。同人，亲也。革，去故也。鼎，取新也。小过，过也。中孚，信也。丰，多故也。亲寡，旅也。

【白话】大有卦，表示所有者众多。同人卦，表示与人亲近。革卦，表示革除故旧之物。鼎卦，表示纳取新生事物。小过卦，表示有所超过。中孚卦，表示心怀诚信。丰卦，表示过于丰盛，多有事故。旅行在外，亲友寡少，则为旅卦。

离上而坎下也。

【白话】离为火，火焰向上；坎为水，水往下流。

小畜，寡也。履，不处也。

【白话】小畜卦，表示畜积不多。履卦，表示循礼行事，不处非礼。

需，不进也。讼，不亲也。

【白话】需卦，审慎等待而不冒进。讼卦，诉讼纷争而不亲近。

大过，颠也。姤，遇也，柔遇刚也。渐，女归待男行也。

颐，养正也。既济，定也。归妹，女之终也。未济，男之穷也①。夬，决也。刚决柔也。君子道长，小人道忧也②。

【白话】大过卦，是大有超过而违反常理。姤卦，表示相遇，是阴柔遇上阳刚。渐卦，表示女子出嫁，只等男子来迎娶而成行。颐卦，表示颐养以守正道。既济卦，表示事已成功，一切安定。归妹卦，表示女子出嫁，终有归宿。未济，表示事未成功，男子日暮途穷。夬，表示决断，是阳刚决除阴柔，象征君子之道渐长，小人之道困穷。

【注释】①男之穷也：未济卦的三个阳爻都在阴位不正，象征男人穷途末路。②"君子道长"二句：夬卦为一阴爻五阳爻，阳将阴决断，象征君子道长而小人道消。

【讲解】有的学者认为，最后这一节，并不以相综或相错的两卦并列解释，可能是错简，如朱熹说："自大过以下，卦不反对。或疑其错简。今以韵协之，又似非误。未详何义。"宋儒蔡渊则改定为："大过，颠也。颐，养正也。既济，定也。未济，男之穷也。归妹，女之终也。渐，女归待男行也。姤，遇也，柔遇刚也。夬，决也。刚决柔也。君子道长，小人道忧也。"此处列出，备为一说。

北京学易斋书目

书　名	作　者	定　价	版别
影印涵芬楼本正统道藏[宣纸线装;全512函1120册]	[明]张宇初编	480000.00	九州
影印涵芬楼本正统道藏[道林纸线装;全512函1120册]	[明]张宇初编	280000.00	九州
易藏[宣纸线装;全50函200册]	编委会主编	98000.00	九州
重刊术藏[精装全100册]	编委会主编	68000.00	九州
续修术藏[精装全100册]	编委会主编	68000.00	九州
易藏[精装全60册]	编委会主编	48000.00	九州
道藏[精装全60册]	编委会主编	48000.00	九州
御制本草品汇精要[彩版8函32册]	(明)刘文泰等著	18000.00	海南
御纂医宗金鉴[20函80册]	(清)吴谦等著	28000.00	海南
影宋刻备急千金要方[4函16册]	(唐)孙思邈著	2380.00	海南
影元刻千金翼方[2函12册]	(唐)孙思邈著	2380.00	海南
芥子园画传[彩版3函13册]	(清)李渔纂辑	3800.00	华龄
十竹斋书画谱[彩版2函12册]	(明)胡正言编印	2800.00	华龄
影印明天启初刻武备志[精装全16册]	(明)茅元仪撰	13800.00	华龄
药王千金方合刊[精装全16册]	(唐)孙思邈著	13800.00	华龄
焦循文集[精装全18册,库存1套]	[清]焦循撰	9800.00	九州
邵子全书[精装全16册]	[宋]邵雍撰	12800.00	九州
子部珍本1:校正全本地学答问	1函3册	680.00	华龄
子部珍本2:赖仙原本催官经	1函1册	280.00	华龄
子部珍本3:赖仙催官篇注	1函1册	280.00	华龄
子部珍本4:尹注赖仙催官篇	1函1册	280.00	华龄
子部珍本5:赖仙心印	1函1册	280.00	华龄
子部珍本6:新刻赖太素天星催官解	1函2册	480.00	华龄
子部珍本7:天机秘传青囊内传	1函1册	280.00	华龄
子部珍本8:阳宅斗首连篇秘授	1函1册	280.00	华龄
子部珍本9:精刻编集阳宅真传秘诀	1函2册	480.00	华龄
子部珍本10:秘传全本六壬玉连环	1函2册	480.00	华龄
子部珍本11:秘传仙授奇门	1函2册	480.00	华龄
子部珍本12:祝由科诸符秘卷秘旨合刊	1函2册	480.00	华龄
子部珍本13:校正古本入地眼图说	1函2册	480.00	华龄
子部珍本14:校正全本钻地眼图说	1函2册	480.00	华龄
子部珍本15:赖公七十二葬法	1函2册	480.00	华龄
子部珍本16:杨筠松秘传开门放水阴阳捷径	1函2册	480.00	华龄
子部珍本17:校正古本地理五诀	1函2册	480.00	华龄
子部珍本18:重校古本地理雪心赋	1函2册	480.00	华龄

书 名	作 者	定 价	版别
子部珍本19:吴景鸾先天后天理气心印补注	1函1册	280.00	华龄
子部珍本20:宋国师吴景鸾秘传夹竹梅花院纂	1函2册	480.00	华龄
子部珍本21:影印原本任铁樵注滴天髓阐微	1函4册	1080.00	华龄
子部珍本22:地理真宝一粒粟	1函1册	280.00	华龄
子部珍本23:聚珍全本天机一贯	1函3册	680.00	华龄
子部珍本24:阴宅造福秘诀	1函1册	280.00	华龄
子部珍本25:增补诹吉宝镜图	1函2册	480.00	华龄
子部珍本26:诹吉便览宝镜图	1函1册	280.00	华龄
子部珍本27:诹吉便览八卦图	1函1册	280.00	华龄
子部珍本28:甲遁真授秘集	1函4册	880.00	华龄
子部珍本29:太上祝由科	1函2册	680.00	华龄
子部珍本30:邵康节先生心易梅花数	1函1册	280.00	华龄
子部善本1:新刊地理玄珠(宣纸线装)	2函10册	3000.00	华龄
子部善本2:参赞玄机地理仙婆集(宣纸线装)	2函8册	2400.00	华龄
子部善本3:章仲山地理九种(宣纸线装)	1函5册	1500.00	华龄
子部善本4:八门九星阴阳二遁全本奇门断	2函18册	5400.00	华龄
子部善本5:六壬统宗大全(宣纸线装)	2函6册	1800.00	华龄
子部善本6:太乙统宗宝鉴(宣纸线装)	2函8册	2400.00	华龄
子部善本7:重刊星海词林(宣纸线装)	14函56册	16800.00	华龄
子部善本8:万历初刻三命通会(宣纸线装)	2函12册	3600.00	华龄
子部善本9:增广沈氏玄空学(宣纸线装)	2函8册	2400.00	华龄
子部善本10:江公择日秘稿(宣纸线装)	2函6册	1800.00	华龄
子部善本11:刘氏家藏阐微通书(宣纸线装)	3函12册	3600.00	华龄
子部善本12:影印增补高岛易断(宣纸线装)	2函8册	2400.00	华龄
子部善本13:清刻足本铁板神数(宣纸线装)	3函13册	3900.00	华龄
子部善本14:增订天官五星集腋(宣纸线装)	2函10册	3000.00	华龄
子部善本15:太乙奇门六壬兵备统宗(宣纸线装)	9函36册	10800.00	华龄
子部善本16:御定景祐奇门大全(宣纸线装)	8函32册	9600.00	华龄
子部善本17:地理四秘全书十二种(宣纸线装)	4函16册	4800.00	华龄
子部善本18:全本地理统一全书(宣纸线装)	3函15册	4500.00	华龄
子部善本19:廖公画策扒砂经(宣纸线装)	1函4册	1200.00	华龄
子部善本20:明刊玉髓真经(宣纸线装)	7函21册	6300.00	华龄
子部善本21:蒋大鸿家藏地学捷旨(宣纸线装)	1函4册	1200.00	华龄
子部善本22:阳宅安居金镜(宣纸线装)	1函4册	1200.00	华龄
子部善本23:新刊地理紫囊书(宣纸线装)	2函6册	1800.00	华龄
子部善本24:地理大成五种(宣纸线装)	8函24册	7200.00	华龄
子部善本25:初刻鳌头通书大全(宣纸线装)	2函10册	3000.00	华龄
子部善本26:初刻象吉备要通书大全(宣纸线装)	3函12册	3600.00	华龄
子部善本27:武英殿板钦定协纪辨方书	8函24册	7200.00	华龄
子部善本28:初刻陈子性藏书(宣纸线装)	2函6册	1800.00	华龄

书　名	作　者	定　价	版别
重刻故宫藏百二汉镜斋秘书四种(一):火珠林	1函1册	300.00	华龄
重刻故宫藏百二汉镜斋秘书四种(二):灵棋经	1函1册	300.00	华龄
重刻故宫藏百二汉镜斋秘书四种(三):滴天髓	1函1册	300.00	华龄
重刻故宫藏百二汉镜斋秘书四种(四):测字秘牒	1函1册	300.00	华龄
中外戏法图说:鹅幻汇编鹅幻余编合刊	1函3册	780.00	华龄
连山[一函一册]	[清]马国翰辑	280.00	华龄
归藏[一函一册]	[清]马国翰辑	280.00	华龄
周易虞氏义笺订[一函六册]	[清]李翊灼订	1180.00	华龄
周易参同契通真义	1函2册	480.00	华龄
御制周易[一函三册]	武英殿影宋本	680.00	华龄
宋刻周易本义[一函四册]	[宋]朱熹撰	980.00	华龄
易学启蒙[一函二册]	[宋]朱熹撰	480.00	华龄
易余[一函二册]	[明]方以智撰	480.00	九州
奇门鸣法	[一函二册]	680.00	华龄
奇门衍象	[一函二册]	480.00	华龄
奇门枢要	[一函二册]	480.00	华龄
奇门仙机[一函三册]	王力军校订	298.00	华龄
奇门心法秘纂[一函三册]	王力军校订	298.00	华龄
御定奇门秘诀[一函三册]	[清]湖海居士辑	680.00	华龄
宫藏奇门大全[线装五函二十五册]	[清]湖海居士辑	6800.00	星易
遁甲奇门秘传要旨大全[线装二函十册]	[清]范阳耐寒子辑	6200.00	星易
增广神相全编[线装一函四册]	[明]袁珙订正	980.00	星易
龙伏山人存世文稿[五函十册]	[清]矫子阳撰	2800.00	九州
奇门遁甲鸣法[一函二册]	[清]矫子阳撰	680.00	九州
奇门遁甲衍象[一函二册]	[清]矫子阳撰	480.00	九州
奇门遁甲枢要[一函二册]	[清]矫子阳撰	480.00	九州
遁甲括囊集[一函三册]	[清]矫子阳撰	980.00	九州
增注蒋公古镜歌[一函一册]	[清]矫子阳撰	180.00	九州
古本皇极经世书[一函三册]	[宋]邵雍撰	980.00	九州
明抄真本梅花易数[一函三册]	[宋]邵雍撰	480.00	九州
订正六壬金口诀[一函六册]	[清]巫国匡辑	1280.00	华龄
六壬神课金口诀[一函三册]	[明]适适子撰	298.00	华龄
改良三命通会[一函四册,第二版]	[明]万民英撰	980.00	华龄
增补选择通书玉匣记[一函二册]	[晋]许逊撰	480.00	华龄
绘图全本鲁班经匠家镜	1函4册	680.00	华龄
菊逸山房地理正书(天函):地理点穴撼龙经	1函3册	680.00	华龄
菊逸山房地理正书(地函):秘藏疑龙经大全	1函1册	280.00	华龄
菊逸山房地理正书(人函):杨公秘本山法备收	1函1册	280.00	华龄
青囊海角经	1函4册	680.00	华龄
阳宅三要	1函3册	298.00	华龄

书 名	作者	定 价	版别
子部珍本备要（宣纸线装）		分函售价	九州
001 峋嵝神书	1函1册	280.00	九州
002 地理唊蔗録	1函4册	880.00	九州
003 地理玄珠精选	1函4册	880.00	九州
004 地理琢玉斧峦头歌括	1函4册	880.00	九州
005 金氏地学粹编	3函8册	1840.00	九州
006 风水一书	1函4册	880.00	九州
007 风水二书	1函4册	880.00	九州
008 增注周易神应六亲百章海底眼	1函1册	280.00	九州
009 卜易指南	1函1册	280.00	九州
010 大六壬占验	1函1册	280.00	九州
011 真本六壬神课金口诀	1函3册	680.00	九州
012 太乙指津	1函2册	480.00	九州
013 太乙金钥匙 太乙金钥匙续集	1函1册	280.00	九州
014 奇门遁甲占验天时	1函2册	480.00	九州
015 南阳掌珍遁甲	1函1册	280.00	九州
016 达摩易筋经 易筋经外经图说 八段锦	1函1册	280.00	九州
017 钦天监彩绘真本推背图	1函2册	680.00	九州
018 清抄全本玉函通秘	1函3册	680.00	九州
019 灵棋经	1函1册	280.00	九州
020 道藏灵符秘法	4函9册	2100.00	九州
021 地理青囊玉尺度金针集	1函6册	1280.00	九州
022 奇门秘传九宫纂要	1函1册	280.00	九州
023 影印清抄耕寸集－真本子平真诠	1函2册	480.00	九州
024 新刊合并官板音义评注渊海子平	1函2册	480.00	九州
025 影抄宋本五行精纪	1函6册	1080.00	九州
026 影印明刻阴阳五要奇书1－郭氏阴阳元经	1函2册	480.00	九州
027 影印明刻阴阳五要奇书2－克择璇玑括要	1函1册	280.00	九州
028 影印明刻阴阳五要奇书3－阳明按索图	1函2册	480.00	九州
029 影印明刻阴阳五要奇书4－佐玄直指	1函2册	480.00	九州
030 影印明刻阴阳五要奇书5－三白宝海钩玄	1函1册	280.00	九州
031 相命图诀许负相法十六篇合刊	1函1册	280.00	九州
032 玉掌神相神相铁关刀合刊	1函1册	280.00	九州
033 古本太乙淘金歌	1函1册	280.00	九州
034 重刊地理葬埋黑通书	1函2册	480.00	九州
035 壬归	1函2册	480.00	九州
036 大六壬苗公鬼撮脚二种合刊	1函1册	280.00	九州
037 大六壬鬼撮脚射覆	1函2册	480.00	九州
038 大六壬金柜经	1函1册	280.00	九州
039 纪氏奇门秘书仕学备余	1函1册	280.00	九州

书名	作者	定价	版别
040 八门九星阴阳二遁全本奇门断	2函18册	3680.00	九州
041 李卫公奇门心法	1函1册	280.00	九州
042 武侯行兵遁甲金函玉镜海底眼	1函1册	280.00	九州
043 诸葛武侯奇门千金诀	1函1册	280.00	九州
044 隔夜神算	1函1册	280.00	九州
045 地理五种秘笈合刊	1函1册	280.00	九州
046 地理雪心赋句解	1函2册	480.00	九州
047 九天玄女青囊经	1函1册	280.00	九州
048 考定撼龙经	1函1册	280.00	九州
049 刘江东家藏善本葬书	1函1册	280.00	九州
050 杨公六段玄机赋杨筠松安门楼玉辇经合刊	1函1册	280.00	九州
051 风水金鉴	1函1册	280.00	九州
052 新镌碎玉剖秘地理不求人	1函2册	480.00	九州
053 阳宅八门金光斗临经	1函1册	280.00	九州
054 新镌徐氏家藏罗经顶门针	1函2册	480.00	九州
055 影印乾隆丙午刻本地理五诀	1函4册	880.00	九州
056 地理诀要雪心赋	1函2册	480.00	九州
057 蒋氏平阶家藏善本插泥剑	1函1册	280.00	九州
058 蒋大鸿家传地理归厚录	1函1册	280.00	九州
059 蒋大鸿家传三元地理秘书	1函1册	280.00	九州
060 蒋大鸿家传天星选择秘旨	1函1册	280.00	九州
061 撼龙经批注校补	1函4册	880.00	九州
062 疑龙经批注校补一全	1函1册	280.00	九州
063 种筠书屋较订山法诸书	1函2册	480.00	九州
064 堪舆倒杖诀 拨砂经遗篇 合刊	1函1册	280.00	九州
065 认龙天宝经	1函1册	280.00	九州
066 天机望龙经刘氏心法 杨公骑龙穴诗合刊	1函1册	280.00	九州
067 风水一夜仙秘传三种合刊	1函1册	280.00	九州
068 新镌地理八窍	1函2册	480.00	九州
069 地理解醒	1函1册	280.00	九州
070 峦头指迷	1函3册	680.00	九州
071 茅山上清灵符	1函2册	480.00	九州
072 茅山上清镇襀摄制秘法	1函1册	280.00	九州
073 天医祝由科秘抄	1函2册	480.00	九州
074 千镇百镇桃花镇	1函2册	480.00	九州
075 轩辕碑记医学祝由十三科治病奇书合刊	1函1册	280.00	九州
076 清抄真本祝由科秘诀全书	1函3册	680.00	九州
077 增补秘传万法归宗	1函2册	480.00	九州
078 祝由科诸符秘卷祝由科诸符秘旨合刊	1函1册	280.00	九州
079 辰州符咒大全	1函4册	880.00	九州

书名	作者	定价	版别
080 万历初刻三命通会	2函12册	2480.00	九州
081 新编三车一览子平渊源注解	1函3册	680.00	九州
082 命理用神精华	1函3册	680.00	九州
083 命学探骊集	1函1册	280.00	九州
084 相诀摘要	1函2册	480.00	九州
085 相法秘传	1函1册	280.00	九州
086 新编相法五总龟	1函1册	280.00	九州
087 相学统宗心易秘传	1函2册	480.00	九州
088 秘本大清相法	1函2册	480.00	九州
089 相法易知	1函1册	280.00	九州
090 星命风水秘传	1函1册	280.00	九州
091 大六壬隔山照	1函2册	480.00	九州
092 大六壬考正	1函1册	280.00	九州
093 大六壬类阐	1函2册	480.00	九州
094 六壬心镜集注	1函1册	280.00	九州
095 遁甲吾学编	1函2册	480.00	九州
096 刘明江家藏善本奇门衍象	1函1册	280.00	九州
097 遁甲天书秘文	1函2册	480.00	九州
098 金枢符应秘文	1函2册	480.00	九州
099 秘传金函奇门隐遁丁甲法书	1函2册	480.00	九州
100 六壬行军指南	2函10册	2080.00	九州
101 家藏阴阳二宅秘诀线法	1函2册	480.00	九州
102 阳宅一书阴宅一书合刊	1函1册	280.00	九州
103 地理法门全书	1函1册	280.00	九州
104 四真全书玉钥匙	1函1册	280.00	九州
105 重刊官板玉髓真经	1函4册	880.00	九州
106 明刊阳宅真诀	1函2册	480.00	九州
107 阳宅指南	1函1册	280.00	九州
108 阳宅秘传三书	1函1册	280.00	九州
109 阳宅都天滚盘珠	1函1册	280.00	九州
110 纪氏地理水法要诀	1函1册	280.00	九州
111 李默斋先生地理辟径集	1函2册	480.00	九州
112 李默斋先生辟径集续篇 地理秘缺	1函2册	480.00	九州
113 地理辨正自解	1函1册	280.00	九州
114 形家五要全编	1函4册	880.00	九州
115 地理辨正抉要	1函1册	280.00	九州
116 地理辨正揭隐	1函1册	280.00	九州
117 地学铁骨秘	1函1册	280.00	九州
118 地理辨正发秘初稿	1函1册	280.00	九州
119 三元宅墓图	1函1册	280.00	九州

书　名	作　者	定　价	版别
120 参赞玄机地理仙婆集	2函8册	1680.00	九州
121 幕讲禅师玄空秘旨浅注外七种	1函1册	280.00	九州
122 玄空挨星图诀	1函1册	280.00	九州
123 影印稿本玄空地理筌蹄	1函1册	280.00	九州
124 玄空古义四种通释	1函2册	480.00	九州
125 地理疑义答问	1函1册	280.00	九州
126 王元极地理辨正冒禁录	1函1册	280.00	九州
127 王元极校补天元选择辨正	1函3册	680.00	九州
128 王元极选择辨真全书	1函1册	280.00	九州
129 王元极增批地理冰海原本地理冰海合刊	1函1册	280.00	九州
130 王元极三元阳宅萃篇	1函2册	480.00	九州
131 尹一勺先生地理精语	1函1册	280.00	九州
132 古本地理元真	1函2册	480.00	九州
133 杨公秘本搜地灵	1函1册	280.00	九州
134 秘藏千里眼	1函1册	280.00	九州
135 道光刊本地理或问	1函1册	280.00	九州
136 影印稿本地理秘诀	1函2册	480.00	九州
137 地理秘诀隔山照 地理括要 合刊	1函1册	280.00	九州
138 地理前后五十段	1函2册	480.00	九州
139 心耕书屋藏本地经图说	1函1册	280.00	九州
140 地理古本道法双谭	1函1册	280.00	九州
141 奇门遁甲元灵经	1函1册	280.00	九州
142 黄帝遁甲归藏大意 白猿真经 合刊	1函1册	280.00	九州
143 遁甲符应经	1函2册	480.00	九州
144 遁甲通明钤	1函1册	280.00	九州
145 景祐奇门秘纂	1函2册	480.00	九州
146 奇门先天要论	1函2册	480.00	九州
147 御定奇门古本	1函2册	480.00	九州
148 奇门吉凶格解	1函1册	280.00	九州
149 御定奇门宝鉴	1函3册	680.00	九州
150 奇门阐易	1函2册	480.00	九州
151 六壬总论	1函1册	280.00	九州
152 稿抄本大六壬翠羽歌	1函1册	280.00	九州
153 都天六壬神课	1函1册	280.00	九州
154 大六壬易简	1函2册	480.00	九州
155 太上六壬明鉴符阴经	1函1册	280.00	九州
156 增补关煞袖里金百中经	1函1册	280.00	九州
157 演禽三世相法	1函2册	480.00	九州
158 合婚便览 和合婚姻咒 合刊	1函1册	280.00	九州
159 神数十种	1函1册	280.00	九州

书 名	作 者	定 价	版别
160 神机灵数—掌经金钱课合刊	1函1册	280.00	九州
161 阴阳二宅易知录	1函2册	480.00	九州
162 阴宅镜	1函2册	480.00	九州
163 阳宅镜	1函1册	280.00	九州
164 清精抄本六圖地学	1函1册	280.00	九州
165 形峦神断书	1函1册	280.00	九州
166 堪舆三昧	1函1册	280.00	九州
167 遁甲奇门捷要	1函1册	280.00	九州
168 奇门遁甲备览	1函1册	280.00	九州
169 原传真本石室藏本圆光真传秘诀合刊	1函1册	280.00	九州
170 明抄全本壬归	1函4册	880.00	九州
171 董德彰水法秘诀水法断诀合刊	1函1册	280.00	九州
172 董德彰先生水法图说	1函1册	280.00	九州
173 董德彰先生泄天机纂要	1函2册	480.00	九州
174 李默斋先生地理秘传	1函2册	480.00	九州
175 新锓希夷陈先生紫微斗数全书	1函3册	680.00	九州
176 海源阁藏明刊麻衣相法全编	1函2册	480.00	九州
177 袁忠彻先生相法秘传	1函3册	680.00	九州
178 火珠林要旨 筮杙	1函2册	480.00	九州
179 火珠林占法秘传 续筮杙	1函1册	280.00	九州
180 六壬类聚	1函4册	880.00	九州
181 新刻麻衣相神异赋	1函1册	280.00	九州
182 诸葛武侯奇门遁甲全书	1函2册	480.00	九州
183 张九仪传地理偶摘	1函1册	280.00	九州
184 张九仪传地理偶注	1函1册	280.00	九州
185 阳宅玄珠	1函1册	280.00	九州
186 阴宅总论	1函1册	280.00	九州
187 新刻杨救贫秘传阴阳二宅便用统宗	1函1册	280.00	九州
188 增补理气图说	1函2册	480.00	九州
189 增补罗经图说	1函1册	280.00	九州
190 重镌官板阳宅大全	1函4册	880.00	九州
191 景祐太乙福应经	1函1册	280.00	九州
192 景祐遁甲符应经	1函3册	680.00	九州
193 景祐六壬神定经	1函3册	680.00	九州
194 御制禽遁符应经	1函2册	480.00	九州
195 秘传匠家鲁班经符法	1函3册	680.00	九州
196 哈佛藏本太史黄际飞注天玉经	1函1册	280.00	九州
197 李三素先生红囊经解	1函1册	280.00	九州
198 杨曾青囊天玉通义	1函1册	280.00	九州
199 重编大清钦天监焦秉贞彩绘历代推背图解	1函2册	680.00	九州

书 名	作 者	定 价	版别
200 道光初刻相理衡真	1函4册	880.00	九州
201 新刻袁柳庄先生秘传相法	1函3册	680.00	九州
202 袁忠彻相法古今识鉴	1函2册	480.00	九州
203 袁天纲五星三命指南	1函2册	480.00	九州
204 新刻五星玉镜	1函3册	680.00	九州
205 游艺录:筮遁壬行年斗数相宅	1函1册	280.00	九州
206 新订王氏罗经透解	1函2册	480.00	九州
207 堪舆真诠	1函3册	680.00	九州
208 青囊天机奥旨二种	1函1册	280.00	九州
209 张九仪传地理偶录	1函1册	280.00	九州
210 地学形势集	1函8册	1680.00	九州
211 神相水镜集	1函4册	880.00	九州
212 稀见相学秘笈四种合刊	1函2册	480.00	九州
213 神相金较剪	1函1册	280.00	九州
214 神相证验百条	1函2册	480.00	九州
215 全本神相全编	1函3册	680.00	九州
216 神相全编正义	1函3册	680.00	九州
217 八宅明镜	1函2册	480.00	九州
218 阳宅卜居秘髓	1函3册	680.00	九州
219 地理乾坤法窍	1函3册	680.00	九州
220 秘传廖公画筴拨砂经	1函4册	880.00	九州
221 地理囊金集注	1函1册	280.00	九州
222 赤松子罗经要旨	1函1册	280.00	九州
223 萧仙地理心法堪舆经	1函2册	480.00	九州
224 新刻地理搜龙奥语	1函2册	480.00	九州
225 新刻风水珠神真经	1函2册	480.00	九州
226 寻龙点穴地理索隐	1函1册	280.00	九州
227 杨公撼龙经考注	1函2册	480.00	九州
228 李德贞秘授三元秘诀	1函1册	280.00	九州
229 地理支陇乘气论	1函2册	480.00	九州
230 道光刻全本相山撮要	2函6册	1500.00	九州
231 药王真传祝由科全编	1函1册	280.00	九州
232 梵音斗科符箓秘书	1函2册	580.00	九州
233 御定奇门灵占	1函4册	880.00	九州
234 御定奇门宝镜图	1函2册	480.00	九州
235 汇纂大六壬玉钥匙心诀	1函1册	280.00	九州
236 补完直解六壬五变中黄经	1函2册	480.00	九州
237 六壬节要直讲	1函2册	480.00	九州
238 六壬神课捷要占验	1函1册	280.00	九州
239 六壬袖传神课捷要	1函1册	280.00	九州

书 名	作 者	定 价	版别
240 秘藏大六壬大全善本	2函8册	1800.00	九州
241 阳宅藏书	1函2册	480.00	九州
242 阳宅觉元氏新书	1函1册	280.00	九州
243 阳宅拾遗	1函2册	480.00	九州
244 阳基集腋	1函2册	480.00	九州
245 阴阳二宅指正	1函2册	480.00	九州
246 九天玄妙秘书内经	1函1册	280.00	九州
247 青乌葬经葬经翼	1函1册	280.00	九州
248 阳宅六十四卦秘断	1函1册	280.00	九州
249 杨曾地理秘传捷诀	1函3册	680.00	九州
250 三元堪舆秘笈救败全书	1函4册	880.00	九州
251 纪氏地理末学	1函2册	480.00	九州
252 堪舆说原	1函1册	280.00	九州
253 河洛正变喝穴集	1函1册	280.00	九州
254 太上洞玄灵宝素灵真符	1函1册	280.00	九州
255 道家神符霶咒秘传	1函1册	280.00	九州
256 堪舆秘传六十四论记师口诀	1函2册	480.00	九州
257 相法秘笈太乙照神经	1函3册	680.00	九州
258 哈佛藏子平格局解要	1函2册	480.00	九州
259 三车一览命书详论	1函2册	480.00	九州
260 万历初刊平学大成	1函4册	880.00	九州
261 古本推背图说	1函2册	680.00	九州
262 董氏诹吉新书	1函2册	480.00	九州
263 蒋大鸿四十八局图	1函1册	280.00	九州
264 阳宅紫府宝鉴	1函2册	480.00	九州
265 宅经类纂	1函3册	680.00	九州
266 杨公画筴图	1函1册	280.00	九州
267 刘江东秘传金函经	1函1册	280.00	九州
268 茔元总录	1函2册	480.00	九州
269 纪氏奇门占验奇门遁甲要略合刊	1函1册	280.00	九州
270 奇门统宗大全	1函4册	880.00	九州
271 刘天君祛治符法秘卷	1函3册	680.00	九州
272 圣济总录祝由术全编	1函2册	480.00	九州
273 子平星学精华	1函1册	280.00	九州
274 紫微斗数命理宣微	1函1册	280.00	九州
275 火珠林卦爻精究集	1函2册	480.00	九州
276 韩图孤本奇门秘要	1函1册	280.00	九州
277 哈佛藏明抄六壬断易秘诀	1函1册	280.00	九州
278 大六壬会要全集	1函3册	680.00	九州
279 乾隆初刊六壬视斯	1函2册	480.00	九州

书　　名	作　者	定　价	版别
280 精抄历代六壬占验汇选	2函6册	1280.00	九州
281 张九仪先生东湖地学	1函1册	280.00	九州
282 张九仪先生东湖砂法	1函1册	280.00	九州
283 张九仪先生东湖水法	1函1册	280.00	九州
284 姚氏地理辨正图说	1函1册	280.00	九州
285 地理辨正补注	1函2册	480.00	九州
286 地理丛谈元运发微	1函1册	280.00	九州
287 元空宅法举隅	1函1册	280.00	九州
288 平洋地理玉函经	1函1册	280.00	九州
289 元空法鉴三种	1函3册	680.00	九州
290 蒋大鸿先生地理合璧	2函7册	1480.00	九州
291 新刊地理五经图解	1函3册	680.00	九州
292 三元地理辨惑	1函1册	280.00	九州
293 风水内传秘旨	1函1册	280.00	九州
294 杜氏地理图说	1函2册	480.00	九州
295 地学仁孝必读	1函5册	1080.00	九州
296 地理秘珍	1函2册	480.00	九州
297 秘传四课仙机水法	1函1册	280.00	九州
298 地理辨正图诀	1函1册	280.00	九州
299 灵城精义笺	1函1册	280.00	九州
300 仰山子新辑地理条贯	2函6册	1280.00	九州
301 秘传堪舆经传类纂	1函1册	280.00	九州
302 秘传堪舆论状类纂	1函1册	280.00	九州
303 秘传堪舆秘书类纂	1函1册	280.00	九州
304 秘传堪舆诗赋歌诀类纂	1函2册	480.00	九州
305 秘传堪舆问答类纂	1函1册	280.00	九州
306 秘传堪舆杂录类纂	1函2册	480.00	九州
307 秘传堪舆辨惑类纂	1函1册	280.00	九州
308 秘传堪舆断诀类纂	1函1册	280.00	九州
309 秘传堪舆穴法类纂	1函1册	280.00	九州
310 秘传堪舆葬法类纂	1函1册	280.00	九州
311 大六壬兵占三种	1函2册	480.00	九州
312 大六壬秘书四种	1函2册	480.00	九州
313 大六壬毕法注解	1函1册	280.00	九州
314 大六壬课体订讹	1函1册	280.00	九州
315 大六壬类占	1函2册	480.00	九州
316 大六壬全编	1函2册	480.00	九州
317 大六壬杂释	1函1册	280.00	九州
318 大六壬心镜	1函2册	480.00	九州
319 六壬灵课玉洞金书	1函1册	280.00	九州

书 名	作 者	定 价	版别
320 六壬通仙	1函4册	880.00	九州
321 五种秘窍全书－1－地理秘窍	1函1册	280.00	九州
322 五种秘窍全书－2－选择秘窍	1函4册	880.00	九州
323 五种秘窍全书－3－天星秘窍	1函1册	280.00	九州
324 五种秘窍全书－4－罗经秘窍	1函4册	880.00	九州
325 五种秘窍全书－5－奇门秘窍	1函2册	480.00	九州
326 新编杨曾地理家传心法捷诀一贯堪舆	2函8册	1780.00	九州
327 玉函铜函真经阴阳剪裁图注	1函3册	680.00	九州
328 新刻石函平砂玉尺经全书	1函2册	480.00	九州
329 三元通天照水经	1函2册	480.00	九州
330 堪舆经书	1函5册	1080.00	九州
331 神相汇编	1函2册	480.00	九州
332 管辂神相秘传	1函1册	280.00	九州
333 冰鉴秘本七篇月波洞中记合刊	1函1册	280.00	九州
334 太清神鉴录	1函2册	480.00	九州
335 新刊京本厘正总括天机星学正传	2函10册	2180.00	九州
336 新监七政归垣司台历数袖里璇玑	1函4册	880.00	九州
337 道藏古本紫微斗数	1函2册	480.00	九州
338 增补诸家选择万全玉匣记	1函2册	480.00	九州
339 杨公造命要诀	1函1册	280.00	九州
340 造命宗镜	1函6册	1280.00	九州
341 上清灵宝济度金书符咒大成	2函9册	1980.00	九州
342 青城山铜板祝由十三科	1函2册	480.00	九州
343 抄本祝由科别传	1函1册	280.00	九州
344 遁甲演义	1函2册	480.00	九州
345 武侯奇门遁甲玄机赋	1函1册	280.00	九州
346 北法变化禽书	1函1册	280.00	九州
347 卜筮全书	1函6册	1280.00	九州
348 卜筮正宗	1函4册	880.00	九州
349 易隐	1函4册	880.00	九州
350 野鹤老人占卜全书	1函5册	1280.00	九州
351 地理会心集	1函2册	480.00	九州
352 罗经会心集	1函2册	480.00	九州
353 阳宅会心集	1函1册	280.00	九州
354 秘传图注龙经全集	1函3册	680.00	九州
355 地理精微集	1函2册	480.00	九州
356 地理拾铅峦头理气合编	1函2册	480.00	九州
357 萧客真诀	1函1册	280.00	九州
358 地理铁案	1函2册	480.00	九州
359 秘传四神课书仙机消纳水法	1函2册	480.00	九州

书　名	作　者	定　价	版别
360 蒋大鸿先生地理真诠	2函7册	1480.00	九州
361 蒋大鸿仙诀小引	1函1册	280.00	九州
362 管氏地理指蒙	1函1册	280.00	九州
363 原本山洋指迷	1函2册	480.00	九州
364 形家集要	1函1册	280.00	九州
365 重镌地理天机会元	3函15册	3080.00	九州
366 地理方外别传	1函2册	480.00	九州
367 堪舆至秘旅寓集	1函1册	280.00	九州
368 堪舆管见	1函1册	280.00	九州
369 四神秘诀	1函2册	480.00	九州
370 地理辨正补	1函3册	680.00	九州
371 金书秘奥地理一片金合刊	1函1册	280.00	九州
372 阳宅玉髓真经阴宅制煞秘法合刊	1函1册	280.00	九州
373 堪舆至秘旅寓集 堪舆秘传	1函1册	280.00	九州
374 地学杂钞连珠水法合刊	1函1册	280.00	九州
375 黄妙应仙师五星仙机制化砂法	1函2册	480.00	九州
376 造葬便览	1函1册	280.00	九州
377 大六壬秘本	1函2册	480.00	九州
378 太乙统类	1函1册	280.00	九州
379 新雕注疏珞子三命消息赋	1函1册	280.00	九州
380 新编四家注解经进珞琭子消息赋	1函2册	480.00	九州
381 清代民间实用灵符汇编	1函2册	680.00	九州
382 王国维批校宋本焦氏易林	1函2册	480.00	九州
383 新刊应验天机易卦通神	1函1册	280.00	九州
384 新镌周易数	1函5册	1080.00	九州
增补四库青乌辑要[,全18函59册]	郑同校	11680.00	九州
第1种:宅经[1册]	[署]黄帝撰	180.00	九州
第2种:葬书[1册]	[晋]郭璞撰	220.00	九州
第3种:青囊序青囊奥语天玉经[1册]	[唐]杨筠松撰	220.00	九州
第4种:黄囊经[1册]	[唐]杨筠松撰	220.00	九州
第5种:黑囊经[2册]	[唐]杨筠松撰	380.00	九州
第6种:锦囊经[1册]	[晋]郭璞撰	200.00	九州
第7种:天机贯旨红囊经[2册]	[清]李三素撰	380.00	九州
第8种:玉函天机素书/至宝经[1册]	[明]董德彰撰	200.00	九州
第9种:天机一贯[2册]	[清]李三素撰辑	380.00	九州
第10种:撼龙经[1册]	[唐]杨筠松撰	200.00	九州
第11种:疑龙经葬法倒杖[1册]	[唐]杨筠松撰	220.00	九州
第12种:疑龙经辨正[1册]	[唐]杨筠松撰	200.00	九州
第13种:寻龙记太华经[1册]	[唐]曾文辿撰	220.00	九州
第14种:宅谱要典[2册]	[清]铣溪野人校	380.00	九州

书 名	作 者	定 价	版别
第15种:阳宅必用[2册]	心灯大师校订	380.00	九州
第16种:阳宅撮要[2册]	[清]吴鼒撰	380.00	九州
第17种:阳宅正宗[1册]	[清]姚承舆撰	200.00	九州
第18种:阳宅指掌[2册]	[清]黄海山人撰	380.00	九州
第19种:相宅新编[1册]	[清]焦循校刊	240.00	九州
第20种:阳宅井明[2册]	[清]邓颖出撰	380.00	九州
第21种:阴宅井明[1册]	[清]邓颖出撰	220.00	九州
第22种:灵城精义[2册]	[南唐]何溥撰	380.00	九州
第23种:龙穴砂水说[1册]	清抄秘本	180.00	九州
第24种:三元水法秘诀[2册]	清抄秘本	380.00	九州
第25种:罗经秘传[2册]	[清]傅禹辑	380.00	九州
第26种:穿山透地真传[2册]	[清]张九仪撰	380.00	九州
第27种:催官篇发微论[2册]	[宋]赖文俊撰	380.00	九州
第28种:入地眼神断要诀[2册]	清抄秘本	380.00	九州
第29种:玄空大卦秘断[1册]	清抄秘本	200.00	九州
第30种:玄空大五行真传口诀[1册]	[明]蒋大鸿等撰	220.00	九州
第31种:杨曾九宫颠倒打劫图说[1册]	[唐]杨筠松撰	200.00	九州
第32种:乌兔经奇验经[1册]	[唐]杨筠松撰	180.00	九州
第33种:挨星考注[1册]	[清]汪董缘订定	260.00	九州
第34种:地理挨星说汇要[1册]	[明]蒋大鸿撰辑	220.00	九州
第35种:地理捷诀[1册]	[清]傅禹辑	200.00	九州
第36种:地理三仙秘旨[1册]	清抄秘本	200.00	九州
第37种:地理三字经[3册]	[清]程思乐撰	580.00	九州
第38种:地理雪心赋注解[2册]	[唐]卜则巍撰	380.00	九州
第39种:蒋公天元余义[1册]	[明]蒋大鸿等撰	220.00	九州
第40种:地理真传秘旨[3册]	[唐]杨筠松撰	580.00	九州
增补四库未收方术汇刊第一辑(全28函)	线装影印本	11800.00	九州
第一辑01函:火珠林·卜筮正宗	[宋]麻衣道者著	340.00	九州
第一辑02函:全本增删卜易·增删卜易真诠	[清]野鹤老人撰	720.00	九州
第一辑03函:渊海子平音义评注·子平真诠·命理易知	[明]杨淙增校	360.00	九州
第一辑04函:滴天髓:附滴天秘诀·穷通宝鉴:附月谈赋	[宋]京图撰	360.00	九州
第一辑05函:参星秘要诹吉便览·玉函斗首三台通书·精校三元总录	[清]俞荣宽撰	460.00	九州
第一辑06函:陈子性藏书	[清]陈应选撰	580.00	九州
第一辑07函:崇正辟谬永吉通书·选择求真	[清]李奉来辑	500.00	九州
第一辑08函:增补选择通书玉匣记·永宁通书	[晋]许逊撰	400.00	九州
第一辑09函:新增阳宅爱众篇	[清]张觉正撰	480.00	九州
第一辑10函:地理四弹子·地理铅弹子砂水要诀	[清]张九仪注	340.00	九州
第一辑11函:地理五诀	[清]赵九峰著	200.00	九州

书　　名	作　者	定　价	版别
第一辑12函:地理直指原真	[清]释如玉撰	280.00	九州
第一辑13函:宫藏真本入地眼全书	[宋]释静道著	680.00	九州
第一辑14函:罗经顶门针·罗经解定·罗经透解	[明]徐之镆撰	360.00	九州
第一辑15函:校正详图青囊经·平砂玉尺经·地理辨正疏	[清]王宗臣著	300.00	九州
第一辑16函:一贯堪舆	[明]唐世友辑	240.00	九州
第一辑17函:阳宅大全·阳宅十书	[明]一壑居士集	600.00	九州
第一辑18函:阳宅大成五种	[清]魏青江撰	600.00	九州
第一辑19函:奇门五总龟·奇门遁甲统宗大全·奇门遁甲元灵经	[明]池纪撰	500.00	九州
第一辑20函:奇门遁甲秘笈全书	[明]刘伯温辑	280.00	九州
第一辑21函:奇门庐中阐秘	[汉]诸葛武侯撰	600.00	九州
第一辑22函:奇门遁甲元机太乙秘书六壬大占	[宋]岳珂纂辑	360.00	九州
第一辑23函:性命圭旨	[明]尹真人撰	480.00	九州
第一辑24函:紫微斗数全书	[宋]陈抟撰	200.00	九州
第一辑25函:千镇百镇桃花镇	[清]云石道人校	220.00	九州
第一辑26函:清抄真本祝由科秘诀全书·轩辕碑记医学祝由十三科	[上古]黄帝传	800.00	九州
第一辑27函:增补秘传万法归宗	[唐]李淳风撰	160.00	九州
第一辑28函:神机灵数一掌经金钱课·牙牌神数七种·珍本演禽三世相法	[清]诚文信校	440.00	九州
增补四库未收方术汇刊第二辑(全36函)	线装影印本	13800.00	九州
第二辑第1函:六爻断易一撮金·卜易秘诀海底眼	[宋]邵雍撰	200.00	九州
第二辑第2函:秘传子平渊源	燕山郑同校辑	280.00	九州
第二辑第3函:命理探原	[清]袁树珊撰	280.00	九州
第二辑第4函:命理正宗	[明]张楠撰集	180.00	九州
第二辑第5函:造化玄钥	庄圆校补	220.00	九州
第二辑第6函:命理寻源·子平管见	[清]徐乐吾撰	280.00	九州
第二辑第7函:京本风鉴相法	[明]回阳子校辑	380.00	九州
第二辑第8－9函:钦定协纪辨方书8册	[清]允禄编	780.00	九州
第二辑第10－11函:鳌头通书10册	[明]熊宗立撰辑	880.00	九州
第二辑第12－13函:象吉通书	[清]魏明远撰辑	1080.00	九州
第二辑第14函:选择宗镜·选择纪要	[朝鲜]南秉吉撰	360.00	九州
第二辑第15函:选择正宗	[清]顾宗秀撰辑	480.00	九州
第二辑第16函:仪度六壬选日要诀	[清]张九仪撰	680.00	九州
第二辑第17函:葬事择日法	郑同校辑	280.00	九州
第二辑第18函:地理不求人	[清]吴明初撰辑	240.00	九州
第二辑第19函:地理大成一:山法全书	[清]叶九升撰	680.00	九州
第二辑第20函:地理大成二:平阳全书	[清]叶九升撰	360.00	九州
第二辑第21函:地理大成三:地理六经注·地理大成四:罗经指南拔雾集·地理大成五:理气四诀	[清]叶九升撰	300.00	九州
第二辑第22函:地理录要	[明]蒋大鸿撰	480.00	九州
第二辑第23函:地理人子须知	[明]徐善继撰	480.00	九州

书名	作者	定价	版别
第二辑第24函:地理四秘全书	[清]尹一勺撰	380.00	九州
第二辑第25—26函:地理天机会元	[明]顾陵冈辑	1080.00	九州
第二辑第27函:地理正宗	[清]蒋宗城校订	280.00	九州
第二辑第28函:全图鲁班经	[明]午荣编	280.00	九州
第二辑第29函:秘传水龙经	[明]蒋大鸿撰	480.00	九州
第二辑第30函:阳宅集成	[清]姚廷銮纂	480.00	九州
第二辑第31函:阴宅集要	[清]姚廷銮纂	240.00	九州
第二辑第32函:辰州符咒大全	[清]觉玄子辑	480.00	九州
第二辑第33函:三元镇宅灵符秘箓·太上洞玄祛病灵符全书	[明]张宇初编	240.00	九州
第二辑第34函:太上混元祈福解灾三部神符	[明]张宇初编	360.00	九州
第二辑第35函:测字秘牒·先天易数·冲天易数/马前课	[清]程省撰	360.00	九州
第二辑第36函:秘传紫微	古朝鲜抄本	240.00	九州
子部善本1:新刊地理玄珠	精装古本影印	380.00	华龄
子部善本2:参赞玄机地理仙婆集	精装古本影印	380.00	华龄
子部善本3:章仲山地理九种(上下)	精装古本影印	760.00	华龄
子部善本4:八门九星阴阳二遁全本奇门断	精装古本影印	760.00	华龄
子部善本5:六壬统宗大全	精装古本影印	380.00	华龄
子部善本6:太乙统宗宝鉴	精装古本影印	380.00	华龄
子部善本7:重刊星海词林(全五册)	精装古本影印	1900.00	华龄
子部善本8:万历初刻三命通会(上下)	精装古本影印	760.00	华龄
子部善本9:增广沈氏玄空学(上下)	精装古本影印	760.00	华龄
子部善本10:江公择日秘稿	精装古本影印	380.00	华龄
子部善本11:刘氏家藏阐微通书(上下)	精装古本影印	760.00	华龄
子部善本12:影印增补高岛易断(上下)	精装古本影印	760.00	华龄
子部善本13:清刻足本铁板神数	精装古本影印	380.00	华龄
子部善本14:增订天官五星集腋(上下)	精装古本影印	760.00	华龄
子部善本15:太乙奇门六壬兵备统宗(上中下)	精装古本影印	1140.00	华龄
子部善本16:御定景祐奇门大全(上下)	精装古本影印	760.00	华龄
子部善本17:地理四秘全书十二种	精装古本影印	380.00	华龄
子部善本18:全本地理统一全书	精装古本影印	380.00	华龄
子部善本19:廖公画策扒砂经(上下)	精装古本影印	760.00	华龄
子部善本20:明刊玉髓真经(上下)	精装古本影印	760.00	华龄
子部善本21:蒋大鸿家藏地学捷旨	精装古本影印	380.00	华龄
子部善本22:阳宅安居金镜(上下)	精装古本影印	760.00	华龄
子部善本23:新刊地理紫囊书(上下)	精装古本影印	760.00	华龄
子部善本24:地理大成五种(上下)	精装古本影印	760.00	华龄
子部善本25:初刻鳌头通书大全(上中下)	精装古本影印	1140.00	华龄
子部善本26:初刻象吉备要通书大全(上中下)	精装古本影印	1140.00	华龄
子部善本27:武英殿板钦定协纪辨方书(上下)	精装古本影印	760.00	华龄
子部善本28:初刻陈子性藏书(上下)	精装古本影印	760.00	华龄

书 名	作 者	定 价	版别
子平遗书第1辑(批命案例集甲子至戊辰全三册)	精装古本影印	980.00	华龄
子平遗书第2辑(批命案例集庚午至甲戌全三册)	精装古本影印	980.00	华龄
子平遗书第3辑(批命案例集乙亥至戊子全三册)	精装古本影印	980.00	华龄
子平遗书第4辑(批命案例集庚寅至庚子全三册)	精装古本影印	980.00	华龄
子平遗书第5辑(批命案例集辛丑至癸丑全三册)	精装古本影印	980.00	华龄
子平遗书第6辑(批命案例集甲寅至辛酉全三册)	精装古本影印	980.00	华龄
风水择吉第一书:辨方(简体精装)	李明清著	168.00	华龄
珞琭子三命消息赋古注通疏(精装上下)	一明注疏	188.00	华龄
增补高岛易断(简体横排精装上下)	(清)王治本编译	198.00	华龄
中国古代术数基础理论(精装1函5册)	刘昌易著	495.00	团结
飞盘奇门:鸣法体系校释(精装上下)	刘金亮撰	198.00	九州
白话高岛易断(上下)	孙正治孙奥麟译	128.00	九州
润德堂丛书全编1:述卜筮星相学	袁树珊著	38.00	华龄
润德堂丛书全编2:命理探原	袁树珊著	38.00	华龄
润德堂丛书全编3:命谱	袁树珊著	68.00	华龄
润德堂丛书全编4:大六壬探原 养生三要	袁树珊著	38.00	华龄
润德堂丛书全编5:中西相人探原	袁树珊著	38.00	华龄
润德堂丛书全编6:选吉探原 八字万年历	袁树珊著	38.00	华龄
润德堂丛书全编7:中国历代卜人传(上中下)	袁树珊著	168.00	华龄
三式汇刊1:大六壬口诀纂	[明]林昌长辑	68.00	华龄
三式汇刊2:大六壬集应钤	[明]黄宾廷撰	198.00	华龄
三式汇刊3:奇门大全秘纂	[清]湖海居士撰	68.00	华龄
三式汇刊4:大六壬总归	[宋]郭子晟撰	58.00	华龄
三式汇刊5:大六壬心镜	[唐]徐道符辑	48.00	华龄
三式汇刊6:壬窍	[清]无无野人撰	48.00	华龄
青囊汇刊1:青囊秘要	[晋]郭璞等撰	48.00	华龄
青囊汇刊2:青囊海角经	[晋]郭璞等撰	48.00	华龄
青囊汇刊3:阳宅十书	[明]王君荣撰	48.00	华龄
青囊汇刊4:秘传水龙经	[明]蒋大鸿撰	68.00	华龄
青囊汇刊5:管氏地理指蒙	[三国]管辂撰	48.00	华龄
青囊汇刊6:地理山洋指迷	[明]周景一撰	32.00	华龄
青囊汇刊7:地学答问	[清]魏清江撰	58.00	华龄
青囊汇刊8:地理铅弹子砂水要诀	[清]张九仪撰	68.00	华龄
青囊汇刊9:地理唊蔗录	[清]袁守定著	48.00	华龄
青囊汇刊10:八宅明镜	[清]箬冠道人编	48.00	华龄
青囊汇刊11:罗经透解	[清]王道亨著	58.00	华龄
青囊汇刊12:阳宅三要	[清]赵玉材撰	48.00	华龄
青囊汇刊13:一贯堪舆(上下)	[明]唐世友辑	108.00	华龄
青囊汇刊14:地理辨证图诀直解	[唐]杨筠松著	58.00	华龄
青囊汇刊15:地理雪心赋集解	[唐]卜应天著	58.00	华龄
青囊汇刊16:四神秘诀	[元]董德彰撰	58.00	华龄

书　名	作　者	定　价	版别
子平汇刊1:渊海子平大全	[宋]徐子平撰	48.00	华龄
子平汇刊2:秘本子平真诠	[清]沈孝瞻撰	38.00	华龄
子平汇刊3:命理金鉴	[清]志于道撰	38.00	华龄
子平汇刊4:秘授滴天髓阐微	[清]任铁樵注	48.00	华龄
子平汇刊5:穷通宝鉴评注	[清]徐乐吾注	48.00	华龄
子平汇刊6:神峰通考命理正宗	[明]张楠撰	38.00	华龄
子平汇刊7:新校命理探原	[清]袁树珊撰	48.00	华龄
子平汇刊8:重校绘图袁氏命谱	[清]袁树珊撰	68.00	华龄
子平汇刊9:增广汇校三命通会(全三册)	[明]万民英撰	168.00	华龄
纳甲汇刊1:校正全本增删卜易	郑同点校	68.00	华龄
纳甲汇刊2:校正全本卜筮正宗	郑同点校	48.00	华龄
纳甲汇刊3:校正全本易隐	郑同点校	48.00	华龄
纳甲汇刊4:校正全本易冒	郑同点校	48.00	华龄
纳甲汇刊5:校正全本易林补遗	郑同点校	38.00	华龄
纳甲汇刊6:校正全本卜筮全书	郑同点校	68.00	华龄
纳甲汇刊7:火珠林注疏	刘恒注解	48.00	华龄
古今图书集成术数丛刊:卜筮(全二册)	[清]陈梦雷辑	80.00	华龄
古今图书集成术数丛刊:堪舆(全二册)	[清]陈梦雷辑	120.00	华龄
古今图书集成术数丛刊:相术(全一册)	[清]陈梦雷辑	60.00	华龄
古今图书集成术数丛刊:选择(全一册)	[清]陈梦雷辑	50.00	华龄
古今图书集成术数丛刊:星命(全三册)	[清]陈梦雷辑	180.00	华龄
古今图书集成术数丛刊:术数(全三册)	[清]陈梦雷辑	200.00	华龄
四库全书术数初集(全四册)	郑同点校	200.00	华龄
四库全书术数二集(全三册)	郑同点校	150.00	华龄
四库全书术数三集:钦定协纪辨方书(全二册)	郑同点校	98.00	华龄
增广沈氏玄空学	郑同点校	68.00	华龄
地理点穴撼龙经	郑同点校	32.00	华龄
绘图地理人子须知(上下)	郑同点校	78.00	华龄
玉函通秘	郑同点校	48.00	华龄
绘图入地眼全书	郑同点校	28.00	华龄
绘图地理五诀	郑同点校	48.00	华龄
一本书弄懂风水	郑同著	48.00	华龄
风水罗盘全解	傅洪光著	58.00	华龄
堪舆精论	胡一鸣著	29.80	华龄
堪舆的秘密	宝通著	36.00	华龄
中国风水学初探	曾涌哲	58.00	华龄
全息太乙(修订版)	李德润著	68.00	华龄
时空太乙(修订版)	李德润著	68.00	华龄
故宫珍本六壬三书(上下)	张越点校	128.00	华龄
大六壬通解(全三册)	叶飘然著	168.00	华龄

书 名	作 者	定 价	版别
壬占汇选(精抄历代六壬占验汇选)	肖岱宗点校	48.00	华龄
大六壬指南	郑同点校	28.00	华龄
六壬金口诀指玄	郑同点校	28.00	华龄
大六壬寻源编[全三册]	[清]周螭辑录	180.00	华龄
六壬辨疑 毕法案录	郑同点校	32.00	华龄
大六壬断案疏证	刘科乐著	58.00	华龄
六壬时空	刘科乐著	68.00	华龄
御定奇门宝鉴	郑同点校	58.00	华龄
御定奇门阳遁九局	郑同点校	78.00	华龄
御定奇门阴遁九局	郑同点校	78.00	华龄
奇门秘占合编:奇门庐中阐秘·四季开门	[汉]诸葛亮撰	68.00	华龄
奇门探索录	郑同编订	38.00	华龄
奇门遁甲秘笈大全	郑同点校	48.00	华龄
奇门旨归	郑同点校	48.00	华龄
奇门法窍	[清]锡孟樨撰	48.00	华龄
奇门精粹——奇门遁甲典籍大全	郑同点校	68.00	华龄
御定子平	郑同点校	48.00	华龄
增补星平会海全书	郑同点校	68.00	华龄
五行精纪:命理通考五行渊微	郑同点校	38.00	华龄
绘图三元总录	郑同编校	48.00	华龄
绘图全本玉匣记	郑同编校	32.00	华龄
周易初步:易学基础知识36讲	张绍金著	32.00	华龄
周易与中医养生:医易心法	成铁智著	32.00	华龄
增广梅花易数(精装)	刘恒注	98.00	华龄
梅花心易阐微	[清]杨体仁撰	48.00	华龄
梅花心易疏证	杨波著	48.00	华龄
梅花易数讲义	郑同著	58.00	华龄
白话梅花易数	郑同编著	30.00	华龄
梅花周易数全集	郑同点校	58.00	华龄
梅花易数	[宋]邵雍撰	28.00	九州
梅花易数(大字本)	[宋]邵雍撰	39.00	九州
河洛理数	[宋]邵雍述	48.00	九州
一本书读懂易经	郑同著	38.00	华龄
白话易经	郑同编著	38.00	华龄
知易术数学:开启术数之门	赵知易著	48.00	华龄
术数入门——奇门遁甲与京氏易学	王居恭著	48.00	华龄
周易虞氏义笺订(上下)	[清]李翊灼校订	78.00	九州
阴阳五要奇书	[晋]郭璞撰	88.00	九州
壬奇要略(全5册:大六壬集应钤3册,大六壬口诀纂1册,御定奇门秘纂1册)	肖岱宗郑同点校	300.00	九州

书　　名	作　者	定　价	版别
周易明义	邸勇强著	73.00	九州
论语明义	邸勇强著	37.00	九州
中国风水史	傅洪光撰	32.00	九州
古本催官篇集注	李佳明校注	48.00	九州
鲁班经讲义	傅洪光著	48.00	九州
天星姓名学	侯景波著	38.00	燕山
解梦书	郑同、傅洪光著	58.00	燕山
命理精论(精装繁体竖排)	胡一鸣著	128.00	燕山
辨方(繁体横排)	张明清著	236.00	星易
古易旁通	刘子扬著	320.00	星易
四柱预测机缄通	明理著	300.00	星易
奇门万年历	刘恒著	58.00	资料
图解新编中医四大名著:温病条辨	周重建、郭号	68.00	天津
图解新编中医四大名著:伤寒论	周重建、郭号	68.00	天津
图解新编中医四大名著:黄帝内经	周重建、郭号	68.00	天津
图解新编中医四大名著:金匮要略	周重建、郭号	68.00	天津
中药学药物速认速查小红书(精装64开)	周重建	88.00	天津
国家药典药物速认速查小红书(精装64开)	高楠楠	88.00	天津
神农本草经(1函1册)	宣纸线装	380.00	海南
黄帝内经素问灵枢(影宋本2函9册)	宣纸线装	3980.00	海南
仲景全书(影宋本2函8册)	宣纸线装	3980.00	海南
王翰林集注八十一难经(1函3册)	宣纸线装	1280.00	海南
菩提叶彩绘明内宫写本金刚经(1函1册)	宣纸线装	480.00	文物
故宫旧藏宋刊妙法莲华经(1函3册)	宣纸线装	900.00	文物
铁琴铜剑楼藏钱氏述古堂抄营造法式(1函8册)	宣纸线装	2800.00	文物
唐楷道德经(通行本全1函1册)	宣纸线装	380.00	文物
通志堂经解(全138种600册)	宣纸线装	36万	文物
影印文明书局藏善本文献集成	精装60种	12800.00	九州

周易书斋是国内最大的提供易学术数类图书邮购服务的专业书店,成立于2001年,现有易学及术数类图书现货6000余种,在海内外易学研究者中有着巨大的影响力。

1、学易斋官方旗舰店网址：xyz888.jd.com　微信号：xyz15116975533

2、联系人：王兰梅　电话：15652026606,15116975533

3、邮购费用固定,不论册数多少,每单收费7元。

4、银行汇款：户名：**王兰梅**。

　邮政：601006359200109796　农行：6228480010308994218

　工行：0200299001020728724　建行：1100579980130074603

　交行：6222600910053875983　支付宝：13716780854

5、QQ：(周易书斋2) 2839202242；QQ群：(周易书斋书友会) 140125362。

北京周易书斋敬启